U0601481

新編諸子集成續編

淮南子校釋

三

張雙棣 撰

中華書局

淮南子校釋卷第九

主術訓〔一〕

人主之術，處無爲之事，而行不言之教〔二〕，清静而不動，一度而不摇，因循而任下，責成而不勞〔三〕。是故心知規而師傅諭導〔四〕，口能言而行人稱辭，足能行而相者先導〔五〕，耳能聽而執正進諫〔六〕。是故慮無失策，謀無過事〔七〕，言爲文章，行爲儀表於天下〔八〕，進退應時，動静循理，不爲醜美好憎，不爲賞罰喜怒〔九〕，名各自名，類各自類，事猶自然〔一〇〕，莫出於己〔一一〕。

故古之王者，冕而前旒，所以蔽明也〔一二〕；黈纊塞耳，所以掩聰〔一三〕；天子外屏，所以自障〔一四〕。故所理者遠，則所在者邇〔一五〕；所治者大，則所守者小〔一六〕。夫目妄視則淫，耳妄聽則惑，口妄言則亂。夫三關者，不可不慎守也。若欲規之，乃是離之〔一七〕；若欲飾之，乃是賊之〔一八〕。

因以題篇。

校釋

〔一〕【高注】主，君也。術，道也。君之宰國統御臣下，五帝三王以來，無不用道而興，故曰主術也，

〔二〕【高注】教，令也。謂不言而事辦也。

【箋釋】雙棣按：王弼本老子第二章云：「是以聖人處無爲之事，行不言之教。」此淮南所本。然「處」字本當作「居」。王弼老子第十七章注、第六十三章注引老子第二章皆作「居無爲之事，行不言之教」，帛書老子甲本、乙本亦皆作「居」，可證老子古本當作「居無爲之事」。今本老子「處」當爲「居」。淮南此文蓋據誤本老子而改之也。

〔三〕【高注】成辦而不自勞。

【用韻】「教、摇、勞」宵部。

〔四〕【高注】規，謀也。師者，所從取法則也。傅，相也。諭導以正道也。

【版本】茅本、汪本、莊本、集解本注「則」下有「者」字，景宋本、王溥本、葉本同藏本。

【箋釋】劉文典云：治要引，「導」作「道」。「諭道」與下文「稱辭」對文，於義爲長，當從之。今本作「導」者，涉下文「先導」而誤耳。○雙棣按：劉説是。高注「諭導以正道」，正釋「諭道」之文，正文「諭導」蓋涉注文而誤。

〔五〕【高注】相，儀。

〔六〕【高注】諫，或作謀也。其世子時也。

【版本】莊本、集解本注無「其世子時也」五字，景宋本、王溥本、朱本、茅本、葉本、汪本同藏本。

【箋釋】孫詒讓云：「正」與「政」聲同古通，後文「執正營事」同。○劉文典云：孫説是也。治要引，正作「耳能聽而執政者進諫」。○楊樹達云：作「謀」者是也。此文以「道、導」爲韻，「辭、謀」爲韻，作「諫」則失其韻矣。又按：淮南此節本之慎子。太平御覽七十六引慎子云：「昔者天子手能衣而宰夫設服，足能行而相者導進，口能言而行人稱辭，故無失言失禮也。」春秋繁露離合根云：「故爲人主者，以無爲爲道，以不私爲寶，足不自動而相導進，口不自言而擯者贊辭，心不自慮而羣臣效當。」語意亦同。

〔七〕【高注】過，猶誤也。

【箋釋】王念孫云：「謀」本作「舉」，此後人以意改之也。舉猶動也，慮無失策，以謀事言之；舉無過事，以行事言之。若改舉爲謀，則與無過事三字義不相屬，且與上句相複矣。羣書治要引此，正作舉無過事。賈子保傅篇「是以慮無失計，而舉無過事」，即淮南所本。（大戴禮保傅篇同。）文子自然篇「謀無失策，舉無過事」，又本於淮南也。○雙棣按：王説是。吕氏春秋慎人篇「謀無不當，舉必有功」，亦「謀、舉」對言。此文慮即謀也，「謀」當作「舉」無疑。

〔八〕【高注】爲天下人所法則也。

【箋釋】俞樾云：「於天下」三字，衍文也。涉高注曰「爲天下人所法則也」，故誤衍此三字。○雙棣按：此文句式規整，多「於天下」三字則參差不齊矣，明此三字爲衍。文子自然篇作「言爲文章，行爲儀表」，本於淮南，正無此三字。

〔九〕【箋釋】陶鴻慶云：此文本作「醜美不爲好憎，賞罰不爲喜怒」。今本誤倒，則不可通。文子自然篇作「美醜不好憎，賞罰不喜怒」，兩「不」字下亦當有「爲」字，可與此文互證。○楊樹達云：「喜怒」當作「怒喜」，此淺人以古書多言「喜怒」妄乙之耳。此文「喜」字與上文「理」字及下文「己」字爲韻，作「喜怒」則失其韻矣。○王叔岷云：陶説大謬。下文「不爲秦楚變節，不爲胡越改容」，莊子繕性篇「不爲軒冕肆志，不爲窮約趨俗」，並與此句法同。○蔣禮鴻云：此當作「不爲醜美好憎，不爲喜怒賞罰」。醜美與喜怒下皆省一「而」字耳。下文曰：「喜不以賞賜，怒不以罪誅。」是其證。陶校不確。○雙棣按：此文「事、下、理、怒、己」之魚合韻，不必改字。

〔一〇〕【箋釋】陳昌齊云：「猶」當作「由」。○于鬯云：文子自然篇「猶」作「由」。○劉文典云：治要引，「猶」作「由」。「猶、由」古通用。

〔一一〕【用韻】「事、下、時、理、怒、己」之魚合韻。

〔一二〕【高注】冕，王者冠也。前旒，前後垂珠飾遂鋋也。下自目，故曰蔽明也。天子玉縣十二，公侯挂珠九，卿點珠六，伯子各應隨其命數也。

【版本】王溥本、朱本、莊本、集解本注「遂」作「邃」，黄本無注，餘本同藏本。

【箋釋】陶方琦云：羣書治要引許注：「冕，冠也，前旒，冕前珠飾也。」説文冕下云：「大夫以上冠也，邃延，垂瑬，紞纊。」又瑬下云：「垂玉也，冕飾。」○王叔岷云：「所以蔽明」下不當有「也」，乃與下文句法一律，蓋涉注「故曰『蔽明』也」而衍。治要引此正無「也」字。○何寧云：注「前後垂珠」，據正文則冕無後旒，後旒於義無取。○雙棣按：注「遂」與「邃」通，劉績改「遂」爲「邃」，不必改字。

〔一三〕【高注】不欲其妄聞也。黈，讀而買黈益之黈也。

【版本】莊本、集解本注「益」作「蓋」，景宋本、朱本、葉本同藏本。

【箋釋】陶方琦云：羣書治要引許注：「黈纊，所以塞耳。」説文「冕」下作紞纊，「紞」下云：「冕冠塞耳者也。」説正同。○吴承仕云：「黈益」是也。文選長笛賦「猶以二皇聖哲黈益」，李善注云：「黈，猶演也。他斗切。」胡紹英箋證云：「黈讀與紸同。荀子禮論「紸纊聽息之時」，楊注：「紸讀爲注。」溝洫志顔注云：「注，引也。」引、演義近，故云「黈猶演也」。「黈益」連文，證一。本篇又云「脩行者競於住」，注云：「住，自益也。」住、黈並從主聲，而住亦訓爲益，證二。本經訓「愚夫惷婦」，注云：「惷，讀近貯益之貯。」貯、黈聲近，並與益連文，證三。孔平仲雜説曰：「俗言添黈，（原注「定斗反」。）以水投酒謂之黈水。」然則黈益即注益，謂挹注以盈之也。證四。據此，則「黈益」爲漢人常語，故以之作音。「讀而」當作「讀如」，蓋聲近而誤耳。「買」字或誤，或「買」字下有奪文，或「買黈益」爲彼時諺語，今不能輒定。○黄侃云：漢魏音作「黈益」，由此條推之，則黈、纊爲一字，益明黈、纊並充之後出字。○楊樹達云：語見大戴禮記子張問入官篇。晏子諫篇云：「冕前有旒，惡多所見也；纊紘琉耳，惡多所聞也。」語意同。

〔一四〕【高注】屏，樹垣也。爾雅曰：「門内之垣謂之樹。」論語曰：「國君樹塞門。」諸侯在内，天子在外，故曰所以自障也。

【版本】王溥本注「國君」作「邦君」。茅本、汪本、莊本、集解本注無「爾雅曰」三字，景宋本、王溥本、朱本、葉本同藏本。

【箋釋】陳昌齊云：一本「聰」、「障」下並有「也」字。○雙棣按：「聰」、「障」下有「也」字是。上文「蔽明」下有「也」字，此當一律。大戴禮子张問入官云：「故古者冕而前旒，所以蔽明也，統（當作纊）紞塞耳，所以弇聰也。」皆有「也」字。東方朔答客難云「冕而前旒，所以蔽明；黈纊充耳，所以塞聰。」均無「也」字。又注引爾雅見釋宫，今本作「屏謂之樹」。吕氏春秋季秋紀注引爾雅，與今本爾雅同。時則篇季秋注引爾雅「樹」下有「垣」字。注引論語見八佾，今本「國」作「邦」。

【用韻】「明、聰、障」陽東合韻。

〔一五〕【版本】王溥本「理」作「禮」，王鎣本作「視」，餘本同藏本。朱本「在」作「任」。

【箋釋】劉文典云：治要引，「邇」作「近」。○楊樹達云：「在」疑當作「任」。○馬宗霍云：説文云：「理，治玉也。」引申之，凡治皆謂之理。所理者遠，即所治者遠也。下文云「所治者大」，故本文變治言理耳。「在」讀如書堯典「在璿璣玉衡」之「在」。爾雅釋詁云：「在，察也。」郭璞注引書此文釋之。僞孔傳訓「在」爲「察」，即用爾雅義。説文云：「在，存也。」釋詁「存」訓「察」。「所在者邇」，即所察者近也。古之王者，掩聰蔽明，故所察者近。及其至也，明四目，達四聰，廣視聽於四方，使天下無壅塞，故所治者遠矣。

〔一六〕【版本】藏本「小」作「少」，王鎣本、朱本、茅本、莊本作「小」，今據改，餘本同藏本。

【箋釋】王念孫云：「少」當作「小」，字之誤也。羣書治要引此，正作「小」。

〔一七〕【高注】言嗜欲有所規合，乃是離散也。

【箋釋】楊樹達云：「規」古韻在支部，「離」在歌部，支歌二部合韻。

【用韻】「規、離」支歌合韻。

〔一八〕【高注】飾，好也。賊，敗也。

【用韻】「飾、賊」職部。

天氣爲魂，地氣爲魄，反之玄房，各處其宅〔一〕。守而勿失，上通太一〔二〕，太一之精，通於天道〔三〕。天道玄默，無容無則。大不可極，深不可測〔四〕。尚與人化，知不能得〔五〕。

昔者，神農之治天下也，神不馳於胷中〔六〕，智不出於四域〔七〕，懷其仁成之心〔八〕。甘雨時降〔九〕，五穀蕃植〔一〇〕，春生夏長，秋收冬藏。月省時考〔一一〕，歲終獻功，以時嘗穀〔一二〕，祀于明堂。明堂之制，有蓋而無四方，風雨不能襲，寒暑不能傷〔一三〕。遷延而入之，養民以公〔一四〕。其民樸重端愨〔一五〕，不忿争而財足〔一六〕，不勞形而功成〔一七〕，因天地之資，而與之和同〔一八〕。是故威厲而不殺〔一九〕，刑錯而不用，法省而不煩〔二〇〕，故其化如神〔二一〕。其地南至交阯，北至幽都〔二二〕，東至暘谷〔二三〕，西至三危〔二四〕，莫不聽從。當此之時，法寬刑緩，囹圄空虚〔二五〕，而天下一俗〔二六〕，莫懷姦心。

末世之政則不然。上好取而無量，下貪狼而無讓〔二七〕，民貧苦而忿争，事力勞而無功〔二八〕，智詐萌興，盗賊滋彰，上下相怨，號令不行〔二九〕。執政有司，不務反道，矯拂其本，而事脩其末〔三〇〕，削薄其德，曾累其刑，而欲以爲治〔三一〕，無以異於執彈而來鳥，捭梲而狎犬也〔三二〕，亂乃逾甚〔三三〕。

校釋

〔一〕【用韻】「魄、宅」鐸部。

〔二〕【用韻】「失、一」質部。

〔三〕【箋釋】王念孫云：通於天道，本作「通合於天」，今本脱「合」字，衍「道」字。（「道」字涉下句「天道玄默」而衍。）文子自然篇正作「通合於天」。「天」與「精」爲韻。（天字合韻讀若汀，小雅南山篇「不弔昊天」，與「定生寧醒成政姓」爲韻，大雅雲漢篇「瞻卬昊天」，與「星贏成正寧」爲韻。瞻卬篇「瞻卬昊天」，與「寧定」爲韻。乾象傳「乃統天」、「時乘六龍以御天」，與「形成命貞寧」爲韻。坤象傳「乃順承天」，與「生」爲韻。乾文言「時乘六龍以御天也」，與「精情平」爲韻。楚辭九章「瞭杳杳而薄天」、九辯「瞭冥冥而薄天」，並與「名」爲韻。凡周秦用韻之文，天字多有入耕部者，詩、易、楚辭而外，不可枚舉。）若作「通於天道」，則失其韻矣。此文上下十八句皆用韻。

〔四〕【高注】測，盡。

〔五〕【高注】天道至大，非人智慮所能得也。

【箋釋】陳昌齊云：「尚」疑爲「常」。○于省吾云：「尚」應讀作「常」，金文「常」字通作「尚」。○馬宗霍云：「尚」猶主也。尚與人化，言天道玄默，主於與人爲化也。化而裁之存乎變，非人智慮所能得，故曰智不能得。訓尚爲主，見廣雅釋詁三。○于大成云：于校是也。文子自然篇正作「常」。

【用韻】「默、則、極、測、得」職部。

〔六〕【高注】言釋神安静，不躁動也。

〔七〕【高注】信身在中。

〔八〕【高注】懷，思。

【版本】王溥本、王鎣本、朱本、汪本、張本、吴本、黄本、莊本、集解本「成」作「誠」，餘本同藏本。

【箋釋】馬宗霍云：「懷其仁誠之心」，下屬「心」字，則「懷」訓「思」非其義也。尋文選班彪北征賦「心愴恨以傷懷」，李善注引蒼頡篇曰：「懷，抱也。」本文之「懷」，亦當訓抱。言神農抱其仁誠之心治天下也。説文「抱」爲「捊」之重文，其義爲「引取也」。懷抱本字當作「褢褎」，書傳蓋假「懷」爲「褢」，借「抱」爲「褎」耳。○雙棣按：「成、誠」古字通。

【用韻】「中、心」冬侵合韻。

〔九〕【箋釋】陳昌齊云：御覽引，「時降」作「以時」。○王叔岷云：文子精誠篇亦作「甘雨以時」。○于大成云：隋書、北史宇文愷傳引亦作「甘雨以時」。○雙棣按：作「甘雨以時」當是，「時、植」爲韻，之職通韻，作「時降」則失韻矣。

〔一〇〕【高注】蕃，茂。植，長。

【箋釋】于大成云：文子精誠篇「植」作「殖」，御覽七十八、八百七十二、玉海九十五引淮南亦作「殖」。植、殖並叚爲「兹」，説文「兹，草木多益也」。

〔一一〕【高注】考，成。

【版本】藏本注「考」作「茂」，朱本作「考」，今據改，景宋本、王溥本、葉本同藏本，茅本、汪本、張本、黄本、莊本、集解本無此注。

【箋釋】吕傳元云：宋本、藏本注云：「茂，成。」當作「考，成」，涉上注「蕃茂」而譌也。爾雅釋詁：「考，成也。」淮南猶言月省察其事，時考成其事，故高注作「考，成也」。人間訓：「剡麻考縷。」高注：「考，成。」可互證。○雙棣按：「月省時考」爲對文，釋爲月察其事，時成其事，似於理不合。疑此省考義近，皆爲省察考校之義。大戴禮曾子疾病篇「吾不見日省而月考之」，王聘珍解詁：「省，察也；考，校也。」

〔二〕【高注】嘗之新穀，薦之明堂。

【版本】王溥本注「嘗」下「之」作「其」，景宋本、朱本、葉本同藏本，茅本、汪本、張本、黄本、莊本、集解本注作「穀，新穀也，薦之明堂，嘗之也」。

【箋釋】劉文典云：北堂書鈔二十八引，「獻功」作「報功」。○于大成云：隋書、北史宇文愷傳，御覽七十八，路史後紀四注引此文做「終歲獻貢」，與文子精誠篇合。貢、功古通。廣雅釋言「貢，功也」，周禮太宰「五曰賦貢以馭其用」，記曲禮下「五官致貢曰享」，注並云「貢，功也」，説文「貢，獻功也」，並其證。

〔三〕【箋釋】劉文典云：御覽七十八引，「寒暑」作「燥濕」。○于大成云：隋書、北史宇文愷傳，路史後紀三注引此文亦並作「燥濕」。○向承周、何寧説同。

〔四〕【高注】遷延，猶倘佯也。已説在本經也。

【用韻】「襲、入」緝部，「長、藏、功、堂、方、傷、公」陽東合韻。

〔五〕【高注】端，直也。愨，成也。

【版本】景宋本、王溥本、朱本、莊本、集解本注「成」作「誠」，葉本同藏本。

〔一六〕【用韻】「愨、足」屋部。

〔一七〕【箋釋】楊樹達云：「功成」當作「成功」，此後人疑「成功」與「財足」不對，故妄乙之耳。「功」字與上文「公」字下句「同」字爲韻，作「功成」則失其韻矣。○于大成云：楊説綦是。御覽七十八、路史後紀三引此文，皆作「成功」。

〔一八〕【用韻】「成、同」耕東合韻。

〔一九〕【箋釋】王念孫云：「殺」本作「試」，此後人以意改之也。荀子議兵、宥坐二篇及史記禮書並云「威厲而不試，刑錯而不用」，不試猶不用也。若云「不殺」，則非其指矣。太平御覽皇王部三引此，正作「不試」。文子精誠篇同。

〔二〇〕【高注】省，約也。煩，多也。

〔二一〕【箋釋】于大成云：北堂書鈔十引作「教化若神」，御覽七十八引作「教化如神」，文子精誠篇同御覽。○何寧云：「故」字無義，乃「教」字形近而譌。衍「其」字。因「教」誤作「故」，後人加「其」字耳。

【用韻】「殺、煩」月元通韻。

〔二二〕【高注】幽冥之都。

【箋釋】于大成云：脩務篇「阯」作「趾」，通鑑外紀、玉海九五引此文亦作「趾」。大戴記五帝德「北至于幽陵，南至于交趾」，又「南撫交阯」，（史記五帝本紀同。）上作「趾」，下作「阯」。又少間

「南撫交趾」，字作「趾」。説苑修文篇「南撫交趾」，用大戴、史記文，字作「趾」。墨子節用、尸子、吕氏春秋求人、尚書大傳、賈子修政語、新序雜事一諸文與淮南同。交趾本國名，其民足趾相交故名。「趾、阯」同聲通假。

〔二三〕【高注】日所出也。

【版本】景宋本「暘」作「湯」。茅本、汪本、莊本、集解本注「日所出也」上有「暘谷」二字，景宋本、王溥本、朱本、葉本同藏本。

【箋釋】于大成云：宋本作「湯谷」，通鑑外紀一同。「湯」之與「暘」，有許、高之異，説詳天文篇。

〔二四〕【高注】三危，西極之山。

〔二五〕【用韻】「寬、緩」元部。「圄、虚」魚部。

〔二六〕【高注】一同其俗。

〔二七〕【版本】吴本「狼」作「狠」，莊本作「很」，餘本同藏本。

【箋釋】于大成云：「貪狼」、「貪很」，雖舊籍皆所習見，而要略篇有「秦國之俗，貪狼强力」之文，知淮南自作「貪狼」也。漢書董仲舒傳「至秦則不然，師申、商之法，行韓非之説，憎帝王之道，以貪狼爲俗」，師古曰「狼性皆貪，故謂貪爲貪狼也」。○雙棣按：于説是。史記項羽本紀「猛如虎，很如羊，貪如狼」，即顔注所由來。

【用韻】「量、讓」陽部。

〔二八〕【用韻】「争、功」耕東合韻。

〔二九〕【用韻】「彰、行」陽部。

〔三〇〕【高注】事，治。

〔三一〕【用韻】「德、治」職之通韻。

〔三二〕【箋釋】莊逵吉云：棁，説文解字云：「木杖也。」考禰衡執棁以罵曹操，亦是杖。此捭棁義當從之。○陳昌齊云：説山篇「執彈而招鳥，揮棁而呼狗」，則「捭」字當爲「揮」字之譌。説文：「揮，奮也。」○陶方琦云：意林引淮南作「揮棁而狎犬」，意林、御覽九百五、事類賦引許注：「揮，挾；棁，杖也。」按：説文：「棁，木杖也。」説正同。説文：「挾，俾持也。」○劉文典云：御覽九百五引，「捭」作「袖」。○吴承仕云：御覽引，「捭棁」作「袖棁」。疑高本字作「捭」，許本字作「袖」，許注當云：「袖，挾也。棁，杖也。」挾棁於袖。陶引作「揮，挾也」，揮挾義詁殊遠，蓋由後人以説山篇文改「袖」爲「揮」，故與注義不相應耳。急就章「鐵錘撾杖棁柲杸」，顔師古注云：「棁，小棓也。今俗呼作袖棁，言可藏於懷袖之中也。」可見袖棁之語，自漢訖唐，承用不廢也。○楊樹達云：陳校是也。意林引此文，正作「揮」字。二「而」字下意林並有「欲」字，與上文「欲以爲治」義相承，於義爲長。○于大成云：吴説是也。事類賦二十三「袖棁則逝」，注引淮南此文，知「袖」字必不誤矣。萬卷精華十八引此文，亦作「袖棁」，並與御覽同，則意林引作「揮棁」者，的是後人依説山篇改無疑也。

〔三〕【高注】逾，益。

夫水濁則魚噞〔一〕，政苛則民亂〔二〕。故夫養虎豹犀象者爲之圈檻〔三〕，供其嗜欲，適其飢飽〔四〕，違其怒恚，然而不能終其天年者，刑有所劫也〔五〕。是以上多故則下多詐〔六〕，上多事則下多態〔七〕，上煩擾則下不定〔八〕，上多求則下交争〔九〕。不直之於本，而事之於末，譬猶揚堁而弭塵、抱薪以救火也〔一〇〕。

故聖人事省而易治，求寡而易贍〔一一〕，不施而仁，不言而信，不求而得，不爲而成，塊然保真，抱德推誠〔一二〕，天下從之，如響之應聲，景之像形〔一三〕，其所修者本也〔一四〕。刑罰不足以移風，殺戮不足以禁姦，唯神化爲貴，至精爲神〔一五〕。

夫疾呼不過聞百步，志之所在，踰于千里〔一六〕。冬日之陽，夏日之陰，萬物歸之，而莫使之然〔一七〕。故至精之像〔一八〕，弗招而自來，不麾而自往〔一九〕，窈窈冥冥，不知爲之者誰，而功自成〔二〇〕。智者弗能誦，辯者弗能形〔二一〕。

昔孫叔敖恬臥，而郢人無所害其鋒〔二二〕；市南宜遼弄丸，而兩家之難無所關其辭〔二三〕。鞅鞈鐵鎧〔二四〕，瞋目扼擥〔二五〕，其於以御兵刃，縣矣〔二六〕。券契束帛，刑罰斧鉞，其於以解難，薄矣〔二七〕。待目而照見，待言而使令，其於爲治，難矣〔二八〕。蘧伯玉爲相，子貢往觀之，曰：

「何以治國？」曰：「以弗治治之〔二九〕。」簡子欲伐衛，使史黯往覿焉〔三〇〕，還反報曰：「蘧伯玉爲相，未可以加兵〔三一〕。」固塞險阻，何足以致之〔三二〕？故皋陶瘖而爲大理，天下無虐刑，有貴于言者也〔三三〕。師曠瞽而爲太宰，晉無亂政，有貴于見者也〔三四〕。故不言之令，不視之見〔三五〕，此伏犧、神農之所以爲師也〔三六〕。

校釋

〔一〕【高注】魚短氣，出口於水，喘息之諭也。

【版本】王溥本、汪本、張本、莊本注「諭」作「喻」，餘本同藏本。

【箋釋】陳昌齊云：文選長笛賦注引作「水濁則魚噞喁」，引注作：「楚人噞喁，魚出頭也。」又説文繫傳引作「水濁則魚喁」。考「水濁則魚喁，政苛則民亂」二語見韓詩外傳，淮南並用其文也。◎莊逵吉云：説文解字：「喁，魚口上見。」論語素王受命讖曰：「莫不喁喁，延頸歸德。」蓋亦衆口上向之義。「水濁則魚喁，政苛則民亂」十字出韓詩外傳。淮南之文，博采通人，信而有證。此乃改「喁」爲「噞」，噞喁古音相近，古字無即異文歟。◎劉台拱云：長笛賦注引作「噞喁」，「喁」蓋衍字，主術訓、説山訓並作「魚噞」。◎易順鼎云：一切經音義卷九十五引許注：「嗛，銜也，口有所銜食也。」按：説文：「嗛，口有所銜也。」與此正同。據此則許本作「嗛」，高本作「噞」字。説文無「噞」字。◎馬宗霍云：韓詩外傳爲韓嬰作，嬰與淮南王安同時，淮南本文未必即出韓詩外傳。然淮南書亦賓客方術之士所爲，或古有是語兩書同采之。然則據韓詩外傳以校本文「噞」字似以作「喁」爲是。又：余疑「噞喁」連文蓋出楚人方言，許君取以入注。淮南正文原作「喁」，後傳寫作「噞」，校者以「噞」與「喁」同，沾「喁」字於其旁，久而竄入正文，李氏所見遂有「噞喁」連文之本矣。

〔二〕【高注】言無聊也。

【用韻】「噞、亂」談元合韻。

〔三〕【箋釋】陶方琦云：大藏音義三十九、六十八引許注：「圈，獸牢也。」按：説文：「圈，養畜之閑也。」養畜當作養獸。（畜作嘼，與獸字相似。）漢書張釋之傳「登虎圈」，注：「養獸之所。」與許君淮南獸牢説合。（文選注引説文正作養獸。）

〔四〕【版本】茅本、汪本、張本、吴本、黄本、莊本「飢」作「饑」，餘本同藏本。

〔五〕【版本】王溥本、王鎣本、汪本、張本、吴本、黄本、莊本、集解本「刑」作「形」，餘本同藏本。

【箋釋】王叔岷云：「違其怒恚」，「違」當爲「達」，莊子人間世篇、列子黄帝篇並作「達」。「違」即「達」字之誤。鶡冠子天權篇「違物之情」注：「違或作達。」亦違、達相亂之例。○向承周、吕傳元與王説同。

〔六〕【高注】故，巧。

【版本】莊本、集解本注「巧」作「詐」，景宋本、王溥本、朱本、葉本同藏本。

【箋釋】洪頤煊云：原道訓「不設智故，而方圓曲直弗能逃也」，高注：「智故，巧飾也。」俶真訓「不以曲故是非相尤」，高注：「曲故，曲巧也。」本經訓「懷機械巧故之心而性失矣」，俶真訓「巧故萌生」，吕氏春秋下賢篇「空空乎其不爲巧故也」，「故」當訓爲「巧」，不爲「詐」也。○吴承仕云：朱本、景宋本正作「巧」，莊本作「詐」者，涉上文「詐」字而誤。○雙棣按：道藏本等各本皆作「巧」，莊本擅改爲「詐」，而集解本從之。

【用韻】「故、詐」魚鐸通韻。

〔七〕【箋釋】馬宗霍云：文選張衡西京賦「盡變態乎其中」，薛綜注云：「態，巧也。」本文「態」字當取此義。「上多事則下多態」，猶戰國策所謂「科條既備，民多僞態」也。○蕭旭云：態、詐對舉，態亦詐也。莊子馬蹄：「故馬之知而態至盜者，伯樂之罪也。」成玄英疏：「態，姦詐也。」態讀慝，奸惡也。荀子成相：「反覆言語生詐態。」王念孫讀態爲慝，是其證。

【用韻】「事、態」之部。

〔八〕【高注】不定，不知所從。

〔九〕【用韻】「定、争」耕部。

〔一〇〕【高注】堁，塵塺也。楚人謂之堁。堁，動塵之貌。弭，止也。

【版本】藏本注「塺」作「麼」，張本、莊本、集解本作「塺」，今據改，王溥本、朱本、葉本同藏本，景宋本、茅本作「磨」。

【箋釋】陶方琦云：文選宋玉風賦注引許注：「堁，塵塺也。」按：此許注羼入高注本者。説文：「塺，塵也。」廣雅釋詁：「堁，塵也。」〇于大成説同。

【用韻】「本、塵」文真合韻，「末、火」月微合韻。

〔一一〕【高注】贍，給。

【版本】莊本、集解本正文及注「贍」作「澹」，餘本同藏本。

〔一二〕【高注】誠，實。

〔一三〕【箋釋】雙棣按：像，隨也。淮南覽冥云：「居君臣父子之間，而競載驕主而像其意。」高誘注：「像，猶隨也。」

【用韻】「仁、信、成、真、誠、聲、形」真耕合韻。

〔一四〕【高注】詹何曰：「未聞身治而國亂。」故曰其所修者本也。

【箋釋】雙棣按：注引詹何曰見本書詮言篇及列子説符篇。吕氏春秋先己、執一等篇高注亦引有此語。

〔一五〕【箋釋】陳昌齊云：「至精爲神」，當是注文。

【用韻】「姦、神」元真合韻。

〔一六〕【高注】踰，猶通也。

【版本】莊本、集解本注「通」作「過」，景宋本、王溥本、朱本、葉本同藏本。

【箋釋】楊樹達云：「踰」當讀爲「喻」，高説殊不可通。○于大成云：藏本等注作「通」，義自可通。楊氏蓋爲莊本所誤爾。

【用韻】「在、里」之部。

〔一七〕【高注】冬日仁，物歸陽；夏日猛，物歸陰。莫使之，自然如是也。

【版本】藏本「夏」下脱「日」字，除王溥本同藏本外，餘本均有「日」字，今據補。藏本注「仁」作「人」，景宋本、朱本、莊本、集解本作「仁」，今據改，茅本、葉本、汪本同藏本。

【箋釋】向承周云：治要引虎韜云：「夫民之所利，譬如冬日之陽，夏日之陰。冬日之從陽，夏日之從陰，不召自來。」又周書大聚篇：「譬之若冬日之陽，夏日之陰，不召而民自來。」○劉殿爵云：「而莫使之然」，疑本作「莫之使而然也」。○于大成云：鄧析子無厚篇云「爲君當若冬日之陽，夏日之陰，萬物自歸，莫之使也」，羣書治要、長短經適變篇引文子精誠篇云「冬日之陽，夏日之陰，萬物歸之，而莫之使也」，（今本文子有誤。）是此文「而莫使之然」，當作「而莫之使也」，今本蓋涉注文而誤。

【用韻】「陰、然」侵元合韻。

〔一八〕【箋釋】劉績云：「像」，當依文子作「感」。

〔一九〕【用韻】「像、往」陽部。

〔二〇〕【箋釋】劉家立云：不知爲之者誰，「誰」下脱「何」字。本經篇云：「兼苞海内，澤及後世，不知爲之者誰何。」是其證。脱「何」字則句法不完。

〔二〕【用韻】「冥、成、形」耕部。

〔三〕【高注】郢，楚國都也。孫叔敖，楚大夫也。蓋乘馬三年，不知其牝牡，言其賢也。但恬臥養德，折衝千里之外，敵國不敢犯害，故郢人不舉兵出伐，無所害其鋒於四方也。

【箋釋】王念孫云：「害其鋒」三字，義不相屬，「害」當爲「用」，字之誤也。（隸書害字作𡧫，其上半與用相似。）高注亦當作「故郢人不舉兵出伐，無所用其鋒於四方也」。莊子徐無鬼篇作「孫叔敖甘寢秉羽，而郢人投兵」，投兵亦謂無所用之也。又高注不敢犯害，當以犯絶句，「害」字因上下文而衍，司馬彪注莊子曰：「言叔敖安寢恬臥，以養德於廟堂之上，折衝於千里之外，敵國不敢犯。」即用高注語，則「犯」下無「害」字明矣。○俞樾云：「害」字無義，王氏念孫謂是「用」字之誤。然「用」與「害」字形不似，無緣致誤也。「害」蓋「容」字之誤，容亦用也。釋名釋姿容曰：「容，用也，合事宜之用也。」是其義也。無所容其鋒，即無所用其鋒。老子曰：「兵無所容其刃。」此淮南所本也。○馬宗霍云：本文「害」字不誤。王、俞之説皆非也。説文云：「害，傷也。」「傷，創也。」引申之義則爲損。「郢人無所害其鋒」者，言孫叔敖秉楚國之政，德足服遠，雖恬臥無爲，而郢人之聲威固無所損也。又案：古多假「害」爲「曷」，「曷」與「遏」通，遏者止絶之義。詩商頌長發「則莫我敢曷」，毛傳云：「曷，害也。」漢書刑法志引詩作「則莫我敢遏」，即其證。然則本文讀「害」爲「遏」亦通。言郢人之鋒不因孫叔敖之臥治而有所遏止也。

〔二三〕【高注】宜遼，名，姓熊，勇士，居楚市南。楚平王太子建爲費無極所逐，奔鄭，鄭人殺之，其子勝在吴，令尹子西召之，以爲白公。請伐鄭以報讎，子西許之，而未出師。晉人伐鄭，子西救之。勝怒曰：「鄭人在此，讎不遠矣。」欲殺子西，其臣石乞曰：「市南熊宜遼，得之可以當五百人。」乃往視之，告其故。不從。舉之以劍，不動，而弄丸不輟，心志不懼，曰：「不能從子爲亂，亦不泄子之事。」白公遂殺子西。兩家雖有難，不怨宜遼，故曰無所關其辭也。

【版本】藏本注「宜遼名姓熊」作「宜遼姓也名熊」，今據茅本改，餘本同藏本。張本、莊本、集解本注「極」作「忌」，除黄本外，餘本同藏本。藏本注「晉人伐鄭」下衍「以報讎」三字，莊本、集解本無，今據删，除黄本外，餘本同藏本。藏本注「劍」下有「而」字，景宋本、茅本、汪本、張本、黄本無，今據删，餘本同藏本。藏本注「白公遂殺子西」，「白」作「曰」，王溥本、朱本、茅本、汪本、莊本、集解本作「白」，今據改，景宋本、葉本同藏本。藏本注「兩家」脱「家」字，朱本、茅本、汪本、張本、黄本、莊本、集解本有，今據補，餘本同藏本。茅本、汪本、莊本、集解本注「兩家」上有「故」字。

【箋釋】莊逵吉云：應云「宜遼，名也，姓熊」。○楊樹達云：莊子徐無鬼云：「市南宜遼弄丸而兩家之難解，孫叔敖甘寢秉羽而郢人投兵。」此淮南所本。○雙棣按：莊子成疏云：「姓熊，字宜遼，楚之賢人，亦是勇士沈默者也。」是「宜遼」爲名字而姓熊。今據茅一桂本改。

〔二四〕【箋釋】孫詒讓云：鞅爲馬頸靼，於甲義無取。此疑當爲「鞼」。草書央、貴二形近，因而致誤。

國語齊語云：「輕罪贖以鞼盾一戟。」（管子小匡篇作「輕罪入蘭盾鞈革二戟」。）韋注云：「鞼盾，綴革有文如績也。」說文革部云：「鞼，革繡也。」荀子議兵篇云：「楚人鮫革犀兕以爲甲，鞈如金石。」楊注云：「鞈，堅貌。」考工記有「合甲」。此鞼鞈，亦言合綴革札爲甲也。

〔二五〕【箋釋】劉績云：「掔」，古「腕」字。○莊逵吉與劉說同。○于大成云：鄧析子無厚篇作「振目搤腕」。○雙棣按：劉、莊説是。說文：「掔，手掔也。」字或作「腕」。

〔二六〕【高注】縣，遠也。比於德，不及之遠。

【版本】莊本、集解本注「於」作「于」。

【箋釋】王念孫云：「縣」當爲「緜」，緜，薄也。此言緜，下言薄，其義一也。漢書嚴助傳「越人緜力薄材」，孟康曰：「緜，薄也。」言德之所禦，折衝千里，若鞅鞈鐵鎧，瞋目扼掔，其於以禦兵刃則薄矣。高訓縣爲遠，而曰「比於德不及之遠」，殆失之迂。

【用韻】「掔、縣」元部。

〔二七〕【高注】薄於德也。

【用韻】「鉞、難」月元通韻，「帛、薄」鐸部。

〔二八〕【用韻】「見、難」元部。

〔二九〕【高注】蘧伯玉，衛大夫蘧瑗也。子貢，衛人也，姓端木，名賜，孔子弟子也。

〔三〇〕【高注】簡子，晉卿趙鞅也。史黯，史墨也。覿，觀之也。

【版本】王溥本、王鎣本、朱本、吳本「簡子」上有「於是」二字，餘本同藏本。藏本「史黯」上衍「是」字，景宋本、葉本同藏本，餘本皆無「是」字，今據删。藏本注「鞅」作「氏」，景宋本、茅本、汪本、張本、黄本、莊本、集解本作「鞅」，今據改，王溥本、葉本同藏本。

【箋釋】王念孫云：覿訓爲見，不訓爲觀。「覿」皆當爲「覿」。廣雅曰：「觀、覿，視也。」玉篇：「覿，七亦切，觀也。」義皆本於高注。後人多見「覿」，少見「覿」，故「覿」誤爲「覿」矣。○楊樹達云：事出呂氏春秋召類篇，史黯作史默。亦見説苑奉使篇。

〔三一〕【高注】以其賢也。

【版本】藏本「還」下無「反」字，景宋本有，今據補，餘本同藏本。

【用韻】「相、兵」陽部。

〔三二〕【高注】致，猶勝也。

〔三三〕【高注】雖瘖，平獄理訟能得人之情，故貴於多言者也。

〔三四〕【高注】雖盲，而大治晉國，使無有亂政，故貴於有所見。

【版本】藏本「者」下無「也」字，王溥本、王鎣本、朱本（挖補）、茅本、葉本、黄本、莊本、集解本有，今據補，景宋本誤入注文。

【箋釋】顧廣圻云：宋本「也」誤入注首，藏本删，非。○于大成云：「太宰」當作「大師」。周禮春官序官「大師，下大夫二人」，注云「凡樂之歌，必使瞽矇爲焉，命其賢知者以爲大師、小師」。晉杜蒯云「曠也，大師也」，是曠爲大師也。師曠，曠其名，師其官也。大師爲樂官，故論語八佾篇「子語魯大師樂」，集解云「大師，樂官名」，正義云「猶周禮之大司樂也」。周禮春官大師「大師，掌六律六同，以合陰陽之聲」，正義云「此大師無目，於音聲審，故使合六律六同及五聲八音也」。其所以誤爲「太宰」者，晉書職官志云：「太宰、太傅、太保，周之三公官。晉初，以景帝諱故，又採周官官名，置太宰以代太師之任。」通典二十亦云：「晉初，依周禮備置三公。三公之職，太師居首。以景帝名師，故置太宰以代之。蓋爲太師之互名，非周家宰之任也。」（通志五十二、文獻通考四十八並同。）今本文子亦作「太宰」，而御覽七百四十引作「太師」。蓋後人以太宰爲太師之互名，故易太師爲太宰，或晉時避景帝諱改之。幸御覽引文子作「太師」，尚得考見淮南之本亦作「大師」也。

【用韻】「理、宰」之部，「刑、政」耕部，「言、見」元部。

〔三五〕【高注】不言之令，皋陶瘖也。不視之見，師曠瞽也。

〔三六〕【高注】以，用。師，法。

【版本】茅本、汪本、張本、黄本、莊本、集解本無此注，餘本同藏本。

故民之化也〔一〕，不從其所言而從其所行〔二〕。故齊莊公好勇，不使鬭争，而國家多難，其漸至于崔杼之亂〔三〕。傾襄好色，不使風議，而民多昏亂，其積至昭奇之難〔四〕。

故至精之所動，若春氣之生、秋氣之殺也，雖馳傳騖置，不若此其亟[五]。故君人者，其猶射者乎？於此毫末，於彼尋常矣。故慎所以感之也。夫榮啟期一彈而孔子三日樂，感于和[六]。鄒忌一徽而威王終夕悲，感于憂[七]。動諸琴瑟，形諸音聲，而能使人爲之哀樂[八]，縣法設賞而不能移風易俗者，其誠心弗施也。甯戚商歌車下，桓公喟然而寤[九]，至精入人深矣。

故曰樂，聽其音則知其俗，見其俗則知其化[一〇]。孔子學鼓琴於師襄[一一]，而諭文王之志，見微以知明矣[一二]。延陵季子聽魯樂而知殷夏之風，論近以識遠也[一三]。作之上古，施及千歲，而文不滅[一四]，況於並世化民乎？

湯之時，七年旱[一五]，以身禱於桑林之際，而四海之雲湊[一六]，千里之雨至[一七]。抱質效誠，感動天地，神諭方外，令行禁止，豈足爲哉[一八]！

古聖王至精形於內，而好憎忘於外[一九]，出言以副情[二〇]，發號以明旨，陳之以禮樂，風之以歌謠，業貫萬世而不壅[二一]，橫扃四方而不窮[二二]，禽獸昆蟲，與之陶化[二三]，又況於執法施令乎[二四]！

故太上神化，其次使不得爲非，其次賞賢而罰暴[二五]。

校釋

〔一〕【箋釋】王念孫云：民之化也，本作「民之化上也」。下句「其」字，正指「上」而言，脱「上」字則義不相屬。文子精誠篇正作「民之化上」。

〔二〕【高注】從其志意之所行。

【版本】藏本「所行」上無「其」字，景宋本有「其」字，今據補，餘本同藏本。朱本、茅本、汪本、張本、黄本、莊本、集解本此無注，景宋本、王溥本、葉本同藏本。

〔三〕【高注】莊公，齊靈公之子光。崔杼，齊大夫也。亂，殺莊公也。

【箋釋】劉家立云：譚氏復堂曰：「鬬争」應作「閒争」。閒争，諫諍也。與下文風議同義。文子亦作「鬬」，蓋其訛已久也。〇于省吾云：「使」字不詞，「使」本應作「事」，金文「使、事」同字。「不事鬬争」言不以鬬争爲事也。下文「不使風議」，亦應作「不事風議」。〇蔣禮鴻云：「鬬争」當作「諫争」，與下文「頃襄好色不使風議」文意一律。作「鬬争」者，涉「好勇」而誤。

〔四〕【高注】楚傾襄王。昭奇，楚大夫也。

【用韻】「難、亂」元部。

【版本】王鎣本、朱本、汪本、張本、吴本、黄本、莊本、集解本「傾」作「頃」，景宋本、王溥本、茅本、葉本同藏本。

【箋釋】雙棣按：劉家立集證本「傾襄」下有「王」字。與「齊莊公」相對，然未云何據。或「傾襄」下無「王」字，而上文「齊莊公」下衍「公」字。此文上下四字爲句，無「公」字句式更爲整齊。然高注「莊公，齊靈公之子光」，似高所見本已有「公」字。

【用韻】「亂、難」元部。

〔五〕【高注】亟，疾。

【用韻】「置、亟」職部。

〔六〕【箋釋】雙棣按：榮啟期，春秋時隱士。列子天瑞篇記有榮啟期之事，茅本、汪本、張本引列子文作爲注語，絶非高誘舊注。漢書古今人表作「榮聲期」，顏師古注：「即榮啟期，聲或作啟。」

〔七〕【高注】徽，鶩彈也。威王，齊宣王之父也。在春秋後。徽，讀紛麻縗車之縗也。

【箋釋】陶方琦云：文選陸機文賦注、劉孝標廣絶交論注、陸機弔魏武文注引許注：「鼓琴循絃謂之徽，悲雅俱有，所以成樂。直雅而無悲，則不成。」按：漢書楊雄傳「高張急徽」，注：「徽，琴徽也。」然循絃之説，義與揮同。琴賦云「伯牙揮手」是也。悲雅下當有誤文，疑是「悲絃俱有，所以成樂，直絃而無悲，則不成樂」。雍門周善彈琴，以哭見孟嘗君，即此意也。齊俗訓「徒絃則不能悲。故絃，悲之具也，而非所以爲悲」。許注即本此。又：唐本玉篇絲部引許注：「鼓琴循絃謂之徽。」按：與文選注引許君注同。◯李哲明云：鶩彈者，急彈也。本篇「魚得水而鶩」，注：「鶩，疾也。」文選羽獵賦「徽車輕武」，注：「徽，疾貌。」徽有疾義，故訓鶩彈。楊雄所謂「高張急徽」者也。紛麻不甚適，「紛」當作「績」，「縗車」當作「縲車」。脩務篇「參弦復徽」注：「徽讀縲車之縲。」可證。○雙棣按：文選應璩與滿公琰書注引許注亦作「鼓琴循絃謂之徽」。又李氏謂「縗」當作「縲」是也。説文：「縲，箸絲於筟車也。」段注：「筟車亦曰縲車。」縗則謂喪服，非縲車之義。

【用韻】「和、憂」歌幽合韻。

〔八〕【高注】哀，威王也。樂，孔子也。

【版本】藏本注「哀」誤作「在」，景宋本、王溥本、莊本、集解本作「哀」，今據改，葉本同藏本。

〔九〕【版本】藏本「寤」下衍「矣」字，王鎣本、朱本、汪本、張本、黄本、莊本、集解本無，今據删，餘本同藏本。茅本、汪本、張本、黄本、莊本、集解本有注曰：「甯戚飯牛車下，叩角商歌，齊桓公悟之，用以爲相。」景宋本、王溥本、朱本、葉本同藏本。

【箋釋】陶方琦云：王子淵四子講德論注、陶淵明夜行塗口詩注引淮南作「甯越商歌車下，而桓公慨然而悟」，引許注：「甯越，衛人，聞齊桓公興霸，無因自達，將車自往。商，秋聲也。」按：許本作甯越，甯越乃周威王師，非是。「越」當是「戚」。説文：「戚，戉也。」當是古本或作「戉」，遂加走爲「越」也。今道應訓亦作甯越，均誤。道應訓「甯越欲干齊桓公，困窮無以自達，於是爲商旅，將任車，以商于齊」，許即用此文。文選嘯賦注亦引淮南子注：「甯戚，衛人，商，金聲清，故以爲曲。」當並是許注。○于大成云：許本實亦作「甯戚」，與高本同。文選陶淵明詩注、曹子建七啟注引此文並作「甯戚」。其四子講德論注引作「甯越」，乃是誤文，子淵正文云「昔甯戚商歌以干齊桓」，注引吕氏春秋「甯戚飯牛車下」云云，接引淮南及許注。若淮南本是甯越，無因引以注子淵文，知善所據淮南亦是甯戚，與曹七、陶詩注引同也。道應篇今本作甯越，亦是誤文。○雙棣按：甯戚干齊桓公事見吕氏春秋舉難篇。茅本等注語蓋即據吕覽而增。陶氏謂陶淵明詩注引淮南及許注甯戚並作甯越。考陶詩注引淮南及許注均作甯戚，戚未誤越，陶氏失檢。

【用韻】「下、㾓」魚部。

〔一〇〕【箋釋】王念孫云：「樂」字與下文義不相屬，當有脱文。文子精誠篇作「聽其音則知其風，觀其樂即知其俗，見其俗即知其化」。○楊樹達云：王説非也。樂字當逗，聽其音即聽樂之音也。此與論語「回也其心三月不違人」句法略同，文子乃不得其讀而改之，不足據。○于省吾云：王説非是，此應讀爲故曰(句)，樂(句)，本無脱文。○馬宗霍、于大成與楊、于省吾説同。

〔一一〕【高注】師襄，魯樂大師也。

【版本】景宋本、莊本、集解本注「大」作「太」，王溥本同藏本，朱本、茅本、葉本、張本、汪本無此注。

【箋釋】梁玉繩云：衛樂師非論語擊磬者，故古今人表判然二人。僞家語辯樂篇襲韓詩外傳而妄增擊磬爲宫之言，遂合二襄爲一。索隱及朱子集注並仍其誤。淮南子主術篇高注云「魯樂太師」，尤誤。不但師襄非魯伶官，且魯襄職司擊磬，豈得稱太師耶？○孫志祖云：師襄子與論語曰襄者，别自一人。論語之襄，乃魯伶官，日以擊磬爲職守，當未入海前，豈容抽身以至於衛，俾孔子從之師乎？高誘注淮南已誤。云太師尤誤。○沈延國云：梁、孫兩説是也。高注殊誤，劉文典集解、劉家立集證皆無引證，可謂疏矣。

〔二〕【高注】諭，教，教之鼓文王操也。

【箋釋】雙棣按：高注非。「諭」不當訓教，此「諭」之主體爲孔子而非師襄。廣雅釋言云：「諭，曉也。」諭與喻同，吕氏春秋正名篇「君子之説也，足以喻治之所悖、亂之所由起而已矣，足以知物之情、人之所獲以生而已矣」，高誘注：「喻，明。」下句「延陵季子聽魯樂而知殷夏之風」，亦諭與知爲對文，可證諭當爲知曉也。又茅本、張本、汪本以史記孔子世家文作爲注文，非高注。

【用韻】「襄、明」陽部。

〔三〕【箋釋】楊樹達云：詳見左傳襄公二十九年。

〔四〕【用韻】「歲、滅」月部。

〔五〕【箋釋】劉文典云：初學記天部下引，「七年」作「九年」。○于大成云：今本初學記引作「九年」，乃是誤文。陸校宋本初學記仍作「七年」，「七年」是也。○雙棣按：吕氏春秋順民篇：「昔者湯克夏而正天下，天大旱，五年不收，湯乃以身禱於桑林。」論衡感虚：「書傳言湯遭七年旱，或言五年。」墨子七患引殷書：「湯五年旱。」文選注引吕覽亦或作「七年」或作「五年」。恐初學記引

「九年」非是。

〔一六〕【高注】湊，會也。或作蒸，蒸，升也。

【版本】茅本、汪本、莊本、集解本此注在下句「千里之雨至」下，景宋本、王溥本、朱本、葉本同藏本。

〔一七〕【用韻】「際、至」月質合韻。

〔一八〕【箋釋】雙棣按：「豈足爲哉」與上文文義不屬。文子精誠篇作「抱真效誠者，感動天地，神踰方外，令行禁止，誠通其道，而達其意，雖無一言，天下萬民，禽獸鬼神，與之變化」。

【用韻】「地、外、爲」歌月通韻。

〔一九〕【高注】形，見。好憎，情欲已充。

【版本】莊本、集解本注「已」作「以」，景宋本、王溥本、朱本、葉本同藏本。

【用韻】「内、外」物月合韻。

〔二〇〕【版本】藏本「副」作「嗣」，王溥本、王鎣本、朱本、汪本、張本、吴本、黄本、莊本、集解本作「副」，今據改，餘本同藏本。

【箋釋】雙棣按：文子精誠篇亦作「副」。

〔二一〕【高注】貫，通。壅，塞。

【箋釋】王念孫云：「業」當爲「葉」，聲之誤也。葉，聚也，積也。貫，累也。言積累萬世而不壅塞也。方言曰：「葉，聚也。（廣雅同。）楚通語也。」楚辭離騷「貫薜荔之落蕊」，王注曰：「貫，累也。」（廣雅同。）荀子王霸篇「貫日而治詳」，楊倞曰：「貫日，積日也。」是葉、貫皆積累之意也。俶真篇曰：「枝解葉貫，萬物百族。」義與此葉貫同。原道篇曰：「大渾而爲一，葉累而無根。」葉累猶葉貫也。俶真篇曰：「横廓六合，揲貫萬物。」揲貫猶葉貫也。（彼言横廓六合，猶此言横扃四方；彼言揲貫萬物，猶此言葉貫萬世。故廣雅云：「揲，積也。」）高注訓貫爲通，失之矣。

〔二二〕【版本】藏本「扃」誤「局」，莊本、集解本作「扃」，今據改，景宋本、王溥本、王鎣本、朱本、茅本、葉本、吴本同藏本。

【用韻】「壅、窮」東冬合韻。

〔二三〕【高注】化，從。昆蟲，或作鬼神。

【箋釋】王叔岷云：文子「昆蟲」亦作「鬼神」。○于大成云：作「鬼神」者疑是許本。

〔二四〕【箋釋】何寧云：此言化民爲上，法令爲下。故上文云：「抱質效誠，感動天地，神諭方外，令行禁止，豈足爲哉？」然此云「又況於執法施令乎」，文義適相反。疑是後人妄加。文子無此句。

〔二五〕【高注】暴，虐亂也。

衡之於左右，無私輕重，故可以爲平〔一〕。繩之於内外，無私曲直，故可以爲正。人主之於用法，無私好憎，故可以爲命〔二〕。夫權輕重不差蟁首〔三〕，扶撥枉橈不失針鋒〔四〕，直施矯邪不私辟險〔五〕，姦不能枉，讒不能亂，德無所立〔六〕，怨無所藏〔七〕，是任術而釋人心者也，故爲治者不與焉〔八〕。

夫舟浮於水，車轉於陸，此勢之自然也。木擊折轊，水戾破舟，不怨木石而罪巧拙者〔九〕，知故不載焉〔一〇〕。

是故道有智則惑〔一一〕，德有心則險，心有目則眩〔一二〕。兵莫憯於志而莫邪爲下，寇莫大於陰陽而枹鼓爲小〔一三〕。今夫權衡規矩，一定而不易，不爲秦楚變節，不爲胡越改容，常一而不邪，方行而不流，一日刑之，萬世傳之，而以無爲爲之〔一四〕。故國有亡主，而世無廢道〔一五〕；人有困窮，而理無不通〔一六〕。由此觀之，無爲者，道之宗〔一七〕。故得道之宗，應物無窮；任人之才，難以至治〔一八〕。

湯、武，聖主也，而不能與越人乘幹舟而浮於江湖〔一九〕；伊尹，賢相也，而不能與胡人騎騵馬而服騊駼〔二〇〕；孔、墨博通，而不能與山居者入榛薄險阻也〔二一〕。由此觀之，則人知之於物也，淺矣。而欲以徧照海内，存萬方〔二二〕，不因道之數，而專己之能，則其窮不達矣〔二三〕。故智不足以治天下也。桀之力，别觡伸鉤，索鐵歙金；椎移大犧，水殺黿鼉，陸捕熊羆〔二四〕。然湯革車三百乘，困之鳴條，擒之焦門〔二五〕。由此觀之，勇力不足以持天下矣〔二六〕。智不足以爲治，勇不足以爲强，則人材不足任，明也〔二七〕。而君人者不下廟堂之上，而知四海之外者，因物以識物，因人以知人也。

故積力之所舉，則無不勝也；衆智之所爲，則無不成也〔二八〕。埳井之無黿鼉，隘也；園中之無脩木，小也〔二九〕。夫舉重鼎者，力少而不能勝也，及至其移徙之，不待其多力者〔三〇〕。故千人之群無絶梁，萬人之聚無廢功〔三一〕。

夫華騮、緑耳，一日而至千里，然其使之搏兔，不如豺狼，伎能殊也〔三二〕。鴟夜撮蚤蚊，察分秋毫，晝日顛越，不能見丘山，形性詭也〔三三〕。夫螣蛇游霧而動，應龍乘雲而舉〔三四〕，猨得木而捷，魚得水而鶩〔三五〕。故古之爲車也，漆者不畫，鑿者不斲〔三六〕。工無二伎，士不兼官，各守其職，不得相姦〔三七〕。人得其宜，物得其安，是以器械不苦，而職事不嫚〔三八〕。

夫責少者易償，職寡者易守〔三九〕，任輕者易權〔四〇〕。上操約省之分，下效易爲之功，是以君臣彌久而不相猒〔四一〕。

校釋

〔一〕【高注】衡，銓衡也。

〔二〕【用韻】「平、正、命」耕部。

〔三〕【高注】鼂首，猶微細也。

【箋釋】于鬯云：竊疑正文、注文兩「首」字並當作「盲」，形近而誤。蟁之言萌也，盲之言芒也。○何寧云：「權」下疑脱「衡」字。以下九句皆四字句，不得此句獨三字，令句法參差也。

〔四〕【版本】茅本、汪本、張本、黄本、莊本、集解本「針」作「鍼」，景宋本作「箴」，餘本同藏本。

〔五〕【箋釋】楊樹達云：「施」假爲「弛」。○于大成云：上三句並列，文當一例。疑此文首句當作「夫權衡輕重，不差蟁首」，傳寫誤奪「衡」字。下文「今夫權衡規矩，一定而不易」，本經篇「故謹於權衡，準繩，審乎輕重」，皆「權衡」連文。集證本補「衡」字，是也。○蔣禮鴻云：「撥橈施邪」四字義相近，則「扶枉直矯」四字義亦當相近。乃「枉」字獨與「扶直矯」異義，此非「匡」字之誤即「排」字之誤。説文：「棐，輔也。」荀子性惡篇：「繁弱鉅黍，古之良弓也。然而不得排撤，則不能自正。」楊倞注：「排撤，輔助弓弩之器。」荀子之排，説文之棐，字形與「枉」相似，故誤作「枉」耳。排所以正弓之橈曲，與扶直矯正以類相從矣。

〔六〕【高注】立，見。

〔七〕【用韻】「枉、亂、藏」陽元合韻。

〔八〕【高注】治在道，不在智，故曰不與焉。

【版本】茅本、汪本、莊本、集解本注無「焉」字。

【箋釋】王念孫云：「不與」上當有「智」字。老子曰：「以智治國，國之賊。不以智治國，國之福。」故曰「爲治者智不與焉」。脱去「智」字，則文不成義。高注曰：「治在道，不在智，故曰不與焉。」（「不與」上亦當有「智」字。）則有「智」字明矣。文子下德篇正作「知不與焉」。

〔九〕【高注】罪御者、刺舟者之巧拙也。

【箋釋】俞樾云：「水戾破舟」當作「石戾破舟」，故云「不怨木石」。今作「水戾」，則下句「石」字無著矣。「巧」字疑「功」字之誤。功與工通，周官肆師職「凡師不功」，故書「功」爲「工」是也。不罪木石而罪工拙，工即工人之工，言不罪木石而罪作舟車者之拙也。高注曰「罪御者、刺舟者之巧拙也」，是其所據本已誤。○劉文典云：意林引，「轊」作「軸」，「巧拙者」下有「何也」二字。○王叔岷云：文子下德篇「轊」亦作「軸」。○鄭良樹云：「不怨木石而罪巧拙者」，謂木之折轊，水之破舟者，非木石之罪，故無所可怨，蓋木石皆無知故也。故下句乃言「知故不載焉」。所怨者，乃御車者及刺舟者之技巧拙也。故高注云云，文理甚明。文子下德篇亦作「巧拙」，是其證。○于大成云：鄧析子無厚篇有此文，「轊」字同，説文「軸，所以持輪者也」，又「軎，車軸耑也。轊，軎或从彗」，是車軸之末見於轂外者曰轊，二文並是。意林作「軸」，文子同，知許本作「軸」，此作「轊」，鄧析子同，則高本自作「轊」也。又俞説未必然。文子、鄧析子並作「水戾」，與此文同。舟破於石，水戾使之然也，故云「水戾破舟」。文選張平子南都賦注、集韻霽韻「淚」字注引此文並與今本同，意林引許本亦同。又鄭説「巧拙」是。鄧析子亦作「巧拙」，意林引淮南子同。俞校非也。文子、鄧析子並無「何也」，意林引作「而罪巧拙何也」，有竄改，不足據。

〔一〇〕【高注】言木石無巧詐，故不怨也。

【箋釋】劉文典云：意林引作「智有不周」。○于大成云：文子作「智不載也」，鄧析子作「故不載焉」，並可證此文之不誤。意林引乃臆改而失文意者，不可據也。○雙棣按：文子作「智」，鄧析子作「故」，此作「知故」，其義一也，皆謂巧詐。精神篇：「休精神而棄知故。」字亦作「智故」，覽冥篇「道德上通而智故消滅也。」呂氏春秋論人：「釋智謀，去巧故。」即此「知故」（智故）也。

〔一〕【高注】言道智則惑也。

【版本】朱本注無「言道智」三字，「也」作「營」，景宋本、王溥本、葉本、莊本、集解本同藏本。

【箋釋】吴承仕云：朱本注作「則惑營」。以營訓惑。莊本誤奪「營」字。「言道智」三字無義，疑皆衍文。○何寧云：吴謂注奪「營」字是也。「言道智」三字非衍文，蓋「智」上當有「有」字，而諸本奪之矣。此重述正文而加一「營」字以釋「惑」，乃注家常例。

〔二〕【高注】眩於物也。

〔三〕【高注】小，細；憯，猶利也。以志意精誠伐人爲利。老子曰「重積德則無不尅」，故以莫邪爲下也。寇亦兵也。推陰陽虚實之道爲大，故以枹鼓爲小也。

【版本】莊本、集解本注「志」作「智」，除張本、黄本此無注外，餘本同藏本。莊本、集解本注「尅」作「克」。

【箋釋】陶方琦云：史記集解引許注：「莫邪，大戟也。」按：説文鏌字下云：「鏌鋣也。」集解引文當是許注淮南本，故作莫邪。漢書楊雄傳「杖鏌鋣」，注亦云：「鏌鋣，大戟也。」脩務訓「而不期於墨陽、莫邪」，高注「美劍名」，正與許異。〇于鬯云：竊謂注文「智」字當作「志」，正文「志」下當依注補「意」字。兵莫憯於志意，與下文「寇莫大於陰陽」爲偶文。高注「志意精誠」，猶其下文言「陰陽虛實」，以精誠足志意之義，以虛實足陰陽之義也。且繆稱訓云：「兵莫憯於意志。」彼言意志，此言志意一矣。又案：注云「小，細；憯，猶利也」云云，「小」字尚在下文而先釋之，疑「小細」二字許注，非高注。〇劉文典與于說同。〇楊樹達云：莊子庚桑楚云：「兵莫憯於志，鏌鎁爲下；寇莫大於陰陽，無所逃於天地之間。」淮南文本此。〇王叔岷云：繆稱篇「志」上有「意」字，「意志」與「陰陽」相對。〇蔣禮鴻云：高注云云，乃以陰陽爲用兵之道，其說非也。此陰陽當指情志而言，方與上文「志」字相類。又：兵莫憯於志，寇莫大於陰陽，皆謂心志自爲己賊，非就賊人而言。注亦不憭。〇雙棣按：于、劉說是。道藏本等各本「智」均作「志」，莊本誤，而集解本因之。劉氏徒言其誤而不知以各本校莊本，疏矣。又：呂氏春秋察今篇云：「良劍期乎斷，不期乎鏌鎁。」高誘注云：「鏌鎁，良劍也。」高注本乎呂覽。莊子庚桑楚「兵莫憯於志，而鏌鎁爲下」，郭注：「其爲兵甚於劍戟。」劍戟並言。成疏云：「鏌鎁，良劍名。」蓋鏌鎁古有劍、戟二類。

〔四〕【高注】言無所爲爲之，爲自爲之。

【箋釋】馬宗霍云：說文土部云：「型，鑄器之法也。從土，刑聲。」引申爲典型，儀型。此承上文「權衡規矩一定而不易」爲言，蓋謂權衡規矩一日定爲典型，傳之萬世不可易也。「刑」通作

「型」，經傳之例甚多，不煩舉證。凡訓刑爲法者，皆「型」之借。○向承周云：「方」與「常」對文，「方」亦「常」也。○于大成云：「方行而不流」，「方」即「旁」字，易繫辭上「旁行而不流」，韓詩外傳一「旁行不流」，文中子禮樂「旁行而不流矣」，字並作「旁」。○楊棟云：「流」字當讀爲「留」，音近而誤。馬王堆帛書十六經本伐正作「是以方行不留」，文子下德亦作「留」，留訓爲止。

〔一五〕【高注】亡主，桀、紂是也。湯、武以其民主，故曰無廢道也。

【版本】莊本、集解本注下「主」作「王」，景宋本、王溥本、朱本、葉本同藏本。

【用韻】「主、道」侯幽合韻。

〔一六〕【高注】理，道。

【版本】王溥本、王鎣本、吴本「困窮」作「窮困」，餘本同藏本。

【用韻】「窮、通」冬東合韻。

〔一七〕【高注】宗，本。

〔一八〕【高注】才，智。

【用韻】「宗、窮」冬部，「才、治」之部。

〔一九〕【高注】斡舟，小船也，危險，越人習水，自能乘之，故湯、武不能也。一曰：大舟也。

【箋釋】王念孫云：古無謂小船爲斡者，「斡」當爲「軨」，字之誤也。「軨」與「舲」同，字或作「𦪇」。廣雅曰：「𦪇，舟也。」玉篇：「舲，與𦪇同，小舟有屋也。」楚辭九章「乘舲船余上沅兮」，王注曰：

「舲船，船有牕艦者。」俶真篇「越舲蜀艇，不能無水而浮」，高注曰：「舲，小船也。越人所便習。」正與此注相同。藝文類聚舟車部、太平御覽舟部引此並作「舲舟」。御覽又引高注：「舲舟，小船也。」皆其證矣。○陶方琦云：唐本玉篇舟部引許注：「舲，小舟也。」按：羣書治要引此文作舼舟，定爲許本，此亦宜作舼舟。御覽四百三十八「越舼蜀艇」，許注：「舼，小舟也。」正合。○向承周云：治要作「舼」是許本，類聚、御覽作「舲」是高本。俶真篇「越舲蜀艇」，許本「舲」作「舼」。御覽三百四十八引許注：「舼，小船。」正可互勘。○雙棣按：唐本玉篇引淮南云：「湯、武聖達，不能與越人乘舲舟而浮於江湖。」引許注云：「舲，小船也。」字亦作「舲」。王説不必迂回當爲「軨」。陶引「舲，小舟」實爲小船，失檢。

〔二〇〕【高注】黄馬白腹曰騵。詩曰：「四騵彭彭。」騊駼，野馬也，胡人所習，伊尹雖賢，不能與服也。

【版本】莊本、集解本注「詩曰」作「詩云」，「四」作「駟」，景宋本、王溥本、朱本、葉本同藏本。藏本注「彭彭」誤作「彭祖」，景宋本、王溥本、朱本、莊本、集解本作「彭彭」，今據改，葉本同藏本。

【箋釋】陶方琦云：羣書治要引許注：「原，國名，在益州西南，出千里馬。騊駼，北野馬。」按：許作國名，即隱十一傳「温、原、絺、樊」之原，與高作騵解異也。説文亦無騵字。騊下云：「騊駼，北野之良馬。」與此作北野馬正同。○胡懷琛云：騊駼見於爾雅，兩字連稱，郭注音陶徒，引山海經云：「北海内有獸，狀如馬，名騊駼，色青。」郭氏又云：「如馬而小，出塞外。」竊疑騊駼即駱駝。淮南時尚不作駱駝，亦不作橐駝，是作騊駼，亦蒲桃、葡萄之例耳。諸書所言産地及高注胡人所習云云，皆合。惟色青、如馬而小不甚合。史記匈奴傳橐駝、騊駼並列，亦不合。姑記之，以待再考。○于省吾云：大鼎：「命取鎷⿰⿱罒山馬世匹。」徐印林云：「鎷⿰⿱罒山馬即騊駼，⿰⿱罒山馬下有山，如⿱金皿之從山也。」徐疑鎷⿰⿱罒山馬爲騊駼是也。惟以爲如⿱金皿之從山則未允。⿰⿱罒山馬駼音假。駼魚部，⿰⿱罒山馬即⿰岡馬，從岡聲，陽部，魚陽對轉，如撫之通⿺辶亡，幠之通荒，吾之通卬，舞之通𠂢，即其證也。○雙棣按：注謂「黄馬白腹曰騵」，「黄」當是「赤」字。爾雅釋畜云：「駵馬白腹騵。」郭注：「駵，赤色黑鬣。」詩大雅大明毛傳云：「駵馬白腹曰騵。」玄應音義十七引三蒼：「赤馬白腹曰騵。」廣雅釋器「縓謂之紅」王念孫疏證云：「騵與縓聲義亦相近。」注引詩見大雅大明篇。

〔二〕【高注】孔，孔子也。墨，墨翟也。聚木爲榛，深草爲薄。山居者所習，故孔、墨不能也。阻或作塗也。

【版本】藏本「山居」上脱「與」字，除葉本同藏本外，餘本皆不脱，今據補。莊本、集解本注「孔墨」下有「者」字，景宋本、王溥本、朱本、茅本、葉本、汪本同藏本。

【箋釋】王念孫云：「險阻」上脱「出」字。「入榛薄，出險阻」，與「騎騵馬，服騊駼」相對爲文。羣書治要引此有「出」字。○何寧云：長短經通變篇引亦有「出」字。

【用韻】「湖、駼、阻」魚部。

〔三〕【箋釋】劉文典云：照海内、存萬方相對爲文，照上不當有「徧」字。羣書治要引此文無「徧」字，下文「如此而欲照海内，存萬方」，亦無「徧」字，皆其證也。

〔三〕【箋釋】王念孫云：「道之數」本作「道理之數」，此後人以意删之也。下文曰：「不循道理之數。」又曰：「拂道理之數，詭自然之性。」原道篇曰：「循道理之數，因天地之自然。」皆其證也。羣書治要引此正作「道理之數」。文子下德篇同。「則其窮不達矣」，「達」當爲「遠」，字之誤也。其窮不遠，謂其窮可立而待也。文子下德篇正作「遠」。氾論篇「人章道息，則危不遠矣」，語意略與此同。○楊樹達云：王校是也。「遠」與上文「淺」爲韻，作「達」則失其韻矣。此文上下皆有韻。○雙棣按：王、楊説是。羣書治要卷四十一引亦有「遠」字。

〔四〕【高注】觡，角也。索，絞也。歙，讀協。

【版本】王鎣本、汪本、張本、黄本、莊本、集解本「别」作「制」，餘本同藏本。

【箋釋】陶方琦云：史記正義八、御覽八十二、又九百三十二引許注：「戲，大旗也。」按：今高本作大犧，亦小異。（吕氏春秋亦作大犧。）戲通麾，説文作麾，曰「旌旗，所以指麾也」。周禮「建大麾」，鄭注：「大麾不在九旗中。」孫氏晏子音義以謂大戲當是人名，此古説之互異。然淮南本義不作人名解。○于鬯云：墨子明鬼篇云：「昔夏王有勇力之人推哆大戲，主别兕虎，指畫殺人。」推椎、哆移、戲犧，皆通用字。又所染篇推哆，吕氏春秋當染紀作歧踵戎，則椎移又一號歧踵戎。（椎移或又作雅侈。雅，誤字。侈亦通字。）下文云：「湯革車三百乘，困之鳴條，禽之焦門。」湯未嘗禽桀，則困者困桀也，禽者即禽椎移大犧也。吕氏簡選紀云：「殷湯以戊子戰於郕，遂禽移大犧。」是也。（畢沅校本「移」上補「推」字。）而彼高解云：「桀多力，能推大犧，（畢校「推」下補「移」字。）因以爲號。」則高意此「推移大犧」承上「桀之力」言即指桀，不謂桀臣，蓋非是。○劉文典云：御覽八十二引，「制觡」作「㓷觡」。四百三十七引，「歙金」作「揉金」，「捕」作「搏」。九百三十二引，「歙金」作「操金」。○楊樹達云：制觡無義，「制」讀爲「折」，謂角觡之堅，桀之力可折之使斷也。古「制、折」同音，故可通用。書呂刑云：「制以刑。」墨子尚同篇引作「折則刑」。論語顏淵篇云：「片言可以折獄者，其由也與。」鄭注云：「魯讀折爲制。」文選羽獵賦：「不折中以泉臺。」注引韋昭云：「制，或爲折。」並二字古通之證。御覽引作「㓷」，乃不得「制」字之讀而妄改之耳。詩豳風七月云：「宵爾索綯。」此言索金，與詩「索」字用法同。歙金謂桀之力可使金相歙合。御覽引作揉金、操金，並非是。○呂傳元與楊説同，謂「制」當讀若「折」。○雙棣按：呂氏春秋簡選篇高注謂桀多力，能推移大犧，因以爲號。蓋本於淮南此文，然高氏誤解。此推移、大犧，乃桀之臣，呂覽「遂擒推移、大犧」，亦桀臣，非謂桀也。墨子明鬼篇「推哆、大戲」乃桀之勇力之人，晏子春秋諫上亦云：「推移、大戲足走千里，手裂兕虎。」亦謂爲勇力之士。然則此文「別觡伸鉤，索鐵歙金」，承「桀之力」言，「水殺黿鼉，陸捕熊羆」，謂「椎移、大犧」也。又案：説文：「㓷，分解也。」段注：「㓷者，分解之皃。刀者所以分解也。」別即㓷或體，別觡即分解觡角。墨子明鬼下「主別兕虎」，閒詁改作「生列」，説文：「列，分解也。」與㓷同訓。

【用韻】「犧、鼉、羆」歌部。

〔二五〕【高注】焦，或作巢。

【箋釋】莊逵吉云：「焦」與「巢」古字通。

〔二六〕【箋釋】王念孫云：「力」字因「勇」字而衍，勇不足以持天下，與上文「智不足以治天下」相對爲文，不當有「力」字。羣書治要及太平御覽人事部七十六，引此皆無「力」字。下文「勇不足以爲强」，亦無「力」字。○于大成云：王說「力」爲衍文，是也。但治要未引此文，王氏援御覽可也，援治要爲證，則失據矣。又此文與上「故智不足以治天下也」對文，御覽引「勇」上有「則」字，是也。

〔二七〕【版本】王溥本、王鎣本、吴本「人材不足」下有「以」字，餘本同藏本。

【箋釋】劉文典云：羣書治要引作「則人才不足以任明矣」。

〔二八〕【用韻】「强、明」陽部。

【用韻】「勝、成」蒸耕合韻。

〔二九〕【版本】王溥本、王鎣本、吴本「培井」下無「之」字，餘本同藏本。藏本「園中」下無「之」字，朱本、茅本、汪本、張本、黄本、莊本、集解本有，今據補，餘本同藏本。

〔三〇〕【版本】景宋本「力少」作「少力」，餘本同藏本。

【箋釋】吕傳元云：「力少」宋本作「少力」，是也。與下文「多力者」對言，當據改。

【用韻】「勝、力」蒸職通韻。

〔三一〕【箋釋】劉績云：梁，文子作「糧」。○蔣禮鴻云：絶梁無義，「梁」當作「業」，字之誤也。下文曰：「民知誅賞之來皆在於身也，故務功脩業，不受贛於君。」以功業相對爲文，可證。吕氏春秋用衆篇高注引淮南記曰：「萬人之衆無廢功，千人之衆無絶良。」其文又異，「良」字又因「梁」字音近而誤。

【用韻】「梁、功」陽東合韻。

〔三二〕【高注】殊，異。

【箋釋】王引之云：太平御覽獸部八引此，「豺狼」作「狼契」，狼、契皆犬名也。廣雅曰：「狼狐狂獖，犬屬也。」玉篇：「猰，公八切，雜犬也。」（廣韻同。）「猰」與「契」通，犬能搏兔而馬不能，故曰搏兔不如狼契也。後人不知狼契爲犬名，而改爲豺狼。豺狼可使搏兔，所未聞也。

【用韻】「耳、里」之部，「兔、殊」魚侯合韻。

〔三三〕【高注】鴟，鵂鶹也，謂之老菟，夜鳴人屋上也。夜則目明，合聚人爪以著其巢中，故曰察分秋毫。晝則無所見，故曰形性詭也。

【版本】藏本注「形」誤「情」，景宋本、莊本、集解本作「形」，今據改，王溥本、葉本同藏本。

【箋釋】王引之云：莊子秋水篇：「鴟夜撮蚤，察豪末，晝出，瞋目而不見丘山。」司馬本「蚤」作「蚤」，云：「鴟夜取蚤食。」崔本作爪，云：「鵂鶹夜聚人爪於巢中也。」「爪、蚤」通用，故崔本作「爪」；「蚤、蚤」字形相似，故司馬本作「蚤」。然則「蚤、蚤」二字不得而並存矣。淮南作「蚤」，故高氏但言合聚人爪，而不言食蚉。後人乃取司馬本之「蚉」字，增於此處「蚤」字之下，其失甚矣。秋水篇釋文曰：「淮南子『鴟夜聚蚤，察分毫末』，許慎云：『鴟夜聚食蚤蝨不失也。』」李善注文選演連珠曰：「淮南子曰：『鴟夜撮蚤，察分毫末，晝出，瞋目而不見丘山。』高誘曰：『鵂鶹謂之老菟。』」據二書所引，則許、高本俱無「蚉」字明矣。「顛越」二字與「不見丘山」意不相屬，且高注但言晝無所見，而不言顛越。文選注引此，正作「瞋目而不見丘山」，與莊子同。疑「瞋目」二字譌作「顛目」，而後人遂改爲「顛越」也。撮蚤之説，許、高異義，揆之事理，則許注爲雅馴耳。○顧廣圻云：依注不當有「蚊」字。莊子釋文引「聚蚤」無「蚊」字。許注：「鴟夜聚食蚤蝨不失也。」○陶方琦云：莊子釋文引淮南作「鴟夜聚蚤，察分毫末」，引許注：「鴟夜聚食蚤蝨不失也。」按：二注文義並異。許本訓爲蚤蝨之蚤。高本作指爪解，是顯異也。説文：「蚤，跳蟲齧人也。」莊子司馬注曰：「鴟，鵂鶹，夜取蚤食。」崔譔本作爪。太平廣記四百八十二引感應經云：「鵂鶹食人遺爪。」非也。蓋鵂鶹夜能拾蚤蝨。爪、蚤音近，故誤云也。御覽九百二十七引纂文云：「鵂鶹，一名忌欺，白日不見人，夜能拾蚤蝨也。蚤、爪音相近，俗人云鵂鶹食人棄爪，相其吉凶，妄説也。」據纂文所云，則許本作蚤蝨解爲長。○王叔岷云：注言「合聚人爪以著其巢中」，是高本正文「蚤」作「爪」。莊子秋水篇釋文引許注云：「鴟夜聚食蚤蝨不失也。」是許本正文作「蚤」。

【用韻】「越、詭」月歌通韻。

〔三四〕【箋釋】王念孫云：上句本作「螣蛇游霧而騰」，後人以騰與螣同音，因妄改爲「動」耳。不知螣是蛇名，而騰爲升義，本不相複。騰與舉亦同義，故下句云「應龍乘雲而舉」，改「騰」爲「動」，則文不成義矣。太平御覽鱗介部一，引此正作「騰」，説苑説叢篇同。（説苑作「螣蛇遊霧而騰，龍乘雲而舉」。今本「騰」上有「升」字，此後人誤以「騰」字屬下句讀，因妄加「升」字也。）大戴禮勸學篇亦云「螣蛇無足而騰」。

〔三五〕【高注】鶩，疾。

【版本】景宋本、莊本、集解本正文及注「鶩」作「騖」，餘本同藏本。

【箋釋】雙棣按：朱駿聲云：「鶩借爲騖。」説文：「騖，亂馳也。」射雉賦注：「騖，疾也。」高此注爲「疾」，本字當爲「騖」，「鶩」爲借字。

【用韻】「舉、鶩」魚侯合韻。

〔三六〕【用韻】「畫、斲」錫屋合韻。

〔三七〕【高注】姦，亂。

【箋釋】楊樹達云：「姦」當讀爲「干」，犯也。○于大成云：楊説是也。文子下德篇正作「干」。

〔三八〕【高注】苫，讀鹽。嫚，捕器。嫚，讀慢緩之慢。

【版本】藏本注「鹽」作「監」，王溥本、朱本、莊本、集解本作「鹽」，今據改，景宋本、葉本同藏本。

【箋釋】雙棣按：説文：「嫚，侮傷也。」嫚絶無「捕器」之訓。高注「嫚讀緩慢之慢」，是釋嫚爲慢，即解怠之義。漢書刑法志「刑蕃而民愈嫚」，注：「嫚與慢同。」與高注同。「捕器」與此義無涉，恐爲傳寫竄入。

【用韻】「官、姦、安、嫚」元部。

〔三九〕【高注】寡，少。

〔四〇〕【高注】權，謀。

【箋釋】俞樾云：文子下德篇作「任輕易勸也」，「勸」字之義，視「權」字爲長，言任輕則易舉，故人皆相勸而爲之也。高注曰：「權，謀也。」其所據本已誤。

〔四一〕【高注】猒，欺。

【版本】王溥本、王鎣本、吴本「猒」上無「相」字，餘本同藏本。

【箋釋】楊樹達云：猒，倦也，憎也。

【用韻】「權、猒」元談合韻。

君人之道，其猶零星之尸也〔一〕，儼然玄默，而吉祥受福〔二〕。是故得道者不爲醜飾，不爲僞善〔三〕，一人被之而不褒〔四〕，萬人蒙之而不褊〔五〕。是故重爲惠若重爲暴，則治道通矣〔六〕。

爲惠者尚布施也〔七〕，無功而厚賞，無勞而高爵，則守職者懈於官，而游居者亟於進矣〔八〕。爲暴者妄誅也，無罪者而死亡，行直而被刑，則修身者不勸善，而爲邪者輕犯上矣〔九〕。故爲惠者生姦，而爲暴者生亂〔一〇〕。姦亂之俗，亡國之風〔一一〕。

是故明主之治，國有誅者而主無怒焉〔一二〕，朝有賞者而君無與焉〔一三〕。誅者不怨君，罪之所當也。賞者不德上，功之所致也。民知誅賞之來，皆在於身也，故務功修業，不受贛於君〔一四〕。是故朝廷蕪而無迹，田野辟而無草，故太上下知有之〔一五〕。

今夫橋直植立而不動，俛仰取制焉〔一六〕；人主静漠而不躁〔一七〕，百官得修焉〔一八〕。譬而軍之持麾者〔一九〕，妄指則亂矣。慧不足以大寧，智不足以安危〔二〇〕。與其譽堯而毁桀也，不如掩聰明而反修其道也〔二一〕。清静無爲則天與之時，廉儉守節則地生之財〔二二〕，處愚稱德則聖人爲之謀〔二三〕。是故下者萬物歸之，虚者天下遺之〔二四〕。

夫人主之聽治也，清明而不暗，虚心而弱志〔二五〕。是故群臣輻湊並進，無愚智賢不肖莫不盡其能。於是乃始陳其禮，建以爲基〔二六〕。是乘衆勢以爲車，御衆智以爲馬，雖幽野險塗，則無由惑矣〔二七〕。人主深居隱處以避燥溼，閨門重襲以避姦賊〔二八〕，内不知閭里之情，外不知山澤之形〔二九〕，帷幕之外，目不能見；十里之前，耳不能聞；百步之外，天下之物無不通者〔三〇〕，其灌輸之者大而斟酌之者衆也〔三一〕。是故不出户而知天下〔三二〕，不窺牖而知天道〔三三〕。乘衆人之智，則天下之不足有也〔三四〕；專用其心，則獨身不能保也〔三五〕。

是故人主覆之以德，不行其智，而因萬人之所利。夫舉踵天下而得所利〔三六〕，故百姓載之上，弗重也〔三七〕；錯之前，弗害也〔三八〕；舉之而弗高也，推之而弗猒也〔三九〕。

校釋

〔一〕【高注】尸，祭主也。尸食飽，以知神之食亦飽。詩曰：「公尸宴飲」，「在宗載考。」

【版本】莊本、集解本注「宴」作「燕」。

【箋釋】劉文典云：北堂書鈔九十引「零」作「靈」。○楊樹達云：詩周頌絲衣序云：「絲衣，繹賓尸也。」高子曰：「靈星之尸也。」疏云：「言祭靈星之時，以人爲祭尸。靈星者，不知何星。漢書郊祀志云：「高祖詔御史，其令天下立靈星祠。」張晏曰：「龍星左角曰天田，則農祥也，晨見而祭之。」史傳之説靈星，惟有此耳。」按靈星與零星同，詩疏失引淮南此文。○于省吾云：「零、靈」古字通。論衡祭意：「靈星者，神也。」獨斷：「明星神一曰靈星。」風俗通祀典：「辰之神爲靈星。」○馬宗霍云：高注不解零星。古零與靈通。零星即靈星。北堂書鈔卷九十引此文「零」正作「靈」。詩鄭風「零露漙兮」，鄭箋云：「零，落也。」孔穎達疏云：「靈作零字，故爲落也。」據此，則經本作「靈落」，假「靈」爲「零」耳。吴仲山碑「神零有知」，則又假「零」爲「靈」之證。詩周頌絲衣序：「絲衣，繹賓尸也。高子曰：靈星之尸也。」孔疏云：「靈星之尸，言祭靈星之時以人爲尸。靈星者不知何星。漢書郊祀志云：『高祖制詔御史，其令天下立靈星祠。』張晏曰：『龍星左角曰天田，則農祥也，晨見而祭之。』史傳之説靈星，唯有此耳。未知高子所言是此以否。」又云：「高子者不知何人。孟軻弟子有公孫丑者稱高子之言以問孟子，則高子與孟子同時。趙岐以爲齊人。此言高子，蓋彼是也。」案孔氏於靈星是何星雖未作定論，然由高子之言，則知祭靈星之時以人爲尸。漢以前戰國之世即已有之。疑淮南此文即本之高子也。〇雙棣按：注引詩上句見大雅鳧鷖，下句見小雅湛露。

〔二〕【高注】尸不言語，故曰玄默。

【版本】藏本注「尸」誤作「尺」，各本均作「尸」，今據改。

【箋釋】劉文典云：北堂書鈔九十引，「吉祥」作「翔而」。〇不失云：「吉祥」當作「翔而」，爲「和順或安詳而受福之謂」，「翔、詳、祥」三字古通。〇于大成云：書鈔引「而吉祥」三字作「翔而」。「翔」字不見字書。廣雅有「翔」字，即「翱」字之俗字，與此無涉。詩周頌絲衣序「絲衣，繹賓尸也。」高子曰靈星之尸也」，疑此「翔」字當爲「繹」。箋曰「繹，又祭也。天子諸侯曰繹，以祭之明日」，然謂祭之明日又祭而受福，亦殊不可通。御覽引此句作「端而受福」，則「翔」當「端」字之誤矣。〇何寧云：「翔」與「繹」通。蓋「翔」以形近誤爲「翔」，又作「祥」，後人乙「祥而」爲「而祥」，又加「吉」字於「祥」上，非其義也。御覽引作「端而受福」，則又改「祥而」爲「端而」，尤爲字誤之證。

【用韻】「默、福」職部。

〔三〕【高注】不飾爲美，亦不極爲善也。

【版本】莊本、集解本注「極」作「枉」，景宋本、王溥本、朱本、茅本、葉本、汪本同藏本。

【箋釋】王念孫云：此本作「不僞醜飾，不僞善極」。僞即爲字也。（古「爲」字多作「僞」，説見史記淮南衡山傳「爲僞」下。）不僞醜飾，不僞善極，相對爲文。故高注云「不飾爲美，亦不極爲善也」。（道藏本、劉本、朱本、茅本皆如是，莊改「不極」爲「不枉」，謬甚。）後人誤讀「僞」爲詐僞之僞，而改上句「僞」字作「爲」，又改下句作「不爲僞善」，則既與上句不對，而又與高注不合矣。是「極」與「飾」爲韻，若作「不爲僞善」，則失其韻矣。○吕傳元云：「極」讀若「亟」，猶言不亟亟于爲善也。

〔四〕【高注】褒，大。

〔五〕【高注】蒙，冒也。徧，小也。

【用韻】「善、徧」元部。

〔六〕【高注】通，猶順也。

【箋釋】王念孫云：「重爲惠若重爲暴」，本無「若」字，後人以詮言篇云「重爲善若重爲非」，故加「若」字也，不知彼文是言爲善者必生事，故曰重爲善若重爲非。此言惠暴俱不可爲，則二字平列，不得云重爲惠若重爲暴也。下文爲惠者生姦，爲暴者生亂，即承此文言之，則惠暴平列明矣。文子自然篇作「是故重爲惠重爲暴，即道達矣」，無「若」字。○李哲明云：文子自然篇「治道通矣」，作「即道迕矣」，意謂爲惠爲暴皆不順於道也。「通」當作「迕」，注當云：「迕，不順也。」○楊樹達云：王説謬也。詮言篇云：「故重爲善若重爲非，而幾於道矣。」與此語例正同。蓋暴與非之不可爲，人人所知也。若惠與善，則人以爲當爲者也，而亦不可爲。故詮言篇云「重爲善若重爲非而幾於道」，此篇云「重爲惠若重爲暴，則治道通」也。删「若」字則失其旨矣。此與詮言篇語意相同，安見有平列與否之分邪？又按：重者難也，難爲惠若難爲暴，則治道通，即今言不肯爲惠同於不肯爲暴，則治道通也。○馬宗霍云：王校未必是。本文「重」者，其難其慎之詞。轉以今語，猶言不輕易也。「若」者，猶「與」也，「及」也。此謂不輕易爲惠及不輕易爲暴，則通於治道也。質言之，即既不可爲惠又不可爲暴之意。王氏蓋不得「若」字之解，又過信文子，故疑「若」字爲後人所加耳。○蔣禮鴻云：王説非也。「若」乃連及之詞，見俞樾古書疑義舉例四。無「若」字固是惠暴平列，有「若」字亦仍是惠暴平列。此文句法與詮言篇同，詮言亦謂善與非俱不可爲耳。王説皆誤。○何寧與楊説同。

〔七〕【版本】藏本「尚」作「而」，葉本同藏本，餘本均作「尚」，今據改。

〔八〕【用韻】「官、進」元真合韻。

〔九〕【高注】言不可不慎也。

【箋釋】何寧云：「無罪者」，衍「者」字。「無罪而死亡，行直而被刑」，相對爲文。上文「無功而厚賞，無勞而高爵」，亦無「者」字，蓋涉上下文「者」字而誤衍。文子自然篇作「無罪而死亡」。

【用韻】「亡、刑」陽耕合韻，「善、上」元陽合韻。

〔一〇〕【用韻】「姦、亂」元部。

〔一一〕【高注】風，化。

〔一二〕【高注】因法而行，故不怒也。

〔一三〕【高注】因功而行，故不與也。

【用韻】「怒、與」魚部。

〔一四〕【高注】贛，賜。

【版本】藏本注「賜」作「物」，王溥本、集解本作「賜」，今據改，景宋本、朱本、茅本、葉本、汪本、莊本同藏本。

【箋釋】吴承仕云：「物」當爲「賜」，字之誤也。説文：「贛，賜也。」精神、要略篇亦訓贛爲賜，是其證。（邵説同。）○金其源與吴説同。○于大成云：韓子難三篇「今有功者必賞，賞者不德君，力之所致也；有罪者必誅，誅者不怨上，罪之所生也；民知誅賞之皆起於身也，故疾功利於業，而不受賜於君」，此文本之。○雙棣按：吴説是，今據王溥本等改。

【用韻】「身、君」真文合韻。

〔一五〕【高注】言太上之世，下知之人皆能有此術。

【箋釋】雙棣按：玉篇辟部：「辟，理也。」書金縢釋文：「辟，治。」此辟亦治理之義。「太上，下知有之」，見老子第十七章。

〔一六〕【高注】橋，桔皋上衡也。植，柱，權衡者。行之俛仰，取制於柱也。以諭君。

【版本】莊本、集解本無「今夫」二字，餘本同藏本。王溥本注「以諭君」上有「此」字。

【箋釋】宋翔鳳云：挈、皋制爲二木，木直者爲橋直，木衡者爲橋衡。挈皋合言爲橋也。高注淮南主術篇「橋，桔皋上衡也」非，桔皋合言爲橋，長言之爲桔皋，非桔皋爲大名，而橋爲上衡也。「植，柱，權衡者，行之俛仰，取制於柱也」，此則言橋直也。○于鬯云：姚廣文云：「直」涉「植」字而衍。高注以植爲柱，並無「直」字。○陶鴻慶云：「直植」二字誤倒。高注云：「橋，桔皋上衡也。植（逗），柱（句）。權衡者（句）。行（此爲衡之誤）之俛仰，取制於柱也。以諭君也。」然則橋植即橋柱。橋植直立而不動，與人主静漠而不躁，正相對爲文。○雙棣按：陶説是。宋説橋直即橋植，植，柱也。與上衡合稱爲橋，亦即桔皋也。鄭玄曲禮注：「橋，井上㮏橰。」高注謂橋爲「桔皋上衡」非。

〔一七〕【高注】躁，動。

〔一八〕【箋釋】王念孫云：「修」當爲「循」，言人主静漠而不躁，則百官皆得所遵循，猶橋衡之俛仰，取制於柱也。

〔一九〕【版本】茅本、汪本、張本、吴本、黄本、莊本「而」作「如」，餘本同藏本。

【箋釋】陶方琦云：宋蘇頌淮南校題序，許本「如」作「而」。按：蘇氏曰：「許於卷内多用叚借，如以『而』爲『如』之類。」此「譬如」作「譬而」，當是許本。高本當作「譬如」。御覽三百四十一引高本此注，正作「譬如」。古「而、如」通也。○于大成云：御覽引此文作「譬若軍之持麾者也，妄指而亂矣」，字實作「譬若」，不作「譬如」，陶氏詁定許注，用力甚勤，成就甚至，然每好改竄舊文，以就己説，高郵父子，亦有此病，未始非夏璜之考也。竊謂若、如通用，即據實援御覽之文以明高本作「若」，與許本作「而」不同，亦何弗可之有，何必定據蘇頌一文而厚誣御覽且以及于高氏乎！至明、清諸本，自茅坤、漢魏叢書、莊逵吉以下，或不知「而、如」古通，竟妄改此文作「譬如」，真大謬矣。蕭氏江聲，學有本原，止以未見真藏，誤以莊刻爲藏經嫡出，竟从其本而改劉本「而」作「如」字，亦不可謂善於擇術矣。又御覽引「持麾者」下有「也」字，當從之，「則」作「而」，古通。

〔二〇〕【用韻】「麾、亂、危」歌元通韻。

〔二一〕【高注】不足以大寧者，小惠也。不足以安危者，小智也。如此人者，欲譽堯而毁桀，以成善善惡惡之名，人猶有强知之人耳。不如掩聰明而反脩大道，成名之速也。人君之道亦如此也。

【版本】藏本注「善善惡惡」作「善惡善惡」，今據莊本、集解本改，景宋本、朱本、葉本同藏本。莊本、集解本注「耳」作「爾」。藏本注「反」作「本」，王溥本、朱本作「反」，今據改，景宋本、葉本、莊本、集解本同藏本。

【箋釋】顧廣圻云：「反修其道」，「修」疑當作「循」。○楊樹達云：莊子應帝王篇云：「與其譽堯而非桀也，不如兩忘而化其道。」此淮南文所本。○于大成云：顧疑正文「修」當作「循」，是也。

〔二二〕【高注】人君德行如此，故天與之時，地生之財。天與之時，湯、武是也。地生之財，神農、后稷也。

【版本】藏本注下「天與」作「天子」，王溥本、莊本、集解本作「與」，今據改，朱本作「予」，景宋本、葉本同藏本。王溥本注「后稷」作「是」，餘本同藏本。

【箋釋】何寧云：注「后稷」下當沾「是」字，與湯、武同例。

〔二三〕【高注】若伊尹爲湯謀，傅説爲高宗謀是。孟子曰：「伊尹，聖之任。」國語曰：「武丁以像旁求聖人，得傅説於傅巖也。」下句注舉伊尹、傅説亦有「是」字。

【版本】藏本「爲之謀」作「之爲謀」，王溥本、王鎣本、朱本、茅本、汪本、張本、吴本、黄本、莊本、集解本作「爲之謀」，今據改，景宋本、葉本同藏本。王溥本注「是」字下有「也」字。藏本注「伊尹」下無「聖」字，莊本、集解本有，今據補，景宋本、王溥本、朱本、葉本同藏本。莊本、集解本注「像」作「象」，「於」作「于」。

【箋釋】馬宗霍云：「處」與「凥」同義，書傳多借「蹲居之居」爲「凥」。「處愚」者，猶言以愚自居也。「稱」通作「偁」。爾雅釋言云：「偁，舉也。」「稱德」者，猶言惟有德者是舉也。自居於愚，則樂於取人。惟德是舉，則人樂爲之用。故聖人爲之謀矣。○雙棣按：注引孟子曰見孟子萬章下。引國語見楚語上，字句與今本不盡相同。

【用韻】「時、財、謀」之部。

〔二四〕【高注】遺，與。

【用韻】「歸、遺」微部。

〔二五〕【用韻】「治、志」之部。

〔二六〕【高注】建，立也。基，業也。

【用韻】「能、基」之部。

〔二七〕【高注】幽，深也。險，猶遠也。

【箋釋】雙棣按：説文：「險，阻難也。」險蓋謂地勢險阻難通，幽亦幽深偏僻之義，皆謂非平易坦途也。注訓險爲遠，恐未允。

【用韻】「車、馬、塗」魚部。

〔二八〕【箋釋】王念孫云：下「避」字當作「備」，俗讀「備、避」聲相亂，又涉上「避」字而誤也。（呂氏春秋節喪篇「姦邪盜賊寇亂之患，慈親孝子備之者，得葬之情矣」，俗本「備」作「避」，亦因上文而誤。）重門所以防賊，故言備。作「避」，則義不可通矣。文選西京賦注引此，正作「備」。○于大成云：王説下「避」字當作「備」，是也。援選注以證成其説則非也。檢選注仍是「避」字，（宋本同。）治要同。是隋、唐人所見本已與今同。厥校自精，不必改古人以就我。○雙棣按：呂氏春秋節喪篇有舊校云：「避，一作備。」御覽、治要引並作「備」。

【用韻】「惑、賊」職部。

〔二九〕【用韻】「情、形」耕部。

〔三〇〕【高注】通，知。

【箋釋】劉文典云：治要引「然天下之物無所不通者」。○于大成云：「百步之外」四字，衍文也。兩句相對，其下不當有此四字。蓋帷幕之外，咫尺之間亦不能見，何必十里也！吕氏春秋任數篇「十里之間，而耳不能聞；帷牆之外，而目不能見」，正淮南所本，可證也。荀子君道篇亦云「牆之外，目不見也；里之前，耳不聞也」。○向承周、何寧與于説同。

〔三一〕【用韻】「通、衆」東冬合韻。

〔三二〕【用韻】「户、下」魚部。

〔三三〕【用韻】「牖、道」幽部。

〔三四〕【箋釋】陶鴻慶云：「天下」下衍「之」字，下文云：「任一人之力者，則烏獲不足恃；乘衆人之制者，則天下不足有也。」義與此同。○馬宗霍、王叔岷與陶説同，且云：羣書治要引此句亦無「之」字。

〔三五〕【高注】保，猶守也。

【箋釋】劉文典云：治要引「保」作「守」。

【用韻】「有、保」之幽合韻。

〔三六〕【箋釋】陳昌齊云：「舉踵天下而得所利，據文當作『舉踵而天下得所利』。」○陶鴻慶、楊樹達與陳説同。

〔三七〕【版本】藏本「百姓」下無「載」字，王溥本、王鎣本、朱本（挖補）、汪本、張本、吴本、黄本、莊本、集解本有，今據補，餘本同藏本。

〔三八〕【箋釋】楊樹達云：「載」當讀爲「戴」。

【版本】藏本「弗害」上有「而」字，王溥本、王鎣本、汪本、張本、吴本、黄本、莊本、集解本無，今據删，餘本同藏本。

〔三九〕【高注】尊重，舉之不自覺高也。推，求也，奉也。

【版本】藏本「弗猒」下無「也」字，王溥本、王鎣本、朱本、葉本、吴本有，今據補，餘本同藏本。

主道員者，運轉而無端〔一〕，化育如神，虚無因循，常後而不先也〔二〕。臣道（員者運轉而無）方者〔三〕，論是而處當，爲事先倡，守職分明〔四〕，以立成功也〔五〕。是故君臣異道則治〔六〕，同道則亂〔七〕。各得其宜，處其當，則上下有以相使也〔八〕。夫人主之聽治也，虚心而弱意，清明而不闇，是故群臣輻湊並進，無愚智賢不肖莫不盡其能者，則君得所以制臣，臣得所以事君，治國之道明矣〔九〕。

文王智而好問，故聖〔一〇〕；武王勇而好問，故勝〔一一〕。夫乘衆人之智，則無不任也；用衆人之力，則無不勝也〔一二〕。千鈞之重，烏獲不能舉也〔一三〕。衆人相一，則百人有餘力矣〔一四〕。是故任一人之力者，則烏獲不足恃〔一五〕；乘衆人之制者，則天下不足有也〔一六〕。禹決江疏河，以爲天下興利，而不能使水西流。稷辟土墾草，以爲百姓力農，然不能使禾冬生。豈其人事不至哉〔一七〕？其勢不可也。夫推而不可爲之勢，而不脩道理之數〔一八〕，雖神聖人不能以成其功，而況當世之主乎〔一九〕！

夫載重而馬羸，雖造父不能以致遠〔二〇〕；車輕馬良，雖中工可使追速〔二一〕。是故聖人舉事也〔二二〕，豈能拂道理之數，詭自然之性〔二三〕，以曲爲直，以屈爲伸哉〔二四〕？未嘗不因其資而用之也〔二五〕。

是以積力之所舉，無不勝也；而衆智之所爲，無不成也〔二六〕。聾者可令嗺筋〔二七〕，而不可使有聞也〔二八〕；瘖者可使守圉，而不可使言也〔二九〕。形有所不周而能有所不容也〔三〇〕。是故有一形者處一位〔三一〕，有一能者服一事。力勝其任，則舉之者不重也；能稱其事，則爲之者不難也。毋小大脩短，各得其宜〔三二〕，則天下一齊，無以相過也〔三三〕。聖人兼而用之，故無棄才。

校釋

〔一〕【高注】端，涯。【版本】莊本、集解本注「涯」作「厓」。

【用韻】「員、端」元部。

〔二〕【用韻】「神、循、先」真文合韻。

〔三〕【版本】藏本「臣道」下衍「員者運轉而無」六字，據王念孫校删，餘本同藏本。王溥本、王鎣本、朱本、茅本、汪本、張本、吴本、黄本、莊本「方」下脱「者」字，景宋本、葉本、集解本同藏本。

【箋釋】王念孫云：臣道員者運轉而無方者，本作「臣道方者」，其「員者運轉而無」六字，則因上文而誤衍也。羣書治要引無此六字，文子上義篇亦無。主道員，臣道方，方員不同道，故下文云「君臣異道則治，同道則亂」也。吕氏春秋圜道篇亦云：「主執圜，臣執方，方圜不易，其國乃昌。」〇雙棣按：王説是，依文義「員者運轉而無」六字爲衍文無疑，今删。王引吕覽「臣執方」，當作「臣處方」。

〔四〕【箋釋】陶鴻慶云：「分明」二字誤倒，文子上義篇正作「守職明分」。〇雙棣按：文子上義篇「論是」作「論事」。

〔五〕【用韻】「方、當、倡、明、功」陽東合韻。

〔六〕【高注】不易奪，言相和。

〔七〕【高注】君所謂可，臣亦曰可；君所謂否，臣亦曰否，是同也。莫相匡弼，故曰亂也。

【版本】藏本注「匡」誤作「臣」，莊本、集解本作「匡」，今據改，景宋本、王溥本、葉本同藏本。

【箋釋】楊樹達云：管子明法解云：「主行臣道則亂，臣行主道則危，故上下無分，君臣同道，亂之要也。故明法曰：君臣共道則亂。」莊子天道篇云：「上無爲也，下亦無爲也，是下與上同德，下與上同德則不臣；下有爲也，上亦有爲也，是上與下同道，上與下同道則不主。上必無爲而用天下，下必有爲爲天下用，此不易之道也。」此文意蓋本之。主道宜員，臣道宜方，故當異道。

〔八〕【高注】君得君道，臣得臣道，故曰得其宜也。

高注本左傳昭公二十年晏子語，非此文之義也。

〔九〕【版本】王鎣本、汪本、張本、黄本、莊本、集解本「意」作「志」，餘本同藏本。

【箋釋】劉家立云：「人主之聽治也」至「莫不盡其能者」，與上文「下者萬物歸之，虛者天下遺之」句下六句相同，隔別十餘行，不應有此複文。蓋重出也。上文專言君道，故於此六句下云「乃始陳其禮，建以爲基」，言不如此不能建立基業也。此處言君臣道合，上下有以相使也。故君得所以制臣，臣得所以事君也。有此六句與上下文義不相屬，此爲寫者誤衍也。○鄭良樹云：「弱意」當作「弱志」。上文云「清明而不暗，虛心而弱志」，字亦作「弱志」。○于大成云：鄭説是也。文子自然篇用此文，亦作「弱志」。則此「意」字之本作「志」字審矣。○何寧云：劉説是也。文子自然篇云：「其聽治也，虚心弱志，清明不闇。是故羣臣輻湊竝進，莫不盡其能。君得所以制臣，臣得所以事君，即治國之所以明矣。」疑六句乃後人據文子加入。

【用韻】「臣、君」真文合韻。

〔一〇〕【高注】好問，欲與人同其功。

【箋釋】于大成云：荀子儒效篇、説苑雜言篇並引孔子曰「勇而好同必勝」，此文本之。羣書治要引文子自然篇下句「問」亦作「同」。此文高注，疑所據本亦是「同」字，故高以「同其功」釋之。自正文「同」字以形近誤「問」，遂並注文「同」字亦改爲「問」字矣。然與「同其功」云云，即莫能相應。下文「乘衆人之智」，「用衆人之力」，「積力之所舉，無不勝也；而衆智之所爲，無不成也」，亦是説「同」之意。然則此文兩「問」字並當爲「同」明矣。

〔一一〕【高注】勝殷。

【用韻】「聖、勝」耕蒸合韻。

〔一二〕【箋釋】俞樾云：無不任也，當作「無不聖也」。上文曰：「文王智而好問，故聖。武王勇而好問，故勝。」此即承上文而言。説文耳部：「聖，通也。」無不聖即無不通也。後人不達「聖」字之義，疑「無不聖也」於文難通，故臆改爲「任」字。不知任即勝也。勇當言勝，智當言聖，若亦言任，則與勝義複，而無以爲智勇之别矣。○楊樹達云：俞説誤也。上文云：「武王勇而好問，故勝。」高注云「勝殷」也，是勝爲勝敗之勝。此文「無不勝也」，乃勝任之勝。説文云：「勝，任也。」

是其義也。上下文兩「勝」字異義，不得混而一之。俞云任即勝也，則亦明知勝爲勝任之勝，乃必與上文勝字牽合爲一，而欲臆改任字爲聖，以與勝字相配，謬矣。且任屬事言，勝指舉重之物言，義各有屬。俞云作任與勝義複，非也。又：文以「任、勝」爲韻，如俞説改「任」爲「聖」，又失其韻矣。（本書多侵蒸二部爲韻。）

【用韻】「任、勝」侵蒸合韻。

〔三〕【高注】千鈞，三萬斤也。烏獲，秦武王之力士也。武王試其力，使舉大鼎，腕脱而不任，故曰不能舉也。

【版本】藏本注「腕」誤「服」，王溥本、朱本、莊本、集解本作「腕」，今據改，景宋本、茅本、葉本、汪本同藏本。

【箋釋】雙棣按：高注吕覽重己篇亦云「烏獲，秦武王之力士」，蓋本之史記秦本紀，然孟子告子下已言及烏獲，云：「今曰舉百鈞，則爲有力人矣。然則舉烏獲之任，是亦爲烏獲而已矣。」孟子在秦武王前，其所云烏獲，當非秦武王時之烏獲也。梁玉繩漢書古今人表考云：「古有烏獲，後人慕之以爲號。」故趙岐孟子注云「古之有力人也」，而不言秦武王。

【用韻】「重、舉」東魚合韻。

〔四〕【箋釋】陶鴻慶云：「衆」與「百」字當互易，元文本云：「百人相一，則衆人有餘力矣。」經傳比況多少之數，皆以百與一對言，如人一己百，一致百慮，舉一廢百之類，不可悉舉。無以衆與一對言者。衆人有餘力者，衆人對烏獲而言，謂凡庸之人也。繆稱篇云：「歌哭，衆人之所能爲也。」衆人對雍門子言，亦謂凡庸之人。脩務篇云：「不若衆人之有餘。」高彼注云：「衆，凡也。」是也。此言以一人舉千鈞，則勇士不能勝；以百人相一人，則凡人有餘力也。下文云：「故握劍鋒，雖以北宫子、司馬蒯蕢，不可使應敵。操其觚，招其本，則庸人能制勝。」庸人亦即衆人，語勢正與此同。

【用韻】「一、力」質職合韻。

〔一五〕【高注】不能勝，故不恃也。

【版本】莊本注「恃」上有「足」字，景宋本、王溥本、朱本、葉本、集解本同藏本。

【箋釋】于大成云：注文「故不恃也」當作「故曰不足恃也」。此複據正文也。下句「故曰不足有也」，與此同例。

〔一六〕【高注】人衆力强，以天下爲小，故曰不足有也。

【版本】王溥本、王鎣本、朱本、吴本「制」作「勢」，餘本同藏本。

【箋釋】劉績云：當依文子「用衆人之力者，烏獲不足恃也；乘衆人之勢者，天下不足用也」。○王念孫云：「制」當爲「刑」，刑與形同，文子自然篇作「乘衆人之勢」，勢亦形也。劉績依文子改「制」爲「勢」，義則是而文則非矣。○楊樹達云：制，劉家立集證本作「智」，是也。此言緊承上文爲言。「任一人之力，烏獲不足恃」，即上文「用衆人之力無不勝」之義也。「乘衆人之智，則天下不足有」，即上文「乘衆人之智無不任」之説也。上文云：「故積力之所舉，則無不勝也；衆智之所爲，則無不成也。」下文又云：「積力之所舉，無不勝也，而衆智之所爲，無不成也。」尤爲「制」當作「智」之證。「制、智」音近，傳寫誤耳。王校作「刑」，與上下文全不貫注矣。○王叔岷、蔣禮鴻與楊説同。○雙棣按：楊説是。上文亦云：「乘衆人之智，則天下之不足有也。」正與此句同。

【用韻】「力、恃、有」職之通韻。

〔一七〕【箋釋】王叔岷云：齊民要術種穀第三引此下有注云：「春生、夏長、秋收、冬藏，四時不可易也。」疑是許注。

〔一八〕【高注】推，行。

【箋釋】王念孫云：推而不可爲之勢，「而」字涉下文而衍。又：脩當作循，辯見原道。○王叔岷云：王説是也。文子自然篇正無「而」字，且「脩」正作「循」。

〔一九〕【用韻】「數、主」侯部。

〔二〇〕【高注】造父，周穆王之善御臣也。

【用韻】「羸、遠」歌元通韻。

〔二一〕【箋釋】劉文典云：「車輕」下當有「而」字，始與上文「載重而馬羸」一律。羣書治要及御覽七百四十六引，並作「車輕而馬良」。又按：致遠，御覽作追急，追速作致遠。

〔二二〕【用韻】「良、速」陽屋合韻。

〔二三〕【箋釋】劉文典云：羣書治要引，「聖人」下有「之」字。

〔二三〕【高注】拂，戾也。詭，違也。

【箋釋】王叔岷云：治要引「拂」作「咈」。説文：「咈，違也。」「咈、拂」正假字。

〔二四〕【用韻】「性、伸」耕真合韻。

〔二五〕【高注】資，才。

【版本】藏本「也」下有「資」字，景宋本作「資才」，爲注文，今據改，王鎣本、茅本、汪本、張本、吴本、黄本、莊本、集解本無「資」字，王溥本、葉本同藏本。

〔二六〕【箋釋】王叔岷云：治要引兩「無不」上並有「則」字，文子下德篇兩「無不」上並有「即」字，「即」猶「則」也。治要引「衆」上無「而」字，文子同。今本「而」字，蓋涉上下文而衍。○于大成與王説同。

【用韻】「勝、成」蒸耕合韻。

〔二七〕【箋釋】王紹蘭云：考工記弓人曰：「筋欲敝之敝。」鄭司農云：「嚼之當孰。」是治筋有嚼之一法。説文：「噍，齧也。」重文作嚼，云「噍或從爵」。爵、雀古通用。魏、晉以後，俗趨簡易，書嚼爲嚯。玉篇：「嚼，噬嚼也。嚯，同上。」是其證。當時淮南子蓋有作「嚯」者，傳寫之徒不知「嚯」爲「嚼」之俗體，别作「嗺」字。玉篇：「嗺，撮口也。」淮南因作嗺筋。但撮筋於口不得爲嚼，寫易林者以嗺非正字，直改從手作摧。轉輾承譌，皆不足據也。由是覈之，「嗺」俗字，「嗺」因「嗺」而變，「摧」又因「嗺」而變，據先鄭注，漢時淮南、易林舊本當是「噍筋」。○孫詒讓與王説同。

〔二八〕【用韻】「筋、聞」文部。

〔二九〕【箋釋】王念孫云：不可使言，本作「不可使通語」。今本「語」誤作「言」，又脱「通」字。「筋、聞」爲韻，「圉、語」爲韻。如今本，則失其韻矣。太平御覽疾病部三引此，正作「不可使通語」。

〔三〇〕【箋釋】馬宗霍云：「形有所不周」，承上文「聾者」、「瘖者」言；「能有所不容」，承上文「不可使有聞」，「不可使通語」言。本文「容」與「周」對，容，猶周也。楚辭離騷「競周容以爲度」。「周容」連文，故「容」亦得訓「周」。又案：文選班固答賓戲「因勢合變遇時之容」，李善注引項岱曰：「容，宜也。」本文「容」字訓宜，亦通。

〔三一〕【版本】王溥本、王鎣本、朱本、吴本「形」作「功」。

〔三二〕【箋釋】雙棣按：毋，猶無論也。

〔三三〕【用韻】「宜、過」歌部。

人主貴正而尚忠，忠正在上位〔一〕，執正營事〔二〕，則讒佞姦邪無由進矣。譬猶方員之不相蓋，而曲直之不相入〔三〕。夫鳥獸之不可同群者，其類異也〔四〕；虎鹿之不同游者，力不敵也〔五〕。是故聖人得志而在上位，讒佞姦邪而欲犯主者，譬猶雀之見鸇而鼠之遇狸也〔六〕，亦必無餘命矣。是故人主之一舉也〔七〕，不可不慎也〔八〕。所任者得其人，則國家治，上下和，群臣親，百姓附〔九〕。所任非其人，則國家危，上下乖〔一〇〕，群臣怨，百姓亂〔一一〕。故一舉而不當，終身傷〔一二〕。

得失之道，權要在主。是故繩正於上〔一三〕，木直於下，非有事焉〔一四〕，所緣以修者然也〔一五〕。故人主誠正，則直士任事而姦人伏匿矣。人主不正，則邪人得志，忠者隱蔽矣〔一六〕。夫人之所以莫抓玉石，而抓瓜瓠者，何也〔一七〕？無得於玉石，弗犯也。使人主執正持平，如從繩準高下〔一八〕，則群臣以邪來者，猶以卵投石，以火投水。故靈王好細腰而民有殺食自飢也〔一九〕，越王好勇而民皆處危爭死也〔二〇〕。由此觀之，權勢之柄，其以移風易俗矣〔二一〕。堯爲匹夫，不能仁化一里；桀在上位，令行禁止〔二二〕。由此觀之，賢不足以爲治，而勢可以易俗，明矣〔二三〕。書曰：「一人有慶，萬民賴之〔二四〕。」此之謂也。

校釋

〔一〕【箋釋】陶鴻慶云：「上」字不當有。此承上「毋小大脩短，各得其宜」而言，不專指上位言也。蓋涉下文「聖人得志而在上位」而誤衍「上」字。○蔣禮鴻云：「上」字非衍。惟其在上位，故得執正管事也。下文「聖人得志而在上位」云云，正承此文而申言之，彼之聖人即此文之忠正，熟翫自明，不得云涉彼文而衍也。又此文與上不相蒙，陶氏以爲承上文「毋小大脩短各得其宜」而言，亦非。

〔二〕【高注】營，典。

【版本】葉本「正」作「政」，景宋本、朱本、茅本、汪本、張本、吴本、黄本、莊本、集解本同藏本，王溥本、王鎣本缺。

【箋釋】王引之云：諸書無訓營爲典者，「營」當爲「管」，字之誤也。（隸書「管」字或作「菅」，俗書「營」字作「菅」，二形相似而誤。）管事與執政義相近。史記李斯傳曰「管事二十餘年」是也。管、典皆主也，故訓管爲典。秦策「淖齒管齊之權」，高彼注曰：「管，典也。」（見史記范雎傳索隱。）正與此注同。○雙棣按：正與政同。

〔三〕【高注】入，中。

【箋釋】馬宗霍云：本文「蓋」與「入」對，高注未釋「蓋」字。史記司馬相如傳「蓋號以況榮」，司馬貞索隱引文穎曰：「蓋，合也。」是「不相蓋」，猶「不相合」也。又案：爾雅釋言「弇，蓋也」，孫炎注云：「蓋亦覆之意。」然則蓋得訓「合」，又由弇覆之義引申而來。

〔四〕【箋釋】王念孫云：不可同羣，「可」字後人所加。鳥獸不同羣，虎鹿不同游，相對爲文，則上句内不當有「可」字。後人熟於「鳥獸不可與同羣」之文，因加「可」字耳。

〔五〕【版本】茅本、汪本、張本、黄本、莊本、集解本「游」作「遊」，餘本同藏本。

【用韻】「異、敵」職錫合韻。

〔六〕【箋釋】蔣超伯云：狸謂貓也，韓非子云「使雞司夜，令狸執鼠」，狸亦謂貓也。

〔七〕【箋釋】王念孫云：此謂舉賢不可不慎，「舉」上不得有「一」字，蓋因下文「一舉不當」而衍。

〔八〕【用韻】「命、慎」耕真合韻。

〔九〕【高注】附，從。

〔一〇〕【用韻】「危、乖」歌微合韻。

〔一一〕【用韻】「怨、亂」元部。

〔一二〕【高注】傷，病也，亦敗也。

【用韻】「當、傷」陽部。

〔一三〕【版本】莊本脱「故」字，餘本同藏本。

〔一四〕【高注】事，治也。非治之使宜。

【版本】集解本注「宜」作「直」，景宋本、王溥本、朱本、葉本、莊本同藏本。

【箋釋】顧廣圻云：注「宜」當爲「直」。

〔一五〕【箋釋】劉家立云：繩木可言循，不可言脩。緣以脩者，循字之誤也。

〔一六〕【用韻】「事、志」之部，「匿、蔽」職月合韻。

〔一七〕【高注】玉石堅，抓不能入，故不抓。

【版本】莊本「人」下衍「主」字，餘本同藏本。茅本、汪本、張本、黄本正文及注「抓」作「抓」，餘本同藏本。莊本、集解本注「能」作「耐」，景宋本、王溥本、朱本、茅本、葉本、汪本同藏本。

【箋釋】王念孫云：「抓」皆當爲「振」，字之誤也。廣雅：「振，裂也。」曹憲音必麥反。（字從手，𠂢聲，𠂢，匹卦反。）振之言劈也。瓜瓠可劈，而玉石不可劈，故曰「玉石堅，振不能入」也。方言：「鈲、攦，裁也。梁益之間裁木爲器曰鈲，裂帛爲衣曰攦。」郭璞音劈歷之劈，義亦與振同。若作抓，則非其義也。（玉篇：「抓，古華切，引也，擊也。」字從瓜。）此字各本皆誤爲「抓」。茅一桂不得其解，乃讀爲抓癢之抓，其失甚矣。（玉篇：「抓，側交切，抓癢也。」字從爪。）○于鬯云：此同一改字，而茅義實較勝。蓋瓜瓠抓之可去其皮，玉石抓之則無可去。故人莫抓玉石而抓瓜瓠也。下文云「無得於玉石，弗犯也」，高注云：「玉石堅，抓不能入，故不抓也。」今正文注文皆誤抓爲抓，無義。而改抓爲振，訓爲裂爲劈，玉石豈不可劈裂哉？何云「不得於玉石，弗犯也」？王易茅説，殆真其失甚乎！○何寧云：王校是也。劈瓜瓠，人所日爲之也，故以爲喻。不聞日劈玉石者。若謂玉石亦可劈，則天下豈有不可劈裂之物哉！漢書藝文志「鉤鈲析亂」，今本「鈲」亦誤作「鈲」，是其比。

【用韻】「石、瓠」鐸魚通韻。

〔一八〕【箋釋】蔣禮鴻云：繩者所以別曲直，非所以定高下也。「繩準」當作「浣準」。齊俗篇：「視高下不差尺寸，明主弗任，而求之乎浣準。」泰族篇：「人欲知高下而不能，教之用管準，則說。」「浣、管」聲近字通，皆此文當作「浣準」之證也。○何寧云：蔣説非也。此言「人主執正持平，如從繩準高下」，繩以執正，準以持平，若作浣準則於文義不備。且上文言「繩正於上，木直於下」，此曰「執正持平」，曰「繩準」，正承上文而偶言之。若未能言高下而不言曲直者，偏詞複義也。繩字不可改。

〔一九〕【高注】靈王，蓋楚靈王。殺食，省食。

【版本】莊本、集解本「腰」作「要」，餘本同藏本。

【箋釋】楊樹達云：事見晏子春秋外篇、墨子兼愛篇、韓非子二柄篇、國策楚策。○于大成云：亦見管子七主七臣篇、尸子處道篇。荀子君道篇、尹文子作「楚莊王」。

〔二〇〕【高注】越王，句踐。

【版本】藏本「死」下無「也」字，王溥本、王鎣本有，今據補，餘本同藏本。

【箋釋】楊樹達云：事見管子七主七臣篇、尸子處道篇、尹文子、墨子兼愛篇、韓非子內儲説上篇、吕氏春秋用民篇。

【用韻】「飢、死」脂部。

〔二一〕【箋釋】王念孫云：「其以移風易俗矣」，文義未足。下文曰：「攝權勢之柄，其於化民易矣。」則此亦當曰：「權勢之柄，其以移風易俗易矣。」蓋上「易」爲變易之易，下「易」爲難易之易。漢書禮樂志：「其感人深，其移風易俗易。」（今樂記脱下「易」字，辯見經義述聞。）顔師古曰：「易，音弋豉反。」是其證也。今本無下「易」字者，後人誤以爲複而删之耳。○顧廣圻云：衍「俗」字，「易」去聲。○劉殿爵云：王説未必然。此文與下文「由此觀之，賢不足以爲治，而勢可以易俗，明矣」相對，則亦應作「其可以移風易俗明矣」。今本脱「明」字，又脱「可」字，以致文義不完耳。○于大成云：王説固未是，劉説爲尤非。「其以移風易俗矣」，當作「其以移風易矣」。後人誤以「易」字爲變易之易，又習於移風易俗之成語，遂於「易」下妄加「俗」字，不知「易」實難易之易也。上文「刑罰不足以移風，殺戮不足以禁姦」，道應篇「以此移風，可以持天下弗失」，詮言篇「文王脩之岐周，而天下移風」，皆止言移風。此言「移風」，故下言「易俗」。若此既言移風易俗，下又言易俗，於文爲複。以猶於也，「其以移風易也」，即「其於移風易矣」，文義自完。苟如劉説，其下加「可」字，「易俗」下加「明」字，前後大重複，其文殊劣。○何寧與顧、于説同。

〔二二〕【用韻】「里、止」之部。

〔二三〕【箋釋】于大成云：羣書治要引慎子「堯爲匹夫，不能使其鄰家，至南面而王，則令行禁止。由此觀之，賢不足以服不肖，而勢位足以屈賢矣」，又韓子難勢篇引慎子曰：「堯爲匹夫，不能治三人；而桀爲天子，能亂天下。吾以此知勢位之足恃，而賢智之不足慕也。堯教於隸屬，而民不聽，至於南面而王天下，令則行，禁則止。」又韓子功名篇曰：「桀爲天子，能制天下，非賢也，勢重也。堯爲匹夫，不能正三家，非不肖也，位卑也。」皆淮南文所本也。

〔二四〕【箋釋】陶方琦云：史記集解八引許注：「賴，利也。」按：晉灼引許君説多係淮南注，決非説文。

說文：「賴，贏也。」○馬宗霍云：此所引書見呂刑篇。萬民，今呂刑作「兆民」。惟大戴禮記保傅篇引亦作「萬民」，與此同，蓋古文異本也。左傳閔公元年云：「天子曰兆民，諸侯曰萬民。」如作「兆民」，則上文「一人」當斥天子。如作「萬民」，則「一人」乃斥諸侯，呂刑此語爲王言，一人即王所自稱。故治呂刑者皆從「兆民」爲說。淮南此文鮮用之者，或疑此爲今文尚書，亦無以定之。

天下多眩於名聲，而寡察其實〔一〕，是故處人以譽尊〔二〕，而游者以辯顯〔三〕。察其所尊顯，無他故焉〔四〕，人主不明分數利害之地，而賢衆口之辯也〔五〕。

治國則不然〔六〕。言事者必究於法，而爲行者必治於官。上操其名，以責其實；臣守其業〔七〕，以效其功〔八〕。言不得過其實，行不得踰其法，群臣輻湊，莫敢專君〔九〕。事不在法律中，而可以便國佐治，必參五行之陰考以觀其歸〔一〇〕，並用周聽以察其化〔一一〕，不偏一曲，不黨一事〔一二〕，是以中立而徧運照海內〔一三〕，群臣公正，莫敢爲邪〔一四〕，百官述職，務致其公迹也〔一五〕。主精明於上，官勸力於下〔一六〕，姦邪滅迹，庶功日進〔一七〕，是以勇者盡於軍〔一八〕。

亂國則不然。有衆咸譽者無功而賞，守職者無罪而誅〔一九〕。主上闇而不明，群臣黨而不忠，説談者游於辯，脩行者競於往〔二〇〕。主上出令，則非之以與；法令所禁，則犯之以邪〔二一〕。爲智者務爲巧詐，爲勇者務於鬬争〔二二〕。大臣專權，下吏持勢，朋黨周比，以弄其上。國雖若存，古之人曰亡矣〔二三〕。且夫不治官職，而被甲兵，不隨南畝，而有賢聖之聲者，非所以都於國也〔二四〕。騏驥、騄駬，天下之疾馬也，驅之不前，引之不止，雖愚者不加體焉〔二五〕。今治亂之機，轍迹可見也，而世主莫之能察，此治道之所以塞〔二六〕。

校　釋

〔一〕【高注】寡，少也。察，明也。實，真僞之實。

〔二〕【高注】處人，隱居也，以名譽見尊也。

【箋釋】雙棣按：處人猶處士也，漢書異姓諸侯王表一「處士横議」，顔師古注：「處士謂不官於朝而居家者也。」此注「隱居也」，「也」字疑當作「者」。

〔三〕【高注】游行之人，以辯辭自顯達。

【用韻】「尊、顯」文元合韻。

〔四〕【版本】莊本「他」作「它」，餘本同藏本。

〔五〕【用韻】「地、辯」歌元通韻。

〔六〕【高注】然，如是也。

【箋釋】雙棣按：此「治國」與下文「亂國」相對，「治」爲定語。

〔七〕【高注】業，事。

〔八〕【高注】效，致。

〔九〕【高注】專，制。

〔一〇〕【箋釋】顧廣圻云：「行之」二字疑衍，「參五陰考」四字連讀，與下句「並用周聽」對文也，要略「主術者」云云，考之參伍即此。（五、伍同字。）是其明證。○雙棣按：參，同三，易繫辭「參伍以變，錯綜其數」，疏：「參，三也；伍，五也。或三或五，以相參合。」意即錯綜比較也。又顧說似是，前後二句對文，有「行之」二字則不對。

〔一一〕【用韻】「歸、化」微歌合韻。

〔一二〕【用韻】「曲、事」魚之合韻。

〔一三〕【高注】中，正。

【箋釋】雙棣按：周髀算經下注：「運，周也。」周亦徧也。此文徧、運同義，其一疑爲衍字，或「徧」字乃後人旁注「運」字，而混入書中？

〔一四〕【高注】公，方。正，直。

〔一五〕【版本】王溥本、王鎣本、朱本、吳本「公」作「功」，餘本同藏本。

【箋釋】楊樹達云：「公迹」疑當作「功績」，「公」涉上文「公正」，「迹」涉下文「滅迹」而誤耳。○于大成云：「公」讀爲「功」，「迹」字衍文。上文云「臣守其業，以效其功」，高注曰「效，致」。彼云

「效其功」，即此「致其功」矣。此文上下皆爲對文，若有「迹」字，則與「莫敢爲邪」句不相對矣。下文云「姦邪滅迹，庶功日進」，與此「羣臣公正」云云一十六字意同。

〔一六〕【用韻】「上、下」陽魚通韻。

〔一七〕【高注】庶，衆。

〔一八〕【高注】盡力於軍功也。

【箋釋】俞樾云：此下當有「智者」云云，而今闕之。下文云：爲智者務於巧詐，爲勇者務於鬭爭。亦以智勇並舉，是其證也。

【用韻】「進、軍」真文合韻。

〔一九〕【箋釋】雙棣按：疑「咸」字爲衍文，衆譽者與守職者爲對文，多「咸」字則贅矣。

〔二〇〕【高注】往，自益也。

【版本】莊本正文及注「往」作「住」，餘本同藏本（張本、黄本無注）。

【箋釋】孫詒讓云：「住」當爲「任」，形之誤也。後詮言訓云：「君好智，則倍時而任己。」宋本「任」亦誤「住」，可與此互證。○李哲明云：「住」字難曉，注云「自益」，亦不可通。「住」當爲「位」。文子上仁篇「其計可用，不羞其位；其言可行，不責其辯」。亦位與辯對文，可證。○陶鴻慶云：「住」當爲「數」。列子黄帝篇「漚鳥之至者，百住而不止」，張注云：「住當作數。」又力命篇「賓客在庭者，日百住」，俞氏亦讀爲數。並其證也。數，術也。「説談者游於辯，脩行者競於數」，皆承上「羣臣黨而不忠」而言。高注云「往，自益也」，失之。○楊樹達云：孫説非也。韓詩外傳卷五云：「山林之士爲名，故往而不返。」即此「往」字之義。改「往」作「位」，尤非。○于省吾云：競於任，不得云競於任已，句各有當，無以互證，孫説非是。論語述而「不保其往也」，集解引鄭注：「往猶去也。」管子權修「無以畜之則往而不可止也」，注：「往謂亡去也。」上云「主上闇而不明，羣臣黨而不忠，説談者游於辯」，此言「脩行者競於往」，往謂去而不留也。肥遯自修，故注云「往，自益也。」○金其源云：説文無「住」字。後漢書光武紀「不拘以逗留法」，章懷注：「逗，古住字。」説文：「逗，止也。」孟子「可以止而止」，疏：「可以止而不仕，則止之而不仕。」是「競於住」者，謂爭相隱居而不仕，即申説上文處人以譽尊也。○蔣禮鴻云：上文云：「處人以譽尊，而游者以辯顯。」以辯譽相對，則此文住字亦當作譽，譽住音近而誤耳。高彼注云：「以名譽見尊也。」此注「住，自益也」，「自益」即「見尊」二字之爛缺，「住」本作「譽」，後人據已誤之正文改之耳。陶氏未考上下正文及注之脈絡而以高注爲失，住爲自益，義不可曉，高氏豈謬誤至此乎？○雙棣按：各本皆作「往」，唯莊本誤爲「住」。孫、李、陶、金、蔣以「住」爲説，非是。此文「往」字不誤，于説是。説談者游於辯，脩行者競於往，謂尚於空談者以口辯得游，而務於實際者只得競相離去。達則兼濟，窮則獨善，故注云「自益也」。

【用韻】「明、忠、往」陽冬合韻。

〔三一〕【高注】以黨與非謗上令也。邪，姦也。

【版本】藏本「犯之」下無「以」字，王鎣本、朱本、茅本、汪本、張本、吳本、黄本、莊本、集解本有，今據補，餘本同藏本。茅本、汪本、張本、黄本、莊本、集解本注「以」上有「與黨與也」四字，景宋本、王溥本、朱本、葉本同藏本。藏本注「令」下「也」字作「自」，景宋本作「也」，今據改，茅本、汪本、張本、黄本、莊本、集解本無此字。

【用韻】「與、邪」魚部。

〔二二〕【版本】王鎣本、汪本、張本、黄本、莊本、集解本「巧詐」上「爲」字作「於」，餘本同藏本。

〔二三〕【箋釋】于鬯云：「古」蓋「占」字形誤。「占」當讀爲「覘」。覘之人者，覘國之人也。言國雖若存，覘國之人已早以其國爲亡矣。「占」誤爲「古」，義不可通。○于大成云：此文用荀子君道篇文，彼文「古」字與此同。謂國亂若斯，今人或不以爲異，在古之人則謂之爲亡國矣。「古」字義自可通。

【用韻】「上、亡」陽部。

〔二四〕【用韻】「兵、聲」陽耕合韻，「職、畝、國」職之通韻。

〔二五〕【高注】加，猶止也。

【版本】王溥本、王鎣本、吳本無「疾」字、「馬」下「也」字，餘本同藏本。

【箋釋】王念孫云：「而被甲兵」，「而」當爲「不」，與上下兩「不」字文同一例。作「而」者，字之誤也。不隨南畝，「隨」當爲「脩」，謂不治南畝也。隸書「隨」字或作「隨」，（見漢司隸校尉楊涣石門頌。）其右畔與「脩」相似，故「脩」誤爲「隨」。（史記趙世家「脩下而馮」，「脩」或作「隋」。李斯傳「隨俗雅化」，「隨俗」一作「脩使」。皆以右畔相似而誤。）「非所以都於國也」，「都」字義不可通，當是「教」字之誤。（教、都草書相似。）韓子外儲説右篇曰：「不服兵革而顯，不親耕耨而名，非所以教於國也。今有馬於此，如驥之狀者，天下之至良也。然而驅之不前，却之不止，則臧獲雖賤，不託其足。」即淮南所本也。○俞樾云：脩務篇「隨山栞木」，注曰：「隨，循也。」不隨南畝者，不循南畝也。王氏念孫以「隨」爲「脩」字之誤，非。○吴承仕云：「加」不得訓「止」，「止」當爲「上」，形近之誤也。加之言駕也，乘也，登也，並與上同義。吕氏春秋離俗、長利注並云：「加，上也。」是其證。

〔二六〕【高注】塞，猶閉也。

權勢者，人主之車輿；爵禄者，人臣之轡銜也。是故人主處權勢之要，而持爵禄之柄，審緩急之度，而適取予之節，是以天下盡力而不倦。夫臣主之相與也，非有父子之厚、骨肉之親也，而竭力殊死，不辭其軀者，何也？勢有使之然也。

昔者豫讓，中行文子之臣〔一〕。智伯伐中行氏，并吞其地，豫讓背其主而臣智伯。智伯與趙襄子戰於晉陽之下，身死爲戮，國分爲三〔二〕。豫讓欲報趙襄子〔三〕，漆身爲厲，吞炭變音，擿齒易貌。夫以一人之心而事兩主，或背而去，或欲身徇之，豈其趨捨厚薄之勢異哉？

人之恩澤使之然也〔四〕。

紂兼天下，朝諸侯，人迹所及，舟檝所通，莫不賓服〔五〕。然而武王甲卒三千人，擒之於牧野。豈周民死節而殷民背叛哉？其主之德義厚而號令行也〔六〕。

夫疾風而波興，木茂而鳥集〔七〕，相生之氣也〔八〕。是故臣不得其所欲於君者，君亦不能得其所求於臣也〔九〕。君臣之施者，相報之勢也〔一〇〕。是故臣盡力死節以與君，君計功垂爵以與臣〔一一〕。是故君不能賞無功之臣，臣亦不能死無德之君〔一二〕。君德不下流於民，而欲用之，如鞭蹏馬矣〔一三〕。是猶不待雨而求熟稼，必不可之數也〔一四〕。

校釋

〔一〕【高注】文子，晉大夫中行穆子之子荀寅也。

〔二〕【高注】韓、魏、趙三分有之。此之謂也。

【版本】莊本、集解本「於」作「于」。茅本、汪本、莊本、集解本注「分」下有「而」字。藏本注「謂」作「福」，景宋本作「謂」，今據改。王溥本注「有」下「之此之謂也」五字作「智伯之地」。茅本、汪本、莊本、集解本注無「此之謂也」四字。

〔三〕【高注】欲爲智伯報讎，殺趙襄子。

〔四〕【箋釋】陶鴻慶云：「人」下奪「主」字。○雙棣按：呂氏春秋不侵篇云：「豫讓曰：『范氏、中行氏，我寒而不我衣，我饑而不我食，而時使我與千人共其養，是衆人畜我也。夫衆人畜我者，我亦衆人事之。至於智氏則不然，出則乘我以車，入則足我以養，衆人廣朝，而必加禮於吾所，是國士畜我也。夫國士畜我者，我亦國士事之。』」可爲此文注腳。

〔五〕【用韻】「及、服」緝職合韻。

〔六〕【版本】莊本「德義」作「義德」，餘本同藏本。

【用韻】「叛、行」元陽合韻。

〔七〕【箋釋】王念孫云：疾風，當作「風疾」。風疾、木茂，相對爲文。意林引此，正作「風疾」。○雙棣按：王說是。陳昌齊與王說同。

〔八〕【箋釋】劉文典云：意林「氣」作「勢」。○呂傳元云：「氣」當爲「勢」之訛字，上文「豈其趨捨厚薄之勢異哉」，此「勢」字即承上文而言，下文「君臣之施者相報之勢也」，合上下文觀之，此「氣」字當作「勢」。意林引作「勢」，是。

〔九〕【用韻】「君、臣」文真合韻。

〔一〇〕【用韻】「施、勢」歌月通韻。

〔一一〕【版本】藏本「君計」倒作「計君」，除景宋本、葉本同藏本外，餘本均作「君計」，今據乙。藏本「垂」上無「功」字，除景宋本、葉本同藏本外，餘本均有「功」字，今據補。景宋本「與臣」下有「市」字。

【箋釋】陶鴻慶云：此文傳寫錯亂，「是故臣不得其所欲於君者」二句，當與「臣盡力死節以與君」二句互易。其文云：「夫風疾而波興，木茂而鳥集，相生之氣也。臣盡力死節以與君，君計功垂爵以與臣。君臣之施，相報之勢也。是故臣不得其所欲於君者，君亦不能得其所求於臣也。」風疾云云，與臣盡力云云，以正喻相對成文，如今本，則文義不順。○蔣禮鴻云：是故臣盡力死節以與君，君計功垂爵以與臣是，當作「是故臣盡力死節以與君市，君計功垂爵以與臣市」。今本上句脱「市」字，下句「市」字誤作「是」，又誤屬下讀。宋本亦有脱誤，而下句「市」字未誤。韓非子難一篇作「臣盡死力以與君市，君垂爵禄以與臣市」，文義至明，當據以訂正。○于大成云：韓子難一篇「臣盡力以與君市，君垂爵禄以與臣市」，此文所本也。説苑復恩篇「臣君相與以市接道，君懸以待之，臣竭力以報之」，可謂韓子「市」字之確詁。此文明以下各本作「是故臣盡力死節以與君，君計功垂爵以與臣」，（喻林四引同。）而以「是」字作下讀。疑此當作「是故臣盡力死節以與君市，君計功垂爵以與臣市」，「以與君」下奪「市，君」二字，「計」下「功」字又譌「君」，下「市」字淺人妄改爲「是」，遂不可讀。

【用韻】「君、臣」文真合韻。

〔二二〕【版本】景宋本無「是」字，餘本同藏本。

【用韻】「臣、君」真文合韻。

〔二三〕【版本】王溥本、王鎣本、吴本「矣」作「也」。

〔一四〕【高注】數，術。

【版本】王溥本、王鎣本「猶」作「由」，餘本同藏本。

【用韻】「馬、稼、數」魚侯合韻。

君人之道，處静以修身，儉約以率下。静則下不擾矣，儉則民不怨矣。下擾則政亂，民怨則德薄。政亂則賢者不爲謀，德薄則勇者不爲死〔一〕。

是故人主好鷙鳥猛獸，珍怪奇物〔二〕，狡躁康荒〔三〕，不愛民力，馳騁田獵，出入不時，如此則百官務亂，事勤財匱〔四〕，萬民愁苦，生業不脩矣。人主好高臺深池，雕琢刻鏤，黼黻文章，絺綌綺繡，寶玩珠玉〔五〕，則賦斂無度，而萬民力竭矣。

堯之有天下也，非貪萬民之富而安人主之位也，以爲百姓力征，强淩弱，衆暴寡〔六〕，於是堯乃身服節儉之行，而明相愛之仁，以和輯之。是故茅茨不翦〔七〕，采椽不斲〔八〕，大路不畫〔九〕，越席不緣〔一〇〕，大羹不和〔一一〕，粢食不毇〔一二〕，巡狩行教，勤勞天下〔一三〕，周流五嶽，豈其奉養不足樂哉〔一四〕！舉天下而以爲社稷，非有利焉〔一五〕。年衰志憫〔一六〕，舉天下而傳之舜〔一七〕，猶却行而脱蹝也〔一八〕。

衰世則不然。一日而有天下之富，處人主之勢〔一九〕，則竭百姓之力〔二〇〕，以奉耳目之欲，志專在于宫室臺榭，陂池苑囿，猛獸熊羆，玩好珍怪〔二二〕。是故貧民糟糠不接於口，而虎狼熊羆猒芻豢；百姓短褐不完，而宫室衣錦繡〔二三〕。人主急兹無用之功，百姓黎民顦顇於天下〔二三〕，是故使天下不安其性〔二四〕。

校釋

〔一〕【箋釋】于大成云：「賢者」疑當作「智者」。本篇多以「智、勇」並舉，如「故智不足以治天下也，勇不足以持天下也」，「智不足以爲治，勇不足以爲强」，「文王智而好問故聖，武王勇而好問故勝」，「爲智者務爲巧詐，爲勇者務爲鬭争」，皆是也。至於「賢」，多與「不肖」對舉，本書習見，不煩舉證。智、賢形近，因以致誤與！

【用韻】「謀、死」之脂合韻。

〔二〕【高注】金玉爲珍，詭異爲怪，非常爲奇。

〔三〕【高注】康，安。荒，亂。

【箋釋】馬宗霍云：本文「狡躁康荒」四字平列，皆謂人君之失德。説文禾部云：「穅，穀皮也。」「康」爲「穅」之重文。穀皮者，空其中以含米。故引申之，「康」有「空」義。史記賈生傳「斡棄周鼎兮而寶康瓠」，裴駰集解云：「康，空也。」是其證。又説文水部云：「漮，水虚也。從水，康聲。」欠部云：「歑，飢虚也。從欠，康聲。」聲中兼意，故康又有虚義。詩小雅賓之初筵「酌彼康爵」，鄭箋云：「康，虛也。」穀梁襄公二十四年傳「四穀不升謂之康」，范甯注云：「康，虛。」皆其證也。「荒」者，說文艸部云：「荒，蕪也。」引申之義亦通於「康」。爾雅釋詁「漮，虛也」一條下，陸德明釋文云：「漮，字又作歉，方言作康，亦空也。」郭璞云：「本或作荒。」荒亦丘墟之空無。則「康」猶「荒」矣。周書謚法篇「好樂怠政曰荒」，孔晁注云：「官不治，家不理，淫於聲色，怠於政事。」漢書諸侯王表中有「中山穅王昆侈」，顏師古注云：「穅音與康同。穅，惡謚也。好樂怠政曰穅。」案小顏所稱「惡謚」，即本之周書謚法篇。是又荒、康相通之證。然則本文康荒二字，正當以好樂怠政爲釋。高注訓康爲安，訓荒爲亂。「康安」之訓雖亦出爾雅，然康荒連文，若依高訓，似以爲安於亂矣。殆失之。◯雙棣按：馬謂康、荒音近義通，甚是。高訓「荒」爲「亂」，「康」亦當同義，故周書「好樂怠政曰荒」，顏師古漢書注「好樂怠政曰穅」。高訓「康」爲「安」，蓋謂安逸也，亦即好樂怠政之義，非如馬氏所云「安於亂」也。漢語大詞典釋「康荒」爲「淫逸迷亂」當是。

〔四〕【高注】勤，勞。匱，乏。

【箋釋】楊樹達云：「務」假爲「鶩」。說文云：「鶩，亂馳也。從馬，敄聲。」務以聲類同通假耳。

〔五〕【高注】白與黑爲黼，青與赤爲黻。絺綌，葛也。精曰絺，麤曰綌。五彩具曰繡也。

【箋釋】雙棣按：說文：「黻，黑與青相次文。」考工記畫繢：「黑與青謂之黻。」呂氏春秋季夏高注與之同，云：「黑與青謂之黻。」然高注淮南三次出現「青與赤爲黻」，（一在時則，一在主術，一在説林。)「赤」恐是誤字。

〔六〕【箋釋】莊逵吉云：太平御覽引作「百姓力屈，强弱相乘，衆寡相暴」。

〔七〕【版本】藏本「翦」作「剪」，景宋本、莊本、集解本作「翦」，今據改，餘本同藏本。

【箋釋】莊逵吉云：太平御覽引，翦作剗，是古字。

〔八〕【版本】藏本「斵」作「斷」，景宋本、王溥本、朱本、吴本、莊本（浙局本）作「斵」，今據改，餘本同藏本。

【箋釋】王念孫云：「斷」當爲「斲」，字之誤也，精神篇作「樣桷不斲」，（高注：「樣，采也。桷，椽也。」）晉語曰：「天子之室，斲其椽而礱之，加密石焉。諸侯礱之，大夫斲之，士首之，以采爲椽而又不斲，儉之至也。」太平御覽皇王部五引此正作「斲」。韓子五蠹篇、史記李斯傳並同。○陳昌齊與王説同。○王叔岷云：王校是也。宋本正作「斵」。玉海七八引同。鹽鐵論通有篇、散不足篇亦並作「斵」。○于大成云：金樓子與王篇亦作「斵」。

〔九〕【高注】大路，上路，四馬車也。天子駕六馬。不畫，不文飾也。

【箋釋】于大成云：御覽八十引此文，有注云「大路，天子車也」，與今高注不同，當是許本。

〔一〇〕【高注】越席，結蒲爲席也。

【版本】藏本注「越」下無「席」字，王溥本有，今據補，景宋本、朱本、莊本、集解本同藏本。

【箋釋】雙棣按：左傳桓公二年「大路越席」，杜預注：「越席，結草。」孔穎達疏：「越席，結蒲爲席。」孔疏即本之高注，藏本「越」下奪「席」字則非，今據補。左傳釋文云：「越，户括反。」可補此文之音。朱駿聲通訓定聲「越，假借爲括。」齊俗篇：「羌人括領。」高誘注：「括，結也。」故高此注爲「結蒲爲席」也。

〔一二〕【高注】不致五味。

【箋釋】俞樾云：高注曰「不致五味」，疑本作「大羹不致」，故高注云然。桓二年左傳曰「大羹不致」，杜注亦曰「不致五味」，即本諸此。○馬宗霍云：俞説未諦。禮記郊特牲篇云：「大羹不和，貴其質也。」樂記篇云：「大羹不和，有遺味者矣。」此皆淮南本文所出。詩商頌烈祖「亦有和羹」，左傳昭公二十年「晏子曰和如羹焉」，又和羹連文之證。鄭玄烈祖箋云：「和羹者，五味調，腥熟得節，食之於人性安和。」本文高注「不致五味」，亦以五味解和羹，正與鄭箋合。「不致」二字，蓋用左傳桓二年之文，即所以申「不和」之義也。淮南正文未必作「不致」。○于大成云：俞説非也。禮器、郊特牲並有「大羹不和」之文，禮器疏云「大羹，肉汁也。不和，無鹽梅也。太古初變腥，但煮肉而飲其汁，未知調和」。正以左氏有「大羹不致」之文，故高訓此文爲「不致五味」，杜氏則又本於高氏立説也。御覽八十、通鑑外紀一、玉海七八引此文，並與今本同。御覽引注曰「無五味也」，當是許注。所謂「無五味」，即禮器疏所謂「無鹽梅」，可證「和」字不誤。

〔一三〕【高注】毇，細。

【箋釋】莊逵吉云：太平御覽引，作「粢飯不鑿」。○楊樹達云：説文：「毇，米一斛舂爲八斗也。」○劉家立云：集韻：「糓，虎委切。」音毁，與糳通。左傳桓公二年：「粢食不糳。」釋文：「糳，精米也。」按：此知糳與糓義本同，但音別耳。説文分二字，謂糓一斛舂八斗，糳一斛舂九斗。據此説，糓米較精。

〔一三〕【用韻】「和、糓」歌微合韻。

〔一四〕【用韻】「教、下」宵魚合韻。

〔一五〕【用韻】「嶽、樂」屋藥合韻。

〔一六〕【箋釋】俞樾云：此本作「以爲社稷，非有利焉」，言皆以爲社稷，而非自以爲利也。涉下文「舉天下而傳之舜」句衍此四字，（指「舉天下而」四字。）當删。

〔一七〕【高注】衰，老也。惛，憂也。

〔一八〕【箋釋】楊樹達云：高釋惛爲憂，「志憂」二字義不相屬，其説非也。「惛」當爲「惽」。説文云：「惽，不憭也。」禮記曲禮上云：「八十、九十曰耄。」鄭注云：「耄，惽忘也。」文謂堯年衰老，神志惽忘，故舉天下傳之於舜耳。惛字從閔聲。閔聲、昏聲古音同。説文𩫖讀若閔，其字從𦥯聲，𦥯即古婚字也。脩務篇云：「鈍閔條達。」高注云：「鈍閔猶鈍惽也。」又閔字從文聲，文聲、昏聲字亦通作。説文䘈或從昏作𧑴，又或從文作蚊，此皆「惛、惽」相通之證也。

〔一七〕【用韻】「惛、舜」文部。

〔一八〕【高注】言甚易也。

【版本】藏本「蹝」作「蹤」，王溥本、王鎣本、朱本、汪本、張本、吴本、黄本、莊本、集解本作「蹝」，今據改，餘本同藏本。

【箋釋】莊逵吉云：文選作許慎注，「甚」作「其」。○陶方琦云：文選孔稚圭北山移文注引許注：「言其易也。」此許注羼入高注本者，「其」即「甚」字之譌。○劉文典云：北堂書鈔百三十六引作「堯舉天下而傳之舜，猶却行而釋屣，舜猶却之」。○于大成云：御覽八十引「脱」亦作「釋」，文選孔稚圭北山移文注、御覽六百九十八引仍作「脱」，與今本同，其間當亦有許、高之異。選注雖引許慎注「言其易也」，竊疑李善所引是高注，誤標許慎耳，故與今高注同。御覽八十引文、注並頗異今本，當是許本也。然則書鈔、御覽八十引作「釋」者是許本，選注、御覽六九八引作「脱」與今本同者，自是高本。○雙棣按：「却行脱蹝」形容其易，然何爲「却行脱蹝」則易？説文：「躧，（蹝同。）舞履也。」漢書地理志下：「女子彈弦跕躧。」顔師古注：「躧与屣同，屣謂小履而無跟者也。」顔注本於説文。淮南此注即許慎注。（文選孔稚圭北山移文注引許慎淮南子注云「言其易也」。「其」为「甚」字之譌。）説明許慎説文所釋正據淮南此文。蹝爲無跟履，故倒行甚易脱之。

〔一九〕【版本】藏本「富」作「當」，景宋本同藏本，餘本皆作「富」，今據改。王溥本、王鎣本、吴本「主」作「君」，餘本同藏本。

〔二〇〕【用韻】「富、力」職部。

〔一〕【箋釋】劉家立云：猛獸不止熊羆，下文虎狼熊羆，乃指猛獸而言，則此處不應先出熊羆也。文子上仁篇作「猛獸珍怪」，於義爲長。

【用韻】「囿、怪」之部。

〔二〕【用韻】「口、繡」侯幽合韻。

〔三〕【高注】黎，齊。

【版本】莊本、集解本此注在「百姓黎民」下，景宋本、王溥本、葉本同藏本。

【箋釋】雙棣按：顣頞，雙聲聯緜字，字又作憔悴。國語吴語「而日以憔悴」，韋注：「憔悴，瘦病也。」

〔四〕【高注】不得安其正性，爲詐生也。

【版本】茅本、汪本、莊本、集解本注「爲詐」作「詐僞」，景宋本、王溥本、朱本、葉本同藏本。

【箋釋】王念孫云：此注後人所改，性之言生也。（性與生義同，而字亦相通。説見經義述聞周語。）不安其生，即承上黎民顣頞言之，昭八年左傳曰：「今宫室崇侈，民力彫盡，怨讟並作，莫保其性。」義與此同。高注當云：「性，生也。」後人熟於性即理也之訓，故妄改高注耳。下文「近者安其性」，高注曰：「性，生也。」故知此注爲後人所改。

人主之居也，如日月之明也〔一〕，天下之所同側目而視，側耳而聽，延頸舉踵而望也〔二〕。是故非澹漠無以明德〔三〕，非寧静無以致遠，非寛大無以兼覆，非慈厚無以懷衆，非平正無以制斷〔四〕。

是故賢主之用人也，猶巧工之制木也〔五〕，大者以爲舟航柱樑〔六〕，小者以爲楫楔〔七〕，修者以爲櫚榱〔八〕，短者以爲朱儒枅櫨〔九〕。無大小脩短，各得其所宜；規矩方圓，各有所施〔一〇〕。天下之物，莫凶於雞毒〔一一〕，然而良醫橐而藏之，有所用也〔一二〕。是故林莽之材，猶無可棄者，而況人乎〔一三〕！今夫朝廷之所不舉，鄉曲之所不譽〔一四〕，非其人不肖也，其所以官之者非其職也。鹿之上山，獐不能跂也，及其下，牧豎能追之，才有所脩短也〔一五〕。是故有大略者不可責以捷巧〔一六〕，有小智者不可任以大功。人有其才，物有其形，有任一而太重，或任百而尚輕〔一七〕。是故審毫釐之計者，必遺天下之大數〔一八〕；不失小物之選者，或於大事之舉〔一九〕。譬猶狸之不可使搏牛，虎之不可使搏鼠也〔二〇〕。今人之才，或欲平九州，并方外，存危國，繼絶世〔二一〕，志在直道正邪，決煩理挐〔二二〕，而乃責之以閨閤之禮、隩窔之間〔二三〕；或佞巧小具，諂進愉説，隨鄉曲之俗卑，下衆人之耳目〔二四〕，而乃任之以天下之權、治亂之機〔二五〕，是猶以斧劗毛，以刀抵木也〔二六〕，皆失其宜矣〔二七〕。

校釋

〔一〕【用韻】「居、明」魚陽通韻。

〔二〕【箋釋】劉文典云：御覽七十七引，「側耳」作「傾耳」。○于省吾云：賈山至言有「傾耳而聽」之語，上云「側目而視」，如作「側耳」，於義爲複。○于大成云：「傾耳」是也。國策秦策一正有「側目而視，傾耳而聽」之文，即淮南所本。賈子過秦論下、史記淮南王傳亦有「傾耳而聽」之文。喻林一百五引亦作「傾耳」。

〔三〕【版本】葉本「漠」作「泊」，王鎣本、汪本、張本、黄本、莊本、集解本作「薄」，餘本同藏本。【箋釋】陶方琦云：大藏音義卷二、卷七引許注：「憺，滿也。」「怕，静也。」按：許本當作「憺怕」，諸葛武侯戒子書用此文作澹泊。説文：「憺，安也。」「怕，無爲也。」憺怕連篆，即本此。衆經音義引許君説：「憺，安樂也。怕，静也。」亦即淮南注。○劉文典云：御覽七十七引作「淡泊」。

〔四〕【用韻】「覆、衆」覺冬通韻，「遠、斷」元部。

〔五〕【高注】制，裁。

【箋釋】劉文典云：治要引，「工」作「匠」。

〔六〕【高注】舟，船也。方兩小船並與共濟爲航也。【版本】景宋本、王溥本注「舟」下「船」字作「航」，集解本注下「船」字作「舡」。

【箋釋】楊樹達云：説文云：「斻，方舟也。從方，亢聲。」「航」爲「斻」之或字。

〔七〕【版本】藏本「楔」作「禊」，除葉本同藏本外，餘本均作「楔」，今據改。

【箋釋】王念孫云：「楫楔」本作「椄槢」，此後人以意改之也。椄楫並在葉韻，槢在緝韻，楔在薛韻。「椄槢」疊韻字也。「楫楔」則非疊韻矣。「椄槢」謂梁之小者，對上文「大者爲柱梁」而言。莊子在宥篇「吾未知聖知之不爲桁楊椄槢也」，釋文：「崔云：椄槢，桎梏梁也。淮南曰：大者爲柱梁，小者爲椄槢也。」案：小梁謂椄槢。故桎梏之梁亦謂之椄槢。集韻：「椄槢，梁也。淮南子：大者爲柱梁，小者爲椄槢。」蓋高注以椄槢爲梁，而今本脱之也。據集韻引此作「椄槢」，則北宋本尚未誤。

〔八〕【高注】櫊，屋垂。榱，穩也。

【版本】莊本、集解本注「穩」作「隱」，餘本同藏本。

【箋釋】劉家立云：釋名釋宮室：「桷或謂之榱，在檼旁下列衰衰然也。」廣韻：「檼，屋脊也。」此注文應作「檼」，今本作「隱」字，非。○吴承仕云：字當作「檼」，本作「穩」、作「隱」，並形近而誤。○楊樹達云：高訓「櫊」爲屋垂，蓋讀爲檐。説文木部云：「檐，梍也。」

〔九〕【高注】朱儒，梁上戴蹲跪人也。枅，讀如雞也。

【版本】王溥本、王鎣本、朱本、吴本「朱」作「侏」，餘本同藏本。莊本注「如」作「曰」。

【用韻】「欂、櫨」陽魚通韻。

〔一〇〕【版本】汪本、張本、黄本、莊本、集解本「大小」作「小大」，餘本同藏本。景宋本「短」下「各」字作「皆」。

【箋釋】王念孫云：羣書治要引此，「各有所施」下有「殊形異材，莫不可得而用也」二句，今本脱去。下文「天下之物，莫凶於奚毒，然而良醫橐而藏之，有所用也」，即承「莫不可得而用也」言之，則原有此二句明矣。凡治要所引之書，於原文皆無所增加，故知是今本遺脱也。又：各得其所宜，治要引作「皆得所宜」。

【用韻】「短、圓」元文合韻，「宜、施」歌部。

〔一一〕【高注】雞毒，烏頭。

【箋釋】王念孫云：「雞毒」當爲「奚毒」。（注同。）此涉上文注内「枅，讀如雞」而誤也。廣雅、本草並作「奚毒」。羣書治要、意林及太平御覽藥部七引淮南亦爲「奚毒」，（急就篇補注引作「奚毒」，則南宋本尚不誤。）無作「雞毒」者。○陶方琦云：羣書治要、御覽九百九十、意林引許注：「奚毒，附子。」按：御覽引許注作「附子」，與高注亦異。廣雅：「熫奚，附子也。（玉篇：「蒵毒，附子也。」）一歲爲萴子，二歲爲烏喙，三歲爲附子，四歲爲烏頭，五歲爲天雄。」説文：「萴，烏喙也。」○王叔岷云：王説是也。長短經任長篇引此亦作「奚毒」。○于大成云：爾雅翼七、萬卷菁華十二引此文亦作「奚毒」。治要、意林、長短經、御覽並引許注：「奚毒，附子。」意林「奚」作「溪」，長短經作「谿」，今本誤「雞」者以此。○雙棣按：陶引廣雅「熫奚」當作「熫、奚毒」，奪一

「毒」字。烏頭、附子之説，詳王念孫廣雅疏證。

〔一二〕【用韻】「毒、用」覺東合韻。

〔一三〕【版本】王溥本、王鎣本、吴本「況」下有「於」字。

【用韻】「棄、人」質真通韻。

〔一四〕【箋釋】劉文典云：治要曲作邑。

【用韻】「舉、譽」魚部。

〔一五〕【箋釋】劉文典云：治要引首二句作「麋之上山也，大獐不能跋也」。○王叔岷云：長短經引前四句作「麋之上山也，大章不能跂；及其下也，牧豎能追之」。○于大成云：治要引「及其下」下有「也」字，與長短經引合。治要、長短經引「才有」下並無「所」字。二書所引，乃許本也。治要引「跂」作「跋」，「跋」是「跂」之誤。廣雅釋詁「跂，履也」，是其證也。説文「跋，蹎也」，作「跋」則非其指矣。各本皆作「跂」，爾雅翼二十、喻林六十七引同。

〔一六〕【高注】略，行道也。

〔一七〕【用韻】「形、輕」耕部。

〔一八〕【高注】遺，失。

【版本】莊本、集解本「毫」作「豪」。

【箋釋】劉文典云：豪氂之計、天下之數，相對爲文，加一「大」字，則文不一律。「大」字疑涉下文

「不失小物之選者，惑於大數之舉」而衍。羣書治要引，作「必遺天地之數」。○王叔岷云：「計」上當有「小」字，「小計」與「大數」對言，史記淮陰侯列傳正作「審豪氂之小計，遺天下之大數」。

〔一九〕【版本】王溥本、王鎣本、朱本、茅本、汪本、張本、吴本、黄本、莊本、集解本「或」作「惑」，景宋本、葉本同藏本。王溥本、王鎣本、汪本、張本、黄本、莊本、集解本「事」作「數」，餘本同藏本。

【箋釋】陶鴻慶云：「不」字當在「惑」字上，元文本云：「失小物之選者，不惑於大數之舉。」自「是故賢主之用人也，猶巧工之制木也」，至「皆失其宜也」一段，皆以材小則遺大，材大則遺小，反復相明。此句上云「審豪氂之計者，必遺天下之大數」，言材小則遺大也。此云「失小物之選者，不惑於大數之舉」，言材大則遺小也。如今本，則與上文義複，非其旨矣。○楊樹達云：「選」字義不可通，字假爲「算」。小物之算，與「豪氂之計」爲對文，算亦計也。（文選運命論注引蒼頡篇云：「算，計也。」）古選、算二字音同，故多通用。論語子路篇云：「斗筲之人，何足算也。」鹽鐵論雜論篇及漢書公孫賀傳贊「算」並作「選」，是其證也。○蔣禮鴻云：陶鴻慶謂「不」字當在「惑」字上，是矣。宋本作「或於大事之舉」，治要引作「惑於大事之舉」，當依宋本及治要作「大事」。大事與小物對文。篇首謀無過事，王念孫據治要及賈子保傅篇、文子自然篇作舉無過事，正與此大事之舉相應。○雙棣按：「或、惑」古通。

〔二〇〕【箋釋】劉文典云：搏牛、搏鼠，於辭爲複。治要引作「捕鼠」，當從之。○王叔岷云：治要引「搏鼠」作「捕鼠」，「搏、捕」古通。本篇上文「陸捕熊羆」，御覽四三七引作「搏」；莊子秋水篇「捕鼠不如狸狌」，釋文引一本作「搏」，吕氏春秋去宥篇「吏搏而束縛之」，文選任彦升齊竟陵文宣王行狀注引作「捕」，皆其比。原道篇「無以異於使蟹捕鼠，蟾蠩捕蚤」，彼用兩「捕」字與此用兩「搏」字同例，古人用字，固不避複也。

【用韻】「數、舉、鼠」侯魚合韻。

〔二〕【箋釋】王引之云：「并」本作「從」，從猶服也。（襄十年左傳注：「從猶服也。」）言使方外之國服從也。原道篇曰：「從裸國，納肅慎。」人間篇曰：「王若欲從諸侯，不若大城城父，而令太子建守焉，以來北方。」司馬相如難蜀父老曰：「朝冉從駹，定筰存邛。」皆是也。後人不達「從」字之義，遂改「從」爲「并」，不知「平九州，從方外，存危國，繼絶世」，皆謂撫柔中外，非謂吞併之也。羣書治要引此，正作「從方外」。

【用韻】「外、世」月部。

〔三〕【箋釋】向承周云：「道」當作「迆」，迆、邪對文。説文：「迆，邪行也。」又通作「施」。上文「直施矯邪」，與此同義。要略篇：「其數直施而正邪」，亦即此文之「直迆正邪」也。又云「接徑直施」，「直施」亦即此文之「直迆」也。○蔣禮鴻云：「直道」當作「直施」，施者，邪曲也。（齊俗篇：「夫去非者，非批邪施也。」許注：「施，微曲也。」要略篇：「接徑直施。」許注：「施，衺。」）上文云「直施矯邪」，與此同義。施邪爲類，煩挐爲類，作「直道」則不相類矣。後人習見直道，輒妄改之耳。要略篇敘此篇曰：「其道直施而正邪。」與此全同，是其明證。

【用韻】「邪、挐」魚部。

〔二三〕【版本】王鎣本、汪本、張本、黄本、莊本、集解本「陝」作「奥」，餘本同藏本。藏本「窔」作「𡨘」，景宋本、王鎣本、朱本、汪本、張本、黄本、莊本、集解本作「窔」，今據改，王溥本作「穾」，餘本同藏本。

【箋釋】陳昌齊云：「突」當作「穾」。○雙棣按：説文：「奥，室之西南隅。」陝通奥，朱駿聲云：「陝假借爲奥。」道藏本用借字。又陳説是。釋名釋宫室：「東南隅曰窔。」儀禮既夕禮「聚諸窔」，鄭玄注：「室東南隅謂之窔。」穾，窔之或體，漢書敘傳上「守穾奥之熒燭」，顔師古注引應劭曰：「穾，爾雅：東南隅謂之穾。」藏本「𡨘」即「穾」之俗體。今據景宋本等改作「窔」。

〔二四〕【箋釋】于鬯云：舊讀「俗」字句，則「卑下」屬衆人讀，謂衆人中之尤卑下者耳。然語究支離。姚廣文云：「俗」字衍。則讀「隨鄉曲之卑下」爲句。○馬宗霍云：疑「俗卑」二字誤倒，當作「卑俗」。「耳目」猶視聽，「下衆人之耳目」者，猶言使衆人之視聽爲之下也，即譁衆取悦之意。或讀「卑下」連文者誤。

〔二五〕【高注】機，理。

【箋釋】雙棣按：注「機」爲「理」，恐欠妥。此「機」爲「任」之賓語，與「權」爲同類。此當爲機要、關鍵義。周書大武「此七者，伐之機也」，注：「機，要也。」戰國策秦策二「計者，事之本也；聽者，存亡之機」，高注：「機，要也。」本書氾論篇「此皆達於治亂之機」，注：「機，要也。」此「機」亦當注爲「要」。

〔二六〕【高注】劗，翦也。劗，讀驚攢之攢也。

【版本】王溥本、王鎣本、朱本、汪本、張本、黄本、莊本「刀」作「刃」，餘本同藏本。藏本注「翦」作「剪」，景宋本、莊本、集解本作「翦」，今據改，餘本同藏本。

【箋釋】王念孫云：此言刀可以劗毛，斧可以伐木。易之則皆失其宜矣。劉本「刀」作「刃」，非也。凡刀劍戈矛之屬，皆有刃，泛言刃則不知爲何物。道藏本、茅本並作「刀」，莊從劉本作「刃」，失之矣。又：「木」當言伐，不當言抵。蓋「伐」誤爲「氐」，（伐、氐字形相似。）後人因加手旁耳。説山篇云：「刀便剃毛，至伐大木，非斧不剋。」是其證。羣書治要引此，正作「以刀伐木」。

〔二七〕【高注】宜，適。

人主者以天下之目視，以天下之耳聽，以天下之智慮，以天下之力爭〔一〕，是故號令能下究而臣情得上聞〔二〕。百官修通，群臣輻湊〔三〕，喜不以賞賜，怒不以罪誅〔四〕。是故威厲立而不廢〔五〕，聰明先而不弊〔六〕，法令察而不苛〔七〕，耳目達而不闇，善否之情，日陳於前而無所逆。是故賢者盡其智，而不肖者竭其力，德澤兼覆而不偏，群臣勸務而不怠〔八〕，近者安其性，遠者懷其德〔九〕。

所以然者何也？得用人之道，而不任己之才者也。故假輿馬者，足不勞而致千里〔一〇〕；乘舟檝者，不能游而絶江海〔一一〕。夫人主之情，莫不欲總海内之智，盡衆人之力，然而群臣志達效忠者，希不困其身〔一二〕。使言之而是也，雖在褐夫芻蕘，猶不可棄也〔一三〕；使言之而非也，雖在卿相人君，揄策于廟堂之上，未必可用〔一四〕。是非之所在，不可以貴賤尊卑論也。是明主之聽於群臣，其計乃可用，不羞其位〔一五〕；其言可行，不責其辯〔一六〕。闇主則不然。所愛習親近者，雖邪枉不正，不能見也；疏遠卑賤者，雖竭力盡忠，不能知也〔一七〕。有言者窮之以辭，有諫者誅之以罪，如此而欲照海内，存萬方，是猶塞耳而聽清濁〔一八〕，掩目而視青黄也〔一九〕，其離聰明則亦遠矣〔二〇〕。

校釋

〔一〕【箋釋】王念孫云：「争」本作「動」，動謂舉事也。慮則用羣策，動則用羣力，故曰「以天下之智慮，以天下之力動」，今本「動」作「争」者，後人依文子上仁篇改之耳。藝文類聚帝王部一、太平御覽皇王部二引此，並作動。○楊樹達云：王校非是。此文以聽、争爲韻，作「動」則失其韻矣。文子上仁篇作「争」，正淮南文本作「争」之證。而王氏乃謂後人依文子改，斯曲説也。唐宋類書作「動」者，乃集類書者意謂人主不宜有争，故改之耳。此乃後世迂儒之見，不思敵國外患至，人主不當以天下之力争乎！○雙棣按：管子九守篇云：「目貴明，耳貴聰，心貴智。以天下之目視，則無不見也；以天下之耳聽，則無不聞也；以天下之心慮，則無不知也。」此蓋淮南文所本。此「目、耳、心」並稱，皆身之官也。淮南「智」字當爲「心」乃合。太公六韜文韜大禮亦作「心」字。

【用韻】「聽、争」耕部。

〔二〕【高注】聞猶達也。

〔三〕【高注】臣歸君，若輻之湊轂，故曰輻湊。

【版本】王溥本、王鎣本、汪本、張本、吳本、黄本、莊本、集解本「通」作「同」，（劉本云「同一作通」。）餘本同藏本。藏本注「臣」誤「也」，景宋本、王溥本作「臣」，今據改，茅本、汪本、張本、黄本、莊本、集解本作「羣臣」。

【箋釋】王念孫云：脩通，劉本作「脩同」，云「同一作通」，莊本從劉本作「同」。案：作「通」者是也。藝文類聚引此作「脩道」，「道」即「通」之誤。太平御覽引此，正作「脩通」。文子上仁篇同。韓子難篇「百官脩通，羣臣輻湊」，即淮南所本。管子任法篇亦云：「羣臣脩通輻湊，以事其主。」○陶方琦云：大藏音義三十引許注：「湊，競進也。」按：説文：「奏，進也。」本書原道訓「趨舍指湊」，兵略作「指奏」。湊從奏，故有進義。○蔣禮鴻云：王氏訂「同」作「通」，是也。「脩」當作「條」，字之誤也。「條通」與「輻湊」相對，「脩通」則不對矣。要略篇敘此篇云「使羣臣條通而輻湊」，是其證。莊子至樂篇曰：「故先聖不一其能，不同其事，名止於實，義設於適，是之謂條達而福持。」「福」當作「輻」。條達即條通，輻持即輻湊也。成玄英解莊子，謂福德扶持，非也。管子、韓非子「脩通」並當作「條通」。○于大成云：宋本藝文類聚引此亦作「脩通」，不作「脩道」。文子作「修達」，達、通義同。又太公六韜文韜大禮篇曰「以天下之目視，則無不見也；以天下之耳聽，則無不聞也；以天下之心慮，則無不知也；輻輳並進，則明不蔽也」，鄧析子轉辭篇曰「以天下之目視，則無不見；以天下之耳聽，則無不聞；以天下之智慮，以天下之力動；是以號令能下究，而臣情得上聞，百官修道，羣臣輻輳」，皆與淮南此文同。韓子定法篇曰「人主以一國之目視，故視莫明焉；以一國之耳聽，故聽莫聰焉」，義同。○雙棣按：蔣説是。戰國策魏策一：「諸侯四通，條達輻湊。」鮑彪注云：「如木枝分布而四方湊之，如輻於轂。」韓非子八經「此之謂條達之道」，亦「條達」連文。

〔四〕【高注】懼失當也。

【箋釋】蕭旭云：管子版法：「喜無以賞，怒無以殺。喜以賞，怒以殺，怨乃起，令乃廢。」鄧析子無厚：「喜不以賞，怒不以罰。」並爲此文所本。

【用韻】「湊、誅」侯部。

〔五〕【版本】藏本「威」下無「厲」字，王溥本、王鎣本、朱本（挖補）、茅本、汪本、張本、吴本、黄本有，今據補，餘本同藏本。

【箋釋】莊逵吉云：本皆作「威厲立而不廢」。○馬宗霍云：有「厲」字者是也。威厲與聰明相對爲文。厲猶猛也，嚴也。左氏定公十二年傳「與其素厲」，杜預注云：「厲，猛也。」論語述而篇「子温而厲」，皇侃疏云：「厲，嚴也。」皆其證。荀子宥坐篇云「是以威厲而不試」，又「威厲」連文之證。太平御覽七十七引此文無「厲」字，疑傳寫奪之。○雙棣按：馬説是，當有「厲」字。此與下三句「聰明先而不弊，法令察而不苛，耳目達而不闇」並是六字爲句，若無「厲」字，則與下三句不一。

〔六〕【高注】弊，闇。

【版本】王溥本、王鎣本、汪本、張本、吴本、黄本、莊本「弊」作「蔽」，朱本、集解本作「獘」，景宋本、茅本、葉本同藏本。

【箋釋】王念孫云：弊與蔽同。高注曰：「弊，闇。」秦策：「南陽之弊幽。」高彼注曰「弊，隱也」，是「蔽、弊」古字通。齊語：「使海於有蔽。」管子小匡篇作「弊」，是其證。道藏本、朱本、茅本並作「弊」，劉本改「弊」爲「蔽」，而莊本從之，皆未達假借之義。又案：「先」與不弊義不相屬，「先」當爲「光」，字之誤也。光，明也。太平御覽皇王部二引此，正作「光」。○楊樹達云：王氏正「先」作「光」，讀「弊」爲「蔽」，皆是也。惟釋光爲明則非是。愚謂光當讀爲「廣」。聰明廣而不蔽，謂聰明廣遠而不爲人所蔽也。光、廣音同，故二字可通作。國語周語云：「熙，廣也。」韋昭注云：「廣，當爲光。」是其證也。

【用韻】「廢、弊」月部。

〔七〕【高注】察，明也。苛，煩也。

〔八〕【高注】怠，懈。

【版本】莊本、景宋本「不肖者」上無「而」字，餘本同藏本。集解本注「懈」作「解」。

〔九〕【高注】性，生也。懷，歸也。

【用韻】「力、怠、德」職之通韻。

〔一〇〕【高注】假或作駕。

【箋釋】呂傳元云：「足不勞」當作「不勞足」。不勞足與不能游對言。荀子勸學篇云：「假輿馬者，非利足也，而致千里；假舟楫者，非能水也，而絶江河。」荀子「利足」、「能水」對言，可爲旁證。

〔一一〕【高注】絶，猶過也。

【版本】藏本「舟檝」下脱「者」字，王溥本、王鎣本、朱本、汪本、張本、吴本、黄本、莊本、集解本有，今據補，景宋本、葉本同藏本。

【用韻】「里、海」之部。

〔一二〕【高注】困，猶危也。

【箋釋】王念孫云：「志達」當爲「達志」，寫者誤倒耳。達志效忠，相對爲文。氾論篇「不能達善效忠」，即其證。○雙棣按：説文無「希」字，爾雅釋詁：「希，罕也。」論語公冶長「怨是用希」，皇疏：「希，少也。」文選曹植朔風詩李善注：「希與稀同，古字通也。」

〔一三〕【高注】言雖賤，當也，故曰不可棄也。

【版本】藏本「而是」下無「也」字，景宋本有，今據補，餘本同藏本。王溥本、朱本注「當」作「賞」。蔣刊道藏輯要本注上「也」字作「用」，景宋本、王溥本、朱本、葉本、莊本、集解本同藏本。

〔一四〕【高注】人君，謂國君也。揄，出。策，謀也。言之而非，雖貴，罰也。

【版本】藏本注「貴」誤「責」，景宋本、王溥本、朱本、莊本、集解本作「貴」，今據改，葉本同藏本。

【箋釋】于大成云：「未必可用」下當有「也」字，乃與上文「猶不可棄也」一律。文子正有「也」字。

〔一五〕【高注】不羞其位卑而不用。

〔一六〕【高注】不責其辯口美辭也。

【版本】藏本「言」上有「主」字，王溥本、王鎣本、朱本、茅本、汪本、張本、吴本、黄本、莊本、集解本無，今據删，景宋本、葉本同藏本。王溥本、王鎣本、朱本、茅本、汪本、張本、吴本、黄本、莊本、集解本「不責」上有「而」字，景宋本、葉本同藏本。

【箋釋】王念孫云：劉本作「其言可行而不責其辯」。案：此當作「其言而可行，不責其辯」。「其計乃可用」，「其言而可行」，相對爲文，「乃」「而」皆「如」也。道藏本作「其主言可行」，「主」字因上下文而衍，又脱去「而」字，劉本「而」字在「可行」下，皆非也。文子上仁篇作「其言可行，不責其辯」。○陳昌齊與王説同。○劉文典云：治要引作「其計可用也，不羞其位。其言可行也，不責其辯」。

〔一七〕【版本】藏本「遠」下衍「則」字，王溥本、王鎣本、朱本、茅本、汪本、張本、吴本、黄本、莊本、集解本無，今據刪，景宋本、葉本同藏本。藏本「竭」上脱「雖」字，王溥本、王鎣本、朱本、吴本有，今據補，餘本同藏本。

【箋釋】劉文典云：「竭力盡忠」上當有「雖」字，乃與上文「雖邪枉不正」一律，治要引，正作「雖竭力盡忠，不能知也」。○雙棣按：劉説是，王溥本等正有「雖」字，今補。

〔一八〕【高注】商音清，宫音濁。

【版本】藏本注缺「清」字，景宋本、王溥本、朱本、葉本、莊本、集解本有，（蔣刊道藏輯要本亦有。）今據補。

〔一九〕【用韻】「方、黄」陽部。

〔二〇〕【高注】離，去。

【版本】茅本、汪本、張本、黄本、莊本無此注，餘本同藏本。

法者，天下之度量而人主之準繩也〔一〕。縣法者，法不法也；設賞者，賞當賞也〔二〕。法定之後，中程者賞，缺繩者誅；尊貴者不輕其罰，而卑賤者不重其刑〔三〕；犯法者雖賢必誅，中度者雖不肖必無罪。是故公道通而私道塞矣〔四〕。

古之置有司也〔五〕，所以禁民，使不得自恣也〔六〕；其立君也，所以剬有司，使無專行也〔七〕；法籍禮義者，所以禁君，使無擅斷也。人莫得自恣則道勝，道勝而理達矣，故反於無爲〔八〕。無爲者，非謂其凝滯而不動也，以其言莫從己出也〔九〕。

夫寸生於䅺，䅺生於日，日生於形，形生於景，此度之本也〔一〇〕。樂生於音，音生於律，律生於風，此聲之宗也〔一一〕。法生於義，義生於衆適，衆適合於人心，此治之要也〔一二〕。故通於本者不亂於末，覩於要者不惑於詳〔一三〕。

法者，非天墮，非地生，發於人間而反以自正〔一四〕。是故有諸己不非諸人〔一五〕，無諸己不求諸人〔一六〕，所立於下者不廢於上〔一七〕，所禁於民者不行於身〔一八〕。所謂亡國，非無君也，無法也；變法者，非無法也，有法者而不用，與無法等〔一九〕。是故人主之立法，先自爲檢式儀表〔二〇〕，故令行於天下。孔子曰：「其身正，不令而行；其身不正，雖令不從。」故禁勝於身，則令行於民矣〔二一〕。

校釋

〔一〕【版本】藏本「度」誤作「廣」，景宋本、王溥本、王鎣本、朱本、汪本、張本、吴本、黄本、莊本、集解本作「度」，今據改，茅本、葉本同藏本。

〔二〕【箋釋】王念孫云：「縣法者，法不法也」，上二「法」字皆當爲「罰」，與「設賞者，賞當賞也」相對爲文，下文「中程者賞」，謂「賞當賞也」，「缺繩者誅」，謂「罰不法也」。今本二「罰」字作「法」，後人依文子上義篇改之耳。○陳昌齊與王說同。○俞樾云：「設賞者，賞當賞也」七字，疑衍文。下文「法定之後，中程者賞，缺繩者誅」，即承「縣法者，法不法也」而言。文子上義篇正作「縣法者，法不法也。法定之後，中繩者賞，缺繩者誅」，可據以訂正。王氏念孫謂上句當作「縣罰者，罰不法也」，與下句對。若然，何不竟改爲「罰當罰」，與下句不尤對乎？○楊樹達云：王說非。王氏欲改上句以配下句，而不知下句出於後人妄增，本非原文所有也。「法」字古人多作動字用。說文云：「劾，法有罪也。」漢書百官公卿表云：「諸吏得舉法。」王嘉傳云：「非愛死而不自法。」王溫舒傳云：「雖有百罪，弗法。」皆其證也。此文「法不法」，上「法」字亦作動字用。○何寧云：王說是也。賞罰皆在法之中。如俞說，則縣法祇以法不法，於文不備；下言中程者賞，則文不相關。楊從俞說，似慮不及此。韓非子難一篇云：「賞罰使天下必行之，令曰：中程者賞，弗中程者誅。」此淮南所本。韓子「賞罰使天下必行之」，淮南申言之曰：「縣罰者罰不法也，設賞者賞當賞也。」楊謂王氏不知「法」字作動字用，誣矣。下文「中程者賞，缺繩者誅」，承上賞罰言，亦猶韓子承賞罰言之。文子不足據也。

〔三〕【高注】言平。

【箋釋】于大成云：鄧析子轉辭篇亦云「明君立法之後，中程者賞，缺繩者誅」，韓子難一篇亦云

「中程者賞，弗中程者誅」。

〔四〕【高注】公，正也。私，邪也。塞，閉也。

【箋釋】向承周云：「『私道』當作『私門』。荀子君道篇云：『則公道達而私門塞矣。』此淮南所本。又氾論篇『私門成黨而公道不行』，説苑君道篇『私門盛而公道毁』。」○于大成云：韓詩外傳六「公道達而私門塞，公義立而私事息」。

〔五〕【高注】有司，蓋有理官，士也。

【箋釋】吴承仕云：文當作：「有司（讀），蓋理官（讀），士也（句）。」吕氏春秋仲春紀注云：「有司，理官，主獄者也。」義與此同。文云：「古之置有司也，所以禁民，使不得自恣。」有司不必專旂理官，故注云蓋理官，不質言之。注中「有」字，涉「有司」字而誤衍。○雙棣按：吴説是，注下「有」字當删。

〔六〕【高注】恣，放恣也。

〔七〕【高注】專，擅。

【版本】王鎣本、朱本「剬」作「制」，餘本同藏本。藏本「行」下無「也」字，王溥本、王鎣本、茅本、汪本、張本、吴本、黄本、莊本、集解本有，今據補，餘本同藏本。

【箋釋】王念孫云：史記五帝本紀「依鬼神以制義」，正義本制作剬，云：「剬，古制字。」又論字例云：「制字作剬，緣古少字通共用之，史、漢本有此古字者，乃爲好本。」案：張説非也。「制」與

「㓹」聲不相近，無緣通用「㓹」字，篆文「制」字作「[illegible]」，隸作「制」，形與「㓹」相似，因譌爲「㓹」，非古字通用也。○陶鴻慶云：㓹，當從文子上義篇作「制」。○楊樹達云：「㓹」與「制」同。○于省吾云：「㓹」疑「制」之形譌，張守節史記論字例「制字作㓹」。法言淵騫：「魯仲連傷而不制。」司馬光云：「宋吳本制作㓹。」是其證也。下文云「是故有術則制人，無術則制於人」，與此「制」字用法同。○雙棣按：王、陶、于説未必是，制爲章母月部，㓹爲章母元部，制、㓹章母雙聲，月元對轉。此種通借古籍中所在多有，王謂「制與㓹聲不相近，無緣通用」恐難成立。韓非子詭使：「賞利一從上出，所以擅㓹下也。」顧廣圻云：「㓹、制同。」

〔八〕【版本】王溥本、王鎣本、吳本無「自」字，「而」字作「則」，餘本同藏本。

【箋釋】陶鴻慶云：「人」下當有「主」字，道勝理達，反於無爲，皆以君言，不以民言。此文承上「法籍禮義者，所以禁君，使無擅斷」言之，故曰人主莫得自恣，則道勝也。後人見前有禁民使不得自恣之文，疑此文與彼相承，輒删去主字，失其旨矣。

〔九〕【箋釋】王念孫云：「以其言」當作「以言其」，與「非謂其」相對爲文，今本「言其」二字誤倒，則文不成義。文子上義篇正作「言其」。

〔一〇〕【高注】穮，禾穗穮孚榆頭芒也。十穮爲一分，十分爲一寸，十寸爲一尺，十尺爲一丈。故謂之本也。

【版本】藏本注「故」作「政」，朱本作「故」，今據改，景宋本、王溥本、茅本、葉本、汪本、莊本、集解本同藏本。

【箋釋】莊逵吉云：穈，古累黍字。○王引之云：説文、玉篇、廣韻、集韻皆無穈字，穈當爲標，字之誤也。標與秒同。説文：「秒，禾芒也。」字或作蔈，通作漂，又通作翲。天文篇曰：「秋分而禾蔈定，蔈定而禾孰，律之數十二，故十二蔈而當一分，（今本誤作十二蔈而當一粟，十二粟而當一寸，辯見天文。）律以當辰，音以當日，日之數十，故十分而爲寸，十寸而爲尺，十尺而爲丈。」彼注云：「蔈，禾穗蔈孚榆之芒也。古文作秒。」宋書律志曰：「秋分而禾標定，標定而禾孰。」注：「標，禾穗芒也。」（玉篇：「標，亡紹切。」集韻：「秒，禾芒也。或作標」。）旨其明證矣。又齊策曰：「象牀之直千金，傷此若髮漂，賣妻子不足償之。」史記太史公自序「間不容翲忽」，正義曰：「翲字當作秒，秒，禾芒表也。」然則「標、蔈、漂、翲」四字，並與「秒」同，而「穈」爲「標」之誤明矣。字彙補乃於禾部增入穈字，音粟，引淮南子「寸生於穈，穈生於日」，甚矣其謬也。莊以穈爲古累黍字，尤不可解。○俞樾云：王氏引之以「穈」爲「標」字之誤，標與秒同，其説是也。惟標生於日，義不可通。疑本作「寸生於標，標生於形，形生於景，景生於日」，與下文「樂生於音，音生於律，律生於風」文義一律，言度之本生於日，聲之宗生於風也。傳寫錯亂其文耳。○吴承仕云：注「政謂之本」，「政」當作「故」，形近之誤也。朱本正作「故」。

〔二〕【高注】宗，亦本也。

〔三〕【高注】要，約衆也。

【版本】王溥本、莊本、集解本注「約」下無「衆」字，景宋本、朱本、葉本同藏本。

【箋釋】于大成云：注文「約衆」無義，吕氏春秋具備篇「五歲而言其要」，高注云「要，約最簿書」；又順民篇「此取民之要也」，高注云「要，約置也」，「置」蓋「最」字之誤（吴承仕説）。此「約衆」亦當是「約最」之誤文也。

〔一三〕【高注】惑，眩。

〔一四〕【高注】反，還。

【箋釋】于大成云：慎子内篇云「子慎子曰：法非從天下，非從地出，發於人間，合乎人心而已」，與此文同意。

【用韻】「生、正」耕部。

〔一五〕【高注】有諸己，己有聰明也。不非諸人，恕人行也。

【版本】王溥本注「行」上有「之」字。

【箋釋】楊樹達云：文謂己有其失，則不求人之無；己無其善，則不責人之有，所謂恕以待人也。高注失其義。

〔一六〕【高注】言己雖無獨見之明，不求加罪於人也。

【版本】朱本注「雖」作「既」，餘本同藏本。

【箋釋】馬宗霍云：禮記大學篇云：「是故君子有諸己而後求諸人，無諸己而後非諸人。」本文句法蓋從彼出，而詞義與彼異。「有諸己不非諸人」者，言己所有者，不以人之所無爲非也。「無諸己不求諸人」者，言己所無者，亦不求人之有也。推本文之意或當如是，高注似皆未達。其解下句謂「不求加罪於人」，尤失之。高蓋以此文承「法者發於人間而反以自正」而來，泥於上文「法」字，故有不求加罪之解。不悟增文爲釋而適以違原文之恉矣。

【用韻】「人、人」真部。

〔一七〕【高注】人主所立法禁於民，亦自脩之。不廢於上，言以法也。

【用韻】「下、上」魚陽通韻。

〔一八〕【高注】不正之事，不獨行之於身。言其正己以正人也。

【箋釋】吴承仕云：注言不正之事，不獨行之於身，説義違反。疑「獨」當作「敢」。下文「禁勝於身，則令行於民矣」，注云：「禁勝於身，不敢自犯禁也。」文義正與此同。○馬宗霍云：本文之意，蓋謂所禁於民之事，己身亦不得行之。高注「不獨行之於身」，「獨」字疑當作「得」，隸書「得」或作「𢔶」，與「獨」形近易混，故傳寫致誤。獨者，詩毛傳訓單，劉熙釋名釋親屬訓隻。方言十二云：「一，蜀也，南楚謂之獨。」曰「一」，曰「隻」，義與「單」同。若作「不獨」，是謂不單獨行之於身也。意反晦矣。吴承仕云「疑獨當作敢」，余謂「敢」與「獨」形遠，未必是。○于大成云：晏子春秋問篇上十八章「所求于下者，必務于上；所禁于民者，不行于身」，淮南文本之。○何寧云：注當「獨行」連文，謂不正之事，不得禁於民而獨行於身也。此言「獨行」猶下文「不犯禁」，義無違反。吴、馬二氏以「不獨」連文，故不可解耳。

【用韻】「民、身」真部。

〔一九〕【高注】等，同。

【版本】藏本「用與」誤倒，除景宋本、葉本同藏本外，餘本均不倒，（蔣刊道藏輯要本亦不倒。）今據乙正。

【箋釋】王念孫云：有法者而不用，「者」字當在上文「所謂亡國」下，與「變法者」相對爲文，今誤入此句内，則文不成義。○陳昌齊云：據文意，「變」字似當作「無」。「有法者」，「者」字疑衍。

〔二〇〕【高注】表，正。

【箋釋】王念孫云：「先自爲檢式儀表」當作「先以身爲檢式儀表」，言以身爲度，則令無不行也。下文引孔子曰「其身正，不令而行」，是其明證矣。（上下文身字凡四見。）今本「身」誤爲「自」，「自」上又脱去「以」字。文子上義篇作「先以自爲檢式」，「自」亦「身」之誤，唯「以」字未脱。○楊樹達云：先自爲檢式儀表，即先以身爲檢式儀表也。原文可通，不煩改字。

〔二一〕【高注】禁勝於身，身不敢自犯禁也。故能令行於民也。

【版本】藏本注無下「身」字，景宋本有，今據補，餘本同藏本。王溥本注無「敢」字。莊本、集解本注「能」作「耐」，餘本同藏本。

【箋釋】雙棣按：引孔子曰，見論語子路。「禁勝於身」與「令行於民」相對，勝與行義同。吕氏春秋誣徒篇云：「則邪辟之道塞矣，理義之術勝矣。」高注：「勝，猶行也。」

【用韻】「正、正」耕部，「行、從」陽東合韻，「身、民」真部。

聖主之治也，其猶造父之御，齊輯之于轡銜之際，而急緩之于脣吻之和〔一〕，正度于胷臆之中，而執節于掌握之間〔二〕，内得於心中，外合於馬志〔三〕，是故能進退履繩〔四〕，而旋曲中規〔五〕，取道致遠，而氣力有餘，誠得其術也。是故權勢者，人主之車輿也；大臣者，人主之駟馬也〔六〕。體離車輿之安，而手失駟馬之心，而能不危者〔七〕，古今未有也。是故輿馬不調，王良不足以取道；君臣不和，唐虞不能以爲治〔八〕。執術而御之，則管晏之智盡矣；明分以示之，則蹠蹻之姦止矣〔九〕。

夫據榦而窺井底〔一〇〕，雖達視猶不能見其睛〔一一〕，借明於鑑以照之，則寸之分可得而察也〔一二〕。是故明主之耳目不勞，精神不竭，物至而觀其象，事來而應其化〔一三〕，近者不亂，遠者治也〔一四〕。是故不用適然之數，而行必然之道，故萬舉而無遺策矣〔一五〕。

今夫御者，馬體調于車，御心和于馬〔一六〕，則歷險致遠，進退周游，莫不如志〔一七〕。雖有騏驥、騄駬之良，臧獲御之，則馬反自恣，而人弗能制矣〔一八〕。

故治者不貴其自是，而貴其不得爲非也〔一九〕。故曰：勿使可欲，毋曰弗求。勿使可奪，毋曰不爭。如此，則人材釋而公道行矣〔二〇〕。美者正於度，而不足者逮於用，故海內可一也〔二一〕。

夫釋職事而聽非譽，棄公勞而用朋黨〔二二〕，則奇材佻長而干次〔二三〕，守官者雍遏而不進〔二四〕。如此，則民俗亂於國而功臣爭於朝〔二五〕。

故法律度量者，人主之所以執下〔二六〕。釋之而不用〔二七〕，是猶無轡銜而馳也，群臣百姓反弄其上〔二八〕。是故有術則制人，無術則制於人〔二九〕。吞舟之魚，蕩而失水，則制於螻蟻，離其居也〔三〇〕。猨狖失木，而擒於狐狸，非其處也〔三一〕。君人者釋所守而與臣下爭，則有司以無爲持位〔三二〕，守職者以從君取容〔三三〕，是以人臣藏智而弗用〔三四〕，反以事轉任其上矣〔三五〕。

校釋

〔一〕【箋釋】陳昌齊云：御覽二一「之于」並作「乎」。○王叔岷云：記纂淵海五四引「御」下有「也」字，文子上義篇作「其猶造父之御駟馬也」，亦有「也」字。○于大成云：御覽六百二十四、又八百九十六、諸子類語一引淮南「御」下亦並有「也」字。

【用韻】「際、和」月歌通韻。

〔二〕【高注】節，策。

〔三〕【箋釋】王念孫云：「心中」當爲「中心」，「中心」與「馬志」相對爲文，太平御覽治道部五、獸部八引此，並作「中心」，列子湯問篇、文子上義篇皆同。○王叔岷云：王説是也，記纂淵海五四引「心中」亦作「中心」。○于大成云：諸子類語一引「心中」亦作「中心」。

〔四〕【高注】繩，直正也。

〔五〕【高注】曲，屈。規，員。

〔六〕【用韻】「輿、馬」魚部。

〔七〕【用韻】「安、危」元歌通韻。

〔八〕【版本】景宋本「不足」作「不能」，餘本同藏本。王溥本、王鎣本、茅本、汪本、張本、吴本、黄本「治」下有「也」字，餘本同藏本。

【用韻】「道、治」幽之合韻。

〔九〕【高注】盜蹠，孔子時人。蹻，莊蹻，楚威王之將軍，能大爲盜也。

【版本】景宋本正文及注「蹠」作「跖」，餘本同藏本。王溥本、王鎣本、茅本、汪本、張本、吴本、黄本、莊本、集解本「蹻」作「蹻」，景宋本、朱本、葉本同藏本。王溥本、莊本、集解本注兩「蹻」字作「蹻」，景宋本、朱本、葉本同藏本。

【箋釋】馬宗霍云：注文「盜蹠」上當有「蹠」字，蓋以「盜蹠」釋正文之「蹠」，猶以「莊蹻」釋正文之「蹻」，亦先出「蹻」字也。傳寫者奪之。

【用韻】「示、止」脂之合韻。

〔一〇〕【版本】藏本「榦」作「除」，景宋本、莊本（浙局本）作「榦」，今據改，餘本同藏本。

【箋釋】王引之云：階除不得有井，「除」當爲「榦」，字之誤也。莊子秋水篇「吾跳梁乎井榦之上」，司馬彪曰：「井榦，井欄也。」漢書枚乘傳「單極之統斷榦」，晉灼曰：「榦，井上四交之榦。」說文作韓，云：「井垣也。」此云據井之欄，以窺井底耳。○雙棣按：王說是，今據景宋本等改。

〔一一〕【高注】睛，目童子也。

【版本】張本、黄本、莊本、集解本注「童」作「瞳」，餘本同藏本。

【箋釋】馬宗霍云：「達視」之「達」猶「決」也，謂據井欄而窺井底，雖決眥視之，猶不能見其瞳子也。即竭目力而視之意。周禮天官小宰「小事則專達」，陸德明釋文引干寶注云：「達，決也。」是其證。○雙棣按：馬說非是。此達視謂能遠視者，達爲視之定語。論衡實知篇云：「先知之見方來之事，無達視洞聽之聰明，皆案兆察迹，推原事類。」達視、洞聽並列，皆謂超出常人之視力、聽力，與此文達視義同。馬謂達視爲決眥乃望文生訓。又按：說文無「睛」字，目部許氏說解中之「精」即此「睛」字。說文：「矐，目童子精也。」王筠注曰：「靈樞經：『骨之精爲童子，筋之精爲黑眼，氣之精爲白眼。』案：說文無『睛』，則精即是睛，與童子爲一物。云童子精者，謂童子中之精神也。」慧琳音義卷四：「睛，古人呼爲眸子，俗謂之目瞳子，亦曰目瞳人也。」漢語大字典等將「睛」釋爲「眼珠」，誤。「睛」與「眼」不同，「眼」指目中眼珠，「睛」則指眼珠中之瞳孔。戴侗六書故：「眼，目中黑白也。」張自烈正字通云：「又目中黑粒有光者亦曰精，今通作睛。」王力先生説：「漢代睛只指童子，眼則指眼眶中的一切。」「睛」爲目瞳子，淮南蓋爲首見。然許慎曾注淮南，何以説文無「睛」字歟？或許慎之時，「睛」尚僅作「精」乎？

〔一二〕【高注】鑑，鏡也。分，毛也，一曰疵。

【版本】王溥本、王鎣本、朱本、茅本、汪本、張本、黄本、莊本、集解本「寸」下無「之」字，景宋本、葉本同藏本。王溥本、朱本注「毛」作「毫」。

【箋釋】何寧云：疑「毛」當爲「毫」，缺上而誤。訓分爲毫，謂小數也。一曰疵者，易繫辭「悔吝者，言乎其小疵也」，漢書中山靖王傳「有司吹毛求疵」，故「疵」亦有小義。疵瑕多連文。説文：「瑕，玉小赤也。」故訓分爲疵，取小義耳。

〔一三〕【用韻】「竭、化」月歌通韻。

〔一四〕【箋釋】王念孫云：物至而觀其象，「象」當爲「變」，草書之誤也。變與化同義，觀其變亦謂觀其變而應之也。作「象」則非其指矣。文子上義篇正作「物至而觀其變」。氾論篇亦曰「物動而知其反，事萌而察其變」。「近者不亂，遠者治也」，文子作「近者不亂，即遠者治矣」，於義爲長。

〔一五〕【版本】王溥本、王鎣本、茅本、汪本、張本、吴本、黄本「萬舉」下「而」字作「之」，餘本同藏本。

【箋釋】于大成云：韓子顯學篇「不隨適然之善，而行必然之道」，淮南用其文也。○雙棣按：「適然」與「必然」相對爲文，「適然」猶偶然也。書康誥：「乃有大罪，非終，乃惟眚災，適爾。」蔡沈集解云：「適，偶也。」鬼谷子本經陰符損兑：「事有適然，物有成敗，機危之動，不可不察。」陶弘景注："適然者，有時而然也。"是其證。數，猶術也。

〔一六〕【用韻】"御、車、馬"魚部。

〔一七〕【箋釋】劉文典云：御覽七百四十六引，作"進退周旋，無不如意"。○雙棣按："游"當爲"旋"字之誤。

〔一八〕【高注】臧獲，古之不能御者，魯人也。

【版本】王溥本、王鎣本"則"下無"馬"字。王溥本注"能"作"善"。餘本同藏本。

【箋釋】劉績云：臧獲，奴婢也。○梁玉繩云：此事甚僻，若無此注，恐說解如韓子外儲說右上所謂臧獲不託足於驥之類矣。許周生云：御爲六藝之一，臧獲豈能善御？高注以爲人名，頗鑿。其曰魯人，不過以臧氏故爾，非有他據也。○蔣超伯云：方言："齊之北鄙、燕之北郊，凡民男而婿婢謂之臧，女而婦奴謂之獲。"張揖則云："壻婢之子謂之臧，婦奴之子謂之獲。"○劉文典云：御覽引，"臧獲"作"烏獲"，恣下引注云："恣，却行也。""而人弗能制矣"作"而人不御也"。○雙棣按：劉績注"臧獲"爲"奴婢"是。荀子王霸："如是，則雖臧獲不肯與天子易勢業。"楊倞注："臧獲，奴婢也。"方言謂："荊淮海岱之間，罵奴曰臧，罵婢曰獲。"漢書司馬遷傳報任安書："且夫臧獲婢妾，猶能引決，況若僕之不得已乎？"顔師古注引晉灼曰："臧獲，敗敵所被虜獲爲奴隸者。"此皆謂臧獲爲奴婢。韓非子喻老、外儲說右上、難一、難勢、顯學五篇"臧獲"凡十七見，難一曰："今使臧獲奉君令詔卿相，莫敢不聽，非卿相卑而臧獲尊也，主令所加，莫敢不從也。」此蓋與荀子「臧獲」義同，由奴婢義而爲至賤者之代稱。外儲説右上等篇各例皆爲至拙者之代稱。外儲説右上：「今釋車輿之利，捐六馬之足與王良之御，而下走逐獸，則雖樓季之足無時及獸矣，託良馬固車，則臧獲有餘。」難勢：「夫良馬固車，使臧獲御之則爲人笑，王良御之而日取千里。」顯學：「夫視鍛錫而察青黃，區冶不能以必劍；水擊鵠雁，陸斷駒馬，則臧獲不疑鈍利。發齒吻形容，伯樂不能以必馬；授車就駕而觀其末塗，則臧獲不疑駑良。」各例與臧獲對文者，乃巧者能人，而非尊貴者，故知臧獲當爲至笨至拙之代稱。淮南之臧獲亦如是。高注「魯人」，向承周謂爲魯鈍之人，當是。

〔一九〕【用韻】「是、非」支微合韻。

〔二〇〕【版本】王鎣本、汪本「釋」作「擇」，餘本同藏本。

【箋釋】陶鴻慶云：「人材釋」三字，義不可通，「人材」當從文子上義篇作「人欲」。本篇上文云：「德無所立，怨無所藏，是任術而釋人心者也。」「人心」與「人欲」，文異而義同。○馬宗霍云：説文采部云：「釋，解也。從采。采，取其分別物也。從睪聲。」引申之則釋有辨別之義。人材釋者，謂人材能辨別也。○雙棣按：「釋」猶擇也，「釋、擇」古通用。釋爲審母，擇爲定母，同爲鐸部。吕氏春秋大樂篇云：「先聖擇兩法一，是以知萬物之情。」高彼注云：「擇，棄也。」察今篇云：「故擇先王之成法，而法其所以爲法。」松皋圓、許維遹、蔣維喬、陳奇猷皆謂「擇、釋」聲同字通。彼擇通釋，此釋通擇。王鎣本、汪本用正字。

〔二一〕【版本】藏本「逮」作「建」，景宋本作「逮」，今據改，餘本同藏本。

【箋釋】王念孫云：「美」當爲「羨」，「正」當爲「止」，「建」當爲「逮」，皆字之誤也。（文選陸雲爲顧彦先贈婦詩「佳麗良可羨」，今本「羨」誤作「美」，玉臺新詠載此詩正作「羨」。）羨謂才有餘也。「羨者止於度，而不足者逮於用」，謂人主有一定之法，則才之有餘者止於法度之中，而不得過，其不足者，亦可逮於用，而不患其不及也。羨與不足正相反。文子上義篇作「有餘者止於度，不足者逮於用」，是其明證矣。〇陶方琦云：唐本玉篇次部引淮南作「夫羨者小於度」，引許注：「羨，過也。」按：高本作「美」，王校爲「羨」，是也。

〔二二〕【高注】公，正。

【版本】汪本、張本、黄本「公」作「功」，餘本同藏本。

【箋釋】于大成云：「公」讀爲「功」，詩六月「以奏膚公」，毛傳「公，功也」；史記封禪書「申公」，孝武紀作「申功」。高注云「公，正」，失之。〇雙棣按：于説是。下文高注「功勞之臣反不顯烈」，即用「功」字。

【用韻】「譽、黨」魚陽通韻。

〔二三〕【高注】奇材，非常之材。佻長，卒非純賢也。故曰干次也。

【箋釋】吴承仕云：此注疑有許、高二説，今本錯雜不分，故難理也。高誘以「奇材」與「佻長」對文，故云：奇材，非常之材。佻長，非純賢。蓋訓「佻」爲偷，讀與佻佻公子同。下文注云：「奇材佻長之人，干超其次。」此高讀以奇材與佻長對文之明證也。許慎義與高異，蓋訓「佻」爲卒，讀「長」如令長之長。兵略篇：「雖誂合刃於天下，誰敢在於上者。」注云：「誂，卒也。」方言：「佻，疾也。」郭注：「謂輕疾也。」誂佻聲義並同。佻長干次，謂輕疾速進，超越功勞之次也。兵略爲許注本，彼訓誂爲卒，此亦訓佻爲卒，則此中佻卒之義，爲許慎注，事證甚明。今本注中卒字，前後文氣不次者，乃許注佚文誤羼入高注者也。覈實言之，許説爲優。○向承周云：「佻長」與「雍遏」對文。佻長蓋躁進之意。○于省吾云：「佻長」與「干次」對文。玄應一切經音義五引字書：「佻，輕也。」輕其正長而干其次位也，猶今俗言不守分也。○雙棣按：高注以「佻長」與「奇材」爲對文非，「奇材佻長而干次，守官者雍遏而不進」爲對句，「佻長而干次」與「雍遏而不進」爲對，皆爲謂語。「佻長」與「干次」又爲對文，如于説。

〔二四〕【箋釋】馬宗霍云：説文雍作雝，雝與邕通。説文川部：「邕，四方有水，自邕成池者。從川，從邑。」由四方有水引申之，有阻塞之意。故雍遏本字當作「邕」，此作「雍」者「雝」之隸變，「邕」之假借也。

〔二五〕【高注】奇材佻長之人干超其次，功勞之臣反不顯烈，故争於朝也。

〔二五〕【版本】王溥本注「超」作「越」，餘本同藏本。集解本注「烈」作「列」，餘本同藏本。

〔二六〕【高注】執，制。

【用韻】「量、下」陽魚通韻。

〔二七〕【高注】不用法律度量也。

〔二八〕【箋釋】馬宗霍云：説文云：「弄，玩也。」爾雅釋言同。又戲也，見左傳僖公九年「弱不好弄」杜預注。○雙棣按：左傳襄公四年「愚弄其民」，杜注：「欺罔之。」此文亦當爲此義，謂君主不用法律，則臣民欺罔其上也。

【用韻】「用、上」東陽合韻。

〔二九〕【高注】爲人所擒制也。

【版本】莊本、集解本注「擒」作「禽」，餘本同藏本。

【用韻】「人、人」真部。

〔三〇〕【高注】魚能吞舟，言其大也。其居，水也。

【版本】莊本注無「其居水也」四字，景宋本、王溥本、朱本、葉本、集解本同藏本。

【箋釋】雙棣按：莊子庚桑楚云：「吞舟之魚，碭而失水，則蟻能苦之。」此蓋淮南所本。

〔三一〕【高注】其處，茂木。

【版本】王鎣本、汪本、張本、黄本、莊本、集解本「貁」作「狖」，餘本同藏本。

【箋釋】雙棣按：貁與狖同，漢書揚雄傳上「蝯貁擬而不敢下」，顔師古注：「貁，似猴，卬鼻而長尾。」廣韻宥韻：「狖，獸名，似猨。貁，上同。」

【用韻】「居、處」魚部。

〔三二〕【高注】無所爲以持其位也。

〔三三〕【高注】隨君之欲，以取容媚。

【箋釋】雙棣按：吕氏春秋任數篇云：「人臣以不爭持位，以聽從取容。」蓋爲淮南所本。高彼注「聽從取容」云：「阿意曲從以自容。」與此注異。吕氏春秋似順篇「夫順令以取容者，衆能之」，高注：「容，説也。」與此注合。然非也。容當爲容納、收留之義，所謂取容者即取得君主收容。詳何九盈文詞義瑣談之二。（語言學論叢第十三輯。）

〔三四〕【高注】不用智謀贊佐其上也。

〔三五〕【高注】賢臣見其不肯爲謀，故轉任其上，令自制之。詩云：「仲山甫既明且哲，以保其身。」

【箋釋】王念孫云：上文「與臣下争」當作「與臣下争事」，唯君與臣争事，是以臣藏智弗用，而以事轉任其上也。脱去「事」字，則文義不明。文子上仁篇正作「與臣争事」。

【用韻】「容、用、上」東陽合韻。

夫貴富者之於勞也〔一〕，達事者之於察也，驕恣者之於恭也，勢不及君。君人者不任能〔二〕，而好自爲之〔三〕，則智日困而自負其責也。數窮於下則不能伸理，行墮於國則不能專制，智不足以爲治，威不足以行誅，則無以與天下交也〔四〕。喜怒形於心，（者）[耆]欲見於外〔五〕，則守職者離正而阿上〔六〕，有司枉法而從風〔七〕，賞不當功，誅不應罪，上下離心，而君臣相怨也。是以執政阿主而有過則無以責之。有罪而不誅，則百官煩亂，智弗能解也〔八〕；毀譽萌生，而明不能照也。不正本而反自修，則人主逾勞，人臣逾逸〔九〕。是猶代庖宰剥牲，而爲大匠斲也〔一〇〕。與馬競走，筋絶而弗能及，上車執轡，則馬死于衡下〔一一〕。故伯樂相之，王良御之〔一二〕，明主乘之。無御相之勞，而致千里者，乘於人資以爲羽翼也〔一三〕。

是故君人者無爲而有守也，有爲而無好也〔一四〕。有爲則讒生，有好則諛起〔一五〕。昔者齊桓公好味，而易牙烹其首子而餌之〔一六〕。虞君好寶，而晉獻以璧馬釣之〔一七〕。胡王好音，而秦穆公以女樂誘之〔一八〕。是皆以利見制於人也〔一九〕。故善建者不拔〔二〇〕。

夫火熱而水滅之，金剛而火銷之，木强而斧伐之，水流而土遏之〔二一〕。唯造化者，物莫能勝也。故中欲不出謂之扃，外邪不入謂之塞〔二二〕。中扃外閉，何事之不節〔二三〕！外閉中扃，何事之不成〔二四〕！弗用而後能用之，弗爲而後能爲之。精神勞則越〔二五〕，耳目淫則竭〔二六〕。故有道之主，滅想去意，清虚以待，不伐之言，不奪之事，循名責實，使自司〔二七〕，任而弗詔，責而弗教〔二八〕，以不知爲道〔二九〕，以奈何爲寶〔三〇〕。如此，則百官之事各有所守矣〔三一〕。

校釋

〔一〕【版本】莊本、集解本「貴富」作「富貴」，餘本同藏本。

〔二〕【高注】不任用臣智能也。

【版本】莊本、集解本此注在下文「而好自爲之」下，景宋本、王溥本、朱本同藏本。

〔三〕【用韻】「能、之」之部。

〔四〕【箋釋】王念孫云：「與天下交」當作「與下交」，「下」謂羣臣也。（下字上下文凡四見。）上文曰：「法律度量者，人主之所以執下。」舍是則智不足以爲治，威不足以行誅矣。故曰「無以與下交」。（大學曰：「與國人交。」）「下」上不當有「天」字。文子上仁篇有「天」字，亦後人依誤本淮南加之。羣書治要引文子無「天」字。○于大成云：王說是也。鄧析子轉辭篇正作「無以與下交矣」。宋本文子亦無「天」字，與治要引文子合。○何寧與于說同。

【用韻】「理、治」之部，「誅、交」侯宵合韻。

〔五〕【版本】藏本「耆」作「者」，據王念孫校改，餘本同藏本。

【箋釋】王念孫云：「者」當爲「耆」，字之誤也。「耆欲」與「喜怒」相對爲文，文子上仁篇作「嗜欲」，是其證。○陳昌齊與王說同。

〔六〕【高注】阿，曲從也。

〔七〕【版本】莊本、集解本此注在下文「阿主」下，景宋本、王溥本、葉本同藏本。

【高注】風，令。

〔八〕【版本】朱本、張本、黄本、莊本、集解本無此注。

【用韻】「責、解」錫支通韻。

〔九〕【版本】王溥本、王鎣本、汪本、張本、黄本、莊本、集解本「修」作「然」，餘本同藏本。

【箋釋】于大成云：吕氏春秋君守篇曰「人主好以己爲，則守職者舍職而阿主之爲矣。阿主之爲，有過則無以責之，則人主日侵，而人臣日得」，淮南文所本也。○雙棣按：王溥本劉績改「修」爲「然」，誤。文子上仁篇作「而反自責」，「自責」與「自修」義近。

〔一〇〕【箋釋】劉家立云：「斲」下疑脱「木」字。庖宰剥牲，大匠斲木，二句相對爲文，脱一木字則不類矣。齊俗篇曰：「猶工匠之斲削鑿枘也，宰庖之切割分别也。」亦相對爲句，故知此處應補「木」字。

〔一一〕【箋釋】陳昌齊云：死字義不可通。文子上仁篇作「馬服於衡下」，是也。「死」本作「𣦸」，「服」或作「服」，下半相似而誤。

〔一二〕【用韻】「相、御」陽魚通韻。

〔一三〕【高注】資，才。

【箋釋】于大成云：此用吕氏春秋分職篇「夫馬者，伯樂相之，造父御之，賢主乘之，一日千里，無相御之勞而有其功，則知所乘也」文。

【用韻】「里、翼」之職通韻。

〔一四〕【高注】無所私好。

【箋釋】王念孫云：有爲與無爲正相反。且下二句云「有爲則讒生，有好則諛起」，則不當言「有爲」明矣。「有爲」本作「有立」，有立而無好，謂有所建立而無私好也。（高注「無所私好」。）今本作「有爲」者，涉下句「有爲」而誤。文子上仁篇正作「有立而無好」。○馬宗霍云：王氏謂「有爲」涉下句而誤，是也。謂「有爲」本作「有立」，未必是也。余疑「有爲」當作「有守」，即承上句「無爲而有守也」來。兩句一氣遞貫。守猶執也。所守者何，即上文所謂術也。「有守而無好也」者，言所執有術，無所私好也。文子上句作「無爲而有就也」，亦與淮南本文不同，則下句似亦未可據彼改此。

【用韻】「守、好」幽部。

〔一五〕【高注】諂諛之人乘志而起。

【版本】莊本、集解本注「諂」作「讒」，景宋本、王溥本、葉本同藏本。

【箋釋】劉家立云：陳碩甫校宋本，「讒生」作「諂生」，覩下文易牙等句，應作「諂」字爲是。○雙棣按：藏本等注作諂諛，諂未誤讒，莊本始改爲讒。「諂諛之人乘志而起」釋「諛起」之意，非正文「讒生」作「諂生」也。

〔一六〕【高注】桓公，襄公諸兒之子小白。

【箋釋】向承周云：管子大匡篇、史記太公世家皆以桓公爲僖公子，他書無異説。此注以爲襄公子，似非。或「子」乃「弟」之誤。○雙棣按：道藏本韓非子二柄、十過、難一篇並有易牙烹其首子之文，宋本「首子」作「子首」。顧廣圻曰：「作首子是也。漢書元后傳有首子可證。」宋翔鳳曰：「宋本誤也。墨子節葬篇：『昔越之東，有輆沭之國者，其長子生，則解而食之，謂之宜弟。』（列子湯問篇亦有此語。）又魯問篇：『楚之南，有啖人之國者橋，其國之長子生，則鮮而食之，謂之宜弟。美則以遺其君，君喜則賞其父。』此則易牙以蠻夷之俗事其君，作首子者是。又漢書元后傳：『羌胡尚殺首子，以盪腸正世。』顔注：『言婦初來，所生之子或他姓。』又後漢書南蠻傳：『交阯其西有噉人國，生首子則解而食之，謂之宜弟，味旨則以遺其君，君喜而賞其父。』此並言首子，皆本韓非。」顧、宋説是，淮南亦本之韓子。

【用韻】「起、餌」之部。

〔一七〕【高注】釣，取。

〔一八〕【高注】誘，惑。

【箋釋】雙棣按：上句「晉獻」下無「公」字，此句與之相對，「秦穆」下似亦不當有「公」字。

【用韻】「賓、釣、誘」幽宵合韻。

〔一九〕【高注】制，猶擒也。

【版本】莊本、集解本注「擒」作「禽」。

〔一〇〕【高注】言建之無形也。

【箋釋】王念孫云：注六字乃正文，非注文也。「故善建者不拔」者，引老子語也。「言建之無形也」者，釋其義也。精神篇曰：「故曰『其出彌遠者，其知彌少』，以言夫精神之不可使外淫也。」亦是引老子而釋之。後人誤以此六字爲注文，故改入注耳。文子正作「故善建者不拔，言建之無形也」。○陶鴻慶云：王説是也。此文「故」下當有「曰」字。精神篇：「故曰『其出彌遠者，其知彌少』。」「故」下有「曰」字可證。

〔一一〕【箋釋】于大成云：校宋本初學記二十五、御覽八百六十九、萬卷精華十四引作「火熯則水滅之，金堅則火消之」。

【用韻】「滅、伐、遏」月部。

〔一二〕【箋釋】莊逵吉云：吕覽作「外欲不入謂之閉」。據下「中扃外閉」云云，則此句疑當如吕覽。○王念孫云：扃與閉皆以門爲喻，閉字是也。文子上仁篇亦作閉。

【用韻】「勝、塞」蒸職通韻。

〔一三〕【用韻】「閉、節」質部。

〔一四〕【用韻】「扃、成」耕部。

〔一五〕【高注】越，散。

〔二六〕【高注】竭，滅。

【用韻】「越、竭」月部。

〔二七〕【版本】王溥本、王鎣本、朱本、汪本、張本、吴本、黄本、莊本、集解本「自」作「有」，餘本同藏本。

【箋釋】王念孫云：不伐之言，「伐」當爲「代」。不代之言，不奪之事，謂臣所當言者，君不代之言，臣所當行者，君不奪之事也。吕氏春秋知度篇「代」字亦誤作「伐」。上文云「是猶代庖宰剥牲，而爲大匠斲也」，吕氏春秋云「是君代有司爲有司也」，則皆當作「代」明矣。「使自司」，（道藏本如是。）當從吕氏春秋作「官使自司」，謂使百官自司其事，而君不與也。故下文云「如此則百官之事，各有所守」。此文上下皆以四字爲句，脱去「官」字，則不成句矣。劉本作「使有司」，文子上仁篇作「使自有司」，皆於義未安。莊從劉本作「使有司」，非也。○陶鴻慶謂「伐」當作「代」，與王説同。○楊樹達云：王説非也。「不伐之言」二句，承上二句「滅想去意，清虚以待」言之，謂不以言自矜伐也。「奪」當作「奮」，形近誤耳。「不奮之事」，謂不以事自矜奮也。此四句皆專就人主言之，與臣不相涉。○何寧云：吕氏春秋知度篇、文子上仁篇皆作「不伐之言，不奪之事」，語自可通，未可擅改。

【用韻】「意、待、事、司」職之通韻。

〔二八〕【用韻】「詔、教」宵部。

〔二九〕【高注】道常未知。

【箋釋】吴承仕云：道常未知，語不可通。當作「道尚無知」。各本「尚」作「常」，「無」作「未」，皆形近而譌。道尚無知，與下注「道貴無形」，對文成義。上文云：「有道之主，滅想去意。」即道尚無知之説也。（此書尚譌爲常，不止一事。）〇于省吾云：「常」字不必改，「常、尚」古通，金文「常」字通作「尚」。注「未」字正釋「不」字，不應改「無」。〇于大成云：此文亦見呂氏春秋知度篇、文子上仁篇，高注呂氏作「道尚不知」。常、尚古通，于説是。「未」當作「不」，形近致譌，吴、于二説皆未允。

〔三〇〕【高注】道貴無形，無形不可奈何，道之所以爲貴也。

【箋釋】劉績云：文子作「以禁苛爲主」。〇雙棣按：自「故有道之主」以下，蓋本之呂氏春秋知度篇。知度「寶」作「實」，注亦作「實」，舊校云：「實一作寶。」畢沅、俞樾等謂作「寶」爲是。高氏彼注云：「道尚不知，不知乃知也。以不知爲貴，因循長養，不戾自然之性，故以不可奈何爲寶也。」可與本注相參。

〔三一〕【高注】有所守，言不離扃也。

【箋釋】吴承仕云：不離扃，「扃」當爲「局」，形近之譌也。曲禮：「左右有局。」鄭注：「局，部分也。」官失其守，謂之離局，乃漢人常語。

【用韻】「道、寶、守」幽部。

攝權勢之柄，其於化民易矣。衛君役子路，權重也〔一〕。景桓公臣管晏，位尊也〔二〕。怯服勇而愚制智，其所託勢者勝也。故枝不得大於榦，末不得强於本〔三〕，則輕重小大有以相制也〔四〕。若五指之屬於臂〔五〕，搏援攫捷，莫不如志，言以小屬於大也。是故得勢之利者，所持甚小，其存甚大，所守甚約〔六〕，所制甚廣。是故十圍之木，持千鈞之屋〔七〕；五寸之鍵，制開闔〔八〕，豈其材之巨小足哉〔九〕？所居要也〔一〇〕。孔丘、墨翟修先聖之術，通六藝之論，口道其言，身行其志，慕義從風〔一一〕，而爲之服役者不過數十人〔一二〕。使居天子之位，則天下徧爲儒墨矣〔一三〕。楚莊王傷文無畏之死於宋也，奮袂而起，衣冠相連於道，遂成軍宋城之下，權柄重也〔一四〕。楚文王好服獬冠，楚國效之〔一五〕。趙武靈王貝帶鵕翿而朝，趙國化之〔一六〕。使在匹夫、布衣，雖冠獬冠，帶貝帶鵕翿而朝，則不免爲人笑也〔一七〕。

校釋

〔一〕【高注】衛君，出公輒也。

〔二〕【高注】管仲輔相桓公，晏嬰相景公，二君位尊故也。

【版本】王溥本注「嬰」下有「輔」字，景宋本、莊本、集解本同藏本。

【箋釋】王念孫云：「公」字後人所加，「衛君役子路，景桓臣管晏」，相對爲文，景桓下加公字，則文不成義矣。人間篇「郈公作難，魯昭公出走」，「魯昭」下亦多「公」字，泰族篇「鞭荊平王之墓，舍昭王之宮」，「荊平」下亦多「王」字，與此同類，詳各條。○俞樾云：此本作「桓景臣管晏」，言桓臣管，景臣晏也。因傳寫誤作「桓公」，後人遂加「景」字於「桓」字之上。先景後桓，與管晏不相當，而「景桓公臣管晏」，與上文「衛君役子路」句法又參差不一律，足知其非矣。

〔三〕【用韻】「斡、本」元文合韻。

〔四〕【版本】葉本、汪本、張本、吴本、黄本、莊本、集解本「小大」作「大小」，餘本同藏本。

【箋釋】王念孫云：「則輕重小大有以相制也」，本作「言輕重小大有以相制也」。此釋上之詞，與下「言以小屬於大也」，文同一例。後人不達，而改「言」爲「則」，上言「不得」，下言「則」，則文義不相承接矣。文子上義篇正作「言輕重大小有以相制也」。

〔五〕【版本】景宋本「臂」下有「也」字，餘本同藏本。

〔六〕【高注】約，要也，少也。

【箋釋】王念孫云：其存甚大，本作「所任甚大」。「所持甚小，所任甚大」，即下文所謂十圍之木，持千鈞之屋也。今本「所任」作「其存」者，「其」字因與上下三「甚」字相似而誤。「任」誤爲「在」，後人因改爲「存」耳。文子作「所在甚大」，「在」亦「任」之誤。羣書治要引文子正作「所任甚大」。

【用韻】「小、約」宵藥通韻。

〔七〕【箋釋】劉文典云：意林「持」上有「能」字。

〔八〕【版本】王溥本、王鎣本、朱本（挖補）、茅本、汪本、張本、吴本、黄本、莊本、集解本「開闔」下有「之門」二字，景宋本、葉本同藏本。

【箋釋】王念孫云：「制開闔」三字，文義未足，説苑説叢篇作「而制開闔」，文子作「能制開闔」，能亦而也。（「而」字古通作「能」，説見經義述聞「能不我知」下。）二書皆本於淮南，則淮南原文本作「五寸之鍵，而制開闔」明矣。道藏本脱「而」字，劉績不能考正，乃於「制開闔」下加「之門」二字，而諸本及莊本皆從之，謬矣。（上言持千鈞之屋，若無「之屋」二字，則文不成義，此言制開闔，則其義已明，無庸加「之門」二字。）○劉文典云：王説是也。意林引此文，「持」上、「制」上並有「能」字，是其證矣。

〔九〕【用韻】「木、屋、足」屋部。

〔一〇〕【箋釋】劉文典云：「足」字無義，疑衍文也。意林引作「非材有巨細，所居要耳」，「小」雖作「細」，下無「足」字。○何寧云：劉説非也。足猶成也，謂非才之大小所以成其用也。論語公冶長「巧言令色足恭」，邢疏「足，成也」，是其證。此乃反詰語，意林改爲陳述句，不可爲據。

〔一一〕【高注】風，化。

〔一二〕【高注】役，事。

〔一三〕【高注】徧，猶盡也。

【箋釋】劉文典云：意林作「使孔墨爲天下，天下盡儒墨，得其要也」。

〔一四〕【高注】莊王，楚穆王商臣之子旅也。使申舟問聘於齊，不假道於宋。無畏曰：「宋必襲殺我。」王曰：「殺汝伐宋。」見犀而行，不假道於宋。華元曰：「過我而不假道，鄙我也。鄙我，亡也；以兵殺其使者，亦亡也。」遂殺之。莊王聞之怒，故投袂而起，成軍于宋城。故曰權柄重也。

【版本】藏本「起」作「越」，王溥本、王鎣本、朱本、汪本、張本、黄本、莊本、集解本作「起」，今據改，餘本同藏本。張本、黄本、莊本、集解本注無「問」字，餘本同藏本。藏本注「必」上「宋」字作「未」，王溥本、朱本、茅本、汪本、莊本、集解本作「宋」，今據改，景宋本、葉本同藏本。藏本注「投袂」之「投」作「拔」，景宋本、茅本、汪本、張本、黄本、莊本、集解本作「投」，今據改，王溥本、朱本作「奮」，葉本同藏本。藏本注「成軍」下「于」字作「亡」，景宋本作「于」，今據改，餘本同藏本。

【箋釋】雙棣按：宣公十四年左傳、吕氏春秋行論篇述及此事，淮南及高注蓋本之。左傳、吕覽並作「投袂而起」，杜預左傳注云「投，振也」，此作「奮袂而起」，奮亦振也。藏本注作「拔袂」，「拔」字當是「投」字形近之誤，今改。

〔一五〕【高注】文王，楚武王熊達之子熊疵。獬豸之冠，如今御史冠。

【版本】藏本「獬」作「解」，除景宋本同藏本外，餘本皆作「獬」，今據改。景宋本注「獬」亦作「解」，餘本同藏本。藏本注「疵」作「庇」，景宋本作「疵」，今據改，餘本同藏本。茅本、汪本、莊本、集解本注「豸」作「廌」，景宋本、王溥本、朱本、葉本同藏本。

【箋釋】陳昌齊云：解冠，説文繫傳引作「觟冠」。○梁玉繩云：左傳疏、釋文、地理志，淮南主術並作熊達，今史記作熊通，誤。○陶方琦云：御覽六百八十四引，作「楚莊本好觟冠，楚國效之也」。御覽、藝文類聚服飾部一、事類賦冠部並引許注：「觟冠，今力士冠。」按：説文角部：「觟，牝牂羊生角者也。」玉篇：「觟，角皃。」（廣韻三十五馬韻觟下云：楚冠名。韻會引淮南觟冠。）或云：觟即解字。王充論衡：「觟觥者，一角之羊也。」觟觥即解廌，觸邪神羊也。後漢輿服志：「獬廌，神羊，能別曲直。楚王嘗獲之，以爲冠。」注引異物志云：「東北荒中有獸名獬廌，一角，性忠，見人鬭則觸不直者，聞人論則咋不正者，楚執法者所服也。今冠兩角，非豸也。」許云「力士冠」，疑即武弁大冠。（又史記趙世家「郤冠」，徐廣注曰：「一本作鮭冠。」鮭即觟。屬之趙，事乃誤連下文也。）○劉文典云：初學記服食部引，文王亦作莊王。○吴承仕云：梁説是也。「熊庇」當作「熊疪」。楚世家作「貲」，同聲通借。又：獨斷曰：「法冠，楚冠也。秦執法服之，今御史廷尉監平服之，謂之獬豸冠。」續漢輿服志説同。觟、獬既爲同物，許、高相去不遠，並以漢制説古事，不應少有異同。疑許注當云「士冠」，「力」爲衍字。士主聽察治獄，士冠猶法冠矣。高云御史冠者，隨舉其一隅。許云士冠者，籠括其大體。○于大成云：此文許、高文異而義亦異，許作「莊王」，故御覽引作「莊王」而下引許注，説文繫傳引作「文王」而下引今本高注也。許作「觟冠」，御覽、事類賦所引文、注是也。高作「解冠」，（解即獬。）事物紀原三、爾雅翼

十八、玉海八十一、廣博物志三十八、喻林二十一、天中記四十七引是也。

〔一六〕【高注】武靈王出春秋後，以大貝飾帶，胡服。 鵕翿，讀曰私鈚頭也。 一曰：郭洛帶位銚鏑也。

【版本】王溥本、王鎣本、茅本、汪本、張本、吴本、黄本、莊本、集解本正文及注「翿」作「[illegible]」，餘本同藏本。 茅本、汪本、張本、黄本、莊本、集解本注「武」上有「趙」字，景宋本、王溥本、朱本、葉本同藏本。 王溥本、茅本、汪本、張本、黄本、莊本、集解本注「頭」下有「二字三音」四字，景宋本、朱本、葉本同藏本。 藏本注「曰」上無「一」字，王溥本有，今據補，餘本同藏本。 景宋本、集解本注「位」作「粒」，王溥本作「伍」，茅本、汪本、張本、黄本作「係」，朱本、葉本、莊本同藏本。 朱本、茅本、汪本、張本、黄本注「鏑」作「鎬」。

【箋釋】劉績云：師古曰：「犀毗，胡帶之鉤也。」○莊逵吉云：藏本如是。 本或作「曰郭洛帶係銚鎬也」，文義皆難通，疑有誤字。 ○陶方琦云：文選左思吴都賦注，史記索隱二十六、二十七引許注：「鵔鸃，鷩雉也。」按：索隱引許注作「鷩鳥」，「鳥」乃「雉」字之誤，爾雅「鷩雉」注：「似山雞而小，冠背毛黄，腹下赤，項緑色鮮明。」説文鳥部鵔字下：「鵔鸃，鷩也。」（琦按：鷩下應補雉字。）鸃下：「鵔鸃也。 秦漢之初，侍中冠鵔鸃冠。」（後漢輿服志侍中、中常侍加黄金璫，附蟬爲文，貂尾爲飾，謂之趙惠文冠，又名鵔鸃冠。）玉篇：「鵔鸃，鷩雉也。」即用許注淮南説。（高本作鵕翿，翿即鸃字，穆天子傳注引淮南作鵔飛[illegible]，[illegible]亦鸃之譌文。）○孫詒讓云：此注文難通。 戰國趙策「武靈王賜周紹胡服衣冠具帶，黄金師比」，史記匈奴傳作「黄金胥紕」，索隱張晏云：

「鮮卑郭落帶，瑞獸名也，東胡好服之。」延篤云：「胡革帶鉤也。」班固與竇憲牋云：「賜犀比黄金頭帶也。」漢書匈奴傳作「犀毗」。師古云：「犀毗，胡帶之鉤也，亦曰鮮卑，亦謂師比，總一物也，語有輕重耳。」此注「私鈚頭」，即史記之師比，漢書之胥紕、犀毗。郭洛帶，即張晏所謂郭落帶也。「郭洛帶粒銚鏑也」，義未詳，疑當作「郭洛帶私鈚鉤也」。〇胡懷琛云：師比、胥紕、鮮卑、犀比、犀毗，乃胡語譯音之歧異也。其實物即胡帶之鉤。淮南高注私鈚頭，私鈚即師比、胥鈚之類，而多一頭字。淮南原文鵕翿，翿讀爲濤，與私鈚頭相較，翿即頭字，而少譯一紕字，故與趙策、史記、漢書不合。〇王國維云：胡服之冠，漢世謂之武弁。若插貂蟬及鶡尾，則確出胡俗也。其插貂蟬者，謂之趙惠文冠。惠文者，趙武靈王子何之謚。武靈王服胡服，惠文王亦服之，後世失其傳，因以惠文名之矣。其加雙鶡尾者謂之鶡冠，亦謂之鵕鸃冠。淮南主術訓「趙武靈王貝帶鵕翿而朝，趙國化之」，高誘注：「鵕翿，讀曰私鈚頭，兩字三音。」蓋以鵕翿爲帶鉤之師比，然史記佞幸傳云：「孝惠時，郎中皆冠駿鸃貝帶。」説文解字鳥部亦云：「秦漢之初，侍中冠駿鸃。」則淮南書之「鵕翿」確爲「駿鸃」之誤，又冠名而非帶鉤名也。

〔一七〕【高注】鵕翿，讀曰私鈚頭，二字三音也。

【版本】景宋本、朱本、葉本注同藏本，餘本無此注。

【用韻】「效、化、笑」宵歌合韻。

夫民之好善樂正，不待禁誅而自中法度者，萬無一也〔一〕。下必行之令〔二〕，從之者利，逆之者凶，日陰未移，而海内莫不被繩矣〔三〕。故握劍鋒，以離北宫子、司馬蒯蕢不使應敵〔四〕；操其觚，招其末，則庸人能以制勝〔五〕。今使烏獲、藉蕃從後牽牛尾，尾絶而不從者，逆也〔六〕。若指之桑條以貫其鼻，則五尺童子牽而周四海者，順也〔七〕。夫七尺之橈，而制船之左右者，以水爲資〔八〕。天子發號，令行禁止，以衆爲勢也〔九〕。

夫防民之所害，開民之所利，威行也，若發堿決塘〔一〇〕。故循流而下易以至，背風而馳易以遠〔一一〕。桓公立政，去食肉之獸、食粟之鳥、係罝之網，三舉而百姓説〔一二〕。紂殺王子比干而骨肉怨，斮朝涉者之脛而萬民叛〔一三〕，再舉而天下失矣。故義者，非能徧利天下之民也，利一人而天下從風〔一四〕；暴者，非盡害海内之衆也，害一人而天下離叛〔一五〕。故桓公三舉而九合諸侯，紂再舉而不得爲匹夫〔一六〕。故舉錯不可不審〔一七〕。

校釋

〔一〕【版本】藏本「待」作「得」，景宋本、王溥本、王鎣本、茅本、汪本、張本、黄本、莊本、集解本作「待」，今據改，朱本、葉本同藏本。

〔二〕【版本】藏本「令」作「今」，景宋本、王溥本、王鎣本、朱本、張本、吴本、黄本、莊本、集解本作

「令」，今據改，餘本同藏本。

〔三〕【高注】繩，正。

〔四〕【高注】北宮子，齊人也，孟子所謂北宮黝也。司馬蒯蕢，其先程伯休甫，宣王命以爲司馬，因爲司馬氏，蒯蕢其後也。周衰，適他國。蒯蕢在趙，以善擊劍聞。應，猶擊也。

【版本】藏本注「黝」作「勇」，王溥本、朱本、茅本、汪本、張本、莊本、集解本作「黝」，今據改，景宋本、葉本同藏本。王溥本、莊本、集解本注「甫」作「父」。藏本注「趙」作「越」，各本均作「趙」，今據改。

【箋釋】王念孫云：「握劍鋒以」下脱去一字，「離」字與上下文皆不相屬，當是「雖」字之誤。隸書「離」字或作「離」，（説見天文篇「禹以爲朝晝昏夜」下。）形與「雖」相近，故「雖」誤爲「離」。（漢書衛青霍去病傳「大當户調雖」，史記作「銅離」。秦策「主雖困辱，悉忠而不解」，今本「雖」誤作「離」。）「不使應敵」，「使」上當有「可」字，言手握劍鋒，則雖北宮黝、司馬蒯蕢，亦不可使應敵。若操其本而舉其末，則庸人亦能以制勝也。「可使」與下文「能以」文正相對。○王紹蘭云：「離」爲「雖」誤，「使」上有「可」字，是也。「以」字當在「雖」字下，謂握劍鋒，雖以北宮子、司馬蒯蕢亦不可使應敵。此文「以雖」誤倒耳。「故握劍鋒」爲句，「雖以」二字下屬，文義自明，則「劍鋒」下無脱字。○俞樾與王紹蘭説同。○雙棣按：銀雀山簡本孫臏兵法執備篇釋者云：此「離」字，疑是「進」字之誤。

〔五〕【高注】觚，劍柎。招，舉也。

【用韻】「繩、勝」蒸部。

〔六〕【高注】烏獲、藉蕃，皆多力人。

【箋釋】梁履繩云：藉蕃恐非人名，蓋勇健之義。抱朴子酒誡篇云：「怯懦者效慶忌之蕃捷。」疑「蕃捷」即「藉蕃」。○于大成云：梁説是也。此用吕氏春秋文，吕氏重己篇云「使烏獲疾引牛尾，尾絶力勯而牛不可行，逆也」，亦止云「烏獲」。○何寧云：「烏獲、藉蕃，皆多力人」八字，疑非高注原文。吕氏春秋重己篇：「使烏獲疾引牛尾，尾絶力勯而牛不可行，逆也。」此淮南所本。彼注云：「烏獲，秦武王力士也。」上文「千鈞之重，烏獲不能舉也」，高注亦云：「烏獲，秦武王力士也。」則此不得注曰「皆多力人」。

〔七〕【版本】王溥本、王鎣本、朱本、吴本「五尺童子」作「五尺之童」，餘本同藏本。

【箋釋】楊樹達云：吕氏春秋重己篇云：「使烏獲疾引牛尾，尾絶力勯而牛不可行，逆也。使五尺豎子引其棬，而牛恣所以之，順也。」此淮南所出。若指之桑條，謂桑條大如指者。○馬宗霍云：「之」字爲語助，在句中不爲義。指者，説文訓「手指也」，引申之，則以手指執物亦謂之指。此蓋謂若執桑條以貫牛鼻也。易説卦「艮爲指」，孔穎達疏云：「爲指，取其執止物也。」是「指」有「執」義之證。一説若猶如也，謂桑條大如指者，猶下文「七尺之橈而制船之左右」，謂橈之長七尺也，亦通。墨子雜守篇云：「各爲二類，一鑿而屬繩，繩長四尺，大如指。」淮南以若指比桑條，猶墨子以如指比繩也。

〔八〕【高注】橈，刺船棹也。資，用也。橈讀煩撓之撓也。

【版本】藏本正文及注「橈」字作「撓」，景宋本、王溥本、莊本、集解本作「橈」，今據改，朱本、茅本、吴本同藏本。

〔九〕【箋釋】劉文典云：北堂書鈔一百三十八引作「七尺之檝而制大舟者，因水爲資也；君發一言之號而令行於民者，因衆爲勢也」。又御覽七百七十一引，「制」作「動」，「勢」作「資」。○鄭良樹云：御覽引「勢」作「資」者，蓋涉上文「以水爲資」而誤。○于大成云：鄭説是也。文子上義篇亦作「勢」，與今本淮南同。書鈔一百三十八、喻林二十一、諸子類語一引並同。

〔一〇〕【高注】堿，水堿也。塘，堤也。皆所以畜水。

【版本】莊本、集解本「塘」作「唐」，餘本同藏本。莊本、集解本注「堤」作「隄」，景宋本、王溥本、朱本同藏本，茅本誤作「提」。

【箋釋】陳昌齊云：「堿」當作「㙺」。玉篇：「㙺，於歸切，決塘也。」又「㙺，決塘木也。於歸切」。集韻：「㙺，通陂竇也。」○易順鼎云：一切經音義卷六十七引許注：「隒亦隄也。」按：今注即許注或高用許義。隒即唐字。周書作雒解「隄唐山廧」，故許以唐爲隄，互見時則篇。○楊樹達云：「威」下疑當有「之」字。○于省吾云：堿乃坎之借字。玉篇土部：「壏，口感切，壏坷。」漢孔耽神祠碑：「遭元二轗軻。」轗軻即轗軻。從咸從感古字通。易咸釋文：「咸，感也。」左昭二十一年傳：「窕則不咸。」釋文：「咸本或作感。」輱軻亦即坎坷。太玄經：「止次六，坎坷其輿。」易說卦傳：「坎，陷也。」玄應一切經音義引埤蒼：「埳亦坑也。」埳同坎。注云「堿，水堿也」即「坎，水坎也」。○呂傳元云：「堿」，「椷」之訛字也。玉篇木部「椷，決塘木也。」廣韻八微：「椷，決塘木也。」「堿」與「椷」形近而訛。高注當作「椷，木椷也」，方合。

【用韻】「害、利」月質合韻，「行、塘」陽部。

〔一一〕【高注】因其勢也。

〔一二〕【高注】桓，齊桓公。

【版本】藏本「三舉」下無「而」字，王溥本、王鎣本、朱本（挖補）、茅本、汪本、張本、吴本、黄本、莊本、集解本有，今據補，餘本同藏本。

【箋釋】楊樹達云：「立」當讀爲「涖」。○于大成云：此呂氏春秋慎小篇文。北堂書鈔二十二、通鑑外紀四引此文，「百姓」上並有「而」字，劉本等並有，呂氏春秋亦有「而」字。又注文疑當作「桓公，齊桓公」。

【用韻】「遠、説」元月通韻。

〔一三〕【箋釋】雙棣按：呂氏春秋過理篇云：「截涉者脛而視其髓。」高注：「以其涉水能寒也，故視其髓，欲知其與人有異不也。」可爲此「斮朝涉者脛」之注。

【用韻】「怨、叛」元部。

〔一四〕【版本】藏本「民」下無「也」字，王溥本、王鎣本、茅本、汪本、張本、吳本、黄本、莊本、集解本有，今據補，餘本同藏本。

〔一五〕【版本】王叔岷云：「非」下當有「能」字，乃與上文句法一律。文子正有「能」字。

〔一六〕【用韻】「侯、夫」侯魚合韻。

〔一七〕【高注】三舉，去食肉之獸、食粟之鳥、係罝之網。再舉，殺比干，斮朝涉之脛也。

人主租斂於民也，必先計歲收〔一〕，量民積聚，知饒饉有餘不足之數，然後取車輿衣食供養其欲〔二〕。高臺層榭，接屋連閣〔三〕，非不麗也，然民無掘穴狹廬所以託身者，明主弗樂也〔四〕。肥醲甘脆，非不美也〔五〕，然民有糟糠菽粟不接於口者，則明主弗甘也〔六〕。匡牀蒻席，非不寧也〔七〕，然民有處邊城、犯危難、澤死暴骸者，明主弗安也〔八〕。故古之君人者，其慘怛於民也〔九〕，國有飢者，食不重味；民有寒者，而冬不被裘〔一〇〕。歲登民豐，乃始縣鍾鼓，陳干戚〔一一〕，君臣上下〔一二〕，同心而樂之，國無哀人〔一三〕。

故古之爲金石管絃者，所以宣樂也〔一四〕；兵革斧鉞者，所以飾怒也；觴酌俎豆酬酢之禮，所以效善也〔一五〕；衰絰菅屨、辟踊哭泣，所以諭哀也〔一六〕。此皆有充於內而成像於外〔一七〕。

及至亂主，取民則不裁其力〔一八〕，求於下則不量其積〔一九〕，男女不得事耕織之業，以供上之求〔二〇〕，力勤財匱，君臣相疾也〔二一〕。故民至於焦脣沸肝，有今無儲〔二二〕，而乃始撞大鍾，擊鳴鼓，吹竽笙，彈琴瑟，是猶貫甲冑而入宗廟，被羅紈而從軍旅，失樂之所由生矣〔二三〕。

夫民之爲生也，一人蹠耒而耕，不過十畝〔二四〕；中田之獲，卒歲之收〔二五〕，不過畝四石〔二六〕，妻子老弱仰而食之。時有涔旱災害之患〔二七〕，有以給上之徵賦車馬兵革之費〔二八〕。由此觀之，則人之生閔矣〔二九〕。夫天地之大，計三年耕而餘一年之食，率九年而有三年之畜，十八年而有六年之積〔三〇〕，二十七年而有九年之儲，雖涔旱災害之殃，民莫困窮流亡也〔三一〕。故國無九年之畜，謂之不足〔三二〕；無六年之積，謂之閔急〔三三〕；無三年之畜，謂之窮乏〔三四〕。故有仁君明主〔三五〕，其取下有節，自養有度，則得承受於天地，而不離飢寒之患矣〔三六〕。若得貪主暴君〔三七〕，撓於其下，侵漁其民，以適無窮之欲，則百姓無以被天和而履地德矣〔三八〕。

校釋

〔一〕【版本】王溥本、王鎣本、朱本（挖補）、茅本、汪本、張本、吴本、黄本「歲」下有「而」字，餘本同藏本。

〔二〕【版本】藏本「饒」作「饑」，景宋本作「饒」，今據改，餘本同藏本。

【箋釋】王念孫云：羣書治要引此，「饑饉」作「饒饉」。案：作「饒饉」者原文，作「饑饉」者後人所改也。饒與饉，有餘與不足，皆相對爲文。（鹽鐵論通有篇：「多者不獨衍，少者不獨饉。」）若作「饑饉」，則與有餘不足之文不類矣。此言人主必知民積聚之多寡，然後可以取於民，若上言饑饉，則下不得言取車輿衣食供養其欲矣。後人熟於「饑饉」之文，遂以意改之，而不知其與下文相抵牾也。○劉家立云：人主租斂於民也，羣書治要引作「人主之賦斂於民也」，則「租」乃「賦」字之譌。計歲收，量積聚，本三字爲句，不當有民字，且上句已言賦斂於民，此處民字涉上句而衍也。

【用韻】「聚、數、欲」侯屋通韻。

〔三〕【箋釋】何寧云：羣書治要引無「接屋連閣」四字，是也。下文云「肥醲甘脆，非不美也」，「匡牀蒻席，非不寧也」，而此作「高臺層榭，接屋連閣，非不麗也」，與下文不一律，當是後人臆增。精神篇「今高臺層榭，人之所麗也」，是其比。

【用韻】「榭、閣」鐸部。

〔四〕【高注】不樂其大麗也。

【版本】王溥本、王鎣本、朱本、汪本、張本、吴本、黄本、莊本、集解本「無」作「有」，餘本同藏本。王溥本、王鎣本、朱本、吴本「所」上有「無」字，「所」下無「以」字，餘本同藏本。藏本「樂」下無「也」字，王溥本、王鎣本、茅本、汪本、張本、吴本、黄本、莊本、集解本有，今據補，餘本同藏本。

【箋釋】王念孫云：各本「明主」上脱「則」字，當據下文及羣書治要、太平御覽引補。又：「掘穴」本作「堀室」。堀，古窟字。昭二十七年左傳「吳公子光伏甲於堀室而享王」，史記吳世家作「窟室」，是也。因「堀」誤爲「掘」，後人遂妄改爲「掘穴」耳。窟室與狹廬事相類，若云掘穴狹廬，則文不成義矣。羣書治要引此，正作「窟室」。又引注云：「窟室，土室。」太平御覽木部七引此亦作「窟室」。又「民無掘穴狹廬所以託身者」，（道藏本如是。）劉本作「民有掘穴狹廬無所託身者」，此依下文改之也。案：下文云「民有糟糠菽粟不接於口者」，又云「民有處邊城、犯危難、澤死暴骸者」，此云「民無堀室狹廬所以託身者」，文與下二條異，不當據彼以改此。且既有狹廬，則不得言無所託身。羣書治要、太平御覽引此，並作「民無窟室狹廬」，則劉改非也。莊依劉本作「民有掘穴狹廬」，又依道藏本作「所以託身者」，兩無所據矣。○陶方琦云：羣書治要引許注：「窟穴，土室。」按：説文：「穴，土室也。」與此注正同。○楊樹達云：景宋本亦作「民無」，與道藏本同，然文義不完，殊不可通。余謂文當作「民有無堀室狹廬所以託身者」，與下二句「民有」云云文句一律。此文及下文三言「民有」，皆謂民之中有此等之人，此三事所同，本文不能獨異也。「民有無堀室狹廬所以託身者」，謂民之中竟有雖堀室狹廬亦無有，無處可以託身之人，與下文言「糟糠菽粟不接於口」正同。景宋本、道藏本脱去「有」字，劉績不知，改「無」爲「有」，而文不可通，乃改「所以託身」爲「無所託身」。王氏知「無」字當有，而不知無上當補「有」字，皆非也。○于省吾云：王以「掘」爲「堀」，謂堀古窟字，是也。改「穴」爲「室」非也。陶説是也。詩

「陶復陶穴」，即此所謂窟穴也。○于大成云：檢治要所引，實作「窟室」，引注亦作「窟室，土室」。與御覽引作「窟室」合。陶氏好改古人以從我，于氏於治要亦未繙檢，並非是也。王校不可易矣。○何寧云：「明主弗樂也」及下文「明主弗安也」，句首皆當有「則」字，與「則明主弗甘也」一律。「然」與「則」文相呼應。又注「不樂其大麗也」，「大」當爲「美」，精神篇高注「麗，美也」，故「美麗」連文。蓋「美」字缺其上半，因誤爲「大」耳。蜀藏本正作「美麗」。○雙棣按：王念孫謂「掘」爲「堀」之形誤，是。段玉裁説文「堀」字注云：「古書中堀字多訛掘，如秦國策『窮巷堀門』，齊策『堀穴窮巷』，今皆訛爲『掘』。鄒陽書『伏死堀穴』，尚不誤也。」或爲假借，朱駿聲説文通訓定聲云：「掘，假借爲堀。」俞樾毛詩平議：「堀乃本字，掘其假借字。」吴師道秦策一「夫蘇秦特窮巷掘門桑户棬樞之士耳」補注：「掘即窟，古字通。」掘爲羣母，堀（窟）爲溪母，均爲物部，可通轉，謂通假亦可。王謂「穴」當作「室」，恐非。上引段注中之齊策「堀穴窮巷」，鄒陽書「伏死堀穴」，皆作「堀穴」。又韓非子説疑「或伏死於窟穴」，墨子節用中「因陵丘堀穴而處焉」，亦作「窟（堀）穴」。且齊策「堀穴」與「窮巷」並列，如淮南「堀穴」與「狹廬」對文。可見「穴」字不誤。

〔五〕【箋釋】陶方琦云：大藏音義引許注：「醲，肥酒也。」按：説文：「醲，厚酒也。」此肥字恐涉正文肥字而誤。

〔六〕【高注】不甘其肥醲也。

【箋釋】何寧云：「菽粟」當作「橡栗」，字之誤也。儀禮注「王公熬豆而食曰啜菽」，説文「粟，嘉穀實」，是菽粟皆食之精者，與糟糠不類。蓋「栗」誤作「粟」，後人遂改「橡」爲「菽」，以就「粟」字之誤耳。御覽九百五十八引此正作「橡栗」，是其明證。○雙棣按：羣書治要卷四十一引「菽粟」亦作「橡栗」，作「橡栗」義長。

〔七〕【高注】匡，安也。蒻，細也。

【版本】藏本「寧」下無「也」字，王溥本、王鎣本、茅本、汪本、張本、吴本、黄本、莊本、集解本有，今據補，餘本同藏本。

【箋釋】顧廣圻云：「蒻」疑當作「弱」，故注如此也。注「蒻」疑亦「弱」之誤。詮言篇云「筐牀衽席」，注云：「衽，柔弱也。」可證此「弱」字之不從艸。蓋後人因他書多言蒻席而改之。（彼匡作筐，高不更解，疑當同此作匡，又衽字高解爲柔弱。疑當作「荏」，亦後人因他書多言衽席而改之。）○劉文典云：治要引，「蒻」作「衽」。○于省吾云：莊子齊物論：「與王同筐牀。」釋文：「筐本亦作匡。司馬云：筐牀，安牀也。崔云：筐，方也。一云正牀也。」

〔八〕【高注】不安其匡牀蒻席也。

【箋釋】于省吾云：「澤死」不詞，應讀作「釋尸」。澤釋、死尸字通，古籍習見。釋，舍也。「釋尸」與「暴骸」相對爲文。○雙棣按：于説未必是，「澤死」蓋謂野死。氾論篇「古者民澤處復穴」，「澤處」亦謂野處。若依于説，「釋尸」與「暴骸」義複，必非淮南原意。

【用韻】「甘、安」談元合韻。

〔九〕【箋釋】劉文典云：治要引，作「甚憯怛於民也」。

【用韻】「人、民」真部。

〔一〇〕【高注】與同飢寒。

【版本】藏本注「飢寒」作「寒飢」，莊本、集解本作「飢寒」，今據改，景宋本、王溥本同藏本。

【箋釋】王叔岷云：「冬」上「而」字衍。「民有寒者，冬不被裘」與「國有飢者，食不甘味」相對爲文，多一「而」字，則句法參差不齊矣。文子正無「而」字。○于大成云：賈子禮篇「國有飢人，人主不飧；國有凍人，人主不裘」，與此文意同。又正文先言「飢」，後言「寒」，則注文「寒飢」二字當到，方與正文相應，御覽二十七引此注正作「飢寒」，莊本同御覽，是也。

〔一一〕【高注】登，成也。年穀豐熟也。

【箋釋】劉文典云：治要引，作「歲豐穀登」。

〔一二〕【用韻】「鼓、下」魚部。

〔一三〕【高注】言皆樂也。

〔一四〕【高注】金，鍾。石，磬。管，簫。絃，琴瑟也。

【版本】藏本注「瑟」下無「也」字，「簫」下有「也」字，王溥本「也」字在「瑟」字下，今據改，景宋本同藏本，莊本、集解本「簫」下、「瑟」下均有「也」字。

〔一五〕【高注】效，致。

【箋釋】王念孫云：效善當爲效喜，字之誤也。此以喜怒哀樂相對，作善則義不可通，羣書治要引此正作喜。

〔一六〕【高注】諭，明。

【版本】藏本「菅」作「管」，王鎣本、朱本、茅本、汪本、張本、黄本、莊本、集解本作「菅」，今據改，餘本同藏本。王溥本、王鎣本、吴本「屨」作「履」。

〔一七〕【高注】充，實。

【箋釋】劉文典云：治要「外」下有「者也」二字。

〔一八〕【高注】裁，度。

〔一九〕【箋釋】王叔岷云：「求」下不當有「於」字，蓋涉上文而衍。「取民則不裁其力，求下則不量其積」相對爲文，治要引正無「於」字。文子同。

〔二〇〕【高注】事，治。業，事。

〔二一〕【用韻】「力、積、業、匱、疾」職錫盍物質合韻。

〔二二〕【高注】有今日之食，而無明日之儲也。

〔二三〕【箋釋】劉文典云：治要「羅紈」作「綺羅」。

【用韻】「儲、鼓、旅」魚部。

〔二四〕【高注】跖，蹈。

【版本】張本、黄本（無注）、莊本、集解本正文及注「跖」作「蹠」，王鎣本正文作「耜」，餘本同藏本。

【箋釋】雙棣按：跖與蹠通，齊俗篇「修脛者使之跖钁」，許注：「長脛以蹋插者使而入深。」文選七命李善注：「廣雅曰：『蹠，履也。』跖與蹠同。」不必改字。

【用韻】「生、耕」耕部。

〔二五〕【箋釋】俞樾云：既言之獲，又言之收，重複無謂，疑本作「中田卒歲之收」，無「之獲」二字。文子上仁篇作「中田之收」，蓋省卒歲二字耳。若使本作「中田之獲，卒歲之收」，而文子省其一句，則何不曰「中田之獲」，而必變「獲」言「收」乎？

〔二六〕【用韻】「獲、石」鐸部。

〔二七〕【高注】涔，久而水潦也。

〔二八〕【版本】王溥本、王鎣本、朱本、汪本、張本、黄本、莊本、集解本「有」作「無」，餘本同藏本。

【箋釋】王念孫云：「有以」之「有」，各本多作「無」，惟道藏本及茅本作「有」，「有」字是也。「有」讀爲又，（淮南通以有爲又，史記、漢書及諸子並同。）言歲終之收，僅足供一家之食，既時有水旱之災，而又以此給上之徵賦也。後人不知有爲又之借字，而改有爲無，斯爲謬矣。莊刻仍從諸本作無，故特辯之。

〔二九〕【高注】閔，憂，無樂。

【版本】王溥本（並注）、王鎣本、茅本、汪本、張本、吴本、黄本、莊本（並注）、集解本（並注）「閔」作「憫」，餘本同藏本。

【箋釋】雙棣按：憫爲閔之後起字。

【用韻】「費、閔」物文通韻。

〔三〇〕【高注】積，委也。

〔三一〕【版本】藏本「困」作「因」，各本均作「困」，（蔣刊道藏輯要本亦作「困」。）今據改。

【用韻】「殃、亡」陽部。

〔三二〕【箋釋】雙棣按：九年之畜，畜當作儲。上文言九年之儲，六年之積，三年之畜，此承上言，亦當同之。六年之積，三年之畜皆同，此畜爲儲之誤明矣。

〔三三〕【高注】閔，憂。急，病。

【版本】藏本注「急病」誤倒，景宋本、王溥本、朱本、茅本、汪本、張本、黄本、莊本、集解本不誤，今據乙正。

〔三四〕【箋釋】于大成云：禮記王制曰：「國無九年之畜曰不足，無六年之蓄曰急，無三年之蓄曰國非其國也。三年耕必有一年之食，九年耕必有三年之食。以三十年之通，雖有凶旱水溢，民無菜色。」亦見賈子憂民篇、禮篇，並淮南所本也。漢書食貨志上亦有此文。「率九年」，「率」字疑當在「三年耕」上。「涔旱災害」上當有「有」字，王制、賈子禮篇並有。

【用韻】「畜、足、積、急、畜、乏」覺屋錫緝盍合韻。

〔三五〕【版本】茅本、汪本、張本、黄本、莊本、集解本「主」作「王」，餘本同藏本。

〔三六〕【版本】汪本、張本、黄本、莊本、集解本「飢」作「饑」，餘本同藏本。

【箋釋】馬宗霍云：「離」讀爲「罹」，義猶遭也，被也。楚辭天問篇「卒然離蠥」，王逸注云：「離，遭也。」史記管蔡世家「無離曹禍」，司馬貞索隱云：「離，被也。」皆其證。

【用韻】「地、患」歌元通韻。

〔三七〕【版本】王溥本、王鎣本、茅本、汪本、張本、黄本、莊本、集解本「若」下無「得」字，朱本「得」作「夫」，景宋本、葉本同藏本。

〔三八〕【高注】天和，氣也。地德，所生植也。

【版本】景宋本注「植」作「殖」。

食者，民之本也。民者，國之本也。國者，君之本也。是故人君者，上因天時，下盡地財，中用人力〔一〕。是以群生遂長，五穀蕃植〔二〕。教民養育六畜〔三〕，以時種樹，務脩田疇〔四〕，滋植桑麻，肥墝高下，各因其宜〔五〕。丘陵阪險不生五穀者，以樹竹木〔六〕，春伐枯槁，夏取果蓏〔七〕，秋畜疏食〔八〕，冬伐薪蒸〔九〕，以爲民資〔一〇〕。是故生無乏用，死無轉尸〔一一〕。

故先王之法，畋不掩群〔一二〕，不取麛夭〔一三〕，不涸澤而漁〔一四〕，不焚林而獵〔一五〕。豺未祭獸，罝罦不得布於野〔一六〕；獺未祭魚，網罟不得入於水〔一七〕；鷹隼未摯，羅網不得張於谿谷〔一八〕；草木未落，斤斧不得入山林〔一九〕；昆蟲未蟄，不得以火燒田〔二〇〕。孕育不得殺，鷇卵不得探，魚不長尺不得取，彘不期年不得食〔二一〕。是故草木之發若蒸氣〔二二〕，禽獸歸之若流原，飛鳥歸之若煙雲〔二三〕，有所以致之也〔二四〕。

故先王之政，四海之雲至而脩封疆〔二五〕，蝦蟇鳴、燕降而達路除道〔二六〕，陰降百泉則脩橋梁〔二七〕，昏張中則務種穀〔二八〕，大火中則種黍菽〔二九〕，虛中則種宿麥〔三〇〕，昴中則收斂畜積伐薪木〔三一〕。上告于天，下布之民〔三二〕，先王之所以應時脩備、富國利民、實曠來遠者，其道備矣〔三三〕。非能目見而足行之也，欲利之也。欲利之也不忘於心，則官自備矣。心之於九竅、四支也，不能一事焉，然而動靜聽視皆以爲主者，不忘于欲利之也〔三四〕。故堯爲善而衆善至矣，桀爲非而衆非來矣〔三五〕。善積即功成，非積則禍極〔三六〕。

校釋

〔一〕【箋釋】王念孫云：「君」字當在「人」字上，羣書治要引此，正作「君人者」。○王叔岷云：齊民要術種穀引，「地財」作「地利」。○于大成云：「地利」是也。道藏纘義本文子正作「地利」，與賈思勰引淮南同。「財」與「利」形近而誤。○何寧云：王説是也。上文「君人者」凡六見，「君人」凡兩見，無作「人君」者。○雙棣按：王説作「君人者」，當是。然文子上仁篇已作「人君者」。（道藏本、纘義本。）文子「地財」作「地理」，不作「地利」。淮南「地財」不誤。吕氏春秋慎人篇云：「掘地財，取水利。」高誘注：「地財，五穀。」周禮考工記序：「飭力以長地財，謂之農夫。」賈疏：「地財，穀物。」淮南云「食者民之本」與「地財」正相應。若作「地利」反與上下韻不協。

〔二〕【用韻】「時、財、力、植」之職通韻。

〔三〕【箋釋】陶方琦云：説文畜字下引許注：「玄田爲畜。」按：説文畜字下引淮南子曰「玄田爲畜」，即引其注文，與芸字、蜩字下同例。説文：「畜，田畜也。」即周官牧人「掌牧六牲而阜蕃其物」之義。王氏筠曰：「玄田當作𡵂田，從叀之古字[illegible]。」叀部叀下云：「從叀，引而止之也。」漢書景帝詔「農桑毄畜」注：「食養之畜。」毄，古繫字。」繫之者，恐其逸也。是其證。○雙棣按：陶謂説文引淮南子曰「玄田爲畜」爲許慎注，非是。説文畜下有異文蓄，云：「魯郊禮畜從田，從茲。茲，益也。」段玉裁注云：「許據魯郊禮文證古文從茲乃合於田畜之解也。古文本從茲，小篆乃省其半，而淮南王乃認爲玄字矣。此小篆省改之失。」許引淮南子蓋引古語以證會意也。説文「䕻」字下段玉裁注云：「凡引經傳有證字義者，有證字形者，有證字音者，此引易象傳説從艸麗之意也。他如蘇字之引夏書，刑字、相字、晉字、和字、葬字、庸字、𠫓字之引易，轡字之引詩，有字之引春秋傳，夊字之引孝經説，罔字之引孟子，易字之引秘書，畜字之引淮南王，公字之引韓非，皆説字形會意之恉，而學者多誤會。」倘爲許注淮南之言，許必不如此言之。且玄田之玄爲茲之半，許慎既録蓄字，豈能誤爲玄字？「玄田爲畜」爲淮南正文之語，而非許注無疑。又按：此文六畜，字本當作嘼，説文：「嘼，嘼牲也。」段玉裁云：「凡六畜當用此。」又云：「嘼，今多用畜者，俗書叚借而然。」

〔四〕【用韻】「畜、疇」覺幽通韻。

〔五〕【用韻】「麻、宜」歌部。

〔六〕【用韻】「穀、木」屋部。

〔七〕【高注】有核曰果，無核曰蓏。

〔八〕【高注】菜食曰疏，穀食曰食。

【版本】藏本注「菜」下「食」字作「疏」，景宋本作「食」，今據改，茅本、汪本、張本、黄本、莊本、集解本作「蔬」，王溥本、朱本同藏本。

【箋釋】劉家立云：「疏」字不從艸。禮記「嘉疏」，釋文：「疏，本又作蔬。」今本作「蔬」，非是。○于大成云：注「菜疏曰疏」，齊民要術種穀引作「菜食曰疏」，與下「穀食曰食」之注一例。○雙棣按：説文田部：「畜，田畜也。」段玉裁云：「田畜謂力田之蓄積也。」又艸部：「蓄，積也。」「畜」與「蓄」義近，「蓄」蓋「畜」之後起字。此「畜」當爲蓄積之義。又：吕氏春秋仲冬高注「疏食」曰：「草食曰疏食。」鄭玄月令注云：「草木之實爲疏食。」均與此注異。

〔九〕【高注】大者曰薪，小者曰蒸。

【用韻】「食、蒸」職蒸通韻。

〔一〇〕【高注】資，用。

〔一一〕【高注】轉，棄。

【箋釋】于大成云：逸周書大聚篇「陂溝道路，藂苴丘墳，不可樹穀者，樹以材木。春發枯槁，夏發葉榮，秋發實蔬，冬發薪烝，以匡窮乏。揖其民力，相更爲師。因其土宜，以爲民資。則生無乏用，死無傳尸」，淮南文所本也。

【用韻】「資、尸」脂部。

〔一二〕【高注】掩，猶盡也。

【箋釋】許建平云：掩、取對文，掩亦取也。説文：「揜，自關以東取曰揜。」方言卷六：「掩，取也。自關而東曰掩。」掩、揜同。廣雅釋詁上：「掩，取也。」禮記曲禮上「大夫不掩羣，士不取麛卵」，孔疏：「羣聚則多，不可掩取之。」掩取連文，王念孫廣雅疏證即以曲禮文爲例。

〔一三〕【高注】鹿子曰麛，麋子曰夭。

【箋釋】于大成云：國語魯語「獸長麑麇」，韋昭注「鹿子曰麑，麋子曰麇」與此文高注同。管子五行篇「不夭麑麇」，文選張平子西京賦「效獲麑麇」，「夭」字並作「麇」。高既訓爲「麋子」，恐本亦是「麇」字然亦可叚爲「夭」。王制作「不麛，不卵，不殺胎，不殀夭」，賈子禮篇作「不麛，不卵，不刳胎，不夭」。

〔一四〕【高注】涸澤，漉池。

【版本】藏本正文「涸」作「烝」，除葉本同藏本外，各本均作「涸」，今據改。

〔一五〕【高注】爲盡物也。

〔一六〕【高注】十月之時，豺殺獸，四面陳之，世謂之祭獸也。未祭獸，罝罘不得施也。

【箋釋】于大成云：「十月」當作「九月」，時則篇季秋之月「豺乃祭獸戮禽」，高彼注與注此文同，知「十月」是「九月」之誤。

〔一七〕【高注】獺，獱也。明堂月令：「孟春之月，獺祭魚。」獺取鯉，四面陳之水邊，世謂之祭魚。未祭不得捕也。

【版本】莊本、集解本注「取」上無「獺」字，景宋本、王溥本、朱本、葉本同藏本。

〔一八〕【高注】立秋鷹摯矣。未立秋，不得施下。雟或作隽。

【版本】王溥本注無「矣」字，「不」上有「綱羅」二字，「雟」作「鷹」，「隽」作「雋」。朱本注「矣」作「擊」，「下」作「網」，「雟」作「隼」，「隽」作「雟」。莊本注「下」作「也」。莊本、集解本注「雟」作「鷹」，「隽」作「雁」。景宋本、葉本皆同藏本。

【箋釋】雙棣按：「摯」時則篇同，高注以「摯擊」，是摯亦擊也。呂覽季夏作「鷙」，説文「鷙，擊殺鳥也」，亦取其擊殺義。摯、鷙字通。又注「雟或作隽」，當有誤。正文中無「雟」字，不當云「雟」。

或如朱本作「隼」。「隽」字與此文義不相關，或亦如朱本作「鵟」。「鵟」，字書所無，恐「隼」字之俗體。不敢輒斷，姑存待考。

〔一九〕【高注】九月草木節解，未解，不得伐山林也。

【箋釋】雙棣按：上文「布於野」、「入於水」、「張於谿谷」，動詞下皆有「於」字，此「入」字下似亦當有「於」字，文始一例。

〔二〇〕【高注】十月蟄蟲備藏，未蟄，不得用燒田也。

【箋釋】王念孫云：正文「燒」字，因注内「燒田」而衍。「不得以火田」，謂田獵不得用火。爾雅曰「火田爲狩」是也。高注「不得用燒田」，燒讀去聲，管子輕重甲篇「齊之北澤燒」，尹知章注曰「獵而行火曰燒，式照反」是也。燒字正釋火字，若云以火燒田，則不詞矣。王制及賈子容經篇並云「昆蟲未蟄，不以火田」。（説苑脩文篇同。）此即淮南所本。文子上仁篇亦作「不得以火田」。

【用韻】「林、田」侵真合韻。

〔二一〕【高注】皆爲盡物。

【箋釋】梁玉繩云：淮南諱長，「長尺」疑是「及尺」。

〔二二〕【高注】發，生。

〔二三〕【版本】王溥本、王鎣本、汪本、張本、吴本、黄本、莊本、集解本兩「歸之」作「之歸」，餘本同藏本。

王溥本、王鎣本、朱本、汪本、張本、吴本、黄本、莊本、集解本「原」作「泉」，餘本同藏本。

【箋釋】何寧云：兩「之歸」皆當作「歸之」，涉上句「草木之發」而誤倒也。鳥獸二句，承上「草木之發若蒸氣」言之。草木發，故鳥獸歸之也。非三句並列爲文。吕氏春秋功名篇：「樹木盛則飛鳥歸之，庶草茂則禽獸歸之。」此淮南所本。作「之歸」則知歸於何所矣。鈔宋本、道藏本皆作「歸之」，是其證。

〔二四〕【用韻】「原、雲」元文合韻，「氣、致」物質合韻。

〔二五〕【高注】立春之後，四海出雲。

【箋釋】陶方琦云：玉燭寶典先引高誘注云：「春分之後，四海出雲。」又引許慎注云：「四海雲至，二月也。」玉燭寶典乃隋時人著，高、許並列，信而有徵。○劉文典云：御覽九百二十二引注，「立春」作「春分」。○王叔岷云：齊民要術、玉燭寶典二引「政」並作「制」。

〔二六〕【高注】三月之時。

【箋釋】陶方琦云：玉燭寶典二引許注：「鵴降，三月也。」○劉文典云：御覽九百二十二引注，作「春分之後」。○王叔岷云：齊民要術、玉燭寶典二引「達」並作「通」。

〔二七〕【高注】十月之時。

【箋釋】陶方琦云：玉燭寶典十引許注：「陰降百泉，十月也。」○王叔岷云：齊民要術引許注亦作「陰降百泉，十月也」。

【用韻】「疆、粱」陽部。

〔二八〕【高注】三月昏，張星中於南方。張，南方朱鳥之宿也。

【版本】莊本、集解本注「於」作「于」。

【箋釋】陶方琦云：玉燭寶典三引許注：「大火昏中，三月也。」○劉文典云：御覽八百二十三引，「張」作「弧」。又引注，作「二月昏時，弧星中於南方，朱雀之宿也。」○王叔岷云：齊民要術引，「種」作「樹」。

〔二九〕【高注】大火，東方倉龍之宿。四月建巳，中在南方。菽，豆也。

【版本】王溥本、葉本、莊本、集解本注「倉」作「蒼」，景宋本、朱本同藏本。莊本、集解本注「在」在「四」上，景宋本、王溥本、朱本、葉本同藏本。

【箋釋】陶方琦云：玉燭寶典四引許注：「大火昏中，四月也。」○王叔岷云：齊民要術引注作「大火昏中，六月」。○于大成云：尚書大傳云「主夏者，火昏中可以種黍」，此文所本也。又玉燭寶典引此在孟夏，此文高注亦云「大火，東方蒼龍之宿，四月建巳，中在南方」，則所引許注作「四月」者，與高義合。齊民要術黍穄篇引尚書考靈曜云「夏火星昏中，可以種黍菽」，又引注云「火，東方蒼龍之宿，四月昏中在南方」，是鄭玄亦主四月也。然時則篇孟夏之月「招搖指巳，昏翼中」，高注云「翼，南方朱鳥之宿」，與此文注義不合。而季夏之月「昏心中」，高注云「心，東方蒼龍之宿也」，左氏襄九年傳謂「心爲大火」，則賈思勰引許注作「六月」者，亦爲有據。此文上下頗與時則異，顧氏廣圻校本于此文批云「注中星當再考時則」，是亦未能了然無所疑于心也。○雙棣按：莊本注移「在」於「四」字之上，誤。下文注云：「八月建酉，中於南方。」此「在」與彼「於」意同。

〔三〇〕【高注】虚，北方玄武之宿。八月建酉，中於南方也。

【版本】藏本「麥」誤作「麦」，除葉本同藏本外，各本均作「麥」，（蔣刊道藏輯要本亦作「麥」。）今據改。藏本注「北」誤作「能」，除葉本同藏本外，各本均作「北」，（蔣刊道藏輯要本亦作「北」。）今據改。

【箋釋】王叔岷云：齊民要術引許注云：「虚昏中，九月。」

〔三一〕【高注】昴星，西方白虎也。季秋之月，收斂畜積也。

【版本】莊本、集解本注「虎」下有「宿」字，景宋本、王溥本、朱本、葉本同藏本。

【箋釋】于大成云：齊民要術引注「白虎」下有「之宿」二字，依上文諸注當有。尚書大傳云「主冬者，昴昏中可以收斂」，淮南所本也。

〔三二〕【用韻】「穀、菽、麥、木」屋覺職合韻。

〔三三〕【用韻】「天、民」真部。

〔三四〕【高注】實，滿也。曠，空也。

【版本】王溥本、朱本、茅本、汪本、張本、吴本、黄本、莊本、集解本「于」作「於」，餘本同藏本。

〔三五〕【版本】藏本下「矣」字作「也」，王溥本、王鎣本、朱本、茅本、汪本、張本、黄本、莊本、集解本作「矣」，今據改，餘本同藏本。

【箋釋】于大成云：吕氏春秋應同篇曰「故堯爲善而衆善至，桀爲非而衆非來」，淮南所本也。

〔三六〕【高注】極，至。

【版本】王溥本、王鎣本、朱本、茅本、汪本、張本、黄本、莊本、集解本「即」作「則」，餘本同藏本。

【用韻】「來、極」之職通韻。

凡人之論，心欲小而志欲大，智欲員而行欲方，能欲多而事欲鮮。所謂心欲小者〔一〕，慮患未生，備禍未發，戒過慎微，不敢縱其欲也〔二〕。志欲大者，兼包萬國，一齊殊俗，并覆百姓，若合一族，是非輻湊，而爲之轂〔三〕。智欲員者，環復轉運，終始無端〔四〕，旁流四達，淵泉而不竭〔五〕，萬物並興，莫不嚮應也〔六〕。行欲方者，直立而不撓〔七〕，素白而不汙，窮不易操，通不肆志〔八〕。能欲多者，文武備具，動静中儀，舉動廢置，曲得其宜，無所擊戾，無不畢宜也〔九〕。事欲鮮者，執柄持術，得要以應衆，執約以治廣，處静持中〔一〇〕，運於璇樞，以一合萬，若合符者也〔一一〕。

故心小者禁於微也，志大者無不懷也〔一二〕，知員者無不知也，行方者有不爲也〔一三〕，能多者無不治也〔一四〕，事鮮者約所持也〔一五〕。

古者天子聽朝，公卿正諫〔一六〕，博士誦詩，瞽箴師誦，庶人傳語〔一七〕，史書其過，宰徹其膳〔一八〕。猶以爲未足也，故堯置敢諫之鼓〔一九〕，舜立誹謗之木〔二〇〕，湯有司直之人〔二一〕，武王立戒慎之鞀〔二二〕，過若毫氂而既已備之也〔二三〕。夫聖人之於善也，無小而不舉〔二四〕；其於過也，無微而不改〔二五〕。堯、舜、禹、湯、文、武王皆坦然天下而南面焉〔二六〕。當此之時，鼕鼓而食〔二七〕，奏雍而徹〔二八〕，已飯而祭竈，行不用巫祝〔二九〕，鬼神弗敢祟，山川弗敢禍，可謂至貴矣〔三〇〕。然而戰戰慄慄，日慎一日〔三一〕。由此觀之，則聖人之心小矣。詩云：「惟此文王，小心翼翼，昭事上帝，聿懷多福〔三二〕。」其斯之謂歟！

武王伐紂〔三三〕，發鉅橋之粟，散鹿臺之錢〔三四〕，封比干之墓〔三五〕，表商容之閭〔三六〕，朝成湯之廟〔三七〕，解箕子之囚〔三八〕，使各處其宅，田其田，無故無新，唯賢是親，用非其有，使非其人，晏然若故有之〔三九〕。由此觀之，則聖人之志大也〔四〇〕。

文王周觀得失，徧覽是非〔四一〕，堯舜所以昌、桀紂所以亡者，皆著於明堂〔四二〕，於是略智博聞，以應無方〔四三〕。由此觀之，則聖人之智員矣〔四四〕。

成康繼文武之業，守明堂之制，觀存亡之迹，見成敗之變，非道不言〔四五〕，非義不行〔四六〕，言不苟出，行不苟爲，擇善而後從事焉。由此觀之，則聖人之行方矣〔四七〕。

孔子之通，智過於萇弘，勇服於孟賁，足躡郊菟，力招城關，能亦多矣〔四八〕。然而勇力不聞〔四九〕，伎巧不知〔五〇〕，專行孝道〔五一〕，以成素王，事亦鮮矣〔五二〕。春秋二百四十二年，亡國五十二，弑君三十六，采善鉏醜，以成王道〔五三〕，論亦博矣。然而圍於匡，顔色不變，絃歌不輟〔五四〕，臨死亡之地，犯患難之危〔五五〕，據義行理而志不攝，分亦明矣〔五六〕。然爲魯司寇，聽獄必爲斷〔五七〕，作爲春秋，不道鬼神，不敢專己。夫聖人之智固已多矣，其所守者有約，故舉而必榮〔五八〕。愚人之智固已少矣，其所事者多〔五九〕，故動而必窮矣〔六〇〕。吴起、張儀，智不若孔、墨，而争萬乘之君，此其所以車裂支解也〔六一〕。

夫以正教化者易而必成，以邪巧世者難而必敗。凡將設行立趣於天下，捨其易成者〔六二〕，而從事難而必敗者，愚惑之所致也。

凡此六反者，不可不察也〔六三〕。

校釋

〔一〕【版本】藏本「謂」作「以」，景宋本作「謂」，今據改，餘本同藏本。

【箋釋】何寧云：所以心欲小者，「以」當作「謂」，下文對「心欲小」、「志欲大」、「智欲員」、「行欲方」、「能欲多」、「事欲鮮」六論，皆釋「所謂」，而非釋「所以」，作「所以」則非其指矣。文子微明篇作「所謂」，鈔宋本正作「所謂」。

〔二〕【高注】詩云：「惟此文王，小心翼翼，昭事上帝，聿懷多福。」此之謂也。

【箋釋】雙棣按：注引詩見大雅大明。

〔三〕【高注】轂，以諭王。

【箋釋】莊逵吉云：「不穀」之訓，古皆云「穀，善」。錢别駕云：道德經「侯王自稱孤、寡、不穀」，河上本作「轂」，注云：「不轂，不爲輻所湊也。」又别一解，與此「轂以諭王」之注正同。知古兩義並有，後人但識穀善，而不知有輻轂之訓矣。◯于大成云：「轂」下當有「也」字，迺與上下文一例。◯雙棣按：「不穀」之訓當以此爲正，「穀」爲「轂」之借字。所謂「不轂」者，言君主不能如車轂得輻湊然得民之擁戴，故爲君主之謙稱。

【用韻】「俗、族、轂」屋部。

〔四〕【高注】若順連環，故曰無端。

【箋釋】楊樹達云：「轉運」疑當作「運轉」，與端爲韻。上文俗、族、穀爲韻，下文達、竭爲韻，興、應爲韻，知此二句當有韻也。

【用韻】「運、端」文元合韻。

〔五〕【用韻】「達、竭」月部。

〔六〕【高注】應，和。

【用韻】「興、應」蒸部。

〔七〕【高注】撓，弱曲也。

【版本】景宋本正文及注「撓」作「橈」，餘本同藏本。

〔八〕【高注】肆，放。

【用韻】「撓、操」宵部。

〔九〕【高注】擊，掌也。戾，破也。

【版本】藏本「戾」作「废」，各本均作「戾」，（蔣刊道藏輯要本亦作「戾」。）今據改。景宋本「無不」作「莫不」，餘本同藏本。莊本、集解本此注在上文「擊戾」下，景宋本、王溥本、朱本、葉本同藏本。藏本注「戾」誤作「失」，景宋本、王溥本、朱本、莊本、集解本作「戾」，今據改，葉本同藏本。

【箋釋】洪頤煊云：荀子脩身篇：「行而俯項，非擊戾也。」尚書益稷「戛擊鳴球」，文選長楊賦作拮隔。韋昭曰：「古文隔爲擊。」「擊戾」即隔背，高注非。〇吴承仕云：泰族篇「天地之間，無所繫戾」，俞樾云：「繫當爲擊。主術作『無所擊戾』是也。擊戾猶拂戾，擊者毄之假字。」荀子修身篇「行而俯項，非擊戾也」，王念孫曰：「擊戾，謂有所抵觸，行而俯項。非擊戾也，謂非懼其有所抵觸而俯項以避之也。」案：王、俞説並非也。荀子、淮南「擊戾」字，並當依泰族篇作「繫戾」。此注云：「擊，掌也」，當作「繫，攣也」。俱因形近致譌。漢書敘傳「既繫攣於世教矣」，繫攣義同，故此注以攣釋繫。吕氏春秋本生篇「能養天之所生而勿攖之」，注云：「攖，戾也。」莊子大宗師「其名爲攖寧」，釋文引崔譔云：「攖，有所繫著也。」攖訓戾，亦訓繫著，可知繫戾義同，得爲連語，蓋「繫戾」云者，拘牽乖剌之稱。故荀子言「行而俯項，非繫戾也。視而先俯，非恐懼也」，意謂恭敬謙下，發乎自然。行而俯項，非因脊吕有拘攣之疾；視而先俯，非因中心有恐懼之事。楊倞釋「繫戾」爲項曲戾不能仰，説義甚精。然則楊倞所見荀子，自作「繫」不作「擊」矣。淮南兩言「繫戾」，義與荀子無異。王、俞改「繫」爲「擊」，轉近迂闊。又案：注「戾，破也」，亦不應雅詁，疑當作「戾，反也」。覽冥篇「舉事戾蒼天」，注云：「戾，反也。」是其證。「反」譌作「皮」，（皮、反互錯之例，見經籍舊音辯證。）校者以「皮」字不可通，遂臆改爲「破」。○馬宗霍云：本文之「擊戾」，蓋當取義於乖隔。無所擊戾者，猶言無所乖隔也。乖隔則不入。無所乖隔，亦即無所不合也。○王叔岷云：「舉動」本作「舉措」，涉上句「動静中儀」而誤也。文子微明篇正作「舉措」。○何寧與王説同，云：廣韻：「措，舉也。」上句動静正反相對，此「舉措」與「廢置」亦正反相對，作「動」則非其義也。

【用韻】「儀、宜、宜」歌部。

〔一〇〕【箋釋】俞樾云：文子微明篇作「處静以持躁」，當從之。静、躁對文，與上文「得要以應衆，執約以治廣」文義一律。

【用韻】「衆、中」冬部。

〔一一〕【高注】符，約。

【版本】景宋本「璇」作「琁」，王溥本、王鎣本、汪本、吴本作「旋」，餘本同藏本。

【用韻】「樞、符」侯部。

〔一二〕【高注】多所容也。

【用韻】「微、懷」微部。

〔一三〕【高注】非正道不爲也。

【用韻】「知、爲」支歌合韻。

〔一四〕【高注】治，猶作也。

〔一五〕【高注】約，要。

【用韻】「治、持」之部。

〔一六〕【箋釋】雙棣按：國語周語云：「使公卿至於列士獻詩，瞽獻曲，史獻書，師箴，瞍賦，矇誦，百工諫。」呂氏春秋達鬱云：「是故天子聽政，使公卿列士正諫，好學博聞獻詩，矇箴師誦，庶人傳語，近臣盡規，親戚補察，而後王斟酌焉。」淮南此下數語蓋本之周語、呂覽。又按：馬敘倫云：「正爲証之省，説文：『証，諫也。』」

〔一七〕【箋釋】雙棣按：高此處無注，呂覽達鬱注云：「庶人，無官者，不得見王，故傳語，因人以通。」可補此。

〔一八〕【箋釋】雙棣按：説文：「徹，通也。」甲骨文字作「𢼊」，羅振玉云：「此從鬲從又，象手執鬲之形，蓋食畢而徹去之。卒食之徹，乃本義，訓通者，借義也。」羅説是，此處正用本義。

〔一九〕【高注】欲諫者，擊其鼓。

【版本】藏本「鼓」下有「也」字，王溥本、王鎣本、茅本、汪本、張本、吴本、黄本、莊本、集解本無，今據删，餘本同藏本。

【箋釋】吕傳元云：高注「欲諫者擊其鼓」，是正文本作「欲」，羣書治要引正作「欲」。吕氏春秋自知篇云「堯有欲諫之鼓」，鄧析子轉辭篇「堯置欲諫之鼓」，御覽皇王部二、文選天監三年策秀才文注引並作「欲」，是其證。○蔣維喬、馬宗霍與吕説同。○許維遹、陳奇猷、于大成謂此不誤，吕覽自知篇「欲」字當據此訂正。

〔二〇〕【高注】書其善否於表木也。

【用韻】「足、木」屋部。

〔二一〕【高注】司直，官名，不曲也。

【箋釋】于鬯云：吕氏春秋自知論作「湯有司過之士」。「直」作「過」，似勝。○雙棣按：高注司直爲官名，恐不妥。武帝元狩五年始置司直之官，湯何有此官？詩鄭風羔裘「彼其之子，邦之司直」，鄭箋：「司，主。」孔疏：「是子一邦之人主以爲直。」此司直非官名明矣。高後注吕覽云：「司，主也。直，（依王念孫校改。）正。」蓋已察其誤。

〔二二〕【高注】欲戒君令慎疑者，摇鞀鼓。

【版本】景宋本注「摇」作「榣」，餘本同藏本。

【箋釋】劉文典云：治要「立」作「有」，「鞀」作「銘」。○王叔岷云：玉海引「立」亦作「有」，吕氏春秋自知篇、鄧析子轉辭篇並同。鄧析子「鞀」亦作「銘」。○于大成云：御覽五百九十引太公金匱「武王曰：吾隨師尚父之言，因爲慎書銘，隨身自誡」云云，大戴禮武王踐祚亦載師尚父以丹書之言告武王，王聞書之言，惕然若恐懼，而爲誡書於席、於几、於鑑、於盥盤、於楹、於劍、於弓、於矛皆爲銘焉，是鄧析子及治要引淮南作「銘」者，固爲有據，然高注既明云「摇鞀鼓」，又淮南此文本於吕氏，彼文及高注與此同，是高本自作「鞀」可知。竊以爲此文許、高二本當有異同，許本作「武王有戒慎之銘」，與鄧析子同，治要所引是也。高本作「武王有戒慎之鞀」，與吕氏春秋同，今本是也。○雙棣按：説文：「榣，樹動也。」「摇，動也。」「榣」實爲樹木摇動之專字，此處當以「摇」爲正。

〔二三〕【高注】備，具也。

〔二四〕【高注】舉，用。

〔二五〕【高注】改，更。

【用韻】「善、過」元歌通韻，「舉、改」魚之合韻。

〔二六〕【高注】背屏而朝諸侯。

【版本】王溥本、王鎣本、汪本、張本、吴本、黄本、莊本、集解本無「王」字，餘本同藏本。景宋本無「文」字。

【箋釋】王念孫云：次句當作「皆坦然南面而王天下焉」。今本顛倒，不成文理。劉本删去「王」字尤非，莊本同。○顧廣圻云：宋本作「堯舜禹湯武」，各本「武」上有「文」字，非。「禹」字疑當作「與」，上文但有「堯舜湯武」而無「禹」也。○王引之云：「禹」衍字，後人習聞「堯舜禹湯」而誤增之也。呂氏春秋自知篇作「堯舜湯武」，是其證。○蔣禮鴻云：注「背屏而朝諸侯」於正文無見，此六字乃正文誤作注文耳。當讀「皆坦然南面而王天下」句，「焉背扆而朝諸侯」句，兩句文正相對，「焉」者，於是也。屏爲扆形近之誤。禮記明堂位篇：「天子負斧依南鄉而立。」釋文：「依本又作扆。」是也。

〔二七〕【高注】鼛鼓，王者之食樂也。詩云：「鼓鍾伐鼛。」

【版本】藏本注「鼛」作「磬」，景宋本、朱本、莊本、集解本作「鼛」，今據改，王溥本、葉本同藏本。

【箋釋】王念孫云：鼛鼓而食，當爲「伐鼛而食」，今作「鼛鼓」者，涉注文而誤也。周官大司樂曰：「王大食三侑，皆令奏鍾鼓。」奏鍾鼓而食，故曰伐鼛而食。高注引詩「鼓鍾伐鼛」，正釋伐鼛二字之義，若云鼛鼓而食，則文不成義矣。且伐鼛而食，奏雍而徹，相對爲文。荀子正論篇曰：「曼而饋，伐皋而食，（今本伐誤作代，辯見荀子。皋與鼛同，考工記「韗人爲皋鼓」是也。）雍而徹乎五祀。」即淮南所本也。玉海音樂部樂器類引此正作「伐鼛而食」。○雙棣按：王説是也，然則高注「鼛鼓，王者之食樂也」，「鼓」上應有「大」字，詩大雅緜毛傳及説文並云：「鼛，大鼓。」注引詩見小雅鼓鍾。

〔二八〕【高注】雍，已食之樂也。

〔二九〕【高注】言其率德蹈正，無求於神。

【版本】汪本、張本、莊本、集解本注「正」作「政」，景宋本、王溥本、朱本、茅本、葉本同藏本。

【箋釋】劉台拱荀子正論篇補注云：「徹乎五祀」，謂徹於竈也。周禮膳夫職云：「王卒食以樂徹於造。」淮南主術訓云：「奏雍而徹，已飯而祭竈。」蓋徹饌而設之於竈若祭然，天子之禮也。然行造、竈古通。○于鬯云：王雜志標此文「已飯而祭竈」句絶，則「行」字屬「不用巫祝」讀。然行不用巫祝，義不明，似不若「竈行」連讀。時則訓「其祀井」，高注云：「井或爲行。」案：作行，與小戴月令記、呂氏春秋孟冬紀合。此行字即彼行字也。荀子正論篇云：「代睪而食，雍而徹乎五祀。」即此上文「鼛鼓而食，奏雍而徹」。而彼接言五祀，明此不得專言祭竈矣。竈也，行也，並五祀之一。云祭竈、行，舉二以晐三也。○吴承仕云：朱本「蹈政」作「蹈正」，是也。

〔三〇〕【高注】至德之可貴也。

【用韻】「祟、貴」物部。

〔三一〕【用韻】「慄、日」質部。

〔三二〕【箋釋】于大成云：此大雅大明之詩。

【用韻】「翼、福」職部。

〔三三〕【箋釋】王念孫云：「伐紂」本作「克殷」，此後人妄改之也。（下文「解箕子之囚」，高注「武王伐紂，赦其囚執」，「伐紂」二字亦後人所加。）下文所述六事，皆在克殷以後。若改克殷爲伐紂，則自孟津觀兵以後，皆是伐紂之事，與下文不合矣。羣書治要引此，正作「武王克殷」。齊俗篇「昔武王執戈秉鉞以伐紂勝殷」，亦多「伐紂」二字，詳該條。○雙棣按：王説是。淮南以下數句，本之尚書武成及吕氏春秋慎大篇。吕覽作「武王勝殷」。

〔三四〕【高注】鉅橋，紂倉名也。一説：鉅鹿漕運之橋粟。鹿臺，紂錢藏府所積也。武王發散以賑疲民。

【版本】王溥本、王鎣本、吴本「錢」作「財」，餘本同藏本。莊本、集解本注「之橋」下無「粟」字，景宋本、王溥本、茅本、葉本、汪本同藏本。

【箋釋】陶方琦云：史記集解三、漢書張良傳注、後漢地理志引許注「鉅鹿之大橋有漕粟也」。按：高注所云一説即是許義，與集解、漢書注引合。水經注十引許慎曰「鉅鹿水之大橋也」，亦即此注。吕氏春秋慎大高注「巨橋，紂倉名。」與此注前一説正同。○吴承仕云：注云「鹿臺，紂錢藏府所積也」，文不成義。吕氏春秋慎大覽注云「鹿臺，紂錢府」是也。疑此文當作「鹿臺，紂錢府，藏府所積，武王發散以振疲民」。注先釋鉅橋鹿臺之名，次總説發散錢粟之事。○雙棣按：陶引後漢地理志引許注云，實爲郡國志注引許慎云，且無「有漕粟」三字。

〔三五〕【高注】比干，紂諸父也。諫紂之非，紂殺之。故武王封崇其墓，以旌仁也。

〔三六〕【高注】商容，殷之賢人，老子師，故表顯其里。繆稱篇又云：「老子業於商容，見舌而知守柔矣。」是也。

【箋釋】梁玉繩云：此與吕氏春秋慎大、離謂篇注同，高氏之謬也。商容，殷末也，而孔子並老子時，安得師之？蓋因繆稱訓「老子學商容」一語而誤。考文子上德篇曰：「老子學於常樅。」（説苑敬慎作「摐」，漢書藝文志作「從」。）即淮南之商容，聲相近也。古有容成氏，本經注既誤爲黄帝時造歷之容成，莊子則陽釋文又誤爲老子師，何不檢勘如是？管子小匡篇「商容處宋」，則是别一同姓名者。○宋翔鳳云：老子不能與商容相接，商容即殷禮。○陶方琦云：世説新語一引許注：「商容，殷之賢人，老子師。」按：此許注羼入高注中，故同。蘇氏淮南子敘云「高氏注每篇下皆曰訓」，今本皆用高氏，故皆稱訓，茲所曰穆稱篇，「穆、繆」古通，稱篇乃許氏之本也，繆稱篇許注亦云：「商容，賢人也。」○雙棣按：吕氏春秋慎大、離謂二篇高誘注與此注同，可知此注並非如陶氏説乃許注之羼入者，蓋許、高二氏並本淮南繆稱爲説。然此説之不確，梁、宋已辯之矣。

【用韻】「墓、閭」鐸魚通韻。

〔三七〕【版本】王溥本注「宗」作「崇」。

【高注】成湯，殷受命之王。言聖人以類相宗。

〔三八〕【高注】箕子，紂之庶兄。論語云「箕子爲之奴」。武王伐紂，赦其囚執，問以洪範，封之於朝鮮也。

【版本】王溥本注「赦」下「其」字作「箕子之」三字。

【箋釋】雙棣按：吕氏春秋必己篇、離謂篇注並云：「箕子，紂之庶父也。」與此言庶兄異。史記殷本紀云：「紂剖比干觀其心，箕子懼，乃詳狂爲奴，紂又囚之。」故有武王解箕子之囚。吕覽「解箕子之囚」作「靖箕子之宫」，道應篇作「柴箕子之門」。注引論語見微子篇。

【用韻】「廟、囚」宵幽合韻。

〔三九〕【用韻】「田、新、親、人」真部。

〔四〇〕【箋釋】劉文典云：「則聖人之志大也」，與上文「則聖人之心小矣」，下文「則聖人之智員矣」，「則聖人之行方矣」不一律，「也」當作「矣」。治要引，正作「即聖人之志大矣」。

【用韻】「觀、大」元月通韻。

〔四一〕【版本】葉本、莊本「周」下衍「公」字，餘本均同藏本。

〔四二〕【高注】著，猶圖也。

【箋釋】王叔岷云：治要引「著」下有「之」字。

〔四三〕【版本】王溥本、王鎣本、汪本、張本、吴本、黄本、莊本、集解本「聞」作「問」，餘本同藏本。

【箋釋】馬宗霍云：方言云：「略，求也。就室曰搜，於道曰略。略，强取也。」本文略智與博問爲對。墨子經説上云：「智也者，所以知也。」然則「略智」猶言廣求其知也。

【用韻】「昌、亡、堂、方」陽部。

〔四四〕【用韻】「觀、員」元文合韻。

〔四五〕【高注】非聖人之意不敢言。

〔四六〕【版本】王溥本注「聖人」作「先王」。

〔四七〕【高注】非仁義不敢履行也。

〔四八〕【用韻】「觀、方」元陽合韻。

【高注】萇弘，周大夫，敬王臣也，號知天道。孟賁，勇士也。孔子皆能。招，舉也。以一手招城門關端能舉之。故曰亦能多也。

【版本】藏本注「天」作「夫」，景宋本作「天」，今據改，王溥本、朱本、葉本同藏本，餘本作「大」。朱本注「孔子皆能」作「菟新生草」，「故曰亦能多也」作「孔子皆能之也」。王溥本注「孔子皆能」四字在下文「舉之」之下。

【箋釋】畢沅云：此殆即孔子之父事也。左氏襄十年傳：「偪陽人啟門，諸侯之士門焉，縣門發，郰人紇抉之以出門者。」非孔子也。○洪頤煊云：墨子非儒下篇：「孔子爲魯司寇，舍公家而於季孫，季孫相魯君而走，季孫與邑人争門關，決植。」吕氏春秋慎大篇、列子説符篇皆言此事。或説即左傳郰人紇事，是孔子之父，非是。○徐時棟云：此説恐是因聖父之事而附會之者，列子云「孔子勁能招國門之關，而不肯以力聞」，吕覽亦曰「孔子之勁，舉國門之關而不肯以力聞」，是皆淮南所本者。然此事非實。蓋因聖父之事而誤傳者，乃墨翟即以此事誣孔子，謂季孫爭門鬬，孔子決植而縱之，以爲是舍公家而奉季孫，正猶誣孔子之荊與於白公之亂，而不知白公作亂之時，孔子卒已十旬也。○陶方琦云：羣書治要引許注：「萇弘，周景王之史，行通天下鬼方之術也。」按：春秋文曜鉤云：「高辛受命，重黎説天，成周改號，萇弘分官。」又羣書治要、後漢書鄭太傳注引許注：「孟賁，衛人。」按：漢書淮南王傳「奮諸、賁之勇」，應劭曰：「吴專諸，衛孟賁也。」與許説同。○吴承仕云：朱本近之，莊本尤非也。號知大道，「大」當作「天」。萇弘多言天道，事見左氏内外傳。呂氏春秋必已篇注云「萇弘，周大夫，號知天道」是也。景宋本注正作「天道」，不誤。此一事也。足躡郊菟者，蓋言孔子善走，奔及良馬也。古多稱良馬爲菟。廣韻注：「騛菟，馬而菟走也。」飛菟、白菟、郊菟，同爲良馬之名。（郊菟，御覽三百八十六引作「狡菟」，「郊、狡」聲近通借。）注當云：「郊菟，新生草駒。」朱本誤奪「駒」字，其義難憭。脩務篇：「夫馬之爲草駒之時，跳躍揚蹄，翹尾而走，人不能制。」注：「馬五尺以下爲駒。放在草中，故曰草駒。」齊俗篇注云：「騕褭，良馬，其子飛菟，皆一日萬里。」飛菟爲良馬之子，故此注以新生草駒釋郊菟，正與齊俗、脩務説應。本或誤奪「駒」，淺人遂併「菟新生草」四字而妄删之，不有朱本殘闕之文，則郊菟之説，終莫能明也。（記内則：「堇荁枌榆免薧滫瀡以滑之。」鄭注云：「免，新生者。薧，乾也。」釋文云：「免，音問，新生曰免。」菟亦作脕。詩采薇「薇亦柔止」，傳云：「柔，始生也。」鄭箋云：「柔，謂脃脕之時。」今案婦容曰娩，生子齊均曰嬔。字從免聲者，自有始生柔脃之義，不必專指菜言。疑内則舊本，「免」字或著艸形，以與薧字相配。故廣韻云：「菟，亡運反，新生草也。」今朱本作「新生草」，似亦讀從免聲，説義與廣韻注同。然以是相證，則足躡郊菟，竟是何意，更不可説。或謂舊本淮南元無此注，後人取廣韻補注之，故不相應。此説亦非。明人所刊淮南，於舊有注文，妄有删削，至於增補異義，則絶無其事，以廣韻校書，更非明人所能爲也。愚意淮南此注，當是説馬，不關内則枌榆免薨之義。）此二事也。吕氏春秋慎大篇注云：「孔子以一手捉城關，顯而舉之。」畢沅云：「顯疑作翹。」然顯翹形聲俱不相近，無緣致誤。此注既以舉訓招，下文復云，以一手招城門關，端而舉之。招舉並稱，於義爲複。疑此注當云：「以一手捉城門關，揣而舉之。」與吕氏注文正同。漢書賈誼傳：「何足控揣。」孟康曰：「揣，持也。」是其證。此三事也。總上三事，略正注文於下，曰：「萇弘，周大夫，敬王臣，號知天道。孟賁，勇士也。郊菟，新生草駒。招，舉也，以一手捉城門關，端（讀爲揣）而舉之。孔子皆能之，故曰能亦多矣。」〇楊樹達云：「郊」當讀爲「狡」。又道應篇云：「孔子勁杓國門之關。」許注云：「杓，引也。古者縣門下，從上杓引之者難也。」二篇事同字異，當緣許、高二本之殊，然招從召聲，杓從勺聲，召聲、勺聲之字古可通作。詩大雅大明箋云：「徵應炤晢見於天。」釋文云：「炤本作灼。」又古射的謂之的。詩云「發彼有的」是也。又謂之招，吕氏春秋别類篇云：「射招者欲其中小也。」高注云：「招，埻的也。」又本生篇云：「共射其一招。」高注云：「招，埻埶也。」此皆召聲、勺聲相通之證。然則字雖異而義實同也。至高訓招爲舉，許訓杓爲引，各依文爲釋，其解城門之關亦互殊。高注：「城門關端。」似以關爲扃門横木。許則釋之與襄公十年左傳「縣門發，郰人紇抉之以出門者」相同。然叔梁紇爲孔子之父，孔子多力招關事，疑以父事而誤傳也。

〔四九〕【高注】人不聞其爲勇力也。

〔五〇〕【高注】人不知其有伎巧也。

〔五一〕【版本】藏本注「也」作「者」，王溥本、莊本、集解本作「也」，今據改，景宋本、朱本同藏本。【版本】王鎣本、汪本、張本、黄本、莊本、集解本「孝」作「教」，餘本同藏本。

〔五二〕【箋釋】劉文典云：治要引「教」作「孝」。〇王叔岷云：「孝」當爲「孞」，「教」亦从「孞」會意，「孞」與「孝」音義各殊，古籍中往往相溷。此「孞道」與「教道」同。（道讀爲導。）

〔五三〕【箋釋】于大成云：「素王」一名，最早見於莊子。天道篇云「夫虚静恬淡，寂漠無爲者，萬物之本也。以此處上，帝王天子之德也；以此處下，玄聖素王之道也」。又見於賈子，過秦論下云「諸侯起於匹夫以利會，非有素王之行也」，皆泛指有德無位窮居在下者。其以素王專屬孔子，當以淮南此語始。厥後説苑貴德篇、家語本姓解、杜預左傳序並以孔子爲素王矣。

〔五三〕【用韻】「多、鮮」歌元通韻。

〔五三〕【用韻】「醜、道」幽部。

〔五四〕【高注】匡，宋邑也。今陳留襄邑西匡亭是也。孔子曰：「天生德於予」，「匡人其如予何」？故顔色不變，絃歌不止也。

【版本】藏本注「陳」下脱「留」字，莊本、集解本有，今據補，景宋本、王溥本、朱本同藏本。

【箋釋】雙棣按：注引孔子曰見論語述而、子罕。述而曰：「天生德於予，桓魋其如予何？」子罕曰：「天之未喪斯文也，匡人其如予何？」高氏混而用之。

〔五五〕【用韻】「變、輟」元月通韻。

【用韻】「地、危」歌部。

〔五六〕【高注】犯，猶遭。攝，猶懼。

【版本】景宋本、王鎣本、汪本、張本、黄本、莊本、集解本正文及注「攝」作「懾」，餘本同藏本。

【箋釋】雙棣按：攝、懾字通。王引之云「凡懼謂之懾，使人懼亦謂之懾，字通作攝」。朱駿聲云：「攝，假借爲懾。左傳襄公十一年：『不然，則武震以攝威之。』」

【用韻】「博、明」鐸陽通韻。

〔五七〕【高注】爲魯定公司寇。

【版本】王溥本、王鎣本、朱本（挖補）、吴本「然」下有「而」字，餘本同藏本。

【箋釋】劉台拱云：「爲斷」當作「師斷」。説苑至公篇「孔子爲魯司寇，聽獄必師斷」，師，衆也。與衆共之，不獨斷也。

〔五八〕【版本】茅本、汪本、張本、吴本、黄本、莊本無「有」字，餘本同藏本。

〔五九〕【箋釋】王念孫云：其所事者多，「多」上亦當有「有」字。其所守者有多，其所事者有約，兩「有」

字皆讀爲「又」，「又」與「固已」文義相承。羣書治要引此，正作「其所事者又多」。（荀子王霸篇引孔子曰：「知者之知，固已多矣，有以守少，能無察乎？愚者之知，固已少矣，有以守多，能無狂乎？」此即淮南所本。○王叔岷云：王説是也。文子微明篇作「而所爲之事又多」，亦其證。

〔六〇〕【用韻】「榮、窮」耕冬合韻。

〔六一〕【箋釋】于鬯云：張儀不聞車裂支解，若改作蘇秦，則合矣。又案：繆稱篇云「商鞅立法而支解，吴起刻削而車裂」，此張儀恐本作商鞅。○楊樹達云：張儀乃蘇秦之誤。○王叔岷云：張儀支解之説，他書無徵。疑張儀本作商鞅。

〔六二〕【箋釋】王念孫云：捨其易成者，當作捨其易而必成者，今本脱「而必」二字，則與上文不合。文子微明篇正作「捨其易而必成」。○陳昌齊與王説同。

〔六三〕【高注】六反，謂孔、墨、萇弘、孟賁、吴起、張儀也。其行相反，故曰六反也。

【箋釋】俞樾云：高注大謬。上文雖有此六人，然非舉以相較。萇弘、孟賁，不過謂孔子之智勇過此二人耳，初非言其相反也。六反者，即上文所謂「心欲小而志欲大，智欲員而行欲方，能欲多而事欲鮮」也。小與大反，員與方反，多與鮮反，是謂六反。

【用韻】「反、察」元月通韻。

偏知萬物而不知人道，不可謂智；偏愛群生而不愛人類，不可謂仁〔一〕。仁者愛其類也，智者不可惑也〔二〕。仁者雖在斷割之中，其所不忍之色可見也〔三〕。智者雖遇煩難之事〔四〕，其不闇之效可見也。内恕反情，心之所欲，其不加諸人〔五〕，由近知遠，由己知人，此仁智之所合而行也〔六〕。小有教而大有存也，小有誅而大有寧也〔七〕，唯惻隱推而行之，此智者之所獨斷也〔八〕。故仁智錯，有時合〔九〕，合者爲正，錯者爲權，其義一也。府吏守法，君子制義，法而無義，亦府吏也，不足以爲政〔一〇〕。

耕之爲事也勞，織之爲事也擾，擾勞之事，而民不舍者〔一一〕，知其可以衣食也〔一二〕。人之情不能無衣食，衣食之道必始於耕織〔一三〕，萬民之所容見也〔一四〕。物之若耕織者始初甚勞終必利也衆，愚人之所見者寡；事可權者多，愚之所權者少，此愚者之所以多患也〔一五〕。物之可備者，智者盡備之〔一六〕，可權者盡權之〔一七〕，此智者所以寡患也〔一八〕。

故智者先忤而後合〔一九〕，愚者始於樂而終於哀。今日何爲而榮乎，旦日何爲而義乎？此易言也。今日何爲而義，旦日何爲而榮，此難知也〔二〇〕。問瞽師曰：「白素何如？」曰：「縞然。」曰：「黑何若？」曰：「黮然。」援白黑而示之，則不處焉〔二一〕。人之視白黑以目，言白黑以口，瞽師有以言白黑，無以知白黑，故言白黑與人同，其別白黑與人異〔二二〕。入孝於親，出忠於君〔二三〕，無愚智賢不肖皆知其爲義也，使陳忠孝行而知所出者鮮矣〔二四〕。凡人思慮莫不先以爲可而後行之，其是或非，此愚知之所以異〔二五〕。

凡人之性〔二六〕，莫貴於仁，莫急於智。仁以爲質，知以行之。兩者爲本，而加之以勇力、辯慧、捷疾、劬録〔二七〕、巧敏、遲利〔二八〕、聰明、審察，盡衆益也。身材未脩，伎藝曲備，而無仁智以爲表幹，而加之以衆美，則益其損〔二九〕。故不仁而有勇力果敢，則狂而操利劍〔三〇〕；不智而辯慧懷給，則棄驥而不式〔三一〕。雖有材能，其施之不當，其處之不宜，適足以輔僞飾非。伎藝之衆，不如其寡也。故有野心者，不可借便勢〔三二〕；有愚質者，不可與利器〔三三〕。

魚得水而游焉則樂，塘決水涸，則爲螻蟻所食〔三四〕。有掌脩其隄防，補其缺漏，則魚得而利之〔三五〕。國有以存，人有以生〔三六〕。國之所以存者，仁義是也。人之所以生者，行善是也〔三七〕。國無義，雖大必亡〔三八〕；人無善志，雖勇必傷〔三九〕。治國上使不得與焉〔四〇〕。孝於父母，弟於兄嫂，信於朋友〔四一〕，不得上令而可得爲也。釋己之所得爲，而責于其所不得制〔四二〕，悖矣！士處卑隱，欲上達，必先反諸己。上達有道，名譽不起而不能上達矣。取譽有道，不信於友，不能得譽〔四三〕。信於友有道，事親不説，不信於友〔四四〕。説親有道，修身不誠，不能事親矣〔四五〕。誠身有道，心不專一，不能專誠〔四六〕。道在易而求之難〔四七〕，驗在近而求之遠，故弗得也〔四八〕。

校釋

〔一〕【版本】王鎣本、朱本、葉本、汪本、張本、黄本、莊本、集解本兩「偏」字作「徧」，餘本同藏本。

【箋釋】雙棣按：「偏」與「徧」通。

〔二〕【用韻】「類、惑」物職合韻。

〔三〕【高注】不忍斷割之色見於顔色也。

【版本】藏本注「忍」下有「智」字，王溥本無，今據删，朱本「智」作「其」，莊本作「于」，景宋本、集解本同藏本。

〔四〕【箋釋】楊樹達云：「所」字疑衍。○于大成云：人間篇曰「子發爲上蔡令，民有罪當刑，獄斷論定，決於令尹前，子發喟然有悽愴之心」，可爲此文注脚。○何寧與楊説同。

〔五〕【版本】藏本「雖」下無「遇」字，王溥本、王鎣本、朱本（挖補）、吴本有，今據補，餘本同藏本。

【箋釋】陳昌齊云：「心之所欲，其不加諸人」，據文意，當作「心之所不欲，不加諸人」。○楊樹達與陳説同。

〔六〕【版本】藏本「智」上「仁」字作「人」，王溥本、王鎣本、朱本、茅本、汪本、張本、黄本、吴本、莊本、集解本作「仁」，今據改，餘本同藏本。

【用韻】「遠、行」元陽合韻。

〔七〕【高注】小教之以正，故大有存也；小責之以義，故大有寧也。非正則不存，非義則不寧也。

【版本】藏本注「責」上「小」字作「少」，王溥本、朱本、茅本、汪本、莊本、集解本作「小」，今據改，景宋本、葉本同藏本。

【箋釋】于鬯云：上文「所持甚小，其存甚大」，王雜志謂「其存甚大」，本作「所任甚大」，「任」誤爲「在」，後人因改爲「存」。然以此文例之彼，則彼「存」字亦不定是誤，儻以王彼校例此，則此「存」字亦當作「任」矣。

〔八〕【用韻】「行、斷」陽元合韻。

〔九〕【箋釋】王念孫云：「故仁智錯，有時合」，當作「故仁智有時錯，有時合」。○吕傳元云：此當作「有時錯合」，不煩增「有時」二字。

〔一〇〕【箋釋】孫詒讓云：「吏」並當爲「史」，形之誤也。周禮諸官皆有府史胥徒，鄭注云「府治藏，史掌書」者，凡府史，皆其官長所自辟除。

〔一一〕【用韻】「勞、擾」宵幽合韻，「事、舍」之魚合韻。

〔一二〕【箋釋】于大成云：韓子五蠹篇曰「夫耕之用力也勞，而民爲之者，曰可得以富也；戰之爲事也危，而民爲之者，曰可得以貴也」，爲此文所本。

〔一三〕【用韻】「食、織」職部。

〔一四〕【版本】王溥本、王鎣本、朱本、茅本、汪本、張本、吴本、黄本、莊本、集解本「容」作「公」，景宋本、葉本同藏本。

【箋釋】王念孫云：容與公，古字通。劉本改作「公」，莊從劉本非。

〔一五〕【版本】藏本「所」下無「以」字，朱本、吴本有，今據補。王溥本、王鎣本有「以」字無「所」字。朱本「所」上無「之」字。藏本「患」下無「也」字，景宋本、王溥本、王鎣本、朱本（挖補）、汪本、張本、吴本、黄本、莊本、集解本有，今據補。茅本、葉本同藏本。

【箋釋】王念孫云：「事可權者多」二句，當作「事之可權者多，（對上文「物之若耕織者始初甚勞終必利也衆」。）愚人之所權者少。（對上文「愚人之所見者寡」。）」各本脱「之」字、「人」字，則文義不明。「此愚者之所多患」，劉本作「此愚者之以多患也」。案：當作「此愚者之所以多患也」。（對下文「此智者所以寡患也」。）道藏本脱「以」字、「也」字，劉本脱「所」字。○俞樾云：此有脱誤。當云：「物之可備者衆，愚人之所備者寡；事之可權者多，愚人之所權者少；此愚者之所以多患也。」下文曰：「物之可備者，智者盡備之；可權者，盡權之；此智者所以寡患也。」與此文反覆相明，是其證也。「衆」上脱「物之可備者」五字。王氏念孫遂欲以「衆」字屬上句讀，然上文云「物之若耕織者，始初甚勞，終必利也」，其文義已足，必綴「衆」字於句末，轉爲不詞矣。○陶鴻慶云：俞説良是。○雙棣按：王校是，不必如俞説。「物之若耕織者……衆，愚人之所見者寡」，文正相對，王氏「衆」屬上讀，非不詞。「初始甚勞，終必利也」八字乃插入解釋耕織之文。

〔一六〕【用韻】「備、備」職部。

〔一七〕【箋釋】陶鴻慶云：此文「可權者」上亦當有「事之」二字。蓋物可言「備」，不可言「權」也。今本因與「備之」二字相連而誤奪之。

〔一八〕【用韻】「權、權、患」元部。

〔一九〕【高注】忤，逆。

【版本】張本、莊本、集解本此注在上文「忤」字下，餘本同藏本。

〔二〇〕【版本】藏本「難知」誤倒，王溥本、王鎣本、朱本、汪本、張本、吴本、黄本、莊本、集解本不倒，今據乙正，餘本同藏本。

【箋釋】陶鴻慶云：此文意不可曉，疑元文本云：「今日何爲而榮，何爲而義乎？此易言也。旦日何爲而義，何爲而榮乎？此難知也。」旦日猶言明日。言當前者易見，而未至者難知也。下文瞽師有以言黑白，無以知黑白云云，正申説此義。

〔二一〕【箋釋】楊樹達云：漢書谷永傳云：「臣愚不能處也。」顔注云：「處謂斷決也。」

〔二二〕【用韻】「黑、黑、異」職部。

〔二三〕【用韻】「親、君」真文合韻。

〔二四〕【箋釋】陶鴻慶云：「出」當爲「由」字之誤。

〔二五〕【版本】茅本、葉本、汪本、張本、吴本、黄本、莊本、集解本「知」作「智」，餘本同藏本。下文「知以行之」之「知」與此同。

〔二六〕【版本】藏本「凡」誤作「見」，各本均作「凡」，今據改。

〔二七〕【箋釋】馬宗霍云：邶風凱風篇「母氏劬勞」，小雅鴻雁篇「劬勞于野」，蓼莪篇「生我劬勞」，皆「劬勞」連文，則劬亦勞也。禮記内則篇「見於公宫則劬」，鄭注正訓劬爲勞。淮南劬録連文，王念孫謂兩字同義，則録亦勞也。以録爲勞，蓋雙聲假借字。○雙棣按：劬録爲聯緜字，劬古韻在侯部，録在屋部，侯屋可對轉，韻部相通。劬或作拘，作軥，荀子君道篇：「愿愨拘録，計數纖嗇而無敢遺喪。」榮辱篇：「孝弟原愨，軥録疾力，以敦比其事業，而不敢怠傲。」義爲勤勞。

〔二八〕【箋釋】王念孫云：「遲利」二字，義不相屬，「遲」當爲「犀」，字之誤也。犀亦利也。漢書馮奉世傳「器不犀利」，如淳曰：「今俗刀兵利爲犀。」自勇力以下，皆兩字同義。

〔二九〕【箋釋】陶鴻慶云：「身材」爲「身誠」之誤。上「而」字當在「伎藝曲備」句上，其文云：「身誠未脩，而伎藝曲備，無仁智以爲表幹，而加之以衆美，則益其損。」下文云：「説親有道，脩身不誠，不能事親；誠身有道，心不專一，不能誠身。」即身誠二字之證。

〔三〇〕【高注】狂，猶亂也。

【用韻】「敢、劍」談部。

〔三一〕【高注】不知之人，辯慧懷給，不知所裁之，猶棄驥而或，不知所詣也。懷，佞也。

【版本】王溥本注「而或」作「驥不式」。藏本注「棄」下無「驥」字，朱本、莊本、集解本有，今據補，景宋本、茅本、葉本、汪本同藏本。

【箋釋】王念孫云：懷與佞義不相近。「懷」皆當爲「懁」，字之誤也。「懁」與「儇」同，字或作「譞」。方言曰：「儇，慧也。」說文同。又曰：「譞，譞慧也。」廣雅曰：「辯，儇慧也。」即此所云「辯慧懁給」也。楚辭九章「忘儇媚以背衆兮」，王注曰：「儇，佞也。」正與高注同。棄驥而不式，本作「乘驥而或」，因「乘」誤爲「棄」，（隸書「乘」或作「乗」，「棄」或作「弃」，二形相似。）「或」誤爲「式」，（草書「或」、「式」相似。）後人遂於「式」上加「不」字耳。或與惑同，故高注云「不智之人，辯慧懁給，不知所裁之，猶乘驥而或，不知所詣也」。呂氏春秋當務篇曰：「辯而不當論，信而不當理，勇而不當義，法而不當務，或而乘驥也，狂而操吳干將也。」春秋繁露必仁且知篇曰：「不仁而有勇力材能，則狂而操利兵也；不知而辯慧獧給，則迷而乘良馬也。」是皆其明證矣。「獧」亦與「懁」同。○陳昌齊謂「棄驥而不式」當爲「乘驥而惑」之譌，與王說同。

【用韻】「給、式」緝職合韻。

〔三二〕【高注】野，外。

〔三三〕【高注】老子曰：國之利器，不可以假人也。

【用韻】「質、器」質部。

〔三四〕【用韻】「樂、涸、食」藥鐸職合韻。

〔三五〕【高注】掌，主。

〔三六〕【箋釋】易順鼎云：一切經音義卷六十五引許注：「漏，孔也。」

【高注】國有以存，若魚得水也。國存，故人遂生也。

【版本】藏本注「以」作「人」，景宋本、集解本作「以」，今據改，王溥本、朱本、葉本、莊本同藏本。藏本注「若」作「君」，景宋本、朱本、莊本、集解本作「若」，今據改，王溥本、葉本同藏本。藏本注下「存」字作「厚」，景宋本作「存」，今據改，王溥本、朱本、葉本、莊本、集解本同藏本。莊本、集解本注「遂」作「道」，景宋本、王溥本、朱本、葉本同藏本。

【箋釋】吴承仕云：文當作「國存人生，若魚得水也，國存，故人遂生也」。注意以水諭國，以魚諭人，國人相依，猶魚水相得也。即實言之，則國存人生二語，乃發端起下之詞，注承上文而申釋之，疑其未諦。〇雙棣按：景宋本注「國有以存，若魚得水也」，不誤，吴改「國有以存」爲「國存人生」，非。先言國有以存若魚得水，以水諭國，以魚諭人，後以「國存故人遂生也」承之，文正順暢，若作「國存人生」則下文不相承矣。

【用韻】「存、生」文耕合韻。

〔三七〕【用韻】「義、善」歌元通韻。

〔三八〕【高注】桀、紂是也。

【箋釋】陶鴻慶云：「義」上奪「仁」字。上文云：「國之所以存者，仁義是也。」〇何寧與陶説同。

〔三九〕【高注】論語曰：「勇而無禮則亂。」亂則傷也。

【箋釋】雙棣按：注引論語見泰伯篇。

【用韻】「亡、傷」陽部。

〔四〇〕【高注】使不得與亡傷之危，是上術也。

【箋釋】俞樾云：高注曰：「使不得與亡傷之危，是上術也。」此蓋屬上文讀之，然文義迂迴，不可從也。此當屬下文讀之。下文曰：「孝於父母，弟於兄嫂，信於朋友，不得上令而可得爲也。釋己之所得爲，而責於其所不得制，悖矣！」是不得、可得兩文反覆相明。疑治國下脱「非」字，本云「治國非上使，不得與焉」。蓋上文言「國無義，雖大必亡；人無善志，雖勇必傷」。此言國之有義無義，乃治國之事。治國之事，非上使我爲之，我不得與焉。若人之有善無善，則在我而已，故曰「不得上令而可得爲也」。上令，即上使也。「不得上令而可得爲」，正與「非上使不得與」相對。高所據本已脱非字，故失其解矣。〇于省吾云：注説非是。使、事金文同字。治國上事，言治國乃主上之事，故曰不得與焉。俞樾疑治國下脱非字，是讀使如字，故意增「非」字也。〇吕傳元云：俞説非也。高注不誤。注云「使不得與亡喪之危，是上術也」，知今本「上」字下脱「術」字。「治國上術，使不得與」即論語「民可使由之，不可使知之」之義，亦即上文「有愚質者不可與利器」之意也。

〔四一〕【用韻】「母、友」之部。

〔四二〕【用韻】「爲、制」歌月通韻。

〔四三〕【用韻】「友、譽」之魚合韻。

〔四四〕【高注】不能説親，朋友不信之也。

【版本】藏本「信於友有道」脱「信」字，景宋本、葉本同藏本，餘本均有「信」字，今據補。

〔四五〕【箋釋】王叔岷云：「不能事親」當作「不能説親」，此承「説親有道」而言也。孟子離婁篇作「悦親有道，反身不誠，不悦於親也」，是其證。

【用韻】「誠、親」耕真合韻。

〔四六〕【箋釋】王念孫云：以上文例之，則「不能專誠」當作「不能誠身」。據高注云「不脩其本，而欲得説親誠身之名，皆難也」，則正文本作「不能誠身」明矣。今作「不能專誠」者，涉上文「心不專一」而誤，中庸作「誠身有道，不明乎善，不誠乎身矣」，次句雖異義，而首句、三句則同。○王叔岷云：王説是也。孟子作「誠身有道，不明乎善，不誠其身矣」。亦其證。

〔四七〕【高注】易謂反己，先修其本也。不修其本，而欲得説親誠身之名，皆難也。故曰道在易而求之難也。

〔四八〕【高注】驗，効也。近謂本，遠謂末也。故不能得之也。

【用韻】「難、遠」元部。

淮南子校釋卷第十

繆稱訓〔一〕

道至高無上，至深無下，平乎準，直乎繩，員乎規〔二〕，方乎矩，包裹宇宙而無表裏，洞同覆載而無所礙〔三〕。是故體道者不哀不樂，不喜不怒，其坐無慮〔四〕，其寢無夢，物來而名，事來而應〔五〕。

主者，國之心。心治則百節皆安〔六〕，心擾則百節皆亂〔七〕。故其心治者，支體相遺也〔八〕，其國治者，君臣相忘也〔九〕。黄帝曰：「芒芒昧昧，從天之道，與元同氣〔一〇〕。」故至德者言同略，事同指〔一一〕，上下一心，無歧道旁見者〔一二〕，遏障之於邪，開道之於善〔一三〕，而民鄉方矣〔一四〕。故易曰：「同人于野，利涉大川〔一五〕。」

道者，物之所導也；德者，性之所扶也；仁者，積恩之見證也；義者，比於人心而合於衆適者也〔一六〕。故道滅而德用，德衰而仁義生〔一七〕。故尚世體道而不德〔一八〕，中世守德而弗壞也，末世繩繩乎唯恐失仁義〔一九〕。君子非仁義無以生，失仁義則失其所以生；小人非嗜欲無以活，失嗜欲則失其所以活。故君子懼失義，小人懼失利〔二〇〕，觀其所懼，知各殊矣。易曰：「即鹿無虞，惟入于林中，君子幾不如舍，往吝〔二一〕。」

校釋

〔一〕【許注】繆異之論，稱物假類，同之神明，以知所貴。

【版本】茅本、汪本、莊本、集解本注「所貴」下有「故曰繆稱」四字，餘本同藏本。

【箋釋】莊逵吉云：此下三篇標目下皆無「因以題篇」四字，注文簡略，蓋亦不全者也。但各本皆同，缺無據證，並仍其舊，不敢妄有增加也。○曾國藩云：要略云：「斷短爲節，以應小具。」故此篇嘉言雨集，妙義雲來，皆短章零節，無長言繁稱者也。○陶方琦云：序目無「因以題篇」字，乃許氏注本也。取舊輯許注與今注較之，説多同，其爲許注無疑也。○劉文典與陶説同。○楊樹達云：此篇多引經證義，皆儒家之説也。今校子思子佚文，同者凡七八節之多，疑皆采自彼也。惜子思子不存，不得盡校耳。○雙棣按：陶方琦等謂繆稱、齊俗、道應、詮言、兵略、人間、泰族、要略八篇序目無「因以題篇」字，當爲許慎注本。陶説是，今從之。

〔二〕【版本】汪本、張本、黄本、莊本、集解本「員」作「圓」，餘本同藏本。

〔三〕【許注】礙，挂。

【箋釋】陳昌齊云：廣韻：「絯，挂也。出淮南子。」疑此「礙」字作「絯」。○陶方琦：唐本玉篇糸部引「礙」作「絯」，與廣韻所引正合，知今本爲後人竄改多矣。文子符言篇作「無所硋」。「硋」即「絯」字。

〔四〕【用韻】「裏、礙」之部。

〔五〕【用韻】「怒、慮」魚部。

〔六〕【用韻】「寥、應」蒸部。

〔七〕【箋釋】陶方琦云：羣書治要引許注：「治猶理也。節，猶事也。以體喻也。」按，今無注，當補。説文：「理，治玉也。」解亦同。○王叔岷云：治要引「國之心」下有「也」字。文子上德篇同。

〔八〕【用韻】「安、亂」元部。

〔九〕【箋釋】陶方琦云：羣書治要引許注：「遺，忘。」按：今注無，當補。説文：「遺，忘也。」與注淮南同。

〔一〇〕【箋釋】陶方琦云：羣書治要引許注：「各得其所，無所思念。」按，今注無，當補，説文：「忘，不識也。」即無思念。

〔一一〕【版本】莊本「元」作「玄」，餘本同藏本。

【箋釋】王念孫云：「道」本作「威」，今作「道」者，後人不解「威」字之義，而妄改之也。（文選宋孝武宣貴妃誄注引此已誤。）案，威者，德也。言從天之德也。廣雅曰：「威，德也。」周頌有客篇：「既有淫威，降福孔夷。」正義曰：「言有德故易福。」風俗通義十反篇曰：「書曰：『天威棐諶。』」言天德輔誠也，是古謂德爲威也。後泰族篇及吕氏春秋應同篇同，並云：「黄帝曰：『芒芒昧昧，因天之威，與元同氣。』」文子上仁篇「因天之威，與元同氣」，用泰族篇文也。（上下文皆出泰族篇。）符言篇「從天之威，與元同氣」，用此篇文也。（下文「故至德言同略，事同指」云云，皆出此篇。）然則泰族「因天之威」，此作「從天之威」，雖「因」與「從」不同，而「威」字則同矣。

【用韻】「味、氣」物部。

〔二〕【箋釋】馬宗霍云：「略」當讀如孟子滕文公上「此其大略也」之略。趙岐注云：「略，要也。」是其義。「指」當讀如荀子王霸篇「明一指」之「指」，楊倞注云：「指，指歸也。」是其義。

〔三〕【版本】王溥本、王鎣本、朱本、葉本、汪本、張本、吴本、黄本、莊本、集解本「歧」作「岐」，景宋本、茅本同藏本。

〔三〕【版本】藏本「開」作「關」，王溥本、王鎣本、朱本、汪本、張本、吴本、黄本、莊本、集解本作「開」，今據改，餘本同藏本。

〔四〕【用韻】「見、善、方」元陽合韻。

〔五〕【許注】言能同人道至于野，則可以濟大川。大川，大難也。

【箋釋】吴承仕云：注文「同人道至于野」，「道」當作「遠」，形近之譌也。易正義曰：「野是廣遠之處，言和同於人，必須寬廣，無所不同，用心無私，處非近狹，遠至於野，乃得亨進，故云同人于野，亨。與人同心，足以涉難，故曰利涉大川也。」説義正同。〇雙棣按：引易曰，見周易同人。

〔一六〕【版本】藏本「合」作「含」，王溥本、王鎣本、朱本、茅本、汪本、張本、吴本、黄本、莊本、集解本作「合」，今據改，景宋本、葉本同藏本。

〔一七〕【箋釋】于大成云：老子三十八章「失道而後德，失德而後仁，失仁而後義」，淮南文意本之。文子微明篇「用」作「興」。

【用韻】「用、生」東耕合韻。

〔一八〕【版本】王溥本、王鎣本、汪本、張本、吴本、黄本、莊本、集解本「尚」作「上」，餘本同藏本。

【箋釋】雙棣按：「尚、上」古字通。

〔一九〕【箋釋】俞樾云：文子微明篇「中世守德而不懷」，此文「壞」字亦「懷」字之誤。懷即懷來之懷，言中世守德，未知仁義之爲美，猶無意乎懷來之也。字誤作「壞」，失其旨矣。〇楊樹達云：詩螽斯傳云：「繩繩，戒慎也。」〇馬宗霍云：爾雅釋訓「兢兢、繩繩，戒也」，郭璞注云：「皆戒慎。」邢昺疏云：「皆小心戒慎也。」是「繩繩」猶「兢兢」也。本文繩繩義同。〇于大成云：此文三句並列，「中世守德而弗壞」下不當有「也」字，文子微明篇正無。

【用韻】「壞、義」微歌合韻。

〔二〇〕【版本】藏本「懼失義」之「義」上有「仁」字，景宋本無，今據删，餘本同藏本。

【箋釋】王念孫云：三「仁」字，皆原文所無，此後人依上文加之也。不知此八句與上異義，上文是言仁義不如道德，此文是言君子重義，小人重利，故以義與利欲對言，而仁不與焉。太平御覽人事部六十二義下引此無三「仁」字，文子微明篇同。○劉文典云：王説是也。羣書治要引此文，亦無三「仁」字。

〔二〕【許注】即，就也。鹿以諭民。虞，欺也。幾，終也。就民欺之，即入林中，幾終不如舍之，使之不終如其吝也。

【箋釋】劉績云：虞人也，入山林者必有虞人以導之，無導之者則惟陷入于林莽中。君子見幾不若舍而勿逐，往則徒取窮吝。引此以喻小人懼失利，君子則不然也。○雙棣按：引易曰，見周易屯。

【用韻】「虞、舍」魚部。

其施厚者其報美，其怨大者其禍深。薄施而厚望，畜怨而無患者，古今未之有也。是故聖人察其所以往，則知其所以來者。聖人之道，猶中衢而致尊邪〔一〕？過者斟酌，多少不同，各得其所宜。是故得一人，所以得百人也〔二〕。人以其所願於上以與其下交，誰弗戴〔三〕？以其所欲於下以事其上，誰弗喜〔四〕？詩云：「媚兹一人，應侯慎德。」慎德大矣〔五〕，一人小矣。能善小斯能善大矣。

君子見過忘罰，故能諫〔六〕；見賢忘賤，故能讓〔七〕；見不足忘貧，故能施。情繫於中，行形於外〔八〕。凡行戴情，雖過無怨；不戴其情，雖忠來惡〔九〕。后稷廣利天下，猶不自矜。禹無廢功，無蔽財〔一〇〕，自視猶觖如也〔一一〕。滿如陷〔一二〕，實如虛，盡之者也〔一三〕。

凡人各賢其所説而説其所快〔一四〕。世莫不舉賢〔一五〕，或以治，或以亂，非自遁〔一六〕，求同乎己者也。己未必得賢，而求與己同者，而欲得賢，亦不幾矣〔一七〕。使堯度舜則可，使桀度堯，是猶以升量石也。今謂狐狸〔一八〕，則必不知狐，又不知狸〔一九〕。非未嘗見狐者，必未嘗見狸也。狐、狸非異同類也〔二〇〕，而謂狐狸，則不知狐、狸。是故謂不肖者賢，則必不知賢；謂賢者不肖，則必不知不肖者矣。

校釋

〔一〕【許注】道六通謂之衢。尊，酒器也。

【箋釋】莊逵吉云：「六通」應作「四通」，字之誤也。〇王念孫云：「致尊」當爲「設尊」，字之誤也。藝文類聚雜器物部、太平御覽居處部二十三、器物部六，引此並作「設尊」。〇陶方琦云：意林引許注：「衢，六通。尊，酒器。」按，意林所引同，文少約耳。益知八篇皆許注本，故引亦同。「六通」當作「四達」。説文：「四達謂之衢。」又尊字下云：「尊，酒器也。」與淮南注並同。〇楊樹達云：精神篇云：「散六衢。」故許本之爲説耳。意林引同，知非誤字也。莊、陶説並非。

致與置同，二字古通用。類書引作「設」者，疑誤改。○馬宗霍云：廣雅釋詁四「叕，置也，」曹憲注云：「叕即古文置也。」疑淮南本文原作「叕尊」，叕尊猶置尊也。「叕」與「設」形近，傳寫者不識「叕」字，遂改作「設」。義雖可通，非其本也。今作致尊者，致蓋置之聲近義通字。○王叔岷云：意林引，「致」作「置」。○鄭良樹云：玉海八九、永樂大典三五八二引「致」作「設」。○于大成云：「致」之與「設」，恐是高、許所據本之異。今本繆稱篇是許注，字作「致」，致借作置，置、致古字通，故意林、諸子類語四引作「置尊」。喻林四十五、天中記二十四引亦作「致」，是許本自作「致」，不作「設」也。其類聚、御覽引作「設」者，或是高本。○雙棣按：莊、陶説當是。爾雅、説文並云：「衢，四達謂之衢。」釋名釋道：「四達曰衢。」齊魯間謂四齒杷爲欋，欋杷地則有四處，此道似之也。」古籍注疏亦多以四達爲衢，如易大畜「何天之衢」釋文引馬融云、公羊宣公十二年「放乎路衢」何休注、大戴記子張問「必于四面智取」盧辯注、荀子王霸「楊朱哭衢涂」楊倞注、漢書敘傳上「齊甯激聲於康衢」顔師古注引鄭氏云、爾雅釋宫郭璞注等等，無不是也。然亦有九衢、六衢、兩衢之説，蓋以衢爲歧路也。

〔二〕【許注】一人來得其心，百人來亦得其心。

〔三〕【版本】王溥本、王鎣本、朱本、葉本、汪本、張本、吴本、黄本、莊本、集解本「與其下交」作「交其下」，景宋本、茅本同藏本。王溥本、王鎣本、朱本、茅本、葉本、汪本、張本、吴本、黄本、莊本、集解本「載」作「戴」，景宋本同藏本。

〔四〕【箋釋】雙棣按：「戴、載」古字通。

〔五〕【用韻】「載、喜」之部。

〔六〕【箋釋】劉績云：慎，順。古字通用。〇于大成云：此大雅下武之詩也。毛詩作「順德」，魯詩作「慎德」，慎、順古通。荀子仲尼篇、家語弟子行、漢書敘傳顔師古注引亦作「慎德」，詩正義引定本同。

〔七〕【用韻】「罰、諫」月元通韻。

〔八〕【用韻】「賤、讓」元陽合韻。

〔九〕【用韻】「施、外」歌月通韻。

〔一〇〕【許注】戴，心所感也。情，誠也。

〔一一〕【箋釋】洪頤煊云：下文「上意而民載，誠中者也」，高注：「上有意而未言，則民皆載而行之。」古字載、戴通用。「凡行戴情」，謂行載其情，高注非。〇俞樾與洪説同。〇于大成云：「惡」當作「患」，「怨、患」以古韻寒部字相協。後文「苟鄉善，雖過無怨；苟不鄉善，雖忠來患」，可證「惡」是「患」之誤文矣。

〔一〇〕【版本】王溥本、王鎣本、葉本、吴本「蔽」作「敝」，茅本、汪本、張本、黄本、莊本、集解本作「廢」，景宋本、朱本同藏本。

〔一一〕【許注】觖，不滿也。

【箋釋】陶方琦云：唐本玉篇欠部引許注「觖」作「歁」。説文：「歁，食不滿也。」訓正合。「觖」乃誤字。

〔一二〕【許注】陷，少。

〔一三〕【用韻】「財、如、虛、者」之魚合韻。

〔一四〕【箋釋】陶方琦云：羣書治要引許注：「賢其所悦者，更悦其所行之快性也。」按，今注無，當補。説文有説字，無悦字。

〔一五〕【箋釋】陶方琦云：羣書治要引許注：「人無不舉與己同者，以爲賢也。」按：今注無，當補。

〔一六〕【許注】遁，欺。

【箋釋】劉文典云：羣書治要引，「遁」下有「也」字。又引許注作「遁，失」。

〔一七〕【箋釋】王念孫云：「己未必得賢」，「得」字因下文「得賢」而衍。羣書治要引此，無「得」字。○陶方琦云：羣書治要引許注：「幾，近也。」按，今注無，當補。爾雅釋詁：「幾，近也。」○吴汝綸同王説。○雙棣按：王、吴説是。

〔一八〕【箋釋】于鬯云：謂狐狸者，謂狐爲狸，謂狸爲狐也。下文「而謂狐狸」同此。措辭渾簡，以有下文承之云，是故謂不肖者賢，謂賢者不肖，則其義可明也。○雙棣按：謂狐狸者，蓋混稱狐與狸皆爲狐狸也。

〔一九〕【許注】俱不知此二獸。

【箋釋】楊樹達云：太平御覽引子思子云：「謂狐爲狸者，非直不知狸也，忽得狐，復失狸者也。」此淮南所本。

【用韻】「狐、狸」魚之合韻。

〔二〇〕【箋釋】蔣禮鴻云：「異」字衍。而謂狐狸者，謂狐爲狸也。狐與狸不同，而謂狐爲狸，是不知狐又不知狸也。此謂狐狸非同類猶賢不肖非同類。若謂「狐狸同類也而謂狐狸則不知狐狸」，則詞意俱悖矣。○雙棣按：「異」字非衍，此句蓋作「狐、狸異，非同類也」，今本顛倒「異非」二字，遂文不成義。

聖人在上，則民樂其治；在下，則民慕其意〔一〕。小人在上位，如寢關曝纊〔二〕，不得須臾寧〔三〕。故易曰：「乘馬班如，泣血漣如〔四〕。」言小人處非其位，不可長也。

物莫無所不用〔五〕，天雄烏喙，藥之凶毒也，良醫以活人。侏儒瞽師，人之困慰者也〔六〕，人主以備樂。是故聖人制其剟材，無所不用矣〔七〕。勇士一呼，三軍皆辟，其出之也誠。故倡而不和，意而不戴〔八〕，中心必有不合者也。故舜不降席而王天下者，求諸己也〔九〕。故上多故，則民多詐矣〔一〇〕。身曲而景直者，未之聞也。說之所不至者，容貌至焉〔一一〕；容貌之所不至者，感忽至焉〔一二〕。感乎心，明乎智，發而成形，精之至也，可以形勢接，而不可以照誋〔一三〕。戎翟之馬，皆可以馳驅〔一四〕，或近或遠，唯造父能盡其力；三苗之民，皆可使忠信〔一五〕，或賢或不肖，唯唐虞能齊其美，必有不傳者〔一六〕。中行繆伯手搏虎〔一七〕，而不能生也〔一八〕，蓋力優而克不能及也〔一九〕。

用百人之所能，則得百人之力〔二〇〕；舉千人之所愛，則得千人之心；辟若伐樹而引其本，千枝萬葉則莫得弗從也。慈父之愛子，非爲報也，不可内解於心；聖王之養民〔二一〕，非求用也，性不能已；若火之自熱，冰之自寒，夫有何脩焉〔二二〕？及恃其力、賴其功者，若失火舟中〔二三〕。故君子見始斯知終矣〔二四〕。媒妁譽人，而莫之德也；取庸而强飯之，莫之愛也〔二五〕。雖親父慈母，不加於此，有以爲，則恩不接矣。故送往者，非所以迎來也；施死者，非專爲生也。誠出於己，則所動者遠矣。錦繡登廟，貴文也〔二六〕；圭璋在前，尚質也〔二七〕。文不勝質，之謂君子。故終年爲車，無三寸之鎋，不可以驅馳；匠人斲户，無一尺之楗，不可以閉藏〔二八〕。故君子行期乎其所結〔二九〕。

校釋

〔一〕【用韻】「治、意」之職通韻。

〔二〕【許注】寢，謂臥闕上之不安。纊，繭也。曝繭，蛹動摇不休，死乃止也。

【版本】藏本注「蛹」作「踴」，汪本、張本、黄本、莊本、集解本作「蛹」，今據改，餘本同藏本。

【箋釋】吴承仕云：注文當作「寢關，謂臥關上不安」，今本譌亂不可讀。○馬宗霍云：「關」疑當讀如周禮春官巾車「及墓嘑啟關」之「關」，鄭玄彼注云：「關，墓門也。」纊疑當讀如禮記喪大記「屬纊」之「纊」，鄭玄彼注云：「纊，今之新緜，易動摇，置口鼻之上以爲候。」曝纊猶屬纊。墓門非可寢之地，寢於墓門，則近死之身也。纊乃輕浮之物，屬纊以候口鼻之息，則將絶之氣也。淮南本文爲比方之詞，言小人在上位，譬如寢於墓門之上而屬纊，所謂屍居餘氣，勢不得久，故下文引易「泣血漣如」而云不可長也。

〔三〕【用韻】「纊、寧」陽耕合韻。

〔四〕【許注】諭乘馬班如，難也，故有泣血之憂。

【版本】王溥本、王鎣本、汪本、張本、吴本、黄本、莊本、集解本「連」作「漣」，餘本同藏本。

【箋釋】吴承仕云：王弼注曰：「處險難之極，下無應援，居不獲安，行無所適，故泣血漣如。」此注義與彼同，亦以乘馬班如諭險難，則注文當作「乘馬班如，諭難也」。今注諭字誤移在上，義不可通。○雙棣按：引易曰，見周易屯。今本「連」作「漣」。

【用韻】「班、連」元部。

〔五〕【箋釋】王念孫云：此當作「物莫所不用」，莫即無也。「無」字蓋涉下文「無所不用」而衍。○楊樹達云：文當作「物莫無所用」，衍「不」字耳。

〔六〕【許注】慰，可蹶也。一曰：慰，極。

【版本】王鎣本、朱本、汪本、張本、黄本正文及注「慰」作「懟」，餘本同藏本。

【箋釋】莊逵吉云：「困慰」本或作「困懟」，注並同，疑作「懟」者是。○吴闓生云：慰，猶鬱也。○吴承仕云：朱本作「懟」，「懟」即「慰」之譌也。懟訓怨怒，音義與困稍遠。困慰者，假慰爲瘃。詩緜：「維其喙矣。」毛傳曰：「困也。」方言：「喙，極也。」此注一曰「慰，極」，正與方言相應。「慰」亦作「蔚」。俶真篇：「五藏無蔚氣。」注云：「蔚，病也。」音義正同。此字當爲「慰」之明證。可蹶之訓，未聞其審，疑有譌文。○楊樹達云：漢書東方朔傳記朔紿騶侏儒。御覽四百八十八引語林「董昭爲魏武重臣，後失勢，文明世，入爲衛尉。昭乃厚加意於侏儒。正朝大會，侏儒作衛尉啼面」云云，此知漢魏侏儒猶後世之優伶，故淮南云「人主以備樂」也。○于省吾云：困喙不詞，可蹶之訓，亦無譌文，吴説未允。「慰」應讀作「鬱」，亦與「蔚」音近相假，莊子外物「慰暋沈屯」，釋文引李注：「慰，鬱也。」後漢書仲長統傳「彼之蔚蔚」，注：「蔚與鬱古字通。」楚辭「憂苦志紆鬱其難釋」注：「鬱，愁也。」困鬱即困愁。鬱可蹶也即愁可蹶也。侏儒與瞽師不利於行，故以鬱憂顛蹶爲言。漢書刑法志「師侏儒」，注：「如淳曰：『師，樂師，盲瞽者。侏儒，短人不能走者。』」是其證。爾雅釋言：「鬱，氣也。」李注：「鬱，盛氣也。」素問五運行大論「其令鬱蒸」，注：「鬱，盛也。」字亦作蔚。兵略篇「設蔚施伏」，注：「草木蓄盛曰蔚。」按物盛則極，故注云：「一曰蔚，極。」○馬宗霍云：説文：「慰，安也。一曰恚怒也。」「困慰」連文，蓋用慰之第二義。詩小雅車舝篇「以慰我心」，釋文云：「韓詩作『以愠我心』，愠，恚也。」孔疏云：「孫毓載毛傳云：「慰，怨也。」然則淮南本困慰猶困怨也。許注「一曰慰極」者，極亦有困義，又有病義。呂氏春秋適音篇「以危聽清則耳谿極」，高誘注曰：「極，病也。」漢書匈奴傳上「罷極苦之」，顏師古注曰：「極，困也。」即其證。或本作「困懟」者，此由後人不知「慰」有怨義，故改「慰」爲「懟」耳。○金其源云：「慰、懟」字異而義同，不必作「懟」。○于大成云：「凶毒」下當有「者」字，文與下「侏儒、瞽師，人之困慰者也，人主以備樂」相對。○何寧云：注「可蹶」疑當作「句蹶」。句、可形近而譌。「句蹶」即「拘蹶」。句、拘通。

〔七〕【許注】剟，疏殺也。

【箋釋】李哲明云：此言聖人於人無棄材，雖有所短，亦使之盡其用也。緊承上文天雄烏喙，侏儒瞽師言。注訓疏殺者，說文：「剟，刊也。」廣雅：「剟，削也。」刊、削有疏落減殺之意。制其剟材，即制其短材，所謂疏殺之耳。○楊樹達云：李云「制其剟材即制其短材」，是也。方言卷十三云：「⿰叕出，短也。」說文女部云：「娺，短面也。」一切經音義四引聲類云：「惙，短氣也。」廣韻：「⿰叕頁，短頸也。」莊子秋水篇云：「掇而不跂。」郭注云：「掇猶短也。」本書人間篇云：「聖人之思脩，愚人之思叕。」許注云：「叕，短也。」「剟、⿰叕出、娺、⿰叕頁、掇、叕」音義並相近，注云疏殺，其說未審。李氏以說文、廣韻之說傅合之，斯曲說也。○于省吾云：注讀「剟」如字，故訓爲疏殺，但非本義。「剟」從叕聲，與「贅」字通。書顧命「綴輅在阼階西」，周禮典路注：「綴輅作贅路。」公羊襄十四年傳「君若綴旒然」，釋文：「綴一本作贅。」荀子富國「嚽菽飲水」，注：「嚽與啜同。」均其證也。贅讀莊子駢拇「附贅懸疣」之贅。贅才本無可用，而聖人制而用之。故下云無所不用矣。贅材且如此，則非贅材可知矣。「贅材」正承上文「天雄烏喙、侏儒瞽師」爲言。

〔八〕【許注】意，恚聲也。戴，嗟。

【箋釋】王念孫云：「誠」字在「也」下誤，當據文子精誠篇改在「也」字上。又案：高説非也。戴讀爲載。鄭注堯典曰：「載，行也。」言上有其意，而不行於下者，誠不足以動之也。下文云：「上意而民載，誠中者也。」高注曰：「上有意而未言，則民皆載而行之。」是其證矣。文子精誠篇正作「意而不載」。○洪頤煊云：「意而不戴」，謂上有意，民不載而行之，是必中心之不合也。高注非。○金其源云：意而不戴，即意而不載，謂心知其意而莫之行也。下文云「上意而民載，誠中者也」，故是句之意而不戴，謂中心必有不合者也。○于大成云：新序雜事四作「動而不隨」，亦謂己有所動而人不從之也，則王、洪説是而金説非矣。韓詩外傳六作「動而不憤」，左傳僖公十五年「亂氣狡憤」，注云：「憤，動也。」亦當謂己有所動而人莫之動也。韓詩外傳「憤」是「隨」字之誤也。

〔九〕【箋釋】王念孫云：「王」當爲「匡」，字之誤也。匡，正也。正己而天下自正，故曰「舜不降席而匡天下者，求諸己也」。己不正則不能正人。故下文曰：「身曲而景直者，未之聞也。」下文又曰：「故舜不降席而天下治。」彼言天下治，此言匡天下，其義一也。今本作王天下，則非其指矣。文子精誠篇作「不下席而匡天下」，韓詩外傳及新序雜事篇並作「不降席而匡天下」。

〔一〇〕【用韻】「下、己」魚之合韻。

【用韻】「故、詐」魚鐸通韻。

〔一一〕【許注】説之粗，不如容貌精微入人深也。

〔一二〕【版本】王溥本、王鎣本、朱本、葉本、張本、吴本、黄本、莊本「忽」作「或」，餘本同藏本。

【箋釋】王念孫云：感忽者，精誠之動人者也。故下文曰：「感乎心，明乎智，發而成形，精之至也，可以形勢接，而不可以昭誋。」（廣雅：「誋，告也。」）荀子議兵篇曰：「善用兵者，感忽悠闇，莫知其所從出。」義與此相近。道藏本、茅本並作「感忽」，文子精誠篇同，劉本誤爲「感或」，而莊本從之，謬矣。

〔一三〕【版本】景宋本「至」下「也」字作「者」，餘本同藏本。藏本「誋」作「誌」，除景宋本同藏本外，餘本均作「誋」，今據改。王溥本、王鎣本、朱本、吴本、莊本「照」作「昭」，餘本同藏本。

【箋釋】劉績云：昭，明也。誋，禁戒也。謂顯明教戒人也。一作「照誌」，非。〇于鬯云：下文「可以消澤，而不可以昭誋」，高注云：「昭，道。誋，誡也。不可以教導戒人。」此注乃不著在此，而著在下。疑此文本不作「昭誋」。文子精誠篇作「可以形接，不可以照期」，此或本同文子，亦作「照期」也。又案：「照期」當是正字，「昭誋」蓋是借字，「昭誋」即當讀爲「照期」。照即諧昭聲，「照、昭」義亦相通。「期、誋」古音亦同部可通。説文云：「期，會也。」照期者，猶照會也。齊俗訓云：「日月之所照誋。」明誋字不當訓誡矣。鹽鐵論相刺篇云：「天設三光以照記。」「記」亦借字也。○楊樹達云：「照」當讀爲「詔」。説文云：「詔，告也。」又云：「誋，誡也。」照誋猶告誡也。○何寧云：精之至也，「也」當作「者」，乃起下之辭，與下文「心之精者，可以神化而不可以導人；目之精者，可以消澤而不可以照誋」同一句式。文子精誠篇作「精之至者」，抄宋本正作「者」。○雙棣按：景宋本作「者」，當是誤字，「精之至也」，乃總上之文。若以之爲起下之詞，則「感乎心，明乎智，發而成形」語意不完。「可以形勢接，而不可以照誋」亦承上爲説，非另起一句也。

〔一四〕【用韻】「馬、驅」魚侯合韻。

〔一五〕【用韻】「民、信」真部。

〔一六〕【許注】心教之微眇，不可傳。

〔一七〕【許注】中行繆伯，晉臣也，力能搏生虎也。【箋釋】蔣超伯云：「繆」與「穆」通。中行繆伯即中行穆子，韋昭晉語注：「穆子，晉卿，中行偃之子荀吴中行伯也。」搏虎一事，淮南必有所本，可補左、國之缺。○楊樹達云：太平御覽三百八十六引子思子云：「中行穆伯手捕虎。」繆與穆同。

〔一八〕【許注】力能殺虎，而德不能服之。

〔一九〕【許注】克，猶能也。【箋釋】王念孫云：克不能及，當爲「克不及」。克，能也。言搏虎之力雖優，而服虎之能則不及也。優與不及，義正相對，則「及」上不當有「能」字。高注：「克，猶能也。」是指上句能字而言。正文「能」字，即因上句「能」字而衍。○俞樾云：高注於義難通，王氏念孫以「能」爲衍字，義亦未安。今按：此文蓋有錯誤，此注亦後人竄入，非高氏原文也。「克」當作「悳」，「及」當作「𠬝」，皆以形似而誤。悳者，惪之古文，與德字通。𠬝者，服之本字也。古書「服」字每作「𠬝」，而傳寫多誤爲「及」。尚書吕刑篇「何度非及」，大戴記王言篇「及其明德也」，「及」並「𠬝」字之誤，説詳羣經平議。此文本云：「蓋力優而悳不能𠬝也。」高注於上文注曰「力能殺虎，而德不能服之」，本當注於此句之下，「德不能服」四字即本正文。因「悳」誤作「克」，「𠬝」誤作「及」，遂移注於上文，又竄入「克猶能也」四字爲此句之注，而文義俱晦矣。

〔二〇〕【用韻】「能、力」之職通韻。

〔二一〕【版本】王溥本、王鎣本、汪本、張本、吴本、黄本、莊本、集解本「王」作「人」，餘本同藏本。

〔二二〕【箋釋】馬宗霍云：有通作又，此言火熱冰寒，物性自然如是，不復假於脩爲也。

〔二三〕【許注】言舟中之人同心救火，不相爲賜。

【版本】藏本注「相」誤作「租」，景宋本、茅本、汪本、莊本、集解本作「相」，今據改，葉本同藏本。朱本「不相爲賜」作「不約而同」。

【箋釋】劉文典云：御覽八百六十九引注「不相爲賜也」作「其用爲易」。○楊樹達云：今本文是也。僖公十年公羊傳云：「虞號之相救，非相爲賜。」何注云：「賜猶惠也。」僖公五年穀梁傳云：「虞號之相救，非相爲賜也。」此許注文所本。類書不得其義而妄改之，不足爲據。○吴承仕云：楊説是也。朱本作「不約而同」，亦後人所輒改，尤爲失之。

〔二四〕【用韻】「中、終」冬部。

〔二五〕【箋釋】于鬯云：「庸」當訓「償」，小爾雅廣言云：「庸，償也。」取庸而强飯之者，謂雖飯之而欲取償其飯值也。庸之言傭，説文人部云：「傭，均值也。」即償義。○陳直云：史記絳侯世家：「取庸苦之，不與錢。」「取庸」二字爲漢人習俗語。

〔二六〕【許注】登，猶入也。

〔二七〕【許注】以玉祭之者，質也。

〔二八〕【版本】藏本注「玉」作「王」，景宋本、王溥本、朱本、莊本、集解本作「玉」，今據改。

【箋釋】劉文典云：一尺，意林引作「五寸」，當以意林爲是。本書主術訓「五寸之鍵，制開闔之門」，楗即鍵也。○楊樹達云：説文舛部云：「舝，車軸耑鍵也。」又車部云：「轄，鍵也。」轄乃舝之或字，鎋與轄同。藝文類聚七十一、太平御覽七百七十三引尸子云：「文軒六駃題，無四寸之鍵，則車不行，小亡則大者不成也。」意林一、太平御覽七百七十三引子思子云：「終年爲車，無一尺之輪，則不可以馳。」此皆淮南語所本。本書人間篇云：「車之所以能轉千里者，以其要在三寸之轄」，文義正同。○雙棣按：方言五云：「户鑰，自關而東，陳楚之間謂之鍵。」

【用韻】「車、户」魚部，「鎋、馳」月歌通韻，「楗、藏」元陽合韻。

〔二九〕【許注】結，要終也。

【版本】藏本「行期」誤作「可斯」，蔣刊道藏輯要本作「行期」，今據改，王溥本、王鎣本、朱本、葉本、汪本、張本、吴本、黄本、莊本作「行思」，景宋本、茅本、集解本作「行斯」。

【箋釋】王念孫云：「斯」當爲「期」，字之誤也。（各本「斯」作「思」，乃後人以意改之，莊從各本作「思」，非。）言君子行事，必期其所終也。（高注：「結，要終也。」）下文「釋近斯遠，塞矣」，斯亦當爲期。○雙棣按：唐本玉篇殘卷糸部結字引淮南：「君子行斯乎其所結。」與今景宋本合。又引許注：「結，要也。」

心之精者，可以神化而不可以導人〔一〕；目之精者，可以消澤而不可以昭認〔二〕。在混冥之中，不可諭於人〔三〕。故舜不降席而天下治，桀不下陛而天下亂〔四〕，蓋情甚乎叫呼也〔五〕。無諸己，求諸人，古今未之聞也〔六〕。同言而民信，信在言前也〔七〕。同令而民化，誠在令外也〔八〕。聖人在上，民遷而化，情以先之也。動於上不應於下者，情與令殊也。故易曰：「亢龍有悔〔九〕。」三月嬰兒，未知利害也，而慈母之愛諭焉者，情也〔一〇〕。故言之用者，昭昭乎小哉〔一一〕！不言之用者，曠曠乎大哉！

身君子之言，信也〔一二〕。中君子之意，忠也。忠信形於内，感動應於外〔一三〕，故禹執干戚舞於兩階之間，而三苗服〔一四〕。鷹翔川，魚鼈沉〔一五〕，飛鳥揚〔一六〕，必遠害也〔一七〕。子之死父也，臣之死君也，世有行之者矣，非出死以要名也，恩心之藏於中而不能違其難也。故人之甘甘，非正爲蹠也〔一八〕，而蹠焉往〔一九〕。君子之憯怛，非正爲形也，諭乎人心〔二〇〕，非從外入，自中出者也。義尊乎君〔二一〕，仁親乎父，故君之於臣也，能死生之，不能使爲苟蕑易〔二二〕。父之於子也，能發起之，不能使無憂尋〔二三〕。故義勝君，仁勝父，則君尊而臣忠，父慈而子孝。

校釋

〔一〕【許注】導，教。

〔二〕【許注】昭，道。詔，誡也。不可以教導戒人。

【版本】景宋本注「昭」作「照」，王溥本注「誡」作「戒」，餘本同藏本。

【箋釋】洪頤煊云：上文「可以形勢接，而不可以照詔」，齊俗訓「日月之所照詔」，鹽鐵論相刺篇「天設三光以照詔」，「昭、照」古字通用，詔即記字。高注失之。○吴承仕云：洪説非也。作昭作照者，皆當爲「詔」。爾雅釋詁：「詔，道也。」此注正合雅訓，可證本自作「詔」，詔記即教戒也。要略篇：「發號施令，以時教期。」俞樾曰：「期當讀爲惎。杜注左傳，薛綜注西京賦，並云：『惎，教也。』是惎教同義。」（俞説止此。）教期亦作詔期。管子立政篇「明詔期」是也。「教、詔」聲近，「期、惎、記」聲同通假，可證「詔記」爲古人常語矣。彼言三光照記者，猶言天垂象，見吉凶，以譴告人君也。如訓昭爲明，則不成連語，與消澤亦不爲對文矣。洪氏以詔爲昭，以記爲記，改正是以就誤文，義更難了。○楊樹達云：「澤」當讀爲「釋」。「昭」當讀爲「詔」，説見前文。○馬宗霍云：消澤注文無解，今案，澤之爲言釋也。古「澤」與「釋」通。詩周頌載芟篇「其耕澤澤」，鄭箋云：「耕之則澤澤然解散。」陸德明釋文云：「澤澤音釋釋，注同。」孔穎達疏云：「其耕則釋釋然土皆解散。」又云：「釋訓云，釋釋然耕也。舍人云：釋釋猶藿藿，解散之意。」又夏小正云「農及雪澤」，管子乘馬篇作「農耕及雪釋」。史記孝武紀「古者先振兵澤旅」，裴駰集解引徐廣云：「古釋字作澤。」是知淮南本文之消澤即消釋。老子第十五章「渙兮若冰之將釋」，河上公注云：「釋者消亡。」則「消釋」猶「消亡」也。消亡者無形之意，蓋言目之精者可以視於無形，故云可以消澤也。○金其源讀「澤」爲「釋」，與楊、馬説同。

〔三〕【許注】混冥，人心中也。

〔四〕【箋釋】楊樹達云：北堂書鈔十五及百三十三、藝文類聚六十九引子思子云：「舜不降席而天下治，桀紂不降席而天下亂。」

〔五〕【許注】言雖叫呼大語，不如心行真直也。

【箋釋】劉績云：人從身教而不從言教也。

〔六〕【用韻】「人、聞」真文合韻。

〔七〕【用韻】「信、前」真元合韻。

〔八〕【箋釋】楊樹達云：中論貴驗篇引此四語作子思語，後漢書宣秉傳論亦有此四語，李注謂是子思子累德篇之辭。

【用韻】「信、前」真元合韻。

〔九〕【許注】仁君動極在上，故有悔也。

【版本】王溥本、朱本、葉本注「仁」作「人」，景宋本、茅本、汪本、莊本、集解本同藏本。

【箋釋】吴承仕云：注人君是也，作仁者，聲近而誤。

〔一〇〕【版本】王溥本、王鎣本、朱本、葉本、吴本「諭焉」作「愈篤」，餘本同藏本。

【箋釋】馬宗霍云：此言三月嬰兒雖不知利害，而能領諭慈母之愛者，因慈母以情先之也。意林引作「三月嬰兒未知利害，而慈母愛焉，情也」。删去「諭」字，全失原文之意。以此知凡校古籍，專恃彙書子鈔，實不可盡據，此亦其一也。劉家立淮南集證改作「而慈母愛之愈篤者情也」，不言所據，尤爲大妄。○于大成云：吕氏春秋具備篇曰「三月嬰兒，軒冕在前，弗知欲也；斧鉞在後，弗知惡也；慈母之愛諭焉，誠也」，即淮南所本。○許建平云：諭亦知也。言嬰兒雖不知利害，而能知慈母之愛。馬氏釋爲「領諭」，未爲切當。○雙棣按：馬説是。文子精誠篇作「三月嬰兒，未知利害，而慈母之愛愈篤者情也」，王溥本等據之改「諭焉」爲「愈篤」，集證又據之並改「之愛」爲「愛之」，皆非也。吕氏春秋具備篇「三月嬰兒，軒冕在前，弗知欲也；斧鉞在後，弗知惡也；慈母之愛諭焉，誠也」，爲淮南所本，許謂馬釋未爲切當，失之。「領諭」即「领會知曉」之意。

〔一一〕【箋釋】楊樹達云：禮記中庸篇云：「今夫天，斯昭昭之多。」鄭注云：「昭昭猶耿耿，小明也。」疏云：「昭昭，狹小之貌。」

〔一二〕【許注】身君子之言，體行君子之言也。

【箋釋】梁玉繩云：「身君子之言，信也。」即左傳人言爲信，中心爲忠之義。周禮大宗伯「侯執信圭」，注：「信當爲身，聲之誤也。」身言爲信，較人言爲信義更勝。

〔一三〕【用韻】「內、外」物月合韻。

〔一四〕【許注】三苗畔禹，禹風以禮樂而服之也。

〔一五〕【許注】禹以德服三苗，猶鷹翔川上，魚鼈恐，皆潛。

【箋釋】于鬯云：此注謬甚。且上文既言「三苗畔禹，禹風以禮樂而服之」，則何必復言「禹以德服三苗」？下文注云「鷹懷欲害之心」，與禹正相反，何得言「禹以德服三苗，猶鷹翔川上」乎？疑「禹以德服三苗猶」七字，後人妄加，否則此注及下「飛鳥揚」注云「鳥見鷹而揚去」并二十二字與上下文注當爲兩家之説。蓋下注既總言鳥魚知其情實必遠之，亦不煩析言「魚鼈恐，皆潛」，「鳥見鷹而揚去」矣。特執高執許，無以別之，論義則上下文注是而此非也。陸心源淮南子高許二注考以此篇皆爲許注，則仍不可通。（陸以繆稱、齊俗、道應、詮言、兵略、人間、泰族、要略八篇爲許注。）

〔一六〕【許注】鳥見鷹而揚去。

〔一七〕【許注】鷹懷欲害之心，鳥魚知其情實，故遠之。

【版本】藏本注「鳥」上有「故」字，王溥本無，今據删，餘本同藏本。

【箋釋】王念孫云：「遠害」本作「遠實」，此後人以意改之也。據高注云「鷹懷欲宎（宎與肉同，欲肉者，欲食肉也，各本「宎」字皆誤作「害」，辯見原道篇「欲寅之心」下）之心，鳥魚知其情實，故遠之」，則本作「遠實」明矣。太平御覽鱗介部四引此，正作「遠實」。此承上文「忠信行於內，感動應於外」而言，言禹有忠信之實，故舞干戚而三苗服；鷹有欲肉之實，故魚鳥皆遠之。若無其實而能動物者，則未之有也。後人改「遠實」爲「遠害」，失其指矣。〇楊樹達云：「害」字文義甚明，注云「鷹懷欲害之心」，即本文作「害」之證。王氏云正文當作「遠實」，果如其說，文止云「遠實」，何以知其爲欲肉之實邪？凡人有所蔽，則目不見丘山，王氏校他「害」字作「宎」及此「害」字作「實」，皆蔽之尤甚者也。〇馬宗霍云：此處正文及注皆不誤，注「以欲害之心」申正文「害」字，又以「情實」二字自申注之「心」字。蓋鷹之迴翔川上，其意將伺魚鼈與飛鳥之閒而攫取之以爲食也。魚鳥知其有害己之心，因而沈伏揚去，故曰必遠害也。王念孫據御覽引「遠害」作「遠實」，乃謂正文「遠害本作遠實」。因此又謂注文「欲害本作欲宎，宎與肉同」。其説雖辯，然「遠實」意晦。且御覽引注亦作「欲害之心」，不作「欲宎」。余疑御覽引正文「遠實」者，即緣兼引注文情實之句，涉彼「實」字而誤「害」爲「實」耳。此當以淮南訂御覽，不當援御覽改淮南。〇于大成云：楊説是也。晏子春秋内篇雜上三十章：「晏子居晏桓子之喪，麤衰，斬，苴絰帶，杖，菅屨，食粥，居倚廬，寢苦枕草。其家老曰：『非大夫喪父之禮也。』晏子曰：『唯卿爲大夫。』曾子以聞孔子，孔子曰：『晏子可謂能遠害矣。不以已之是駁人之非，遜辭而避咎，義也夫！』」（亦見家語曲禮子夏問，並本於左襄十七年傳。）與此文事異而義同。彼文晏子以遜辭遠害，此文魚鳥以沈揚遠害。果如王説，則當亦改爲遠實，解爲遠時人嫉害之實乎？御覽「實」字，明是「害」字之誤，其引注文「欲害之心」，「害」字則不誤。

〔一八〕【許注】人之甘甘，猶樂樂而爲之。臣之死君，子之死父，非以求蹠蹠也。

【箋釋】劉績云：「甘甘」疑當作「甘餌」。○吳承仕云：下文云：「故人之憂喜，非爲蹝蹝焉往生也。」注云：「言非爲冀幸往生利意也。」下文又云：「各從其蹠而亂生焉。」注云：「蹠，願也。」人之憂喜，非爲蹝蹝，即「蹠」字之譌。注以冀幸釋蹠，冀幸，亦願也。本篇蹠字數見，義皆爲願。高注以冀願釋蹠，蓋讀「蹠」爲庶幾之「庶」。此處蹠字先見，宜有訓釋之詞。故此注當作「非以求蹠（句）。蹠（讀），願也（句）。」今本誤奪「願」字，似以蹠蹠爲疊字連語，與上下文義，並不合矣。（本文當云：「人之甘，非以求蹠也。」下一甘字誤衍，應删。注云：「人之甘（句）。甘猶樂（句）。樂而爲之。」可證本文不當重「甘」字。呂覽高注引淮南記曰：「人甘非正爲蹠也。」尤其明證矣。）○向承周云：「甘」字涉注文而誤重。注文「人之甘，（複舉正文。）甘猶樂，（以樂釋甘，後文云「甘樂之者也」。）樂而爲之。臣之死君，子之死父，非以求蹠。蹠，願也。（今本脱「願」字，下文注「蹠，願也」，當據補。）」後人誤以注文「甘甘」連讀，遂臆加「甘」字耳。呂覽功名篇注引此文不疊「甘」字，可證今本之譌。

〔一九〕【許注】言蹠乃往至也。

【箋釋】吴闓生云：甘肉者，非甘爲蹠也。然蹠美自無不食，故云焉往。注似未達。○馬宗霍云：注以蹠蹠釋蹠，不解蹠爲何義。下文「各從其蹠而亂生焉」，彼注云：「蹠，願也。」疑本文之蹠亦當訓爲願。蹠有願義，蓋從庶來。古或通作庶。爾雅釋言、詩毛傳、鄭箋皆云：「庶，幸也。」易繫辭傳下「其殆庶幾乎」，李鼎祚周易集解引侯果注，又文選傳長虞贈何劭王濟詩李善注引國語賈逵注，皆云：「庶，冀也。」冀、幸並與願義近。蹠蹠連文，亦即冀幸之貌。冀幸猶願望矣。甘甘者，猶言甘其所甘，注以樂樂釋之，猶言樂其所樂也。「正」者，當讀如孟子「必有事焉而勿正」之正。正猶定也。引申之，凡事預爲之定亦謂之正。淮南本文之意，蓋言子之死父，臣之死君，皆心以爲而赴若甘，非必定爲願得忠孝之名也，而忠孝之名自隨之而至，即行不與名期而名從之也。

〔二〇〕【版本】藏本「爲」下有「僞」字，王溥本、王鎣本、葉本、吴本無，今據删，餘本同藏本。

【箋釋】吴闓生云：「僞」字衍。○吕傳元云：此與上文「非正爲蹠也」對言，「爲」下不當有「僞」字。「僞」蓋因「爲」而誤入也。疑衍。○王叔岷云：「僞」猶「爲」也，「僞」上不當更有「爲」字，此淺人依文子精誠篇所加也。王念孫引此文，徑删「爲」字，是也。○于大成云：「諭」上當有「而」字，上句「而蹠焉往」有「而」字，此與之相對，亦當有「而」字。○雙棣按：上文「人之甘甘，非正爲蹠也」，與此「君子之慘怛，非正爲形也」句法一律，且王溥本等皆作「爲」而無「僞」字，吴、吕説是。

〔二〕【版本】汪本、張本、黄本、莊本、集解本「尊」作「正」，餘本同藏本。

〔三〕【許注】君不能使臣爲苟合易行之義。

【版本】各本「蕳」作「簡」。

【箋釋】王念孫云：「簡」字後人所加，高注云「君不能使臣爲苟合易行之義」，則無「簡」字明矣。下文曰「父之於子也，能發起之，不能使無憂尋」，與此相對爲文，加一「簡」字，而文不成義，且與下文不對矣。◯吕傳元云：「簡」字不當衍，「易」字衍文也。高注「易行之事」，正解「簡」字之意。今本作「苟簡易」者，後人注「易」於「簡」字旁，因誤入也。「苟簡」連文，莊子外篇天運云：「食於苟簡之田。」是其證。◯雙棣按：吕説似是。莊子天運云：「食於苟簡之田，……苟簡，易養也。」成玄英疏云：「苟，且也；簡，略也。苟簡，苟且簡素，自足而已，故易養也。」

〔三〕【許注】憂尋，憂長也，仁念也。仁念，父母不樂子之如此，然不能止。

【版本】王溥本、王鎣本、吴本「發」作「廢」，餘本同藏本。

【箋釋】于省吾云：「憂尋」與上文「苟易」對文，訓「憂長」則非對文矣。下文「其憂尋推之也」注：「憂尋，憂深也。」憂深於義亦未符。「尋」應讀作「憛」。古從尋從覃字通，詳本經篇「呼吸浸潭」條。廣雅釋詁：「憛，思也。」釋訓：「悇憛，懷憂也。」王氏疏證謂憂與思同義。然則此文憂憚即憂思。思與憂亦相因，猶上文之苟與易也。○蔣禮鴻云：「發」讀作「廢」，「能廢起之」與上文「能生死之」相對。廢起二字亦相對，荀子天論篇「一廢一起」是也。墨子非命上篇：「廢以爲刑政。」中篇作「發而爲刑政」，下篇作「發而爲政乎國」。史記貨殖列傳：「子贛廢著鬻財於曹魯之間。」漢書作「發貯鬻財」。是「廢、發」相通之例。

聖人在上，化育如神。太上曰：「我其性與〔一〕！」其次曰：「微彼其如此乎〔二〕！」故詩曰：「執轡如組。」易曰：「含章可貞。」動於近，成文於遠〔三〕。夫察所夜行，周公慙乎景，故君子慎其獨也〔四〕。釋近斯遠，塞矣〔五〕。聞善易，以正身難，夫子見禾之三變也〔六〕，滔滔然曰：「狐鄉丘而死，我其首禾乎〔七〕！」故君子見善則痛其身焉〔八〕。身苟正，懷遠易矣〔九〕。故詩曰：「弗躬弗親，庶民弗信〔一〇〕。」小人之從事也，曰苟得，君子曰苟義〔一一〕，所求者同，所期者異乎〔一二〕！擊舟水中，魚沉而鳥揚，同聞而殊事，其情一也。僖負羈以壺飧表其閭〔一三〕，趙宣孟以束脯免其軀〔一四〕，禮不隆〔一五〕而德有餘〔一六〕，仁心之感恩接而憯怛生，故其入人深。俱之叫呼也，在家老則爲恩厚，其在債人則生爭鬬〔一七〕。故曰：「兵莫憯於意志，莫邪爲下；寇莫大於陰陽，枹鼓爲小〔一八〕。」

聖人爲善〔一九〕，非以求名而名從之，名不與利期而利歸之。故人之憂喜，非爲蹠，蹠焉往生也〔二〇〕。故至至不容〔二一〕。故若眯而撫〔二二〕，若跌而據〔二三〕。聖人之爲治，漠然不見賢焉，終而後知其可大也。若日之行〔二四〕，騏驥不能與之争遠〔二五〕。今夫夜有求，與瞽師併，東方開，斯照矣〔二六〕。動而有益，則損隨之〔二七〕。故易曰：「剥之不可遂盡也，故受之以復〔二八〕。」

積薄爲厚，積卑爲高，故君子日孳孳以成煇，小人日快快以至辱〔二九〕。其消息也，離朱弗能見也〔三〇〕。文王聞善如不及，宿不善如不祥〔三一〕，非爲日不足也，其憂尋推之也〔三二〕。故詩曰：「周雖舊邦，其命維新〔三三〕。」

懷情抱質，天弗能殺，地弗能薶也，聲揚天地之間，配日月之光，甘樂之者也。苟鄉善，雖過無怨；苟不鄉善，雖忠來患〔三四〕。故怨人不如自怨，求諸人不如求諸己，得也〔三五〕。聲自召也，貌自示也，名自命也，文自官也〔三六〕，無非己者。操鋭以刺，操刃以擊，何怨乎人〔三七〕！故筦子，文錦也，雖醜登廟〔三八〕；子産，練染也，美而不尊〔三九〕。虚而能滿，淡而有味，被褐懷玉者。故兩心不可以得一人，一心可以得百人〔四〇〕。男子樹蘭，美而不芳〔四一〕，繼子得食，肥而不澤〔四二〕，情不相與往來也〔四三〕。

校　釋

〔一〕【許注】太上，皇德之君也。我性自然也。

〔二〕【許注】其次，五帝時也，其民如此，故我治之如彼。

【箋釋】向承周云：鄭君注曲禮以太上爲帝皇之世，其次爲三王之世。實則太上猶言最高，以道之高下言，非以時之先後言。左氏稱太上有立德，其次有立功，其次有立言，意亦如此。

〔三〕【箋釋】雙棣按：淮南引詩見詩經邶風簡兮、鄭風大叔于田。引易見周易坤卦六三。

【用韻】「近、遠」文元合韻。

〔四〕【箋釋】王念孫云：「慙」上當有「不」字，方與下意相屬。文子精誠篇作「聖人不慙於景。」（晏子春秋外篇「君子獨立不慙于景，獨寢不慙於魂。」）

【用韻】「行、景」陽部。

〔五〕【箋釋】王念孫云：「斯」當爲「期」。「釋近期遠塞矣」，謂道在邇而求諸遠，則必塞也。文子精誠篇作「舍近期遠」，是其證。

〔六〕【許注】夫子，孔子也。三變，始於粟，粟生於苗，苗成於穗也。

【箋釋】梁玉繩云：後漢書張衡傳注引淮南子曰：「孔子見禾三變始於粟，生於苗，成於穟，乃歎曰：『我其首禾乎？』」引高誘注曰：「禾穟向根，君子不忘本也。」文選思玄賦注「穟」作「穗」，所引亦同。疑正文竄入注中。

〔七〕【許注】禾穗垂而向根，君子不忘本也。

【版本】藏本注「忘」誤作「忌」，除茅本同藏本外，餘本均作「忘」，今據改。

【箋釋】劉文典云：文選思玄賦注引，「滔滔然曰」作「乃歎曰」。○于大成云：後漢書張衡傳注引「滔滔然曰」亦作「乃歎曰」，唯御覽八百三十九引與今本同。疑選注、後漢書注是以意改。又案選注、後漢書注引文標高誘，然則今本廼高注羼入者也。

【用韻】「死、禾」脂歌合韻。

〔八〕【許注】痛己身善惡自在也。

【用韻】「善、身」元真合韻。

〔九〕【許注】懷，來。

〔一〇〕【箋釋】雙棣按：淮南引詩見詩經小雅節南山。

【用韻】「親、信」真部。

〔一一〕【箋釋】蔣禮鴻云：苟得、苟義之苟，乃説文「苟自急敕也」之苟，義與墨子非儒篇「曩與女爲苟生，今與女爲苟義」同。王念孫墨子雜志曰：「苟讀爲『亟其乘屋』之『亟』，亟，急也。説文：『苟，自亟敕也，從羊省，從勹口。勹口猶慎言也。』（舊本誤作從包省，從口。口猶慎言也。今依段注改。）曩與女爲苟生，今與女爲苟義者，曩謂在陳蔡時也，今謂哀公賜食時也。（具見上文。）言曩時則以生爲急，今時則以義爲急也。案苟字不見經典，唯爾雅『亟，速』釋文曰：『亟字又作苟，同居力反。』此釋文中僅見之字，而通志堂本乃改苟爲急，謬矣。釋文之外，唯墨子書有之，亦古文之僅存者，良可貴也。」王氏釋墨義甚明確，而不引淮南，則偶疏也。

〔一二〕【用韻】「事、得、異」之職通韻。

〔一三〕【許注】釐負羈，曹臣。晉重耳出，過曹，負羈遺以壺飧，重耳反晉，伐曹，令兵不入其閭。

【版本】茅本、汪本、張本、黄本、莊本、集解本正文及注「飧」作「餐」，餘本同藏本。

【箋釋】楊樹達云：「餐」字誤，當作「飧」。僖負羈事見左傳僖公二十三年。

〔一四〕【許注】趙宣孟，晉卿，以束脯活靈輒，後免其難也。

【箋釋】楊樹達云：趙宣孟事見左傳宣公二年。

〔一五〕【許注】隆，多也。

〔一六〕【用韻】「閭、軀、餘」魚侯合韻。

〔一七〕【版本】莊本、集解本「債」作「責」，餘本同藏本。

【用韻】「厚、鬬」侯部。

〔一八〕【版本】藏本「枹」誤「抱」，王溥本、王鎣本、莊本、集解本作「枹」，今據改，餘本同藏本。

【用韻】「下、小」魚宵合韻。

〔一九〕【版本】藏本「善」作「害」，各本均作「善」，今據改。

〔二〇〕【許注】言非爲冀幸往生利意也。

【箋釋】于鬯云：此當讀「故人之憂喜非爲蹠（句），蹠焉往生也（句）」，與上文言「故人之甘甘非正爲蹠也，而蹠焉往」句法同。此言蹠，猶彼言蹠。（或謂蹠蹠二字形頗相似，當有一誤。）明蹠蹝不連讀。（又案：高彼注却出蹠蹠字，可疑。）○陶鴻慶云：此文語不可曉。蹝，玉篇云：「行皃。」於本文之義絶不相涉。「蹝」疑「蹠」字之誤。「人」上當有「聖」字，「生也」二字又誤倒在下，元文當云：「故聖人之憂喜，非爲蹠生也，蹠焉往。」本篇後文「各從其蹠而亂生焉」，高注云：「蹠，願也。」即此蹠字之義。此承上文「聖人爲善，非以求名而名從之，名不與利期，而利歸之」而言，謂聖人之憂喜，非爲願欲而生，而其願欲自至也。本篇上文云：「故人之甘甘，非正爲蹠也，而蹠焉往。」文義並與此同。○馬宗霍亦謂「蹝」爲「蹠」之誤。○向承周云：憂喜當爲憂尋，而「蹝」字乃「蹠」之誤，「生」字涉注文而衍，注文「生」字又「至」字之誤。此本作「故人之憂尋非爲蹠，蹠焉往也。」言非爲自求其所願而所願乃往至也。上文「人之甘，非正爲蹠也，而蹠焉往」，注云：「言蹠乃往至也。」正與此文一例。今注文「至」誤爲「生」，正文又因注文加「生」字，遂與上文乖剌矣。

〔二〕【許注】至道之人不飾容也。

【版本】王溥本、王鎣本、朱本、茅本、葉本、汪本、張本、吴本、黄本、莊本、集解本下「至」字作「人」，景宋本同藏本。

【箋釋】王念孫云：劉本改「至至」爲「至人」，（各本及莊本同。）又下文「故至至之人，不可遏奪也」，高注曰：「言至道之人，其心先定，不可臨以利，奪其志也。」劉本又改「至至」爲「至道」。（各本及莊本同。）案：劉不解「至至」二字之意，又見高注兩言「至道之人」，故或改爲「至人」，或改爲「至道」，不知至至即至道也。至至之人即至道之人也。下文云：「故聖人栗栗乎其内，而至乎至極矣。」至乎至極，即所謂至至也。本經篇「未可與言至也」，高注亦曰：「至，至德之道也。」是道之至極即謂之至，至乎至之至極即謂之至至。故此兩注皆以至至爲至道也。劉不曉注意，而以注文改正文，謬矣。下文又云：「至至之人，（唯此至至二字，劉本未改。）不慕乎行，不慙乎善。」「至至」二字，前後三見，何不察之甚也。

〔二二〕【許注】眯，芥入目也。撫，捫之。從中發，非爲觀容之也。

【版本】王溥本、張本、黄本、莊本、集解本注「容」下無「之」字，餘本同藏本。

〔二三〕【許注】趹，仆。

【箋釋】陶方琦云：大藏音義十六、六十二、六十四引許注：「趹，仆也。」按：大藏音義所引許注在繆稱至要略八篇中者注文盡同，益見八篇之碻爲許注，而唐人所引淮南多爲許本可知也。◎易順鼎云：説文足部：「趹，踼也。」與此小異者。漢書王式傳「陽醉逿地」，注：「失據而倒也。」踼、逿字同。文選吴都賦「魂褫氣懾而自踼跌」，注：「踼跌皆頓伏也。」正與許義相同。脩務篇「趹蹏而趨」，注：「趹，疾行也。」脩務篇乃高注本，故與許異。

【用韻】「撫、據」魚部。

〔二四〕【許注】日行，人不見也。

【版本】張本、黄本、莊本、集解本無此注，餘本同藏本。

〔二五〕【用韻】「大、遠」月元通韻。

〔二六〕【許注】言人見照用，瞽者猶闇而無爲，人而以治事用思也。

【版本】王溥本注「照」下「用」字作「同」，「人」下「而」字作「則」，餘本同藏本。（朱本無「而」字。）

【箋釋】劉績云：人夜而有求，雖有目亦如瞽師之無目，以其無所用明也。若東方開，則能見，而與之異。「照」當作「昭」。○馬宗霍云：此蓋言人夜而有求，與瞽師相同，所謂闇中摸索也。東方開則天明，明則萬物皆見矣。此承上文「聖人之爲治」來，而以譬喻之辭申之。夜有求與瞽師併，即上文「漠然不見賢焉」之謂也。「東方開斯照矣」，即上文「終而後知其可大也」之謂也。注文晦曲，意不甚了。

〔二七〕【許注】益所以爲損也。

〔二八〕【許注】言物剥落而復生也。

【箋釋】于大成云：今本周易序卦傳云：「剥者剥也，物不可以終盡，剥窮上反下，故受之以復。」與淮南引異。

〔二九〕【版本】王溥本、王鎣本、葉本、汪本、張本、吴本、黄本、莊本、集解本「怏怏」作「怏怏」，景宋本、茅本同藏本。

【箋釋】陳昌齊云：怏怏，道藏本作「怏怏」，考荀子榮辱篇云：「怏怏而亡者怒也。」注云：「肆其快意而亡。」當以「怏怏」爲是。○雙棣按：陳説是。王先謙荀子集解云：「怏怏即肆意之義。」

戰國策趙策二「恭於教而不快」，高誘注：「快，謂縱逸。」荀子大略「賤師而輕傳，則人有快；人有快，則法度壞」，楊倞注：「人有肆意。」此快快亦謂肆意縱逸也。

〔三〇〕【版本】藏本「朱」作「珠」，王溥本、王鎣本、朱本、茅本、汪本、張本、黄本、莊本、集解本作「朱」，今據改，餘本同藏本。

〔三一〕【箋釋】馬宗霍云：説文：「宿，止也。」詩周頌有客篇「有客宿宿」，毛傳云：「一宿曰宿。」淮南「宿」字當兼毛、許兩義。「宿不善如不祥」者，即不欲使不善之事一宿止於其身也，亦即論語「見不善如探湯」之意。〇向承周云：「宿不善」當作「宿善」。宿，留也，謂知其善留而不行也。墨子公孟篇曰：「吾聞之曰：宿善者不祥。」説苑政理篇曰：「太公曰宿善不祥。」皆其明證。（文子上德篇襲此文亦誤衍「不」字。）〇何寧云：向説是也。荀子大略篇云：「無留善，無宿問。」〇雙棣按：向、何説是。論語顔淵篇云：「子路無宿諾。」朱熹集注云：「宿，留也，猶宿怨之宿。急於踐言不留其諾也。」此與「宿善」句式語義略同。荀子大略楊倞注云：「有善即行，無留滯也。」銀雀山竹簡六韜云：「三年而天下二（垂）歸之，□□……曰：吾聞宿善者不□，且日不足……」簡文「不」下亦當是「祥」字。

〔三二〕【許注】憂尋，憂深。

〔三三〕【許注】新國命也。

【版本】藏本注「命」作「者」，朱本作「命」，今據改，景宋本、王溥本、葉本、莊本、集解本同藏本。

【箋釋】吴承仕云：朱本作「命」是也，作「者」無義。

〔三四〕【用韻】「善、怨、善、患」元部。

〔三五〕【箋釋】楊樹達云：「得」字衍文，集證删之是也。○馬宗霍云：「得也」二字雙承上兩句，言怨人不如自怨之爲得，求諸人不如求諸己之爲得也。古人行文多此例。淮南集證删去「得」字，非是。

〔三六〕【箋釋】陶鴻慶云：「文」當從文子上德篇作「人」。○楊樹達云：中論貴驗篇引子思語，文略同。彼文云：「人自官也。」本文「文自官也」，「文」字當從彼作「人」。

〔三七〕【版本】藏本「擊」下衍「自召也貌」四字，「何」下衍「自」字，王溥本、王鎣本、葉本、張本、吴本、黄本、莊本、集解本不衍，今據删，景宋本、茅本同藏本。朱本「擊」下有「自取之也其」五字，「何」下亦無「自」字。

【用韻】「刺、擊」錫部。

〔三八〕【許注】筦仲相齊，明法度，審國刑，不能及聖，猶文錦，雖惡，宜以升廟也。

【版本】張本、黄本、莊本注無「不能及聖」四字，餘本同藏本。

【箋釋】劉文典云：御覽四百四十七引注：「相桓公，以霸功成事，衣文錦之服，大書在明堂，故曰雖醜登廟也。」

〔三九〕【許注】子産相鄭，先恩而後法，猶練染爲衣，温厚而非宗廟服也。

【箋釋】劉文典云：御覽引，「練」作「絹」。又引注云：「子產相鄭，以乘車濟朝涉者。孟子曰：『惠而不知爲政。』絹染者，以子產喻母人。月令曰：『命婦官染絹。』温暖其民，如人之母也。」二注與今注迥異。繆稱訓乃許注本，則御覽所引殆高注也。又八百十五引，「練染」作「練帛」，注云：「雖不及聖，猶文錦也。子產先思後去，如綵帛，雖温，不堪爲宗廟服。」與今注略同。知御覽前後兩引，爲許、高二本矣。家語：「子思子曰：『管仲續錦也，雖惡而登朝。子產練絲也，雖美而不尊。』」即本此文也。○楊樹達云：太平御覽八百十五引子思子文略同，惟「文錦」作「續錦」，「登廟」作「登朝」，「練染」作「練絲」爲異。此淮南及僞撰家語者同用子思子文爾。今云家語本淮南，非其實也。淮南未明記何人之語，撰家語者何由知其爲子思子之言乎？○于大成云：事類賦注十引「練染」亦作「練帛」，引注同御覽八百十五，唯「先思後去」「去」作「法」，則「思」亦當从今本作「恩」。二文既引正文作「練帛」，注又出「練帛」，則許本當作「練帛」。御覽四百四十七引文作「絹染」，注亦出「絹染」，是高本當作「絹染」。今本作「練染」，乃許、高二本相亂而然。

〔四〇〕【箋釋】楊樹達云：意林一及太平御覽三百七十六引子思子云：「百心不可得一人，一心可得百人。」晏子春秋問篇下及外篇上並云：「一心可以事百君，三心不可以事一君。」

【用韻】「人、人」真部。

〔四一〕【許注】蘭，芳草，女之美芳也。男子樹之，蓋不芳。

【版本】藏本注「女」作「艾」，景宋本作「女」，今據改，王溥本、茅本、汪本、莊本、集解本同藏本，朱本作「藝」。

【箋釋】劉文典云：御覽九百八十三引注，「艾之美芳也」作「女之美芳色」，傳寫宋本「艾」亦作「女」。○吴承仕云：朱本作「藝之美芳也」，疑注文當作「蘭，芳草，女藝之，美芳也」。莊本作「艾」者，即「女」字之譌，女下奪一「藝」字。朱本則「藝」上奪一「女」字。注言女子藝蘭，美而且芳，男子樹之，則美而不芳。又案埤雅曰：「淮南子云：『男子樹蘭，美而不芳。』説者以爲蘭，女類，故男子樹之不芳。」（毛晉毛詩陸疏廣要説同，蓋轉引埤雅説耳。）疑陸佃所據，蓋淮南注文。然則此文尚有奪字，不能輒定。○于大成云：御覽引作「女之美芳也」，與景宋本合，劉氏所見本「也」作「色」，殆是誤本。

【用韻】「蘭、芳」元陽合韻。

〔四二〕【許注】繼子有假母也。

【用韻】「食、澤」職鐸合韻。

〔四三〕【箋釋】劉文典云：御覽引，「情」作「精」。○于大成云：御覽三百七十八、爾雅翼二一、萬卷精華九、喻林五十六、諸子類語四引此文並作「情」，各本同。然「精」亦古通「情」，二字聲同也。下文「情先動」，注云「言人君以精動導民也」，亦二字互通之證。○雙棣按：當以作「精」爲是。呂氏春秋精通篇云「精或往來也」，又云「兩精相得」，「情」蓋「精」字之借。

生，所假也；死，所歸也。故弘演直仁而立死〔一〕，王子閭張掖而受刃〔二〕，不以所託害所歸也。故世治則以義衛身，世亂則以身衛義〔三〕。死之日，行之終也，故君子慎一用之〔四〕。無勇者，非先慴也，難至而失其守也；貪婪者，非先欲也，見利而忘其害也。虞公見垂棘之璧，而不知虢禍之及己也〔五〕。故至至之人，不可遏奪也〔六〕。

人之欲榮也，以爲己也，於彼何益。聖人之行義也，其憂尋出乎中也，於己何以利〔七〕。故帝王者多矣，而三王獨稱；貧賤者多矣，而伯夷獨舉。以貴爲聖乎，則(聖)[貴]者衆矣〔八〕；以賤爲仁乎，則賤者多矣，何聖仁之寡也〔九〕。獨專之意樂哉！忽乎日滔滔以自新，忘老之及己也〔一〇〕，始乎叔季，歸乎伯孟，必此積也〔一一〕。不身遁，斯亦不遁人〔一二〕，故若行獨梁，不爲無人不競其容〔一三〕。故使人信己者易，而蒙衣自信者難〔一四〕。情先動〔一五〕，動無不得〔一六〕；無不得則無莙，發〔一七〕莙而後快〔一八〕。故唐虞之舉錯也，非以偕情也〔一九〕，快己而天下治；桀紂非正賊之也，快己而百事廢，喜憎議而治亂分矣〔二〇〕。

聖人之行，無所合，無所離，譬若鼓，無所與調，無所不比〔二一〕。絲筦金石，小大脩短有敘，異聲而和。君臣上下，官職有差〔二二〕，殊事而調。夫織者日以進〔二三〕，耕者日以却〔二四〕，事相反，成功一也。申喜聞乞人之歌而悲，出而視之，其母也〔二五〕。艾陵之戰也，夫差曰：「夷聲陽，句吴其庶乎〔二六〕！」同是聲而取信焉異，有諸情也〔二七〕。故心哀而歌不樂，心樂而哭不哀。夫子曰：「絃則是也，其聲非也〔二八〕。」

文者，所以接物也，情繫於中而欲發外者也。以文滅情則失情，以情滅文則失文。文情理通，則鳳麟極矣〔二九〕，言至德之懷遠也。輸子陽謂其子曰：「良工漸乎矩鑿之中〔三〇〕。」矩鑿之中，固無物而不周〔三一〕，聖王以治民，造父以治馬，醫駱以治病〔三二〕，同材而各自取焉〔三三〕。上意而民載，誠中者也〔三四〕。未言而信，弗召而至，或先之也，慽於不己知者，不自知也〔三五〕。矜怚生於不足〔三六〕，華誣生於矜〔三七〕。誠中之人，樂而不慽，如鴞好聲〔三八〕，熊之好經〔三九〕，夫有誰爲矜〔四〇〕！

春女思，秋士悲〔四一〕，而知物化矣。號而哭，嘰而哀，知聲動矣〔四二〕。容貌顔色，詘伸倨佝〔四三〕，知情僞矣。故聖人栗栗乎其內，而至乎至極矣。功名遂成，天也。循理受順，人也〔四四〕。太公望、周公旦，天非爲武王造之也；崇侯、惡來，天非爲紂生之也〔四五〕；有其世，有其人也。教本乎君子，小人被其澤；利本乎小人，君子享其功。昔東戶季子之世〔四六〕，道路不拾遺，耒耜餘糧宿諸晦首〔四七〕，使君子小人各得其宜也。故一人有慶，兆民賴之〔四八〕。

校釋

〔一〕【許注】弘演，衛懿公臣。狄人攻衛，食懿公，其肝在，弘演剖腹以盛之也。

【箋釋】楊樹達云：事具吕氏春秋忠廉篇。

〔二〕【許注】楚白公欲立王子閭爲王，不可。刺之以兵，子閭不受。

【箋釋】顧廣圻云：注「刺」疑當作「劫」。○楊樹達云：事具哀公十六年左傳。

〔三〕【用韻】「死、刃」脂文合韻。

〔四〕【用韻】「歸、義」微歌合韻。

〔五〕【用韻】「終、用」冬東合韻。

〔六〕【箋釋】楊樹達云：事具僖公二年春秋三傳。

〔七〕【許注】言至道之人，其心先定，不可臨以利，奪其志也。

【版本】王溥本、王鎣本、朱本、茅本、葉本、汪本、張本、吴本、黄本、莊本、集解本「至至」作「至道」，景宋本同藏本。

〔八〕【箋釋】劉績云：一本無「以」字。○雙棣按：劉説是，上文「於彼何益」，此文「於己何利」，正相對爲文。

【版本】藏本「則」下「貴」字作「聖」，據陶鴻慶等校改，各本同藏本。

【箋釋】楊樹達云：「聖者衆」當作「貴者衆」，此涉上「聖」字而誤也。下句云：「以賤爲仁乎，則賤者多矣。」今誤作「聖者衆」，與下句文例不一矣。下文又云：「何聖仁之寡也！」若作「聖者衆」，又與下文相反矣。是以知之。○陶鴻慶、胡懷琛、向承周與楊説同。

【用韻】「聖、衆」耕冬合韻。

〔九〕【版本】藏本「仁」作「人」，除茅本同藏本外，餘本均作「仁」，今據改。

〔一〇〕【版本】王溥本、王鎣本、吴本「也」字作「矣」，餘本同藏本。

〔一一〕【許注】言自少而至長。

〔一二〕【許注】遁，隱也。己不自隱身之行，亦不隱之於人故也。

【箋釋】王念孫云：不身遁，「身」當爲「自」，字之誤也。（據高注云「不自隱身之行」，則所見本已誤作身。）上文「非自遁也」，高注云：「遁，欺也。」（廣雅同。遁字亦作遯，脩務篇「審於形者不可遯以狀」，高注云：「遯，欺也。」）此言自遁，亦謂自欺也。不自欺斯不欺人，故下二句云「若行獨梁，不爲無人不兢其容」，謂不自欺也。古者謂欺爲遁，管子法禁篇曰：「遁上而遁民者，聖王之禁也。」謂上欺君而下欺民也。賈子過秦篇曰：「姦僞並起而上下相遁。」史記酷吏傳序曰：「姦僞萌起，其極也，上下相遁。」皆謂上下相欺也。○于鬯云：身義即是自義，不必改字，特不當如高注於身外增自義耳。○雙棣按：于説是。身即有自義，爾雅釋詁：「身，我也。」我即自義。穀梁傳昭公十九年：「心志不通，身之罪也。」楚辭九章惜誦：「吾誼先君而後身兮。」此二身字皆謂自身。然王謂「遁」爲「欺」是。

〔一三〕【許注】獨梁，一木之水榷也，行其上，常兢兢恐陷也。

【版本】藏本注「榷」作「權」，王溥本作「榷」，今據改，景宋本、葉本同藏本，茅本、汪本、張本、黄本、莊本、集解本作「橋」。朱本「之水榷」作「横水上」。

【箋釋】吴承仕云：注文當作「一木之水榷也」。廣雅釋宫：「榷，獨梁也。」是其證。莊、朱本雖可通，疑是後人所改。○雙棣按：吴説是。已據王溥本改。王念孫廣雅疏證引繆稱篇此注亦作「榷」。

【用韻】「梁、容」陽東合韻。

〔一四〕【許注】及身不信，故難。

【箋釋】楊樹達云：「及身」當作「反身」，以形近誤耳。○向承周云：衣謂衾也，即論語「必有寢衣」之衣。劉子慎獨篇「寢不愧衾」，即此意。

〔一五〕【許注】言人君以情動導民也。

【版本】藏本注「情」作「精」，王溥本、朱本、茅本、葉本、莊本、集解本作「情」，今據改，景宋本、汪本同藏本。茅本、汪本、莊本、集解本此注連下二句注俱在「後快」句下。

〔一六〕【許注】動盡得人心也。

〔一七〕【許注】無䓪結。發，動也。

【版本】王鎣本、黄本「䓪」作「窘」，餘本同藏本。

【箋釋】劉績云：䓪，疑作「窘」。○莊逵吉云：䓪，本或作「窘」。○李哲明云：竊謂「䓪」借作「菌」，君聲、囷聲，古通用。莊子齊物論「蒸成菌」，注：「菌，結也。」故此注訓䓪爲結。讀當於

「莙」字絶句，言人心皆得則無不通，通則無莙結矣。「發」字下屬爲句，發者，撥也。發莙云者，撥開其結也。結無不伸而後民心胥快矣。注疑有誤。○吴承仕云：疑本文當以「無不得則無莙」爲句，注當云：「莙，結也。」尋顔氏家訓云：「莙，蘊藻之類也。」云蘊藻者，以蘊釋莙，莙蘊聲近義通，亦古人聲訓之常例，故此注訓莙爲結。要略篇「莙凝天地」，莙凝與莙結同意。注文衍「無」字，則義不可通矣。○楊樹達云：「莙」當讀爲「薀」，説文云：「薀，積也。」○馬宗霍與吴説同，又云：莊逵吉所云或校者不得莙結之解，以意改之。○雙棣按：此注「無莙結」三字當在上句「則無莙」下，「發，動也」當在本句「後快」下。許氏誤以「發」字絶字，故注文誤於此。

〔一八〕【許注】雖莙結，快民心。

【箋釋】劉績云：文勢當作「無不得則無窘，發窘而後快」。○吴承仕云：發莙而後快爲句。注當云：發，動也。□莙結快民心。謂莙結發越，無所壅閼，則民心快也。各本斷句既誤，注又有譌，故文義難憭。又案：朱本注文，多分列於當句之下，而莊本每連數句之注，總録於後，以致文注不應，語不比順，此其一例耳。○馬宗霍云：注「雖」字疑爲「發」字之誤。民之不快，由於心中有結，發而通之，則自快矣。○何寧云：注文「雖」字，馬以爲「發」字之誤，然「發」字無由誤作「雖」也。疑當是「離」字。玉篇：「離，去也，散也。」謂發散莙結，則民心快也。主術篇「雖以北宫子、司馬蒯蕢，不使應敵」，今本「雖以」誤作「以離」。此「離、雖」相誤之證。

〔一九〕【箋釋】顧廣圻云：偖，疑當作「偝」。「偝、背」同字。○吕傳元云：顧説非也。此猶言堯舜之舉錯，非偕合民情快於己而天下治也，若作「偕」便文不成義也。

〔二〇〕【許注】下有喜議而國治，有憎議而國亂也。

【箋釋】俞樾云：注未得「議」字之旨。議，當讀爲「儀」。周易繫辭傳「議之而後動」，釋文曰：「議，陸、姚、桓玄、荀柔之本作儀。」國語鄭語「伯翳能議百物」，漢書地理志「議」作「儀」。是「議、儀」古通用。廣雅釋詁：「儀，見也。」「喜憎儀」，謂喜憎見也。俶真篇「是非無所形」，高注曰：「形，見也。」儀與形同。故廣雅形與儀並訓見。齊俗篇曰「是非形則百姓眩矣」，此云「喜憎儀而治亂分矣」，句法一律。乃各書多以形爲見，少以儀爲見，而此又叚議爲之，其義益晦，宜表出之，以存古訓也。

〔二一〕【箋釋】劉家立云：「鼓」下疑有「琴」字。無所與調，無所不比，乃言琴之律，若鼓則無是，且鼓亦不能言調也。○于大成云：劉説大誤！下文云「絲筦金石，小大脩短有敘，異聲而和」，謂鼓雖無所調，然亦無所不比，唯鼓能使絲筦金石之小大脩短皆有其敘，異聲皆得其和也。此即學記所謂「鼓無當於五聲，五聲弗得不和」之意。若鼓琴則何得謂之無所與調、無所與比乎？又琴即是絲，亦與下文「絲筦金石」之文複。且琴又焉得使絲筦金石之小大脩短有敘異聲皆和乎？

〔二二〕【用韻】「敘、下」魚部。「和、差」歌部。

〔二三〕【許注】織帛者進。

〔二四〕【許注】却，謂耕者却行。

【版本】藏本注上「刦」字作「耕」，茅本、汪本、莊本、集解本作「刦」，今據改，景宋本、朱本、葉本同藏本，王溥本、張本、黄本無「刦謂」二字。

【箋釋】雙棣按：雖曾於戰國魏墓中發現鐵犁，然耕作直至漢初仍當以人力爲主，此耕者刦行正是蹠耒而耕之寫照。

〔二五〕【許注】申喜亡其母，母乞食於道。

【箋釋】楊樹達云：事具吕氏春秋精通篇。本書説山篇亦及此事。

〔二六〕【許注】艾陵之戰，吴王夫差與齊戰於艾陵也。夷，謂吴。陽，吉也。句吴，夷語，不正言吴，加以句也。庶，幾也。

【版本】藏本注「吉」作「告」，王溥本、朱本、莊本、集解本作「吉」，今據改，餘本同藏本。

【箋釋】莊逵吉云：「陽吉也」本或誤作「告」也，攷易陽爲吉，陰爲凶，故訓陽爲吉，作「告」非是。○劉盼遂云：漢書地理志：「太伯初奔荊蠻，荊蠻歸之，號曰句吴。」顔師古注：「句音鉤，夷俗語之發聲也，亦猶越爲於越也。」説即本許。劉師培云：「吴人以格音爲語端，格、句一聲之轉，故吴曰句吴。越人用阿音爲發聲，阿、於古音相近，故越曰於越。此古語因今言而通者也。」（見新方言後序。）想會稽人言吴加句，在許君時尚如此也。○于省吾云：者減鐘作工𫥼。金文「吾」字亦假「𫥼」爲之。夫差監作攻吴。余所藏公子光戈、夫差劍作攻敔。「句、工、攻」與「吴、𫥼、敔」皆一聲之轉。

獨未及此。

〔二七〕【箋釋】馬宗霍云：焉字當訓乃，言取信乃異也。王引之經傳釋詞舉焉字與乃同音，其例甚多，

〔二八〕【許注】閔子騫三年之喪畢，援琴而彈其絃是也，其聲切切而哀。

【箋釋】王引之云：上文申喜遇母，及艾陵之戰，皆直敍其事。此未敍其事，而忽云「夫子曰『絃則是也，其聲非也』」，則不知所指爲何事矣。疑「閔子騫三年之喪畢，援琴而彈」十二字，本是正文，在「夫子曰」上，而寫者誤入注也。○楊樹達云：北堂書鈔百六引子思子云：「情哀而歌，歌弗信矣。其絃則是，其聲則非也。」此淮南所本。○雙棣按：詩檜風素冠毛傳云：「閔子騫三年之喪畢，見於夫子。援琴而絃，切切而哀。」蓋許注所本。

〔二九〕【版本】王溥本、王鎣本、吴本「情」上「文」字不重，餘本同藏本。

【箋釋】馬宗霍云：「文情」二字皆指樂言。情即詩大序所謂「情發於聲」之「情」也。文即詩大序「聲成文謂之音」之「文」也。鄭玄詩序注云：「聲謂宫商角徵羽也。聲成文者，宫商上下相應。」然則「情文理通」者，蓋言情文交至，八音克諧也。「鳳麟極矣」者，爾雅釋詁、詩毛傳、鄭箋皆訓「極」至也」。鳳麟並至，又猶書臯陶謨所謂「簫韶九成，鳳皇來儀，百獸率舞」也。

〔三〇〕【許注】漸，習。

〔三一〕【箋釋】蔣超伯云：古書罕「矩鑿」連言者，第言矩彠。離騷云：「求矩彠之所同。」彠、鑿音相近，疑當作「矩彠」也。○何寧云：蔣説是也。氾論篇：「言（今本誤作音。）有本主於中，而以知榘

彠之所周者也。」注：「榘，方也；彠，度法也。」今此下注文云：「榘彠之中，各取法度。」（「彠」亦誤作「鑿」。）鑿則不能言取法度。説文：「蒦，度也。蒦或从尋，尋亦度也。」注與説文亦合。是其證。

〔三二〕【許注】自，從也。矩鑿之中，各取法度，或以治民，或以治馬，或以治病，同材而各往從取治法之也。

〔三三〕【許注】醫駱，越醫。

【版本】藏本「材」下無「而各」二字，除景宋本同藏本外，餘本均有（朱本爲挖補），今據補。王溥本注「往」作「自」，朱本注「往從取治法」作「自取法以治」。

【箋釋】于大成云：注文「法之」二字當乙。

〔三四〕【許注】上有意而未言，則民皆載而行之。志誠發之於中也。

【版本】藏本注「誠發之於中也」作「或發中之於大」，今據朱本改，景宋本、茅本、葉本、汪本、張本、黄本、莊本、集解本同藏本。王溥本作「或發中者也」。

【箋釋】吴承仕云：注朱本近之，莊本「誠」譌爲「或」，文又倒亂，故不可通。

〔三五〕【許注】伋，急。

【箋釋】莊逵吉云：急字從及下心，此作心旁及，字本同耳。

〔三六〕【許注】怚，驕也。不足，知不足也。

【版本】藏本正文及注「怚」作「怛」，茅本皆作「怚」，今據改，餘本同藏本。

【箋釋】王念孫云：慘怛之怛，無訓爲驕者，「怛」皆當爲「怚」，字之誤也。說文：「怚，驕也。」字從且，不從旦。玉篇秦呂、子御二切。廣雅曰：「憍（通作驕）、怚，傲、侮、慢，傷（通作易）也。」高注氾論篇曰：「駔，驕怚也。」並與此注同義。怚訓爲驕，故言矜怚也。又呂氏春秋審應篇「使人戰者，嚴駔也」，高注曰：「嚴，尊也。駔，驕也。」說文又云：「嫭，驕也。」文選嵇康幽憤詩「恃愛肆姐，不訓不師」。「怚、嫭、姐、駔」，並字異而義同。○陳昌齊與王說同。

〔三七〕【許注】矜，貪功也。

【版本】張本、黄本、莊本、集解本無注，餘本同藏本。

【箋釋】楊樹達云：「華」當讀爲「誇」。說文云：「誇，譀也。」「譀，誕也。」蓋華從𠌶聲，𠌶或從夸作荂，又皆亏聲之孳乳字，故「華、誇」可通作也。

〔三八〕【許注】忠信之人，自樂爲之，非伋伋也。如鴟自好爲聲耳。

【箋釋】何寧云：「鴟」下當沾「之」字，與「熊之好經」對文。御覽九百八引「鴟」下有「之」字。

〔三九〕【許注】經，動，導引。

〔四〇〕【許注】各任自性，非徒矜也。

【用韻】「人、聲、經、矜」真耕合韻。

〔四一〕【許注】春女感陽則思，秋士見陰而悲。

【箋釋】陳昌齊云：文選張華勵志詩注引作「春女悲，秋士哀」，類聚同。○劉文典云：北堂書鈔百五十四引，作「春女悲」，又引注云：「周禮，仲春之月，令媒氏會男女，一升成於夫家，骨肉相離，故悲之也。」繆稱篇乃許注本，書鈔所引，殆高注也。又藝文類聚三引，亦作「春女悲，秋士哀」。○吴承仕云：御覽十九引文，與類聚同。又引注云：「周禮，仲春之月，令媒氏會男女。女當外成於夫家，骨肉相離，故女悲。秋，金氣用事，戰士執兵，勝敗若化，故士哀也。」（引注止此。）白虎通曰：「嫁者，家也。婦人外成，以出適人爲家。」注言女當外成於夫家，與彼同義。書鈔引作「一升成於夫家」者，「一」即「當」字之譌，（「當」誤爲「壹」，轉寫又作「一」，此例甚多。）「升」即「外」字之譌，句首又奪一「女」字，故文不可解耳。御覽引注，既無譌字又兼釋秋士之義，劉氏集解棄而不用，乃獨據書鈔譌奪之文，復無校正，致爲疏舛。○于大成云：文選張茂先勵志詩注、歲華紀麗一、蘇軾西齊詩施元之注（卷十）引亦作「春女悲，秋士哀」，文選謝惠連秋懷詩注亦引「秋士哀」一句，參以書鈔、御覽所引注，知諸書所引是高本無疑。今本許注云：「春女感陽則思，秋士見陰則悲。」（喻林十五引之。）則許本的與高本不同也。金樓子立言上云：「秋士悲於心。」即用許本。御覽二十四引作「春女怨，秋士悲」，依注文，則怨是思字之誤。○雙棣按：記纂淵海論議部引作「春女思，秋士悲」，與今本同，蓋亦用許本。

〔四二〕【版本】王溥本、王鎣本、茅本、汪本、張本、吴本、黄本、莊本、集解本「知」上有「而」字，餘本同藏本。

【箋釋】于省吾云：下文「紂爲象箸而箕子嘰」，注：「嘰，唬也。」史記十二諸侯年表序作「紂爲象箸而箕子唏」，唏與嘰音近字通。

〔四三〕【版本】藏本「詘」上有「理」字，「伸」作「伄」，王鎣本、朱本、汪本無「理」字，「伄」作「伸」，今據删改，餘本同藏本。（景宋本「伸」作「僌」。）王溥本、朱本、葉本、吴本「佝」作「佝」，茅本、張本、黄本作「狗」，王鎣本、汪本、莊本作「佝」，景宋本、集解本同藏本。

【箋釋】劉績云：後有「倨句詘伸」，（棣按：在兵略篇。）疑此作「詘伸倨句」，衍理字。○王念孫云：劉説是也。倨句，猶曲直也。樂記：「倨中矩，句中鉤。」伸誤爲伄，句誤爲佝，（因倨字而誤加人旁。）理字因下文循理而衍。各本佝字又誤爲佝，而莊本從之，謬矣。○雙棣按：劉、王説是，今據本删改。

〔四四〕【用韻】「天、人」真部。

〔四五〕【許注】崇侯，紂時諸侯也。惡來，紂之臣，秦之先也。

〔四六〕【用韻】「來、之」之部。

〔四七〕【許注】東户季子，古之人君。

【箋釋】劉文典云：初學記引子思子曰：「東户季子之時，道上雁行而不拾遺，餘糧宿諸畝首。」即此文所本。

〔四八〕【箋釋】陶鴻慶云：「故」下當有「曰」字。

【用韻】「宜、賴」歌月通韻。

凡高者貴其左[一]，故下之於上曰左之，臣辭也[二]。下者貴其右，故上之於下曰右之，君讓也[三]。故上左遷則失其所尊也[四]，臣右還則失其所貴矣[五]。小快害道，斯須害儀[六]。子產騰辭[七]，獄繁而無邪[八]，失諸情者，則塞於辭矣[九]。成國之道，工無僞事，農無遺力[一〇]，士無隱行，官無失法，譬若設網者，引其綱而萬目開矣[一一]。舜禹不再受命[一二]，堯舜傳大焉，先形乎小也[一三]。刑於寡妻，至于兄弟[一四]，禪於家國，而天下從風[一五]。故戎兵以大知小[一六]，人以小知大[一七]。君子之道，近而不可以至，卑而不可以登，無載焉而不勝[一八]，大而章，遠而隆[一九]。知此之道，不可求於人，斯得諸己也[二〇]。釋己而求諸人，去之遠矣。

君子者樂有餘而名不足，小人樂不足而名有餘。觀於有餘不足之相去，昭然遠矣。含而弗吐，在情而不萌者，未之聞也[二一]。君子思義而不慮利，小人貪利而不顧義。子曰：「鈞之哭也[二二]，曰：『子予奈何兮乘我何[二三]？』其哀則同，其所以哀則異。故哀樂之襲人情也深矣。鑿地漂池[二四]，非止以勞苦民也[二五]，各從其蹠[二六]，而亂生焉。其載情一也，施人則異矣[二七]。故唐虞日孳孳以致於王，桀紂日快快以致於死[二八]，不知後世之譏己也。凡人情説其所苦即樂，失其所樂則哀〔二九〕，故知生之樂，必知死之哀。有義者不可欺以利，有勇者不可劫以懼，如飢渴者不可欺以虚器也〔三〇〕。人多欲虧義〔三一〕，多憂害智〔三二〕，多懼害勇〔三三〕。嫚生乎小人〔三四〕，蠻夷皆能之〔三五〕；善生乎君子，誘然與日月争光〔三六〕，天下弗能遏奪。故治國樂其所以存，亡國亦樂其所以亡也。

校釋

〔一〕【許注】天道左旋。

〔二〕【許注】臣道左君。

〔三〕【許注】君謙讓，佑助臣。

【箋釋】楊樹達云：今「左、右」字古作「ナ、又」，佐佑字作左右。説文：「左，ナ手相左也。」「右，助也。」此文左之、右之，皆用本字本義。

〔四〕【許注】左，臣辭也。君以再還，故失其尊也。

【版本】莊本、集解本注「辭」作「詞」，景宋本、王溥本、朱本、茅本、葉本、汪本同藏本。下句注「辭」字與此同。

【箋釋】楊樹達云：遷，景宋本同，集證本作還，是也。注云「君以再還」，（下文「臣右還」，注亦云「臣以再還」。）則文本作「還」明矣。○何寧云：「也」字當作「矣」，与下句「失其所貴矣」同。

〔五〕【許注】右，君辭也。而臣以再還，故失其貴也。

【用韻】「遷、還」元部，「尊、貴」文物通韻。

〔六〕【許注】斯頚，近也。

【版本】王鎣本、茅本、汪本、張本、吴本、黄本、莊本、集解本正文及注「頚」作「須」，王溥本、朱本、葉本同藏本。張本、黄本注「近」作「暫」，餘本同藏本。

【箋釋】雙棣按：「頚、須」字通。禮記祭義「禮樂不可斯須去身」，鄭注：「斯須，猶須臾也。」此注「近也」，蓋亦謂時之短也。

〔七〕【許注】騰，傳也。子産作刑書，人有傳詞詰之。

【版本】莊本、集解本注「人有」作「有人」，景宋本、王溥本、朱本、葉本同藏本。

【箋釋】陶方琦云：唐本玉篇言部引「騰」作「謄」，許注：「謄，傳也。」案繆稱乃許注。玉篇引作「謄」乃正字，「騰」乃同聲通借字。説文亦云：「謄，傳也。」〇何寧云：説文：「騰，傳也。謄，迻書也。」是唐本玉篇引「謄」乃借字，「騰」正字。

〔八〕【許注】繁，多也。獄雖益多而下無邪也。

【版本】藏本「繁」作「緐」，朱本、葉本、莊本、集解本作「繁」，今據改，餘本同藏本。藏本注「繁」作「頚」，朱本、莊本、集解本作「繁」，今據改，景宋本作「煩」，王溥本作「緐」，葉本同藏本。

〔九〕【許注】失事之情，則爲世人辭所窮塞也。

〔一〇〕【用韻】「事、力」之職通韻。

〔一一〕【箋釋】劉文典云：藝文類聚五十二引，「成」作「盛」，「隱」作「謟」，「萬目開矣」作「萬目張」。意林引，作「治國者若設網，引其綱，萬目張」。○雙棣按：此文似以作「張」爲是，「張」與「綱、綱」爲韻，作「開」則失其韻矣。吕氏春秋用民篇云：「壹引其綱，萬目皆張。」

【用韻】「行、綱、綱、張」陽部。

〔一二〕【許注】受命於人，不受於天。

〔一三〕【許注】形，見也。先見微小以知大。

〔一四〕【用韻】「妻、弟」脂部。

〔一五〕【許注】禪，傳也。言堯舜禹相傳，天下服之也。

【箋釋】王念孫云：刑於寡妻，本作「施於寡妻」，此後人依大雅改之也。不知施於寡妻，禪於家國，皆用詩意，而小變其文，與直引詩詞者不同，無煩據彼以改此也。文選漢高祖功臣頌注引此，正作「施於寡妻」，施讀若施于孫子之施。

〔一六〕【許注】若湯武以義伐不義，從大伐小。

〔一七〕【許注】人謂天下從風者也。堯舜之民以小知堯大也。

【箋釋】俞樾云：「戎兵」以器言，猶言「器以大知小，人以小知大」耳。兵器有大小，如考工記所載弓與劍皆有上制、中制、下制是也。知上制如干，則等而下之，皆可知矣，故曰「戎兵以大知小」。高氏以湯武説上句，堯舜説下句，殊非其旨。

〔一八〕【許注】萬物載之，皆勝其任。

【用韻】「登、勝」蒸部。

〔一九〕【箋釋】王念孫云：大而章，「大」當爲「久」，字之誤也。此言君子之道，始於卑近，而終於高遠，是以久而彌章，遠而彌隆。上文云：「聖人之爲治，漠然不見賢焉，終而後知其可大也。」意正與此同。若云「大而章」，則義與下句不類矣。文選答賓戲「時暗而久章者，君子之真也」，李善注引此文云：「君子之道，久而章，遠而隆。」是其明證矣。

【用韻】「章、隆」陽冬合韻。

〔二〇〕【箋釋】陶鴻慶云：此文當云：「知此之道，不求諸人，期得諸己也。」今本涉上文兩「不可」字而衍「可」字，「斯」、「期」以形近而誤。本篇上文云「釋近斯遠」，文子精誠篇作「舍近期遠」，即其證也。

〔二一〕【許注】言懷其情而必萌見也。

【箋釋】蔣禮鴻云：此文「在」字即「吐」字形近誤衍，「情」字當作「憤」。「含而弗吐」與「憤而不萌」句法一律。俶真篇曰：「繁憤未發，萌兆牙蘖，未有形埒垠堮，無無蠉蠉，將欲生興而未成物類。」高注曰：「繁憤，衆積之貌。」俶真言積而將萌，此言積則未有不萌，其義一貫。齊俗篇曰：「哭之發於口，涕之出於目，此皆憤於中而形於外者也。」義亦相同，是其證矣。正文「情」字蓋涉許注而誤。

〔二二〕【許注】子，孔子。鈞，等也。

【箋釋】楊樹達云：淮南書稱子曰者，他篇絶未見。蓋此篇多本自子思子，詳上下文。子思子書多稱子曰，此節蓋亦本之而仍其稱耳。

〔二三〕【箋釋】于鬯云：子者，歎辭也。詩綢繆篇「子兮子兮」，毛傳云：「子兮者，嗟茲也。」是也。故如戰國楚策云「嗟乎子乎」，尚書洛誥大傳云「嗟子乎」，累言曰「嗟子」，單言但曰「子」，一也。「予」亦「子」字之誤，以子子二字連讀，即如詩「子兮子兮」，義亦甚愿。但以上「子」字斷作一句爲歎辭，下「子」字指其所哭之人，亦無不可。後人不得其解，因改子爲予，轉不通矣。「乘」蓋「棄」字之誤。○雙棣按：此文不通，與上下文亦不連貫，恐有譌奪。

〔二四〕【許注】人或有鑿穿，或有填池，言用心異也。

【版本】藏本注「池」作「也」，王溥本、朱本、集解本作「池」，今據改，餘本同藏本。

【箋釋】王念孫云：如高注，則「漂池」當作「湮池」。湮訓爲塞，故注言填池也。

〔二五〕【箋釋】王念孫云：非止以勞苦民也，「止」疑當作「正」。上文曰：「故人之甘甘，非正僞蹠也，（僞與爲同。）而蹠焉往。君子之憯怛，非正僞形也，而諭乎人心。」語意與此相似。

〔二六〕【許注】蹠，願也。

【版本】茅本、汪本、莊本、集解本此注在下文「而亂生焉」下。景宋本、王溥本、朱本、葉本同藏本。

〔二七〕【許注】施於人有善惡。

〔二八〕【版本】王溥本、王鎣本、朱本、葉本、吴本「施」下有「於」字，餘本同藏本。

【版本】王溥本、王鎣本、朱本、葉本、汪本、張本、黄本、莊本、集解本「怏怏」作「快快」，餘本同藏本。

【箋釋】陳昌齊云：「怏怏」當作「快快」，與前同。

〔二九〕【箋釋】楊樹達云：「説」假爲「挩」，説文云：「挩，解挩也。」○馬宗霍與楊説同。

〔三〇〕【用韻】「利、器」質部。

〔三一〕【許注】欲則貪，貪損義。

〔三二〕【許注】貪憂閉塞，故害智也。

【箋釋】吴承仕云：上文「多欲虧義」，注云：「欲則貪，貪損義。」此云多憂害智，自與上文貪義無涉。注作「貪憂閉塞」，語不可通。定爲譌文，無可據校。○何寧云：「貪憂閉塞」，疑當作「憂則閉塞」，與上「欲則貪」同例。

〔三三〕【箋釋】劉文典云：意林引，「害」作「妨」。

〔三四〕【許注】嫚，倨，小人行也。

【版本】茅本、汪本、張本、黄本、莊本、集解本注無「小人行」三字，景宋本、王溥本、朱本、葉本同藏本。

〔三五〕【許注】嫚，蠻夷之行也。

〔三六〕【許注】誘，美稱也。

【箋釋】馬宗霍云：「誘」爲「羑」之或體。説文厶部云：「羑，相訹呼也。從厶從羑。」又云：「羑，古文羑。」案：羊部有「羑」，訓「進善也」。羑從羑，即以羑爲古文。然則進善亦即羑之古義也。由進善之義引申之，故羑亦得爲美稱。羑、善、美三篆皆從羊，故義互相受。本文誘然之誘，正承「善生乎君子」之「善」而言。二義相關，得許君美稱之訓而益見。今則誘行羑廢，誘有美義，人鮮知其處自羑來矣。

金錫不消釋則不流刑〔一〕，上憂尋不誠則不法民。憂尋不在民，則是絶民之繫也〔二〕。君反本而民繫固也。至德小節備，大節舉。齊桓舉而不密〔三〕，晉文密而不舉〔四〕。晉文得之乎閨内，失之乎境外〔五〕；齊桓失之乎閨内，而得之乎本朝〔六〕。

水下流而廣大，君下臣而聰明，君不與臣争功，而治道通矣〔七〕。管夷吾、百里奚經而成之〔八〕，齊桓、秦穆受而聽之〔九〕。照惑者以東爲西，惑也〔一〇〕，見日而寤矣〔一一〕。衛武侯謂其臣曰：「小子無謂我老〔一二〕而羸我〔一三〕，有過必謁之〔一四〕。」是武侯如弗羸之必得羸，故老而弗舍，通乎存亡之論者也〔一五〕。人無能作也，有能爲也；有能爲也，而無能成也。人之爲，天成之〔一六〕。終身爲善，非天不行；終身爲不善，非天不亡〔一七〕。故善否，我也；禍福，非我也〔一八〕。故君子順其在己者而已矣〔一九〕。

性者，所受於天也；命者，所遭於時也〔二〇〕。有其材不遇其世，天也。太公何力，比干何罪，循性而行指，或害或利〔二一〕。求之有道，得之在命〔二二〕，故君子能爲善，而不能必其得福；不忍爲非，而未能必免其禍〔二三〕。

校釋

〔一〕【許注】刑，法。
【版本】黄本注作「流刑，流入型範」，餘本同藏本。
【箋釋】李哲明云：漢魏叢書「流刑」注：「流入範。」似較此注爲明晰。○吴闓生云：「刑」讀爲「型」。流刑，流於型也。○楊樹達云：「消」與「銷」通。説文金部云：「銷，鑠金也。」説文土部云：「型，鑄器之法也。從土，刑聲。」注訓刑爲法，讀「刑」爲「型」也。○于省吾云：刑謂範也。言金錫不消釋則不能流之於刑範，所謂陶鑄也。○金其源説同。

〔二〕【許注】繫，所以拘維民。

〔三〕【許注】齊桓有大節，小節疏也。

〔四〕【許注】晉文有小節，大節廢也。

【用韻】「固、舉、舉」魚部。

〔五〕【許注】閨内脩而境外亂也。

【箋釋】于鬯云：戰國魏策云：「晉文公得南之威，三日不聽朝。遂推南之威而遠之。」所謂得之乎閨内也。

〔六〕【許注】閨内亂而朝廷治也。

【版本】藏本無「本」上「乎」字，王鎣本有，今據補，餘本同藏本。

〔七〕【用韻】「功、通」東部。

〔八〕【許注】百里奚，虞人，秦相也。

【箋釋】馬宗霍云：此「經」字讀如周禮天官大宰「以經邦國」之「經」，此「成」字讀如詩小雅節南山篇「誰秉國成」之「成」。

〔九〕【許注】聽用二臣之謀。

【用韻】「成、聽」耕部。

〔一〇〕【許注】照，曉。

〔一一〕【箋釋】楊樹達云：「寤」假爲「悟」，説文心部云：「悟，覺也。」

〔一二〕【許注】武侯蓋年九十五矣。

〔一三〕【許注】羸，劣。

【箋釋】易順鼎云：一切經音義卷五、十一、二十八、三十、三十二、四十、四十一、五十一、六十二、六十三、六十四、續一引許注：「羸，劣也。」按：今注即許注。説文羊部：「羸，瘦也。」瘦則少力，故又訓爲劣。詮言篇「兩人相鬭，一羸在側」，注：「羸，劣人也。」與此相同，蓋亦許注。○陶方琦與易説同。

〔一四〕【箋釋】于大成云：國語楚語左史倚相曰：「昔衛武公年九十有五矣，猶箴儆於國曰：『自卿以下至于師長士，苟在朝者，無謂我老耄而舍我。必恭恪於朝，朝夕以交戒我，聞一二之言，必誦志而納之以訓導我。』」淮南及許注所本也。「武侯」彼作「武公」，韋昭曰「武公，衛僖公之子，共伯之弟，武公和也」，彼下文亦云「及其没也，謂之睿聖武公」。

【用韻】「我、謁」歌月通韻。

〔一五〕【箋釋】陶鴻慶云：「如」當爲「知」，字之誤也。不自患其羸，則必至於羸，武侯知之。故曰通乎存亡之論。論，讀爲倫，理也。

〔一六〕【箋釋】楊樹達云：「作」謂創造，故與「爲」異。「人之爲」疑當作「人爲之」。

〔一七〕【用韻】「行、亡」陽部。

〔一八〕【許注】非我也，天所爲。

【用韻】「否、福」之職通韻，「我、我」歌部。

〔一九〕【箋釋】楊樹達云：「順」當讀爲「慎」。

〔二〇〕【用韻】「性、命」耕部。

〔二一〕【版本】王溥本、王鎣本、朱本、茅本、汪本、張本、吴本、黄本、莊本「指」作「止」，餘本同藏本。【箋釋】王念孫云：循性而行指，謂率其性而行其志也。吕氏春秋行論篇「布衣行此指於國」，高注曰：「指猶志也。」劉本改「指」爲「止」，而諸本從之，（莊本同。）謬矣。○吕傳元與王説同。【用韻】「指、利」脂質通韻。

〔二二〕【箋釋】于大成云：孟子盡心「求之有道，得之有命」，此文所本也。

〔二三〕【箋釋】王念孫云：「必其得福」，當依文子符言篇作「必得其福」，與「必免其禍」相對爲文。

君，根本也；臣，枝葉也。根本不美，枝葉茂者，未之聞也〔一〕。有道之世，以人與國〔二〕；無道之世，以國與人〔三〕。堯王天下而憂不解，授舜而憂釋〔四〕。憂而守之，而樂與賢，終不私其利矣。凡萬物有所施之，無小不可爲〔五〕；無所用之〔六〕，碧瑜糞土也〔七〕。人之情，於害之中，争取小焉；於利之中，争取大焉。故同味而嗜厚膊者〔八〕，必其甘之者也。同師而超羣者，必其樂之者也。弗甘弗樂，而能爲表者，未之聞也〔九〕。君子時則進，得之以義，何幸之有；不時則退，讓之以義，何不幸之有！故伯夷餓死首山之下〔一〇〕，猶不自悔，棄其所賤，得其所貴也〔一一〕。

福之萌也緜緜，禍之生也分分〔一二〕。福禍之始萌微〔一三〕，故民嫚之，唯聖人見其始而知其終。故傳曰：「魯酒薄而邯鄲圍〔一四〕，羊羹不斟而宋國危〔一五〕。」明主之賞罰，非以爲己也，以爲國也〔一六〕。適於己而無功於國者〔一七〕，不施賞焉；逆於己而便於國者〔一八〕，不加罰焉。故楚莊謂共雍〔一九〕曰：「有德者受吾爵禄，有功者受吾田宅，是二者，女無一焉，吾無以與女。」可謂不踰於理乎〔二〇〕！其謝之也，猶未之莫與〔二一〕。

校釋

〔一〕【箋釋】劉文典云：御覽六百二十引，「美」作「善」，「未之聞也」作「不聞也」。〇于大成云：此文本之子思子，意林引子思子云「君，本也。臣，枝葉也。本美而葉茂，本枯則葉凋」，彼作「本美」，即此文「美」字不誤之證，文子亦作「美」。御覽引作「善」，「善」即「美」之誤文。

〔二〕【許注】若堯以天下與舜也。

〔三〕【箋釋】莊逵吉云：太平御覽此下有注云：「以賢人而與之國，堯、舜是也。以國與人，桀、紂與湯、武是也。」〇于大成云：御覽此引在卷六百二十，其所引乃高注也。

〔四〕【箋釋】劉文典云：御覽八十引，「釋」上有「乃」字。

〔五〕【版本】王溥本、王鎣本、吴本「萬物」下有「而」字，餘本同藏本。

〔六〕【用韻】「施、爲」歌部。

〔六〕【許注】不知其所用也。

〔七〕【許注】瑜，玉也。不知用之，則爲糞土也。

〔八〕【許注】厚膊，厚切肉也。

【箋釋】王念孫云：説文：「膊，薄脯，膊之屋上也。」非切肉之義。「膊」皆當爲「膞」，字之誤也。説文：「膞，切肉也。」玉篇「旨兗切」，廣雅：「膞，臠也。」（説文：「臠，切肉臠也。」）字從專不從尃。膞之言剸也。鄭注文王世子曰：「剸，割也。」故高注以膞爲切肉。鍾山札記以「膊」爲「脟」字之誤，非也。

〔九〕【許注】表，立見也。

〔一〇〕【許注】伯夷，孤竹君之子，讓國與弟，不食周粟，故餓也。

【版本】王溥本、王鎣本、葉本、汪本、張本、吴本、黄本、莊本、集解本「山」作「陽」，餘本同藏本。

〔一一〕【許注】善求仁而得也。

【版本】莊本、集解本注無「善」字，「得」下有「仁」字。藏本注「仁」作「人」，景宋本、王溥本、朱本、莊本、集解本作「仁」，今據改，葉本同藏本。

〔一二〕【箋釋】王念孫云：「分分」當爲「介介」，字之誤也。（二形相似，故傳寫多譌。莊三十年穀梁傳「燕，周之分子也」，釋文：「分本或作介。」周官内宰注「敘，介次也」，釋文：「介或作分，非。」大宗伯注「雉取其守介而死」，釋文：「介或作分。」莊子庚桑楚「介而離山」，釋文：「介一本作分。」春秋繁露立元神篇「介障險阻」，介譌作分，皆其證也。）介介，微也。豫六二「介於石」，繫辭傳

「憂悔吝者存乎介」，虞注並云：「介，纖也。」齊策曰：「無纖介之禍。」是介爲微小之稱。禍之生也介介，與「憂悔吝者存乎介」，意正相近。緜緜，介介，皆微也。故曰「福禍之始萌微」。文子微明篇作「禍之生也紛紛」，則後人妄改之耳。○李慈銘云：王説非也。分分即紛紛之省。此文以「緜、分、微、之」與下文「圍、危」爲韻，緜分微一聲之轉。漢書敘傳「湎湎紛紛」，注云：「紛紛，雜亂也。」三國志夏侯太初傳「緬緬紛紛」，與此緜緜分分，皆同音通借。緜緜者，謂如絲之微連而不絶也。緜與緬誼相近，説文：「緬，微絲也。」故魏志作「緬緬」也。紛紛者，謂如絲之細雜而不理也。物之微甚者必易亂，故紛從分。蓋四字連用，則皆言雜亂之貌。分言則緜緜爲微而連，紛紛爲微而亂，今俗語猶然。故曰禍福之始萌微。文子微明篇作「禍之生也紛紛」，是正字；此作「分分」，是借字。王氏改作「介介」，既失文韻，且古書亦未見有介介者，殊臆造不辭。

〔一三〕【版本】茅本、汪本、張本、吴本、黄本、莊本「福禍」作「禍福」，餘本同藏本。

〔一四〕【許注】魯與趙俱朝楚，獻酒於楚，魯酒薄而趙酒厚，楚之主酒吏求酒於趙，不與，楚吏怒，以趙所獻酒於楚王，易魯薄酒，楚王以爲趙酒薄而圍邯鄲。一曰趙、魯獻酒於周也。事見莊子。【版本】藏本注「怒」作「恐」，景宋本、張本、黄本、莊本、集解本作「怒」，今據改，朱本作「怨」，餘本同藏本。茅本、汪本、張本、黄本、莊本、集解本注「於楚王」上有「獻」字，餘本同藏本。莊本、集解本注「獻酒於周」作「獻之于周」，景宋本、王溥本、朱本、葉本同藏本。

【箋釋】陶方琦云：莊子釋文、御覽八百四十五引許注：「楚會諸侯，魯、趙俱獻酒于楚王，魯酒薄而趙酒厚，楚之主酒吏求酒于趙，趙不與，吏怒，乃以趙厚酒易魯薄酒，奏之。楚王以趙酒薄，故圍邯鄲也。」按：今注較莊子釋文、御覽引微詳，引書家多約文也。○楊樹達云：許注云事出莊子，見莊子胠篋篇。○雙棣按：注「以趙所獻酒於楚王」，即「以趙所獻於楚王酒」之義，茅本不知，而妄於「於楚王」上添「獻」字，致不成義耳。各本從之，尤謬。

〔一五〕【許注】宋將華元與鄭戰，殺羊食士，不及其御。及戰，御馳馬入鄭軍，華元以獲也。

【版本】藏本注「馬入」作「焉入」，景宋本、王溥本、朱本、茅本等各本皆作「馬入」，今據改。

【箋釋】錢大昕云：左傳宣二年「宋華元殺羊食士，其御羊斟不與」，據後文羊斟兩見，是以羊斟爲人姓名。此則斟爲斟酌之義，當以羊爲其御者之名。其御字叔牂，正與羊名相應。傳文後兩「斟」字，或後人所加。○俞樾云：方言曰：「斟，益也。凡相益而又少，謂之不斟。」然則「羊羹不斟」謂羹少也。上句「魯酒薄而邯鄲圍」，酒薄，羹少，其事正相類。宣二年左傳「其御羊斟不與」，羊斟自是人名。此云「羊羹不斟」，自謂羹少，必並爲一談，則皆失之矣。○雙棣按：錢氏謂「羊」爲御者名，非是。左傳宣公二年及呂氏春秋察微篇均記此事，謂華元殺羊饗士，其御羊斟不與。羊斟爲御者之名，饗士之物爲羊。此處之羊羹，即左傳、呂覽所云「殺羊饗士」之羊。斟，即斟酌之也。

【用韻】「圍、危」微歌合韻。

〔一六〕【用韻】「已、國」之職通韻。

〔一七〕【版本】藏本「適」作「通」，除景宋本同藏本外，餘本均作「適」，今據改。

【箋釋】王叔岷云：「通」即「適」字之誤，文子微明篇亦作「適」。

〔一八〕【版本】藏本「已」下無「而」字，朱本有（挖補），今據補，餘本同藏本。

【箋釋】王叔岷云：「便於國」上當有「而」字，乃與上文句法一律，文子及劉子賞罰篇並有「而」字。

〔一九〕【許注】共雍，楚臣。

【版本】莊本、集解本此注在下文「曰」字下，景宋本、王溥本、朱本同藏本。

〔二〇〕【許注】踰，越。

【箋釋】陶鴻慶云：「踰」當爲「論」，字之誤也。言楚莊得共雍之言，能知道理也。上文論衛武侯云「通於存亡之論者也」，意與此同。今本作「踰」，則不可通矣。高注云：「踰，越。」是其所見本已誤。○吴闓生云：「踰」疑「喻」誤，喻以理，是已與之矣，故曰未之莫與。○蔣禮鴻云：陶氏改「踰」爲「論」，是也。而所以説之則非。此句當作「可不謂論於理乎」，謂楚莊教諭共雍於道理也。泰族篇「可不謂有術乎」，句法正同。以理諭人，其惠大於爵禄田宅，故曰「其謝之也，猶未之莫與」。

【用韻】「禄、宅」屋鐸合韻，「女、理」魚之合韻。

〔二二〕【許注】謝，謂遺共雍也。莫，勉之也。

【箋釋】楊樹達云：莫訓勉，乃讀「莫」爲「慔」。説文心部：「慔，勉也。」〇馬宗霍與楊説同。〇蔣禮鴻云：言其遺之未嘗非與之也。「莫與」即承上「吾無以與女」而言，莫乃否詞，許氏訓爲勉，非。

【用韻】「謝、莫」鐸部。

周政至〔一〕，殷政善〔二〕，夏政行〔三〕。行政善，善未必至也〔四〕。至至之人，不慕乎行，不慙乎善，含德履道，而上下相樂也，不知其所由然。有國者多矣，而齊桓、晉文獨名；泰山之上有七十壇焉〔五〕，而三王獨道〔六〕。君不求諸臣，臣不假之君〔七〕，脩近彌遠，而後世稱其大，不越隣而成章，而莫能至焉。故孝己之禮可爲也〔八〕，而莫能奪之名也，必不得其所懷也〔九〕。義載乎宜之謂君子，宜遺乎義之謂小人〔一〇〕。通智得而不勞〔一一〕，其次勞而不病，其下病而不勞〔一二〕。古人味而弗貪也〔一三〕，今人貪而弗味〔一四〕。歌之脩其音也〔一五〕，音之不足於其美者也〔一六〕。金石絲竹，助而奏之，猶未足以至於極也〔一七〕。人能尊道行義，喜怒取予〔一八〕，欲如草之從風〔一九〕。召公以桑蠶耕種之時弛獄出拘〔二〇〕，使百姓皆得反業脩職；文王辭千里之地，而請去炮烙之刑〔二一〕。故聖人之舉事也，進退不失時〔二二〕，若夏就絺綌，上車授綏之謂也〔三〕。

校釋

〔一〕【許注】至於道也。

〔二〕【許注】善施教，未至於道也。

〔三〕【許注】行，尚粗也。【版本】莊本、集解本注「粗」作「麤」。【箋釋】馬宗霍云：周禮地官司市「凡治市之貨賄六畜珍異，害者使亡」，鄭玄注云：「害，害於民，謂物行苦者。」陸德明釋文云：「行，遐孟反，又如字；聶胡剛反。」段玉裁周禮漢讀考曰：「行，今俗所謂行貨不精者也，音遐孟反者，如字及胡剛反是也。」案：如段説，則鄭君所謂物之行苦者，即不精之物也，不精則粗，與淮南本注釋「行」爲「尚粗」可以互證。又案：潛夫論浮侈篇曰：「以完爲破，以牢爲行。」行與牢相對，則行即不牢之物。不牢即不精也。是知以「行」爲粗，讀胡剛反，蓋漢時方俗通行有是語耳。○何寧云：謂物不牢爲行，今川、黔猶有此語。行讀如字。

〔四〕【箋釋】王念孫云：「行政善，善未必至也」當作「行政未必善，善政未必至也」。今本上句脱「未必」二字，下句脱「政」字，則文義不明。高注「夏政行」曰「行尚粗也」，是行政未必善也。又注

「殷政善」曰「善施教，未至於道也」，是善政未必至也。又注「周政至」曰「至於道也」，故曰「至至之人，不慕乎行，不慙乎善」。（至至即至道，説見上文「至至」下。）

〔五〕【許注】封乎泰山，蓋七十二君也。

【版本】藏本注「泰」作「太」，王溥本、朱本、茅本、汪本、張本、黄本、莊本、集解本作「泰」，今據改，景宋本、葉本同藏本。王溥本注無「二」字，餘本同藏本。

〔六〕【箋釋】馬宗霍云：三王獨道，與上文「齊桓、晉文獨名」相對，「道」猶「偁」也，謂惟三王獨見偁於後世也。周書命訓篇「道天莫如無極」，孔晁注云：「道謂言説之也。」偁揚必資言説，故引申之，道得爲偁矣，偁通作稱。下文「而後世稱其大」，亦謂稱道也。

〔七〕【用韻】「臣、君」真文合韻。

〔八〕【許注】孝己，殷王高宗之子也。蓋放逐而不失禮。

【版本】景宋本、莊本、集解本「隣」作「鄰」，王溥本、朱本、茅本、吴本、張本、汪本同藏本。張本、黄本、莊本、集解本注無「王」字。藏本注「放」作「於」，景宋本、張本、黄本、莊本、集解本作「放」，今據改，王溥本、茅本、汪本同藏本，朱本作「雖」，葉本作「于」。茅本、張本、黄本、莊本、集解本此注在下文「不得其所懷也」下。

【箋釋】雙棣按：吕氏春秋必己篇高誘注云：「孝己，殷王高宗之子也。」與此注同。文選長笛賦注引帝王世紀云：「高宗有賢子孝己，其母早死，高宗惑後妻之言，放之而死。」

〔九〕【許注】不能與孝己争名者，不得孝己之所懷也。

【版本】張本、黄本、莊本、集解本注「不能」上有「人」字。

【用韻】「爲、懷」歌微合韻。

〔一〇〕【箋釋】陶鴻慶云：「宜遺乎義」，義不可通。當從文子微明篇作「遺義之宜」。〇馬宗霍云：爾雅釋詁云：「宜，事也。」本文兩「宜」字並與事同。

〔一一〕【許注】通智，達道之人。

【版本】藏本「得」下衍「勞」字，除景宋本同藏本外，餘本均無，今據删。

〔一二〕【箋釋】陶鴻慶云：「病而不勞」，義不可通。當從文子微明篇作「病而益勞」。涉上兩「而不」字而誤。〇何寧云：文子微明篇紀昀案云：「益，一本訛作亦。」蓋「益」以音近訛作「亦」，「亦」以形近訛作「不」耳。〇雙棣按：陶説是。

〔一三〕【許注】古人知其味而不貪其食。

〔一四〕【許注】孔子魯人之學也，飲之而已，莫能知味也。

【版本】藏本注「莫」下有「之」字，「能」下無「知」字，今據王溥本、朱本删增，景宋本、葉本、莊本、集解本同藏本。景宋本注末「也」字作「者」。

【箋釋】何寧云：注有奪誤，當作「孔子曰：人之學也，飲食而已，莫能知味者。」禮記中庸云：「人莫不飲食也，鮮能知味也。」此許注所本，故稱孔子曰。

〔一五〕【許注】此言樂所以移風易俗，歌長其音。

〔一六〕【許注】此音不足以致美化也。

〔一七〕【許注】極，治化之至也。

〔一八〕【許注】如此，即其化民逾於樂也。

〔一九〕【許注】草上之風，必偃。

【箋釋】于大成云：論語顏淵篇「君子之德風，小人之德草。草上之風必偃」，許注用其文，則此文斥人主言之，疑「人」下當沾「主」字，或「人」上奪「聖」字。

〔二〇〕【許注】召公，周太保也。

【版本】藏本「㢮」誤作「死」，景宋本、茅本、葉本、汪本、張本、黃本、莊本、集解本作「㢮」，今據改，王溥本、王鎣本、朱本、吳本作「弛」。

【箋釋】于大成云：「㢮」之本字作「弛」，說文「弛，弓解弦也。从弓，也聲」，段注「引申爲凡懈廢之稱」。

〔二一〕【許注】紂拘文王，文王獻寶於紂，紂賞以千里之地，文王不受，願去炮烙之刑。

【版本】藏本注上「紂」誤作「封」，「寶」誤作「實」，各本均作「紂」、作「寶」，（張本、黃本注無「紂拘文王」四字。）今據改。

【箋釋】楊樹達云：事具呂氏春秋順民篇。○雙棣按：韓非子難二篇謂「文王請入洛西之地、赤壤之國方千里以請解炮烙之刑」，與呂覽、淮南不同。又按：順民篇高誘注炮烙之刑云：「紂常熨爛人手，因作銅烙，布火其下，令人走其上，人墮火而死，觀之以爲娛樂，故名曰炮烙之刑。」

〔二二〕【用韻】「事、時」之部。

〔二三〕【版本】藏本「紿」作「紘」，「綏」作「緌」，除景宋本同藏本外，餘本均作「紿」、作「綏」，今據改。

老子學商容，見舌而知守柔矣〔一〕；列子學壺子，觀景柱而知持後矣〔二〕。故聖人不爲物先，而常制之，其類若積薪樵，後者在上〔三〕。人以義愛，以黨羣，以羣强〔四〕。是故德之所施者博，則威之所行者遠；義之所加者淺〔五〕，則武之所制者小〔六〕。(矣)[吴]鐸以聲自毀〔七〕，膏燭以明自鑠，虎豹之文來射，蝯狖之捷來措〔八〕，故子路以勇死〔九〕，萇弘以智困〔一〇〕。能以智知，而未能以智不知也〔一一〕。故行險者不得履繩，出林者不得直道，夜行瞑目而前其手，事有所至，而明有不害〔一二〕。人能貫冥冥入於昭昭，可與言至矣〔一三〕。鵲巢知風之所起〔一四〕，獺穴知水之高下〔一五〕，暉日知晏〔一六〕，陰諧知雨〔一七〕。爲是謂人智不如鳥獸則不然，故通於一伎，察於一辭，可與曲說，未可與廣應也〔一八〕。甯戚擊牛角而歌，桓公舉以大政〔一九〕；雍門子以哭見孟嘗君涕流沾纓〔二〇〕。歌哭，衆人之所能爲也，一發聲，入人耳，感人心，精之至者也〔二一〕。故唐虞之法可效也，其諭人心不可及也。簡公以濡殺〔二二〕，子陽以猛劫〔二三〕，皆不得其道者也。故歌而不比於律者，其清濁一也〔二四〕。繩之外與繩之内，皆失直者也。紂爲象箸而箕子嘰〔二五〕，魯以偶人葬而孔子嘆〔二六〕，見所始則知所終。故水出於山，入於海；稼生乎野，而藏乎倉〔二七〕；聖人見其所生，則知其所歸矣。

校釋

〔一〕【許注】商容，神人也。商容吐舌示老子，老子知舌柔齒剛。

【版本】朱本注「齒剛」下有「而齒先亡也」五字，餘本同藏本。

【箋釋】劉文典云：「學」下當有「於」字。文子上德篇「學」下有「於」字，是其證。又：商容，文子上德篇作常樅，説苑敬慎篇作常摐，漢書藝文志有常從日月星氣二十一卷，師古注：「常從，人姓名，老子師之。」王應麟困學紀聞以爲淮南子誤，當依文子、説苑作「常樅」。案：此當各依本書，「商、常」，「容、樅、從」，並聲近通用字。吕氏春秋離謂篇「箕子、商容以此窮」，高注：「商容，紂時賢人，老子所從師者。」慎大篇注：「商容，殷之賢人，老子師也。」並與此文注「神人」之説異。繆稱篇爲許注本，故與吕氏春秋注不合耳。○吴承仕云：朱本「舌柔齒剛」下，有「而齒先亡也」五字。案：莊本語意未足，朱本是也。文子曰：「老子學於常樅，見舌而知柔。」又云：「齒堅於舌而先斃。」是其事。説苑述之，亦作常樅，常樅、商容，聲近通借。

〔二〕【許注】先有形而後有影，形可亡而影不可傷。

〔三〕【用韻】「柔、後」幽侯合韻。

【箋釋】雙棣按：史記汲黯傳云：「陛下用羣臣如積薪耳，後來者居上。」蓋積薪之諭乃漢初常語。

〔四〕【版本】王溥本、王鎣本、朱本、吴本無「黨」上「以」字、「黨」下「羣」字，餘本同藏本。

【箋釋】何寧云：「人以義愛，以黨羣，以羣强」，理不可通。焉有以義愛者，而復以黨羣，以羣强乎？「黨」上衍「以」字，下衍「羣」字。人以義愛，黨以羣强，正反相對爲文。文子微明篇正作「人以義愛，黨以羣强」。杜道堅纘義云：「黨以羣强則奸雄遂起，安危所繫，可不察而辨之。」是其明證也。〇雙棣按：此文不誤，王溥本等乃據文子妄删。古五百家爲黨，故曰「以黨羣」；羣則强，故曰「以羣强」。

〔五〕【用韻】「上、强」陽部。

【用韻】「遠、淺」元部。

〔六〕【版本】藏本「制」上無「所」字，景宋本、王溥本、王鎣本、葉本、吴本、莊本、集解本有「所」字，今據補，餘本同藏本。

〔七〕【許注】鐸，大鈴，出於吴也。

【版本】藏本「吴」誤作「矣」，依梁履繩校改，各本同藏本。

【箋釋】梁履繩云：「矣」當爲「吴」，字之誤也。「吴鐸」二字連讀，故高注云：「鐸，大鈴，出於吴。」鹽鐵論利議篇「吴鐸以其舌自破」，是其證。太平御覽人事部一百引此，正作「吴鐸以聲自毁」。○陳昌齊與梁説同。○雙棣按：梁、陳説是。文子微明篇「義之所加者薄，即武之所制者小」，「小」下無「矣」字，此「矣」字爲「吴」字，形近而誤也。下文「膏燭以明自鑠」，與此「吴鐸以聲自毁」正相對爲文，不當此爲五字，彼爲六字。今改。

〔八〕【許注】措，刺也。

【箋釋】劉文典云：意林引，「之」並作「以」，「措」作「刺」。○楊樹達云：二語又見詮言篇，字亦作「措」。按：「措」皆假爲「簎」。説文手部云：「簎，刺也。從手，籍省聲。」引春秋傳曰：「簎魚鼈。」許訓措爲刺，正讀措爲簎也。又按：此文以「射、措」爲韻。説林篇有此文，字又作「乍」，「乍、措」古聲同。（詳彼條下。）意林作「刺」，則失其韻矣。類書不通古韻而妄改，豈可據也。○蔣禮鴻與楊説同。

【用韻】「射、措」鐸部。

〔九〕【許注】死衛侯輒之難。

【箋釋】楊樹達云：事具哀公十五年左傳。

〔一〇〕【許注】欲以術輔周，周人殺之。

【箋釋】楊樹達云：萇弘見殺，見哀公三年左傳。

〔一一〕【版本】藏本兩「知」字作「智」，王溥本、王鎣本、朱本、葉本、汪本、張本、吴本、黄本、莊本、集解本作「知」，今據改，餘本同藏本。

〔二〕【版本】張本、黄本、莊本、集解本「不」作「所」，餘本同藏本。

【箋釋】王念孫云：「不害」二字，義不可通。「害」當作「用」。夜行者瞑目而前其手，故曰明有不用也。參主術篇一一一五頁注〔三〕。○俞樾云：「至」當作「宜」，「害」當作「容」，皆字之誤也。容，用也，説見主術篇。容與庸通。莊子胠篋篇容成氏，六韜大明篇作庸成氏。庸爲用，故容亦爲用也。夜行者不用目而用手，是事之宜也，故曰「事有所宜而明有不容」。説林篇曰：「夜行者掩目而前其手，涉水者解其馬載之舟，事有所宜而有所不施。」可證此文至字之誤。不施，亦即不用也。○王叔岷云：俞氏謂「害當爲容」，是也。「有」下當據説林篇補「所」字，漢魏叢書本、莊本並有「所」字，脱「不」字。莊子人間世篇：「意有所至，而愛有所亡。」與此句法同。

【用韻】「道、手」幽部，「至、害」質月合韻。

〔三〕【版本】集解本「於」作「于」，餘本同藏本。

〔四〕【許注】歲多風，則鵲作巢卑。

【箋釋】于大成云：御覽九百二十一引此文，下引注云「言鵲作巢向風之所起爲户，一説云，背風所起也」，又九百二十九引作「言鵲作巢而知風。一説，背風也」，事類賦注十九亦引注「言鵲作巢向風之所起爲户」，則御覽九二九引有譌誤。然三文皆不與今許注同，則彼是高注也。高注中自有別作一説者，不得輒以一説屬之許君，得此而益明。又人間篇云「夫鵲先識歲之多風也，去高木而巢扶枝」，許此注所本也。埤雅三引注與今注同，即許注矣。

〔一五〕【許注】水之所及，則獺避而爲穴也。

〔一六〕【許注】暉日，鴆鳥也。晏，無雲也。天將晏静，暉日先鳴也。

【版本】王溥本、王鎣本、茅本、葉本、汪本、張本、吴本、黄本、莊本、集解本正文及注「日」作「目」，景宋本、朱本同藏本。

【箋釋】劉績云：暉，一作運。○莊逵吉云：「暉目」疑當作「暉日」。説文解字：「鴆，運日也。」廣雅：「雄曰運日，雌曰陰諧。」「晏，無雲也」，當是「暒」字。封禪書作「曮」，並同。○陶方琦云：史記索隱四引許注：「晏，無雲也。」文選楊雄羽獵賦注引許注：「晏，無雲之處也。」按：説文：「晏，天清也。」又日部「暒」下云：「星無雲也。」知晏、暒義並通。漢書天文志「日晡時天星晏」，（星即晴字。）又郊祀志作「曮」，如淳云：「三輔俗謂日出清濟爲晏。」五行志武帝征和四年「天晏無雲」，許注，義同此。○劉文典云：莊校是也。宋本「暉目」正作「暉日」，注同。○于大成云：御覽九百二十七、政和本草三十引作「運日」，與説文、廣雅合，疑許本自作「運日」，與藏本同，疑是高本。今繆稱篇是許注，而後人或以高本亂之，亦猶高注諸篇中之雜出許本也。○雙棣按：莊謂以道藏本爲底本，藏本正作「暉日」，莊何不依道藏而反有此校語？清儒譏其但以錢別駕言偶校之信矣。

〔一七〕【許注】陰諧，暉日雌也。天將陰雨則鳴。

【版本】王溥本、茅本、葉本、汪本、莊本、集解本注「日」作「目」，景宋本、朱本同藏本。

【箋釋】王念孫云：廣雅云：「鴆鳥，其雄謂之運日，其雌謂之陰諧。」中山經郭璞注云：「鴆大如鵰……雄名運日，雌名陰諧。」廣韻引廣志：「鴆鳥大如鴞……雄名運日，雌名陰諧。」皆用淮南注也。案：繆稱訓四句各舉一物，四物各爲一類，鵲與獺非牝牡，暉日與陰諧非雌雄也。徧考諸書，言鴆鳥别名者多矣。説文云：「鴆，毒鳥也。一名運日。」史記魯世家集解引服虔左傳注云：「鴆鳥，一曰運日鳥。」王逸離騷注云：「鴆，運日也。」御覽引吴普本草云：「運日，一名羽鴆。」運或作䳦，名醫别録云：「鴆鳥，毛有大毒，一名䳦日。」陶注云：「䳦日鳥，大如黑傖雞，作聲云同力，故江東人呼爲同力鳥。」運又作雲，劉逵吴都賦注云：「鴆鳥，一名雲日。」凡此皆言運日，而不言陰諧，亦可知鴆鳥無陰諧之號，而繆稱訓注非確詁矣。今案：御覽引淮南逸文曰：「蝔知將雨。」又引高誘注曰：「蝔，蟲也。大如筆管，長三寸餘。」廣韻蝔音皆，又音諧。引淮南子曰：「蝔知雨至。」蝔蟲大如筆管，長三寸，世謂之猥狗。知天雨則於草木下藏其身。集韻「蝔音皆，蟲名，猥狗也。知雨則翳葉。又音諧，蟲名，將雨輒出，淮南呼爲雨母」，然則蝔與諧同音，陰諧即是蝔，舉其本名則謂之蝔，能知陰雨，則又謂之陰諧。陰諧之義，猶雨母也。○朱芹云：爾雅翼：「鴆，毒鳥也。雄曰運日，雌曰陰諧。天晏静無雲則運日先鳴，天將陰雨則陰諧鳴之。故淮南子云『運日知晏，陰諧知雨』也。或曰，取蛇虺時，呼『同力』數十聲，石起蛇出，故江東人呼爲同力鳥。」

【用韻】「下、雨」魚部。

〔一八〕【版本】莊本下「與」作「爲」，吴本作「以」，餘本同藏本。

【用韻】「辭、應」之蒸通韻。

〔一九〕【箋釋】王念孫云：舉以大政，本作「舉以爲大田」。此後人以意改之也。（「舉以大政」四字，文不成義，蓋後人不知大田爲官名，故改之也。）文選江淹雜體詩注引此作「舉以爲大田」，又引高注曰：「大田，官也。」（當作大田，田官也。）今則既改正文，又删去高注矣。高注詮言篇曰：「甯戚疾商歌以干桓公，桓公舉以爲大田。」晏子春秋問篇曰：「桓公聞甯戚歌，舉以爲大田。」此皆其明證也。（管子小匡篇曰：「墾草入邑，辟土聚粟，盡地之利，臣不如甯戚，請立爲大司田。」吕氏春秋勿躬篇作「請置以爲大田」，韓子外儲説左作「請以爲大田」。）○陳昌齊與王説同。

〔二〇〕【箋釋】俞樾云：「孟嘗君」下更當有「孟嘗君」三字，而今脱之。覽冥篇云：「昔雍門子以哭見於孟嘗君，已而陳辭通意，撫心發聲，孟嘗君爲之增欷歍唈，流涕狼戾不可止。」彼文再言，故知此亦當同。不然，則涕流沾纓仍屬雍門子，而不屬孟嘗君，不見其感人之至矣。○劉文典云：俞説是也。論衡感虚篇「雍門子哭對孟嘗君，孟嘗君爲之於邑」，亦重「孟嘗君」三字。列子湯問篇「故雍門之人至今善歌哭，放娥之遺聲」，張注：「六國時有雍門子，名周，善琴，又善哭，以哭干孟嘗君。」文選陸士衡於承明作與士龍詩注引此文，哭作琴。説苑善説篇：「雍門子周以琴見乎孟嘗君。雍門子周引琴而鼓之，徐動宫徵，微揮羽角，切終而成曲。孟嘗君涕浪汗增，欷而就之曰：『先生之鼓琴，令文若破國亡邑之人也。』」三國志郤正傳「雍門援琴而挾說」，注引桓譚新論文略同。漢書景十三王傳：「雍門子壹微吟，孟嘗君爲之於邑。」蘇林曰：「六國時人，名周，善鼓琴。」如淳曰：「雍門子以善鼓琴見孟嘗君，先說萬歲之後，高臺既已顛，曲池又已平，墳墓生荊棘，牧豎游其上，孟嘗君亦如是乎？孟嘗君喟然歎息也。」是文選注引文作「琴」，非誤字也。此疑一本作「哭」，一本作「琴」。○楊樹達云：文當於「見」字爲句，論語云：「師冕見。」即其比。俞失其讀，遂欲加字耳，非也。劉家立集證從俞說增「孟嘗君」三字，謬。○何寧云：劉氏據文選注謂「哭」一本作「琴」，非也。下文云：「歌哭衆人之所能爲也。一發聲，入人耳，感人心，情之至者也。」正承此哭字言之，謂雍門子之哭感人之深也。若作「琴」，則「歌哭」二字無著矣。且覽冥訓「雍門子以哭見孟嘗君」，高注：「雍門子名周，善彈琴，又善哭。雍門，齊西門也。居近之，因以爲氏。哭猶歌也。」覽冥訓高注釋哭甚詳，何得於繆稱訓作「琴」？查文選陸士衡詩注引此文，李善注本作「琴」，六臣注本作「哭」，劉氏但據李善注本以疑此，亦不慎矣。

【用韻】「政、纓」耕部。

〔三一〕【版本】藏本「精」作「情」，景宋本作「精」，今據改，餘本同藏本。王溥本、王鎣本、吳本「精之至」下無「者」字，餘本同藏本。

【箋釋】楊樹達云：「情」景宋本作「精」，是也。說山篇云：「老母行歌而動申喜，精之至也。」泰族篇云：「螣蛇，雄鳴於上風，雌鳴於下風，而化成形，精之至也。」句例並同，是其證也。○雙棣按：楊説是。前文「精不相與往來也」，各本均誤作「情」，與此同，唯景宋本不誤，尚可據改。吕氏春秋有精通篇。此精謂存於宇宙間之精氣。

〔二二〕【許注】簡公，齊君也。以柔濡，田成子殺之也。

【版本】王溥本、王鎣本、茅本、汪本、張本、吴本、黄本、莊本、集解本正文及注「濡」作「懦」，餘本同藏本。

【箋釋】雙棣按：莊子天下篇「以濡弱謙下爲表」，成疏：「以柔弱謙和爲權智外行。」釋文：「濡，如兖反，一音儒。」集韻：「輭，柔也，或從欠。亦作濡。」據此則濡即柔弱、軟弱之義。王溥本等改作懦，實無煩改字。

〔二三〕【許注】子陽，鄭相也。尚刑而劫死。

【箋釋】楊樹達云：事具後氾論篇。○雙棣按：鄭子陽事亦見吕氏春秋首時篇、觀世篇、適威篇。

【用韻】「殺、劫」月盍合韻。

〔二四〕【許注】雖清濁失和，故不中律全。

【版本】王溥本注「雖」作「惟」，「全」作「令」，朱本注「雖」作「唯」，餘本同藏本。

【箋釋】吴承仕云：朱本注「雖」作「唯」，作「惟」是也。注當作「惟清濁失和，故不中律同」。周禮春官：「大司樂，稱六律六同。」鄭注云：「六律，合陽聲者也。六同，合陰聲者也。」廣韻云：

「仝，古同字，出道書。」後來俗字，亦多以仝爲同。此注本作律仝，（即俗同字。）言不與六律六同相應也。傳寫又譌仝爲全，遂不可通。○馬宗霍云：歌而不比於律，謂不合於律也。漢書律曆志上「比黄鍾之宫」，顔師古注云：「比，合也。」是其證。○雙棣按：藏本等注作「雖」，借字也。王引之經傳釋詞卷三云：「惟，發語詞也，亦作雖。」例參見彼書。王溥本、朱本改作惟（唯），實不煩改字。

【用韻】「律、一」物質合韻。

〔二五〕【許注】嘰，唬也。知象箸必有玉杯，爲杯必極滋味。

【箋釋】吴承仕云：「唬」不成字，蓋「嗁」之形譌，與説山篇注義同。○雙棣按：説山篇「嘰」作「唏」。論衡龍虚篇：「傳曰：紂作象箸而箕子泣。泣之者，痛其極也。」知實篇作「譏」。韓非子喻老、説林上俱作「怖」。顧廣圻云：「怖當作悕。」「嘰、譏、唏、悕」，古音皆在微部，且皆有嗁泣之義，故可通。

〔二六〕【許注】偶人，桐人也。嘆其象人而用之也。

【版本】莊本注「桐」作「相」，張本、黄本無注，餘本同藏本。

【箋釋】劉文典云：「桐人」一本作「相人」，當以「相人」爲是。周禮冢人鄭司農注：「象人，謂以芻爲人。」列子黄帝篇釋文：「木偶人形曰象人。」是其證。○楊樹達云：事具孟子梁惠王上篇。○雙棣按：劉説非，「桐」字不誤。説文：「偶，桐人也。」此爲許注，正與説文合。段玉裁説文注云：「偶者，寓也，寓於木之人也。」鹽鐵論散不足篇云：「匹夫無貌領，桐人衣紈綈。」桐人即桐木所作之木偶人。古人或以殉葬，或以蠱祝。越絶書云：「桐不爲器用，但爲俑，當與俱葬。」漢書江充傳云：「遂掘蠱于太子宫，得桐木人。」

〔二七〕【箋釋】于大成云：諸子類語四引「山」下有「而」字，與下句一例。

【用韻】「野、倉」魚陽通韻。

水濁者魚噞，令苛者民亂，城峭者必崩，岸崝者必陀〔一〕。故商鞅立法而支解〔二〕，吴起刻削而車裂〔三〕。治國辟若張瑟，大絃組〔四〕，則小絃絶矣〔五〕。故急轡數策者，非千里之御也〔六〕。有聲之聲，不過百里；無聲之聲，施於四海〔七〕。是故禄過其功者損，名過其實者蔽。情行合而名副之，禍福不虚至矣〔八〕。身有醜夢，不勝正行〔九〕；國有妖祥，不勝善政〔一〇〕。是故前有軒冕之賞，不可以無功取也；後有斧鉞之禁，不可以無罪蒙也〔一一〕。素脩正者，弗離道也。君子不謂小善不足爲也而舍之，小善積而爲大善；不爲小不善爲無傷也而爲之〔一二〕，小不善積而爲大不善。是故積羽沉舟，羣輕折軸〔一三〕。故君子禁於微。壹快不足以成善〔一四〕，積快而爲德；壹恨不足以成非，積恨而成怨。故三代之善，千歲之積譽也；桀紂之謗，千歲之積毁也〔一五〕。

校釋

〔一〕【許注】崝，峭也。陀，落也。

【版本】景宋本「陀」作「陁」，餘本同藏本。

【箋釋】陶方琦云：文選馬融長笛賦注、謝靈運七里瀨詩注引許注：「陗，峻也。陁，落也。」按：今注「峭」應作「陗」，説文自部：「陗，陖也。從𠂤，肖聲。」「陖」下亦云「陗高也」。「崝」因「峭」字而譌，當是「峻」字。太玄陵「峥岸陗陁」注：「陗，峻也。」陀即陁字，説文作「陊，落也」。又陁下云「小崩也」，小崩亦落義。又：大藏音義七十七、九十三、九十六引許注：「陗，峻也。」按：今注「崝」應作「峭」，「峭」應作「峻」。○于省吾云：陶説非也。「崝」字義本可通。方言六：「崝，高也。」然則岸崝即岸高矣。○于大成云：唐本玉篇山部引文作「岸崝者必陁」，並引注云「崝，峭也。陁，落也」，廣韻耕韻「崝」字注引淮南子云「崝，陗也」，知古本自有作「崝」者，説文山部「崝，崝嶸，山皃也」，段注引郭璞云「崝嵤，高峻之皃也」，崝嶸、崝嵤，並即今峥嶸字，是崝字不唯於義可通，且於文有據。○何寧與于説同。○雙棣按：陀與陁通。方言六云：「陁，壞也。」注：「謂壞落也。」

【用韻】「亂、陀」元歌通韻。

〔二〕【許注】商鞅爲秦孝公立治法，百姓怨之，以罪支解。

【箋釋】劉文典云：「立」疑當爲「峻」之壞字。此承上文「城峭岸崝」而言，又與下文「吴起刻削而車裂」相對爲文。若作立法，則與上下文皆不相應矣。韓詩外傳正作「商鞅峻法而支解」，是其證。高注「商鞅爲秦孝公立治法」，是所見本已作「立」，故增「治」字解之耳。

〔三〕【許注】吴起相楚，設貴臣相坐之法，卒車裂也。

〔四〕【許注】絚，急也。

【版本】藏本正文及注「絚」作「組」，莊本（浙局本）作「絚」，今據改，餘本同藏本。

【箋釋】王念孫云：「組」當爲「絚」，字之誤也。「絚」讀若「亘」，字本作「搄」，又作「緪」。説文：「搄，引急也。」又曰：「緪，急也。」楚辭九歌：「緪瑟兮交鼓。」王注曰：「緪，急張弦也。」絚即緪之省文。馬融長笛賦云「絚瑟促柱」是也。意林及太平御覽治道部五引此，並作「大弦絚」，是其證。泰族篇云：「故張瑟者，小弦絚而大弦緩。」義與此同也。（高注亦云：「絚，急也。」今本則依文子改爲小弦急，並删去高注矣。藝文類聚治政部上、文選長笛賦注引此，並作「小弦絚」，又引高注：「絚，急也。」足正今本之謬。）○劉文典云：意林引，「瑟」上有「琴」字。○鄭良樹云：王校是也。廣韻十七登、韻府羣玉七、洪武正韻十八庚引此，「組」作「搄」。○于大成云：柳宗元初秋夜生贈吴武陵詩「朱絃緪枯桐」，潘緯音義引淮南子亦作緪。又案：今繆稱、泰族二篇，皆是許注本，此「絚，急也」之訓，迺許注也。至泰族篇許本實作「故張瑟者，小絃急而大絃緩」，與文子上仁篇同。選注所引，明著「高氏注曰」四字，則高本泰族乃作絚耳。藝文類聚與選注同，當亦高氏本也。王氏謂今本依文子改，又謂後人删去高注，其説非也。

〔五〕【用韻】「裂、瑟、絶」質月合韻。

〔六〕【箋釋】王叔岷云：吕氏春秋功名篇注引此作「急轡利錣，非千里之御也；嚴刑峻法，非百王之治也」。今本「非千里之御也」下有脱文。原道篇亦云：「峭法刻誅者，非霸王之業也；箠策繁用者，非致遠之御也。」

〔七〕【箋釋】楊樹達云：施，延也。

〔八〕【用韻】「里、海」之部。

〔九〕【用韻】「蔽、至」月質合韻。

〔一〇〕【箋釋】雙棣按：醜猶惡也。詩小雅十月之交、魯頌泮水毛傳並云：「醜，惡也。」是其證。

〔一一〕【用韻】「夢、行、政」蒸陽耕合韻。

〔一二〕【用韻】「取、蒙」侯東通韻。

〔一三〕【版本】王溥本、王鎣本、朱本、汪本、張本、吴本、黄本、莊本、集解本「不爲」作「不謂」，餘本同藏本。

【箋釋】雙棣按：「爲」與「謂」通。

〔一三〕【用韻】「舟、軸」幽覺通韻。

〔一四〕【版本】王溥本、王鎣本、葉本、吴本「壹」作「一」，餘本同藏本。下「壹恨」同。

〔一五〕【版本】王鎣本、汪本、張本、黄本、莊本「善」作「稱」，王溥本空缺，餘本同藏本。

【箋釋】王念孫云：「積恨而成怨」，「怨」本作「惡」；「桀紂之謗」，「謗」亦本作「惡」，皆後人妄改之也。「壹快不足以成善，積快而爲德」者，德亦善也。言一爲善而快於心，不足以成善，多爲善，則積快而爲德矣。「壹恨不足以成非，積恨而成惡」者，恨，悔也。（大雅雲漢傳：「悔，恨也。」漢書李廣傳「將軍自念，豈嘗有恨者乎」，顏師古注：「恨，悔也。」）非亦惡也。言一爲不善，而悔於心，不足以成非，多爲不善，則積悔而成惡矣。快與恨對，善與非對，德與惡對，皆謂己之善惡，非謂人之恩怨也。後人誤以德爲恩德，恨爲怨恨，故改惡爲怨耳。「三代之善，千歲之積譽也；桀紂之惡，千歲之積毀也」，善與惡對，譽與毀對。改惡爲謗，則既與善字不對，又與毀字相複矣。文選運命論注引此，正作「桀紂之惡」。

【用韻】「怨、善」元部，「譽、謗」魚陽通韻。

天有四時，人有四用。何謂四用？視而形之，莫明於目；聽而精之，莫聰於耳；重而閉之，莫固於口；含而藏之，莫深於心〔一〕。目見其形，耳聽其聲，口言其誠，而心致之精〔二〕，則萬物之化咸有極矣。

地以德廣〔三〕，君以德尊，上也；地以義廣，君以義尊，次也；地以强廣，君以强尊，下也〔四〕。故粹者王，駁者霸，無一焉者亡〔五〕。昔二（鳳凰）〔皇鳳〕至於庭〔六〕，三代至乎門〔七〕，周室至乎澤〔八〕。德彌麤，所至彌遠；德彌精，所至彌近〔九〕。君子誠仁，施亦仁，不施亦仁〔一〇〕。小人誠不仁，施亦不仁，不施亦不仁。善之由我，與其由人，若仁德之盛者也〔一一〕。故情勝欲者昌，欲勝情者亡〔一二〕。

欲知天道，察其數〔一三〕；欲知地道，物其樹〔一四〕；欲知人道，從其欲〔一五〕。勿驚勿駭，萬物將自理；勿撓勿攖〔一六〕，萬物將自清〔一七〕。察一曲者，不可與言化〔一八〕；審一時者，不可與言大〔一九〕。日不知夜，月不知晝〔二〇〕，日月爲明而弗能兼也〔二一〕。唯天地能函之〔二二〕。能包天地，曰唯無形者也。驕溢之君無忠臣，口慧之人無必信〔二三〕，交拱之木無把之枝〔二四〕，尋常之溝無吞舟之魚〔二五〕。根淺則末短，本傷則枝枯〔二六〕。福生於無爲，患生於多欲，害生於弗備，穢生於弗耨〔二七〕。聖人爲善若恐不及，備禍若恐不免。蒙塵而欲毋眯〔二八〕，涉水而欲毋濡，不可得也。是故知己者不怨人，知命者不怨天，福由己發，禍由己生〔二九〕。聖人不求譽、不辟誹，正身直行，衆邪自息。今釋正而追曲，倍是而從衆，是與俗儷走而内行無繩〔三〇〕。故聖人反己而弗由也。

校　釋

〔一〕【版本】藏本「含」作「舍」，景宋本、張本、黄本、莊本、集解本作「含」，今據改，餘本同藏本。

〔二〕【用韻】「形、聲、誠、精」耕部。

〔三〕【許注】人君以德廣益其土地也。

〔四〕【版本】藏本「下」上有「之」字，王鎣本、朱本、茅本、葉本、汪本、張本、吴本、黄本、莊本、集解本無，今據删，餘本同藏本。

【箋釋】陳昌齊云：「之」字疑衍。

〔五〕【版本】王溥本、王鎣本、葉本「駮」作「駁」，朱本、茅本、汪本、張本、黄本、莊本、集解本同藏本。

【箋釋】楊樹達云：語本荀子王霸篇。○雙棣按：「駮」爲「駁」之借字，兩字音同形近，常可通用。荀子王霸篇亦用借字，楊倞注云：「駮，雜也。」

〔六〕【用韻】「王、霸、亡」陽鐸通韻。

【版本】藏本「二皇鳳」作「二鳳凰」，景宋本作「二鳳皇」，餘本作「二皇鳳凰」，（莊本、集解本「凰」作「皇」。）今據王念孫校改。

【箋釋】劉績云：别本注：「二皇，伏羲、神農也。」○王念孫云：此本作「昔二皇鳳至於庭」。（文選注、藝文類聚、太平御覽、玉海並引高注：「二皇，宓羲、神農也。」今本脱之，原道篇「泰古二皇」，高彼注與此注同。）道藏本「皇」字倒在「鳳」字下，因誤而爲「凰」。劉本補「皇」字而未删「凰」字。各本及莊本同，皆非也。文選長笛賦注、藝文類聚祥瑞部下、太平御覽羽族部二及爾雅翼、玉海祥瑞部引此，並作「二皇鳳至於庭」，無「凰」字。○王叔岷云：王校是也。天中記五八引此亦作「二皇鳳至於庭」，並有注云：「伏羲，神農。」○于大成云：王應麟周書王會篇補注引亦作「二皇鳳至於庭」。

〔七〕【箋釋】劉績云：别本注：「三代，堯舜禹也。」

〔八〕【版本】藏本脱「周」字，景宋本同藏本，餘本均不脱，今據補。

〔九〕【箋釋】于大成云：此文許、高二本有别，許作「德彌确」，御覽所引是也。説文「确，磬也。磽，磬也」，确磽即埆墝，謂多石瘠薄也。高作「德彌澆」，藝文類聚、爾雅翼、王會補注及玉海、天中記引是也。澆亦薄也，見齊俗篇許注。今本作「麁」者，後人以下句作「德彌精」，故改以相對，既戾於高，亦違於許，非矣。

【用韻】「遠、近」元文合韻。

〔一〇〕【許注】道無爲而民蒙純，此所謂不施而仁。

〔一一〕【版本】藏本上「施」字上有「於」字，茅本、葉本、汪本、張本、吴本、黄本、莊本、集解本無，今據删，餘本同藏本。

【箋釋】陳昌齊云：「於」字疑衍。

〔一二〕【箋釋】陶鴻慶云：「若」當作「皆」，字之誤也。由我由人，承上「君子誠仁，施亦仁，不施亦仁」言之，施者善由我，不施者善由人。故曰皆仁德之盛。

【用韻】「人、盛」真耕合韻。

〔一二〕【用韻】「昌、亡」陽部。

〔一三〕【許注】謂律歷之數也。

〔一四〕【許注】五土之宜，各有所種生之。【版本】茅本、汪本注「生之」下有「禾」字，莊本、集解本有「木」字，景宋本、王溥本、朱本、葉本同藏本。【箋釋】楊樹達云：儀禮既夕記云：「冢人物土。」昭公三十二年左傳云：「物土方。」鄭、杜注並云：「物，相也。」○馬宗霍云：周禮地官載師「掌任土之法以物地事」，鄭玄注云：「物，物色之以知其所宜之事。」賈公彦疏又申之云：「物色之知其種植所宜何種。」是此「物」字之義也。又案：草人：「常土化之法以物地，相其宜而爲之種。」彼以相字申成物字，又知「物色之」猶「相之」矣。

〔一五〕【許注】君子欲於道，小人欲於利。【用韻】「數、樹、欲」侯屋通韻。

〔一六〕【許注】攖，纓。【版本】藏本正文及注「攖」作「櫻」，除景宋本、朱本同藏本外，餘本均作「攖」，今據改。【箋釋】吴承仕云：「攖，纓」之訓，於古無徵，疑「纓」當爲「繞」，或當爲「結」，蓋傳寫失之。○馬宗霍云：周禮春官巾車「樊纓十有再就」，鄭玄注：「纓，今馬鞅。」馬鞅所以絡馬頭，然則本文

「勿攖」，猶言勿羈絡耳。莊子在宥「女慎無攖人心」，釋文引崔譔注云：「攖，羈落也。」「落、絡」古今字，崔蓋亦以「攖」爲「纓」也。〇雙棣按：俶真篇「攖人心」注：「攖，迫也。」呂氏春秋本生篇「勿攖之」注：「攖，猶戾也。」下注云「各順其情」，正釋「勿攖」之意，此「攖」蓋亦迫、戾之義。

〔一七〕【許注】言治天下各順其情。

【用韻】「駭、理」之部，「攖、清」耕部。

〔一八〕【許注】一曲，一事也。

〔一九〕【許注】猶蟬不知寒也。

【用韻】「化、大」歌月通韻。

〔二〇〕【用韻】「夜、晝」鐸侯合韻。

〔二一〕【箋釋】陶鴻慶云：「爲明」上當有「能」字。

〔二二〕【用韻】「兼、函」談部。

〔二三〕【箋釋】楊樹達云：「慧」與「惠」通。

【用韻】「臣、信」真部。

〔二四〕【許注】拱，抱也。把，握也。

【箋釋】何寧云：「把」上當沾「盈」字。交拱之木無盈把之枝，尋常之溝無吞舟之魚，相對爲文。韓詩外傳五作「故盈把之木無合拱之枝，榮澤之水無吞舟之魚」，是其證。

〔二五〕【用韻】「枝、魚」支魚合韻。

〔二六〕【箋釋】陶鴻慶云：「末」與「枝」當互易。○蔣禮鴻云：詩大雅文王：「本支百世。」左傳莊六年引作「本枝百世」。是本枝自可相對。泰族篇：「動其一本而百枝皆應。」亦以本枝爲對。泰族又云：「根深則本固。」俞氏樾校本作末。是根末又相對。陶説非是。○雙棣按：陶説是，而蔣説非。枝爲枝條，可言短長；末爲末梢，不可言短長，然可因本傷而枯。枝末二字，蓋傳寫互易。

【用韻】「淺、短」元部，「傷、枯」陽魚通韻。

〔二七〕【版本】景宋本、王溥本、王鎣本、朱本、葉本、吴本、莊本、集解本「秺」作「槈」，餘本同藏本。

【箋釋】雙棣按：秺、槈爲異體。集韻：「槈，田治草也，或從禾。」

【用韻】「慾、秺」屋部。

〔二八〕【版本】藏本「眯」作「昧」，景宋本、王溥本、王鎣本、朱本、汪本、莊本、集解本作「眯」，今據改，餘本同藏本。

【箋釋】雙棣按：御覽引「眯」亦誤作「昧」，與藏本誤同。齊俗篇亦有此句，「蒙塵」作「吹灰」，而「眯」字不誤。

〔二九〕【用韻】「人、天、生」真耕合韻。

〔三〇〕【許注】繩，所以彈曲也。

【版本】茅本、汪本、莊本、集解本注「曲」下有「者」字，景宋本、王溥本、朱本、葉本同藏本。

【用韻】「衆、繩」冬蒸合韻。

道之有篇章形埒者〔一〕，非至者也。嘗之而無味，視之而無形，不可傳於人〔二〕。大戟去水，亭歷愈張〔三〕，用之不節，乃反爲病〔四〕。物多類之而非，唯聖人知其微〔五〕。善御者不忘其馬，善射者不忘其弩，善爲人上者不忘其下〔六〕，誠能愛而利之，天下可從也〔七〕。弗愛弗利，親子叛父。天下有至貴而非勢位也，有至富而非金玉也，有至壽而非千歲也，原心反性則貴矣，適情知足則富矣〔八〕，明死生之分則壽矣。

言無常是，行無常宜者〔九〕，小人也；察於一事，通於一伎者〔一〇〕，中人也；兼覆蓋而并有之，度伎能而裁使之者，聖人也〔一一〕。

校釋

〔一〕【許注】形埒，兆朕。

【版本】藏本注「朕」誤作「服」，除葉本同藏本外，餘本均作「朕」，今據改。

〔二〕【用韻】「形、人」耕真合韻。

〔三〕【版本】景宋本、王溥本、王鎣本、朱本、葉本、汪本、吴本、黄本「張」作「脹」，餘本同藏本。張本、黄本有注：「大戟，亭歷，二藥名。」

【箋釋】楊樹達云：「張」今作「脹」，古衹作「張」。左傳成公十年云：「將食，張，如廁。」是也。○馬宗霍云：大戟、亭歷皆藥名。爾雅釋草云：「蕎，邛鉅。」郭璞注：「今藥草大戟也，本草云。」釋草又云：「蕇，亭歷。」郭注：「實葉皆似芥，一名狗薺，廣雅云。」大戟可以去水，亭歷可以愈張。水與張皆病也。張通作脹，張、脹古今字。

〔四〕【用韻】「張、病」陽部。

〔五〕【用韻】「非、微」微部。

〔六〕【用韻】「馬、弩、下」魚部。

〔七〕【箋釋】馬宗霍云：「天下可從」之「從」，當讀如孟子梁惠王篇下「從之者如歸市」之「從」，言可使天下之人皆從而歸之也。從與服同義，亦即天下可服之意。

〔八〕【用韻】「位、玉、歲、貴、富」物屋月職合韻。

〔九〕【版本】莊本下「常」字作「嘗」，餘本同藏本。

〔一〇〕【用韻】「是、宜」支歌合韻。

〔一一〕【用韻】「事、伎」之支合韻。

〔一二〕【許注】裁，制也。度其伎能而裁制使之。

【箋釋】莊逵吉云：太平御覽引作「兼覆而并有之」，無「蓋」字。○王念孫云：正文本作「兼覆而并有之，伎能而裁使之」，注本作「度其能而裁制使之」。伎之言支也，支，度也。（大戴禮保傅篇「燕支地計衆，不與齊均也」，盧辯注：「支猶計也。」賈子胎教篇作「度地計衆」。）注言度其能而裁制使之，度字正釋伎字。今本注文作「度其伎能」者，涉正文而衍「伎」字也。（太平御覽引此已誤。）正文作「度伎能」者，又涉注文而衍「度」字也。（御覽引此不誤。）因正文衍「度」字，後人又於上句加「蓋」字以對下句，兼覆蓋而并有之，斯爲不詞矣。太平御覽人事部一引此，正作「兼覆而并有之，技能而裁使之」。（技與伎同。）文子符言篇同。又齊俗篇「若以聖人爲之中，則兼覆而并之」。案：彼文并下當有「有」字，兼覆而并有之，文與此同也。又兵略篇「必擇其人，技能其才，使官勝其任，人能其事」。案：技能其才，能字涉下文「能其事」而衍。技其才亦謂度其才也。擇其人，技其才；官勝其任，人能其事，皆相對爲文，則「技」下不當有「能」字，且能即是才，若云技能其才，則是技能其能矣。

【用韻】「有、使」之部。

淮南子校釋卷第十一

齊俗訓〔一〕

率性而行謂之道〔二〕，得其天性謂之德。性失然後貴仁，道失然後貴義〔三〕。是故仁義立而道德遷矣，禮樂飾則純樸散矣〔四〕，是非形則百姓眩矣，珠玉尊則天下争矣〔五〕。凡此四者，衰世之造也，末世之用也。

夫禮者，所以別尊卑，異貴賤；義者，所以合君臣、父子、兄弟、夫妻、朋友之際也〔六〕。今世之爲禮者，恭敬而忮〔七〕；爲義者，布施而德；君臣以相非，骨肉以生怨，則失禮義之本也，故搆而多責〔八〕。夫水積則生相食之魚，土積則生自穴之獸〔九〕，禮義飾則生僞匿之本〔一〇〕。夫吹灰而欲無眯，涉水而欲無濡，不可得也。

古者，民童蒙不知東西〔一一〕，貌不羨乎情，而言不溢乎行〔一二〕。其衣致煖而無文，其兵戈銖而無刃〔一三〕，其歌樂而無轉，其哭哀而無聲。鑿井而飲，耕田而食，無所施其美，亦不求得〔一四〕。親戚不相毀譽，朋友不相怨德〔一五〕。及至禮義之生，貨財之貴，而詐僞萌興，非譽相紛〔一六〕，怨德並行〔一七〕，於是乃有曾參、孝己之美，而生盜跖、莊蹻之邪。故有大路龍旂，羽蓋垂緌〔一八〕，結駟連騎，則必有穿窬、拊楗、抽箕、踰備之姦〔一九〕；有詭文繁繡，弱緆羅紈〔二〇〕，必有菅屩跐踦、短褐不完者〔二一〕。故高下之相傾也，短脩之相形也，亦明矣〔二二〕。

校釋

〔一〕【許注】齊，一也。四宇之風，世之衆理，皆混其俗，令爲一道也。

【版本】茅本、汪本、莊本、集解本注「令爲一道也」下，有「故曰齊俗」四字，餘本同藏本。

【箋釋】楊樹達云：本篇云：「行齊於俗可隨也，矜僞以惑世，伉行以違衆，聖人不以爲民俗。」然則齊謂齊同，注云混一風俗，似非其義。史記游俠傳云：「今拘學或抱咫尺之義，久孤於世，豈若卑論儕俗與世浮沉而取榮名哉？」儕俗與齊俗同。

〔二〕【箋釋】楊樹達云：禮記中庸云：「率性之謂道。」

〔三〕【箋釋】馬宗霍云：「性失然後貴仁」，疑當作「德失然後貴仁」。德失、道失，緊承上文「謂之道」、「謂之德」來，與下文「是故仁義立而道德遷矣」相應。爾雅釋詁云：「遷，徙也。」詩小雅巷伯篇「既其女遷」，毛傳云：「遷，去也。」國語晉語「成而不遷」，韋昭注云：「遷，離散也。」曰「徙」，曰「去」，曰「離散」，皆與「失」義近，則遷猶失也。若作「性失」，則上下文不相貫矣。老子第三十八章云：「失德而後仁。」亦本文之旁證。德之草書作「德」，性之草書作「性」，二形相近，故傳寫致捉耳。○王叔岷云：「道」疑本作「行」，涉上「謂之道」而誤也。「性失」承上「得其天性」之「性」而言。「行失」承上「率性而行」之「行」而言。本經篇「行沮然後義立」，與此「行失然後貴義」同指。可證此文「道」字之誤。○何寧云：原文不誤。得其天性謂之德，則失其天性謂之失德。孟子曰：「義，人路也。」故下言「道失然後貴義」。孟子曰：「仁，人心也。」故下言「性失然後貴仁」。馬謂若作「性失」則上下文不相貫，議改「德失」，似未達。

〔四〕【用韻】「遷、散」元部。

〔五〕【箋釋】于大成云：珠玉可言貴而不可言尊，後文云「不貴難得之貨」，珠玉正所謂難得之貨也。文子上禮篇正作「珠玉貴而天下争」。

【用韻】「眩、争」真耕合韻。

〔六〕【用韻】「禮、義」脂歌合韻，「賤、際」元月通韻。

〔七〕【許注】忮，害也。

【版本】藏本注有「音寘」二字，莊本、集解本無，今據删，餘本同藏本。

〔八〕【許注】搆，謂以權相交，權盡而交疏。搆，搆怨也。

【版本】景宋本正文及注「搆」並作「構」，餘本同藏本。張本、黄本、莊本注無上「搆」字，餘本同藏本。藏本注「怨」作「然」，朱本作「怨」，今據改，餘本同藏本。

【箋釋】吴承仕云：朱本作「搆，搆怨也」，是也。注以搆爲搆怨，與骨肉生怨，文意相承。「怨」字形誤作「然」，似以「搆搆」爲形頌之詞，於義無取。莊子天運篇：「覯而多責。」釋文云：「見也，遇也。」説義雖異，不以「搆搆」連文則同。

〔九〕【箋釋】劉績云：宍，文子作「肉」。○王念孫云：宍，「宍」字之誤。自肉，謂獸相食也。相食之魚，自肉之獸，其義一也。太平御覽禮儀部二引此，作「食肉之獸」，「食」字涉上句「相食」而誤，而「肉」字則不誤。文子上禮篇正作「自肉之狩」。（狩與獸同。）○于大成云：文子「魚」作「蟲」。御覽五百二十三引淮南亦作「蟲」，並引注云「言大魚食小魚」。竊以爲此文許本作「蟲」，文子用許本也。高本作「魚」，御覽注云云，明是注正文「魚」字，其引作「蟲」字，乃以許本相亂。今齊俗篇是許注，而字作「魚」，則又爲高本所亂也。御覽引下文「禮義飾則生僞匿之本」作「僞慝之儒」，又有注云「僞，詐；慝，姦」，彼引文是高本，注亦高注，高作「儒」，許作「士」，（「本」是「士」之誤文，王念孫已言之。）高有注，許無注也。以是知御覽所引是高本，确與許本不同也。

〔一〇〕【箋釋】王念孫云：太平御覽禮儀部二引此，「僞匿之本」作「僞慝之儒」，又引注曰：「僞，詐；慝，姦。」案：「慝、匿」古今字，（説見泰族「民無匿情」下。）「本」當爲「士」。僞匿之士與相食之魚、自肉之獸相對爲文。若云僞匿之本，則與上文不類矣。御覽作「僞慝之儒」，儒亦士也。隸書「士」字或作「𡈼」，（見漢仙人唐公房碑陰。）與「本」相似，又涉上文「禮義之本」而誤。○劉文典云：御覽五百二十三引作「夫水積則生相食之魚，土積則生食肉之獸，禮義飾則生僞慝之儒」，三句皆以八字爲句，句法一律。今本多一「義」字，句法遂參差不齊，「義」字疑衍文也。

〔一〕【箋釋】王念孫云：「東西」當爲「西東」，東與蒙爲句中韻，猶覽冥篇言「浮游不知所求，罔兩不知所往」也。若作「東西」則失其韻矣。（文子道原篇作「不知東西」，亦傳寫之誤，其精誠篇正作「不知西東」。文選鵩鳥賦「或趨西東」，東與同爲韻，易林萃之鼎「不知西東」，與通爲韻，今本並誤作「東西」。）○于大成云：文子道原篇道藏纘義本、又朱弁注本、竇曆本正作「西東」，可正淮南之誤。○雙棣按：童蒙，東部疊韻聯緜字，謂蒙昧無知貌。字又作「僮蒙、瞳矇、朣朦」。

〔二〕【用韻】「情、行」耕陽合韻。

〔三〕【許注】楚人謂刃頓爲銖。

【箋釋】莊逵吉云：頓即鈍字，故「頑頓」即「頑鈍」是。○王念孫云：此本作「其衣煖而無文，其兵銖而無刃」。後人於「煖」上加「致」字，於義無取。戈爲五兵之一，言兵而戈在其中，不當更加「戈」字，且其衣致煖，與其兵戈銖不對，明是後人所改。文子道原篇正作「其衣煖而無采，其兵鈍而無刃」。○俞樾云：王氏念孫謂「致」與「戈」皆衍文，其説是也。高解「誅」字曰：「楚人謂刃頓爲銖。」是「銖」與「無刃」一意也。「煖」與「無文」則非一意矣。疑煖當爲緩。緩者，縵之叚字也。説文糸部：「縵，繒無文。」國語晉語曰：「乘縵不舉。」韋注曰：「縵，車無文也。」是凡無文者皆謂之縵，故曰「其衣縵而無文」，正與「其兵銖而無刃」同義。「縵」與「緩」古音相同，得以通用。廣雅釋詁：慢、謾並訓緩，故「緩」亦通作「縵」也。後人不知「緩」爲「縵」之叚字，因其言衣，故改作「煖」，似是而實非矣。○劉盼遂云：説文「銖」無頓意。唐韻：「銖，市朱反。」爲齒頭音，古音齒頭歸舌，故銖與頓爲雙聲，宜作錭矣。朱、周古聲通，如侏儒亦曰周饒（海外南經）、裯馬本爲侏大（周禮「句視」注），故銖、錭得相假借。説文：「錭，鈍也。」鈍、頓古通用，是銖、錭、鈍音義全同，古蓋一字而後漸歧異耳。楚人謂刃頓爲銖，此音義之最古者。洪筠軒謂銖即殊之借字。説文：「殊，死也。」於刃頓之義有何關乎？○楊樹達與劉説同。

【用韻】「文、刃」文部。

〔一四〕【版本】王溥本、王鎣本、葉本「美」作「義」，餘本同藏本。

【箋釋】劉績云：文子作「不布施，不求德」。○蔣禮鴻云：「美」字疑當爲「羨」，謂雖有羨餘，不以施人市恩也。下句云「亦不求得」，謂自足而止，不貪多餘也。兩意正相對。詮言篇曰「功蓋天下，不施其美」，與此義别。彼爲伐善施勞之施，此爲施予之施也。○雙棣按：蔣説是。文子道原篇「不布施」，正此「無所施其羨」之義。劉績改作「義」，亦非。此言古者民童蒙之時，禮義未生。下文「及至禮義之生，貨財之貴而詐僞萌興」云云，則謂禮義生之後事。此則不當作「義」明矣。

〔一五〕【用韻】「食、得、德」職部。

〔一六〕【箋釋】楊樹達云：「非」讀爲「誹」，下文云：「聽失於誹譽。」又云：「誹譽無所由生。」又云：「誹譽萌於朝。」皆其證也。

〔一七〕【用韻】「生、興、行」耕蒸陽合韻。

〔一八〕【許注】大路，天子車也。龍旂，龍旗。

【版本】張本、黄本、莊本、集解本注「龍旂龍旗」作「交龍爲旂」，餘本同藏本。

〔一九〕【許注】抽，掘也。備，後垣。

【版本】莊本、集解本「揵」作「楗」，餘本同藏本。藏本注「掘」作「握」，景宋本作「掘」，今據改，餘本同藏本。

【箋釋】劉台拱云：下文「鑿培而遁之」，注云：「培，後屋牆。」「備」與「培」同，「培」正字，「備」借字。○王引之云：「抽箕」當爲「抇墓」，高注「抽，握也」當作「抇，掘也」，抇字本作搰，説文曰：「搰，掘也。」或作抇。廣雅曰：「抇，掘也。」荀子正論篇曰：「抇人之墓。」是也。吕氏春秋節喪篇「葬淺則狐狸抇之」，高注曰：「抇，讀曰掘。」是「抇」與「掘」聲相近，字亦相通也。今本「抇墓」作「抽箕」者，「抽」與「抇」字相似，故「抇」誤作「抽」。（説林篇「伏苓抇，兔絲死」，藝文類聚草部上引此「抇」作「抽」。論衡薄葬篇「不畏罪法，而丘墓抇矣」，今本「抇」作「抽」。蓋以世人多見「抽」而少見「抇」，故「抇」誤爲「抽」矣。）「墓」與「基」字亦相似，「墓」以形誤爲「基」。（漢書敘傳「陵不崇墓」，漢紀「墓」字誤爲「基」。「墓」可誤爲「基」，故「基」亦可誤爲「墓」，逸周書大開篇「兆基九開」，今本「基」誤爲「墓」是也。「墓」可誤爲「基」，故「莫」亦可誤爲「其」。史記孝文紀

「宗室將相王列侯，以爲莫宜寡人」，漢書「莫」誤爲「其」是也。）「基」又以聲誤爲「箕」耳。穿窬、拊楗、抇墓、踰備之姦，皆謂盜賊也。楗謂户牡也。拊楗謂搏取户楗也。呂氏春秋異用篇云：「跖與企足得飴，以開閉取楗。」是也。備與培同，下文「鑿培而遁之」，高注曰：「培，屋後牆也。」（呂氏春秋聽言篇亦作「培」，莊子庚桑楚篇作「阫」，漢書楊雄傳作「坏」。）故此注云「備，後垣」也。○吴承仕云：王説是也。景宋本「握」正作「掘」，唯此字不誤。○楊樹達云：「拊」疑當讀爲「剖」，謂剖開其楗也。襄公二十四年左傳云：「培塿無松柏。」培説文自部作附，是付聲音聲字相通之證。莊子庚桑楚云：「正晝爲盜，日中穴阫。」向秀云：「阫，牆也。」備、培、阫，古音並同。○雙棣按：「揵」與「楗」通，文選張衡南都賦「排揵陷扃」，李善注：「説文曰：揵，距門也。」今本説文無「揵」字，字作「楗」，云：「楗，限門也。」

〔二〇〕【許注】弱緆，細布也。羅，縠。紈，素也。

【版本】藏本「緊」作「繫」，各本皆作「繫」，今據改。藏本注「布」作「在」，各本均作「布」，今據改。藏本注「縠」作「穀」，景宋本、王溥本等各本皆作「縠」，今據改。

【箋釋】陶方琦云：唐本玉篇絲部引許注：「紈，素也。」按：齊俗乃許注，故同。○劉文典云：藝文類聚八十五引，「緆」作「錫」。儀禮大射禮「冪用錫若絺」，鄭注：「錫，細布也。」説文：「緆，細布也。」錫、緆通用。○馬宗霍云：本書本經篇「詭文回波」，高彼注云：「詭文，奇異之文也。」此詭文義同。

〔二一〕【許注】菅，茅也。跐，偶也。踦，適也。楚人謂袍爲短。褐，大布。

【版本】藏本「跐」下有注「音此」二字，黄本、莊本、集解本無，今據删，餘本同藏本。

【箋釋】陳昌齊云：短褐不完，據列子力命篇釋文引許慎注：「楚人謂袍爲裋。」又後漢書王望傳注引許慎云：「楚人謂袍爲短褐。」蓋誤。○陶方琦云：大藏音義九十二、九十七引許注：「屩，履也。」按：今無注，是敓文，當補。九十二引作「草履也」，此以「草」釋「菅」字。説文：「屩，履也。」訓正同。○李哲明云：注文不可通曉。跐踦有不齊之義。魯語「踦跂畢行」注：「踦跂，跰蹇也。」「跐踦」當與「踦跂」同，倒言之則曰踦跂也。跐跂同音通用。注文而强求其合，應作：「跐，適也。」「踦，不偶也。」○陶鴻慶云：「短褐」當爲「裋褐」，故高注云「楚人謂袍爲裋」。今本注文亦誤爲「短」。○吴承仕云：注「大布」當作「毛布」。褐爲毛布，經傳常詁。覽冥篇注：「褐，毛布，如今之馬衣也。」此見於本書者。○楊樹達云：「菅屩跐踦」與「短褐不完」爲對文，李云跐踦有不齊義，是也。惟云「跐踦與踦跂同，跐跂同音通用」則未是。今按：「跐」當讀爲「縒」。説文糸部云：「縒，參縒也。」古此聲與差聲字通。詩鄘風君子偕老云「玼兮玼兮」，周禮内司服注引「玼」作「瑳」。下文云：「隅眥之削。」「眥」本經篇作「差」，皆其證也。「踦」當讀爲「奇」。説文可部云：「奇，不耦也。」「菅屩跐踦」謂草屨參差不耦，與「短褐不完」文正相對。○何寧云：大藏音義九十一、九十九兩引許注云「楚人謂袍爲短褐」，後漢書王望傳注引同。則此注當重「褐」字。説文：「褐，一曰粗衣。」下文「晉文公大布之衣」，注「大布，粗布」，是許注固以褐爲大布也，無煩改作毛布。

【用韻】「姦、完」元部。

〔三〕【箋釋】陶鴻慶云：「者故」二字，當屬上爲句。「者」讀爲「諸」，諸與之同；「故」讀爲「苦」，「故、苦」皆以古得聲，例得通也。必有菅屨跐踦、裋褐不完之苦，與必有穿窬拊楗、抇墓踰備之姦，相儷成文。韓非子顯學篇云：「不道仁義者故，不聽學者之言。」俞氏讀「者」爲「諸」，例與此同。後人不得其字，因失其讀，上下文句法參差，必非淮南之舊。○于大成云：河上本老子二章「長短相形，高下相傾」，淮南本之。○雙棣按：帛書老子甲、乙本皆作「長短之相刑，高下之相盈」，「相」字之上皆有「之」字，句末皆有「也」字，與淮南同，與今本異。帛書此二句次序與今本合，與淮南異。帛書「長短」，淮南作「短脩」，當據帛書改爲「脩短」爲是。帛書「刑」爲「形」之借字，帛書「盈」字，淮南作「傾」，當是避漢惠帝劉盈諱改。

【用韻】「傾、形、明」耕陽合韻。

夫蝦蟇爲鶉〔一〕，水蠆爲蟌莣〔二〕，皆生非其類，唯聖人知其化〔三〕。夫胡人見黂〔四〕，不知其可以爲布也；越人見毳，不知其可以爲旃也〔五〕。故不通於物者，難與言化〔六〕。

昔太公望、周公旦受封而相見，太公望問周公曰〔七〕：「何以治魯？」周公曰：「尊尊親親。」太公曰：「魯從此弱矣〔八〕！」周公問太公曰：「何以治齊？」太公曰：「舉賢而上功。」

周公曰：「後世必有劫殺之君〔九〕！」其後齊日以大，至於霸，二十四世而田氏代之〔一〇〕。魯日以削，至三十二世而亡〔一一〕。故易曰：「履霜，堅冰至。」聖人之見終始微言〔一二〕！故糟丘生乎象樠〔一三〕，炮烙生乎熱斗〔一四〕。

子路撜溺而受牛謝〔一五〕，孔子曰：「魯國必好救人於患〔一六〕。」子贛贖人而不受金於府〔一七〕，孔子曰：「魯國不復贖人矣〔一八〕。」子路受而勸德，子贛讓而止善。孔子之明，以小知大，以近知遠，通於論者也〔一九〕。由此觀之，廉有所在而不可公行也〔二〇〕。

故行齊於俗，可隨也；事周於能，易爲也〔二一〕。矜僞以惑世，伉行以違衆，聖人不以爲民俗。

校釋

〔一〕【許注】鶉，鵪也。

【版本】藏本注「鵪」作「鵨」，王溥本、朱本作「鵪」，今據改，茅本、葉本、汪本、莊本、集解本同藏本，景宋本作「鵅」。

【箋釋】陶方琦云：大藏音義六十八引許注：「老蝦蟇變爲鵪鶉。」按今注有敚文，御覽九百四十九引舊注「老蝦蟇化爲鶉，水中蠆蟲化爲蟌。蟌，蜻蜓也」，此皆是許注。大藏音義引「鵪鶉」，即今注鶉鵪之訓。○吴承仕云：注「鵨」當爲「鵪」。説文：「鶉，鵪屬。」朱本字作「鵪」，應據正。

〇于大成云：墨子經説上「化，若鼃爲鶉」，（亦見列子天瑞篇。）淮南本之。説文「鼃，蝦蟆屬」。爾雅翼十五云「聞昔者至道年中，秋間，京師鬻鶉者積於市，枚直二錢。是秋雨水，絶無蛙聲。人有得於水次者，半爲鶉，半爲蛙」，是墨子之説灼然有據矣。

〔二〕【許注】青蛉也。

【版本】藏本注有「音予音務」四字，莊本、集解本無，今據删，景宋本、王溥本、朱本、葉本同藏本。

【箋釋】王念孫云：水蠆爲蟱莣，本作「水蠆爲蟌」。玉篇：「蟌，千公切，蜻蛉也。」廣韻引淮南子：「蝦蟇爲鶉，水蠆爲蟌。」太平御覽蟲豸部六所引與廣韻同。又引注云：「老蝦蟇化爲鶉，水中蠆蟲化爲蟌。蟌者，蜻蜓也。」（此蓋許注。）説林篇「水蠆爲蟌」，高注曰：「水蠆化爲蟌，蟌，青蜓也。」皆其明證矣。今本作「水蠆爲蟱莣」者，「蟱」爲「蟌」之誤。（蟌字從虫，悤聲，隸書悤或作悤，又作思，其上半與每相近，「蟌」或作「螅」，因誤爲耳。廣雅釋草「蕌，藸蔥也」，今本「蔥」作「葸」。又「藜蘆，蔥苒也」，今本「蔥」作「葸」，皆其證也。）「莣」爲䓗之誤，䓗俗書蔥字也，與蟌同音。校書者記䓗字於蟱字之旁，而寫者因誤合之耳。又案：高注「青蛉也」下各本有音矛音務四字，蓋蟌䓗二字，既誤爲蟱莣，後人遂妄加音釋耳。字彙補乃於蟲部收入蟱字，音矛，又於草部莣字下注云音務，引淮南子「水蠆爲蟱莣」，甚矣其惑也。〇于大成云：王説「水蠆爲蟱莣」本作「水蠆爲蟌」，特不知所引是此文，抑説林篇之文爾。唯王、陶並以御覽所引是許注，則大謬矣。今齊俗篇是許注，作「青蛉」，玉篇用許義，字作蜻蛉，蛉字同。是許注作青蛉也。御覽引注，與説林同，字並作「蜻蜓」，是高作「蜻蜓」也。

〔三〕【許注】其化，視陰入陽，從陽入陰。

【版本】朱本注「入陰」下有「惟聖人知之」五字，景宋本、王溥本、茅本、葉本、汪本、莊本、集解本同藏本。

【箋釋】吴承仕云：朱本是也。又案：視陰入陽，「視」亦當作「從」。本篇注文「從車百乘」，景宋本「從」譌作「視」，與此同比。

〔四〕【許注】黂，麻子也。

〔五〕【箋釋】楊樹達云：「旃」假爲「氈」，説文毛部云：「氈，撚毛也。」説文「旃或作旜」，與「氈」聲類同，故得通假。○馬宗霍云：周禮天官掌皮「共其毳毛爲氈」，則「旃」者，氈之借字也。説文毛部云：「氈，撚毛也。」毳部云：「毳，獸細毛也。」故毳可爲氈。氈從亶聲，旃之或體作旜，亦從亶聲，故得通借。劉熙釋名釋牀帳云：「氈，旃也，毛相箸旃旃然也。」漢書王吉傳「細旃之上」，顔師古注云：「旃與氈同。」即二字相通之證也。

〔六〕【箋釋】何寧云：北堂書鈔百三十四、御覽七百八引「難與言化」皆作「不可與言俗」，謂行齊於俗也。當亦許、高之異。

【用韻】「毳、旃、化」月元歌通韻。

〔七〕【版本】莊本、集解本無「望」字，餘本同藏本。

【箋釋】鄭良樹云：「太公」下不當有「望」字，下文「周公問太公曰」，與此句法一律，「太公」下亦無「望」字。類説引此亦無「望」字，咸其證。莊本删之，是也。○于大成云：鄭説是也。此文本於韓詩外傳十。亦見吕氏春秋長見篇、漢書地理志。韓詩外傳、漢志「太公」下正無「望」字。

〔八〕【許注】尊尊親親，仁者弱也。

〔九〕【許注】舉賢上功，則民競，故劫殺。

〔一〇〕【許注】齊臣田氏奪其君位而代之。

〔一一〕【版本】藏本注無「之」字，景宋本、朱本、茅本、汪本、莊本、集解本有，今據補，王溥本、葉本同藏本。

〔一二〕【許注】魯禄去公室，至楚考烈王滅之。

【箋釋】劉文典云：「魯日以削至」下當有「於覲存」三字。此以「齊日以大至於霸」，「魯日以削至於覲存」相對爲文，今敓此三字，以「至」字屬下「三十二世而亡」爲句，句法遂不一律矣。吕氏春秋長見篇正作「至於覲存」。（高注：「覲，裁也。」）又案：「三十二世而亡」，「二」當爲「四」。吕氏春秋正作「三十四世而亡」，高注：「自魯公伯禽至頃公讎爲楚考烈王所滅，適三十四世也。」韓詩外傳同。○王叔岷云：史記魯周公世家亦作「三十四世」。

〔一三〕【箋釋】孫詒讓云：「言」當作「矣」。○劉文典云：孫説是也。韓詩外傳十作「聖人能知微矣」，本書人間篇「夫仕者先避之，見終始微矣」，皆其證也。○雙棣按：引易曰，見周易坤。

〔一三〕【許注】紂爲長夜之飲，積糟成丘者，起於象櫡。

【版本】莊本正文及注「丘」作「邱」，餘本同藏本。莊本、集解本注「於」作「于」。

【箋釋】楊樹達云：説文竹部云：「箸，飯攲也。」「櫡」乃「箸」之或字。○于大成云：北堂書鈔四十一、御覽七百十二、七百六十、天中記四十九引「櫡」作「櫧」。○雙棣按：繆稱篇、説山篇「紂爲象箸」，並作「箸」字。史記絳侯周勃世家「獨置大胾，無切肉，又不置櫧」，索隱云：「漢書作箸。」集韻：「箸，或作櫧。」字書無櫡字，疑當爲「櫧」。

〔一四〕【許注】庖人進羹於紂，熱，以爲惡，以熱斗殺之。趙國斗可以殺人，故起炮烙。

【版本】藏本正文及注「斗」均作「升」，莊本、集解本作「斗」，今據改，餘本同藏本。

【箋釋】王念孫云：「炮格」謂爲「銅格」，布火其下，置人於上也。格音如字，俗作烙，音洛，非。此段氏若膺説，見鍾山札記。又案：「升」當爲「斗」，北堂書鈔服飾部四、太平御覽服用部十四並引淮南炮格始於熱斗，又引許慎注曰：「熱斗，熨斗也。紂見熨斗爛人手，遂作炮格之刑。」是也。○陶方琦云：今注無書鈔、御覽所引許注，敚文也，應補在「庖人進羹」上。呂氏春秋順民篇高注：「紂常熨爛人手，因作銅烙，布火其下，令人走其上，以爲娛樂。」與此注文亦異。御覽八十三引帝王世紀曰：「紂欲重刑，乃先爲大熨斗，以火爇之，使人舉，輒爛手不能勝。紂怒，乃更爲銅柱，以膏塗之，加於爇炭之上，使有罪者緣焉，足滑跌墮火中，紂與妲己笑爲樂，名曰炮格之刑。」與許注義相同。説文「熨」下：「所以熨申繒也。」即熨斗之説。○劉文典云：生乎象楮，生乎熱斗，兩「生」字於辭爲複。北堂書鈔四十一、一百三十五兩引此文，下「生」字並作「始」。又按：御覽服用部十四、事物記原卷八引帝王世紀，與許注義亦正同，足證陶説。○向承周云：御覽九百八引纏子云：「紂王天下，熊蹯不熟而殺厨人。」即此注所本。此注「熱以爲惡」，熱乃熟字之譌，涉上下文而誤，上脱「不」字。又「故起炮烙」四字，當在「以熱斗殺之」下，言以熱斗殺人，故起炮烙也。○雙棣按：注「趙國斗可以殺人」夾於中間，上下文意則不貫。蓋此七字乃後人注熱斗殺人之意，非許注原文，當删。然趙國斗非熨斗也，吕氏春秋長攻篇云：「襄子謁於代君而請觴之，先具大金斗。代君至，酒酣，反斗而擊之，一成，腦塗地。」高誘注曰：「金斗，酒斗也。金重，大，作之可以殺人。」此似不當以趙國斗釋熨斗。

【用韻】「楮、斗」魚侯合韻。

〔一五〕【許注】撜，舉也。升出溺人，主謝以牛也。

【版本】王鎣本「撜」作「拯」，餘本同藏本。莊本、集解本注「升」作「抍」，餘本同藏本。

【箋釋】陶方琦云：羣書治要引許注：「拯，舉也。」按：二注正同，益知八篇真許注也。説文：「抍，上舉也。」説與注淮南正合。氾論訓「捽其髮而拯」，高注：「拯，升也。」注亦異。○馬宗霍云：説文「撜」爲「抍」之或體，或體多古文，淮南本文多用之。

〔一六〕【箋釋】劉文典云：「救人於患」下，當有「矣」字，與下文「孔子曰『魯國不復贖人矣』」一律。羣書治要引此文，「患」下有「矣」字。○雙棣按：吕氏春秋察微篇：「孔子曰：『魯人必拯溺者矣。』」亦有「矣」字。

〔一七〕【許注】魯國之法，贖人於他國者，受金於府。

【箋釋】陶方琦云：羣書治要引許注，與今注正同。

〔一八〕【箋釋】楊樹達云：事詳道應篇。○雙棣按：事本吕氏春秋察微篇。

〔一九〕【用韻】「善、遠、論」元文合韻。

〔二〇〕【箋釋】劉文典云：羣書治要引，「在」上有「不」字，於義爲長。○楊樹達云：「廉有所在而不可公行」，承「子贛讓而止善」言之，「在」上不當有「不」字。○王叔岷與楊説同。○雙棣按：楊、王説是，廉有所在而不可公行，「而」表轉折，若「在」上有「不」字，則文不成義。

【用韻】「觀、行」元陽合韻。

〔二一〕【箋釋】雙棣按：「行齊於俗」，即齊俗之意。齊，同也。「事周於能」，周，合也。

【用韻】「隨、爲」歌部。

廣廈闊屋，連闥通房，人之所安也〔一〕，鳥入之而憂。高山險阻，深林叢薄〔二〕，虎豹之所樂也，人入之而畏。川谷通原，積水重泉，黿鼉之所便也，人入之而死〔三〕。咸池、承雲〔四〕、九韶〔五〕、六英〔六〕，人之所樂也，鳥獸聞之而驚〔七〕。深谿峭岸，峻木尋枝，猨狖之所樂也〔八〕，人上之而慄。形殊性詭〔九〕，所以爲樂者，乃所以爲哀；所以爲安者，乃所以爲危也〔一〇〕。乃至天地之所覆載，日月之所照誋〔一一〕，使各便其性，安其居，處其宜，爲其能。故愚者有所脩，智者有所不足，柱不可以摘齒〔一二〕，筐不可以持屋〔一三〕，馬不可以服重，牛不可以追速〔一四〕，鉛不可以爲刀，銅不可以爲弩，鐵不可以爲舟，木不可以爲釜〔一五〕，各用之於其所適，施之於其所宜，即萬物一齊，而無由相過〔一六〕。夫明鏡便於照形，其於以函食，不如簞〔一七〕；犧牛粹毛，宜於廟牲，其於以致雨，不若黑蜧〔一八〕。由此觀之，物無貴賤，因其所貴而貴之，物無不貴也；因其所賤而賤之，物無不賤也〔一九〕。

夫玉璞不猒厚，角觿不猒薄〔二〇〕，漆不猒黑，粉不猒白〔二一〕，此四者相反也，所急則均，其用一也〔二二〕。今之裘與蓑孰急〔二三〕？見雨則裘不用，升堂則蓑不御，此代爲常者也〔二四〕。譬若舟、車、楯、肆、窮廬，故有所宜也〔二五〕。故老子曰「不上賢」者，言不致魚於木，沉鳥於淵〔二六〕。

校釋

〔一〕【用韻】「房、安」陽元合韻。

〔二〕【箋釋】于大成云：御覽八百九十二引此文作「深林榛薄」，並引注云「藂木曰榛，深草曰薄」；又九百三十二引作「深林蓁薄」，與今本同。此許、高二家之異也。九三二引是許本，故與今本同。八九二引是高本，故與今本異。原道篇「隱於榛薄之中」，高注云「叢木曰榛，深草曰薄」，主術篇「而不能與山居者入榛薄出險阻也」，高注云「聚木爲榛，深草爲薄」，又本經篇「菑榛穢」，高注云「木聚曰榛」，俶真篇「獸走叢薄之中」，高注云「深草曰薄」，皆與御覽引此注同，知彼所引確是高注無疑。

〔三〕【用韻】「阻、薄」魚鐸通韻。

〔四〕【用韻】「原、泉、便」元部，「畏、死」微脂合韻。

〔五〕【許注】皆黄帝樂。

〔六〕【許注】舜樂。

〔七〕【許注】帝顓頊樂。

〔八〕【用韻】「英、鶩」陽耕合韻。

〔九〕【版本】景宋本「猨」作「蝯」，餘本同藏本。

【箋釋】楊樹達云：方言卷一云：「尋，長也。海岱大野之間曰尋，自關而西秦晉梁益之間凡物長謂之尋。」

【箋釋】雙棣按：詭、殊對文，詭亦殊也，異也。説林篇高誘注：「詭，不同也。」管子法禁篇「詭俗異禮」，詭、異對文，詭亦異也。西都賦「殊形詭制」，亦殊、詭對文。

〔一〇〕【用韻】「哀、危」微歌合韻。

〔一一〕【版本】藏本有注「音告」二字，茅本、莊本、集解本無，今據删，景宋本、朱本、黄本同藏本，王溥本、葉本作「音吉」。

【用韻】「載、諰」之部。

〔一二〕【版本】藏本「摘」作「樀」，王溥本、王鎣本、朱本、葉本、汪本、張本、吴本、黄本、莊本、集解本作「摘」，今據改，餘本同藏本。

【箋釋】莊逵吉云：太平御覽引，「摘」作「刺」。○王念孫云：「摘」讀若「剔」。○雙棣按：王説是也。此「摘」字當訓爲剔、挑，所謂摘齒，猶今之剔牙也。

〔一三〕【許注】筳，小簪也。

【版本】王溥本無此注，餘本同藏本。

【箋釋】莊逵吉云：太平御覽引，「筳」作「蓬」。○王念孫云：「筳」與「蓬」皆「筳」字之誤也。「筳」讀若「庭」，又讀若「挺」，庭、挺皆直也。（爾雅：「庭，直也。」考工記弓人注曰：「挺，直也。」）小簪形直，故謂之筳，柱與筳大小不同，而其形皆直，故類舉之。若筐與蓬，則非其類矣。玉篇：「筳，徒丁切，小簪也。」義即本於高注。此言大材不可小用，小材不可大用，故柱可以持屋，而不可以摘齒，小簪可以摘齒，而不可以持屋也。「筳」字隸書或作「莛」，形與「蓬」相似，「筐」與「筳」，草書亦相似，故「筳」誤爲「筐」，又誤爲「蓬」矣。○陳昌齊與王説同。○金其源云：説文：「筐，飯器管也。」「管，䈰也。」廣雅：「䈰謂之筅。」玉篇：「筅，筅帚也。」釋名釋首飾：「兓，簪也，以簪連冠於髮也。又曰枝也，因形名之也。」注以小簪釋筐，謂爲筐之枝，其小如筅帚，祇可摘齒，不可持屋，猶作柱之大木，祇可持屋，不可摘齒也。○雙棣按：王説是，玉篇云「筳，小簪也」，蓋顧野王所見淮南注「筳」字尚未誤。筳與柱對文，柱爲持屋之大木，筳爲摘齒之小枝也。離騷「索藑茅以筳篿兮」，王逸注：「筳，小折竹也。」漢書王莽傳「以竹筳導其脈」，顔師古注：「筳，竹挺也。」東方朔答客難云：「以管窺天，以蠡測海，以筳撞鐘，豈能通其條貫，考其文理，發其音聲哉！」張銑注：「筳，小木枝也。」

〔一四〕【用韻】「足、屋、速」屋部。

〔一五〕【箋釋】雙棣按：藝文類聚木部上云：「智有所不足，故桐不可與爲弓。」事類賦注木部、御覽木部五並云：「智有所不足，故桐不可以爲弩。」「銅」作「桐」。當是。銅並非不可以爲弩，而桐乃木質，實不可爲弩也。然御覽兵部七十七、七十九又作「銅不可以爲弩」，其所引淮南前後四句，與今本全同，抑是異本乎？

【用韻】「弩、釜」魚部。

〔一六〕【用韻】「宜、過」歌部。

〔一七〕【箋釋】王念孫云：函食不如簞，本作「承食不如竹箄」。（箄，博計反。）今本「承」誤爲「函」，「箄」誤爲「箪」，（「箄」誤爲「箪」，又誤而爲「簞」。）又脱去「竹」字耳。説文：「箄，蔽也。所以蔽甑底。」「承」讀爲「烝之浮浮」之「烝」，謂用以烝食也。（漢書地理志「長沙國承陽」，師古曰：「承音烝。」續漢書郡國志作「烝陽」，是「烝」與「承」通。太平御覽器物部引此，作蒸食。）今人猶謂甑中蔽爲箅子。世説云「客詣陳太邱宿，太邱使元方、季方炊，二人委而竊聽，炊忘箸箅，飯落釜中」是也。説山篇云：「弊箅甑瓾，在旃茵之上，雖貪者不搏。」是箅爲物之賤者。然明鏡雖貴，若用以蔽甑底，則氣不上升，而食不熟。竹箅雖賤，而可以烝食。故下文云：「物無貴賤，因其所貴而貴之，物無不貴也；因其所賤而賤之，物無不賤也。」鏡形圓，箅形亦圓，故連類而及之。若簞笥之屬，則儗之不於其倫矣。且「箅」與「蜧」爲韻，若作「簞」，則失其韻矣。太平御覽服用部鏡下引淮南子「明鏡便於照形，承食不如竹簞」，雖「承」字不誤，而「簞」字已與今本同。然器物部「箅」下，又引淮南子「明鏡可鑑形，蒸食不如竹箅」，是則服用部作「簞」者，後人據誤本淮南改之耳。北堂書鈔服飾部鏡下引作「承食不如竹簞」，「簞」亦「箅」之誤。○于大成云：王説「簞」當爲「箅」，「箅」上奪「竹」字，是也。王楨農書十七引此作「箅」，然其上文引説文，知本是「箅」字也。御覽器物部亦誤「簞」，且引在「箅」字下，與農書同，王氏逕引作「箅」矣。又案：書鈔百三十六「鏡」下兩引，御覽七百五十七「箅」下引，農書引，「函」皆作「蒸」，王氏何不逕改校「函」爲「蒸」，必舉孤證斷其爲「承」，亦殊可異。固曰「函」字與「承」字形近，與「蒸」不近，然「函」之與「烝」不亦相近也。御覽七百五十七引裴玄論云：「尹氏鏡蒸食不如三錢竹簞。」（簞當爲箅。）亦作「蒸」字。

〔一八〕【許注】黑螾，神蛇也。潛於神淵，蓋能興雲雨。

【版本】張本、黄本、莊本注無「蓋」字，餘本同藏本。

【箋釋】陳昌齊云：文選張景陽雜詩注引，「粹毛」作「騂毛」，「其於」下無「以」字。〇陶方琦云：文選郭璞江賦注引許注：「黑螾，神蛇也，潛於神泉，能致雲雨。」按：張景陽雜詩注引作高誘，誤也。其「能致雲雨」四字據以補入。説文虫部：「螾，蛇屬也，潛於神淵之中，能興致雲雨。螾或從戾作蜧。」許氏説文即採用淮南注。初學記引淮南注：「螾，神蛇，潛淵而居，將雨則躍。」（御覽十引亦同。）此即許説而引文稍異。御覽九百三十三引此注：「黑螾，黑色，蛇屬也。螾潛於水，神象，能致雨也。」文又小異，或即許、高之别。然江賦注引許注，文正同今注，與説文符合，確爲許説無疑。「神淵」作「神泉」，乃唐人避諱而改。（歲華紀麗亦引爲許注。）〇劉文典云：御覽九百三十三引，亦作騂毛，今本作粹者，誤字也。〇王叔岷云：天中記引「粹」亦作「騂」，引高注：「黑螾，黑蛇也；潛於神泉，能致雲雨。」（與文選張景陽雜詩注誤引作高注同。）又引許注：「黑螾，神蛇。潛泉而居，將雨則躍。」（與初學記引注同。）

〔一九〕【箋釋】楊樹達云：莊子秋水篇云：「以道觀之，物無貴賤；以物觀之，自貴而相賤；以俗觀之，貴賤不在己；以差觀之，因其所大而大之，則萬物莫不大；因其所小而小之，則萬物莫不小。」

〔二〇〕【許注】角觽，刀劍羽間之覆角也。

【版本】藏本「角觽」下有注「魚沼反」三字，汪本、張本、黄本、莊本、集解本無，今據删，餘本同藏本。

【箋釋】孫詒讓云：刀劍無羽飾，此「羽」疑當爲「削」之譌。釋名釋兵云：「刀，其室曰削。」○楊樹達云：廣韻⿰角喬字訓角長，與本文義不合。疑「⿰角喬」當讀爲「⿱敫角」。説文云：「⿱敫角，杖耑角也。從角，敫聲。」玉篇云：「⿱敫角，以角飾策本末也。」喬聲、敫聲同在豪部，故得通用。

〔二二〕【用韻】「薄、白」鐸部。

〔二三〕【箋釋】劉文典云：北堂書鈔百三十五引，「用」下有「則」字。

〔二三〕【箋釋】馬宗霍云：「之」猶「是」也，「今之」猶「今是」也，「今是」猶「今夫」也。例見王氏經傳釋詞。

〔二四〕【箋釋】陳昌齊云：「常」當爲「帝」，字之誤也。代爲帝，謂裘與蓑迭爲主也。説林篇曰：「旱歲之土龍，疾疫之芻靈，是時爲帝者也。」莊子徐無鬼篇曰：「堇也，桔梗也，雞廱也，豕零也，是時爲帝者也。」義並與此同。○劉台拱、吳闓生與陳説同。○鄭良樹云：陳校是也，天中記四七引此，常正作帝。○于大成云：宋本御覽引，正作帝，未誤爲常也。下又引注云：「代，更也。帝，王者。」唯未敢必其爲許、爲高。

〔二五〕【許注】水固宜舟，陸地宜車，沙地宜⿰足聿，泥地宜楯，草野宜窮廬。【版本】藏本正文及注「⿰足聿」作「肆」，王溥本、王鎣本、朱本、葉本作「⿰足聿」，今據改，餘本同藏本。景宋本「故」作「固」，餘本同藏本。茅本、汪本、張本、莊本、集解本注無「固」字，景宋本、王溥本、葉本同藏本，朱本作「國」。

【箋釋】莊逵吉云：錢別駕云：大禹四載，本皆異。説文解字「水行乘舟，陸行乘車，山行乘欙，澤行乘⿰車川」，史記「山行乘檋，水行乘船，陸行乘車，澤行乘橇」，漢書溝洫志「山行乘梮，水行乘舟，陸行乘車，澤行乘毳」，徐廣史記注又作「山行乘橋，水行乘船，陸行乘車，澤行乘蕝」，呂不韋書「山用樏，水用舟，陸用車，塗用楯」，又有「沙用鳩」，本書脩務訓又云「山行乘樏，水行乘舟，沙行乘鳩，澤行乘楯」，與此而七。其字各殊，考之，「欙」爲正字，「蔂、樏」皆欙之別也。「肆」字音與「欙」相近，通用。「檋、梮」亦同聲，「橋」又「檋」字之轉聲。檋乃駕馬大車，「橋」即俗「轎」字也。「鳩、車」聲相轉，然古別有一種車名鳩，蓋小車。「⿰車川、輴、楯」三字同類，「橇、毳、蕝」三字同類。周禮曰「孤乘夏⿰車川」，又下棺車亦曰⿰車川。古字無「輴、楯」，乃以闌楯借用耳。僞孔傳尚書本不足據，其見於諸書者，因以別駕所肆考而附詳之如是。○盧文弨云：今本淮南「⿰镸尗」譌爲「肆」，唯葉林宗本作「⿰镸尗」，從镸，從尗。案：文子自然篇「水用舟，沙用⿰镸尗，泥用楯，山用樏」，釋音云：「⿰镸尗，乃鳥切，推版具。」今檢玉篇無⿰镸尗字，有⿰镸尗字，從镸，從土，從小，音正同，云「⿰幼力⿰镸尗長不勁」，蓋與「婹嫋」同義。廣韻則從镸從赤，三字不同。案：尗字亦有茅音，當以從尗爲正。又脩務訓「沙之用⿰镸尗」，葉本亦譌作「肆」，而別本有作「鳩」者。案：呂氏春秋慎勢篇作「沙用鳩」，字書九與糾通，則音亦可通轉，即以鳩從文子、淮南讀，其亦可也。○王念孫云：「肆」當作「⿰镸尗」，（玉篇乃鳥切。）字形近而誤，文子自然篇正作「沙用⿰镸尗」，朱本、茅本、莊本依呂氏春秋慎勢篇改作「沙之用鳩」，非也。「鳩」與「肆」形聲皆不相近，若是「鳩」字，不得誤爲「肆」矣。或又因説文無𨽸，而以肆爲樏，樏與肆形聲亦不相近。且脩務篇明言「沙用肆，山作蔂」，（與樏同。）肆、蔂不同物，何得以肆爲樏乎？○胡懷琛云：窮廬二字，諸家皆無注。按：説文：「穹，窮也。」是「窮」與「穹」通也，窮廬即穹廬。匈奴人所居氈帳也，見史記。許注謂草野宜窮廬，或指匈奴人逐水草以居而言。友人丁轂音云：王先謙後漢書補注蘇建傳：「穹廬，淮南作窮廬。」○吴承仕云：朱本注水宜舟作水國宜舟。案：文例合有國字，景宋本誤作固，校者以固字無義而妄删之。○雙棣按：「固、故」字通。藏本用借字。

【用韻】「廬、宜」魚歌合韻。

〔二六〕【許注】物各因其宜，故不須用賢也。

【版本】王鎣本「致」上「不」字作「猶」，餘本同藏本。景宋本、黄本、莊本「木」誤作「水」，餘本同藏本。

【箋釋】雙棣按：文子自然篇「致」作「放」。

【用韻】「賢、淵」真部。

故堯之治天下也，舜爲司徒，契爲司馬〔一〕，禹爲司空，后稷爲大田（師），奚仲爲工［師］〔二〕。其導萬民也，水處者漁，山處者木〔三〕，谷處者牧，陸處者農。地宜其事，事宜其械〔四〕，械宜其用，用宜其人。澤皋織網〔五〕，陵阪耕田〔六〕，得以所有易所無，以所工易所拙〔七〕。是故離叛者寡，而聽從者衆。譬若播棊丸於地〔八〕，員者走澤，方者處高，各從其所安，夫有何上下焉！若風之過簫〔九〕，忽然感之，各以清濁應矣。夫猨狖得茂木，不舍而穴；狟狢得埵防，弗去而緣〔一〇〕；物莫避其所利而就其所害〔一一〕。

是故鄰國相望，雞狗之音相聞，而足迹不接諸侯之境〔一二〕，車軌不結千里之外者，皆各得其所安〔一三〕。故亂國若盛，治國若虚，亡國若不足，存國若不餘〔一四〕。虚者非無人也，皆守其職也；盛者非多人也，皆徼於末也〔一五〕；有餘者非多財也，欲節［而］事寡也〔一六〕；不足者非無貨也，民躁而費多也〔一七〕。故先王之法籍，非所作也〔一八〕，其所因也。其禁誅，非所爲也，其所守也〔一九〕。

校釋

〔一〕【用韻】「下、徒、馬」魚部。

〔二〕【版本】藏本「師」字在「田」字下，今據劉績、王念孫校移此，各本同藏本。

【箋釋】劉績云：文子作「工師」。○王念孫云：「師」字當在「工」字下。（後人不知大田爲官名，故移「師」字於「大田」之下。太平御覽皇王部五引此已誤。）大田，田官之長也；工師，工官之長也。文子自然篇作「后稷爲田疇，奚仲爲工師」，是其證。○雙棣按：王説是。吕氏春秋勿躬篇：「墾田大邑，辟土藝粟，盡地力之利，臣不若甯遫，請置以爲大田。」大田亦爲農官之長。又月令孟冬之月「命工師效功」，鄭玄注：「工師，工官之長也。」荀子王制云：「論百工，審時事，辨功苦，尚完利，便備用，使雕琢，不敢專造於家，工師之事也。」史記五帝本紀張守節正義云：「工師，若今大匠卿也。」是工師爲官名。吕氏春秋君守篇云：「奚仲作車。」墨子非儒篇、荀子解蔽篇同。

【用韻】「田、師」真脂通韻。

〔三〕【箋釋】俞樾云：「木」乃「采」之壞字，謂采樵也。「山處者采」，與上句「水處者漁」，下句「谷處者牧」、「陸處者農」一律。漁也，采也，牧也，農也，皆言其事也。若作「山處者木」則上句當云「水處者魚」矣。文子自然篇作「林處者采」，可據以訂正。説林篇「漁者走淵，木者走山」，「木」亦當爲「采」。○馬宗霍云：俞説未允。「木」字不誤。此以名詞爲動詞，采木曰木，猶析薪謂之薪也。説林篇「木者走山」，正可與此文互照。俞氏乃謂彼「木」亦當爲「采」，更眥謬矣。且文子下文作「陸處者田」，又可據彼以改此文之「農」爲「田」乎？○王叔岷云：「山處者木」於義自通。説林篇「木者走山」，正可證此文「木」字不誤。治要、初學記二二、御覽八三三引文子並作「山處者木」。

〔四〕【用韻】「事、械」之職通韻。

〔五〕【版本】藏本「網」作「岡」，王溥本、王鎣本、朱本、葉本、汪本、張本、吴本、黄本、莊本、集解本作「網」，今據改，景宋本、茅本同藏本。

〔六〕【用韻】「人、田」真部。

〔七〕【箋釋】何寧云：二句文義不備。上文云：「其導萬民也，水處者漁，山處者木，谷處者牧，陸處者農，地宜其事，事宜其械，械宜其用，用宜其人，澤皋織網，陵阪耕田。」此二句乃總上之辭，承「其導萬民也」言之。「得以所有易所無，以所工易所拙」者，民也，句前不得無主語。文子自然篇「得以所有」上有「如是則民」四字，與「其導萬民也」相應，當據沾。

〔八〕【箋釋】劉文典云：意林引，「播」作「翻」。○雙棣按：棊丸猶棊子也。丸，卵也；吕氏春秋本味篇「有鳳之丸」，高誘注：「丸，古卵字也。」卵，俗稱子，如雞卵謂之雞子也。此處言及棊子形制，可爲棊藝研究之重要資料。又御覽皇王部五引「澤」作「室」。「室」當是誤字，與高相對者爲低下，疑「室」乃「窒」，形近之誤。吕氏春秋任地篇云：「子能以窒爲突乎？」高誘注：「窒，容汙下也。」「窒」與「突」對文，即指低洼之處。此「高、窒」對文，與之同。

〔九〕【許注】簫，籟。

【版本】藏本「過」作「遇」，景宋本作「過」，（蔣刊道藏輯要本亦作「過」。）今據改，餘本同藏本。

【箋釋】陳昌齊云：文子作「若風之過簫」。○雙棣按：陳氏謂作「過」是。景宋本作過，今據改。

〔一〇〕【許注】狚，狚豚也。埵，水埒也。防，隄。

【箋釋】陳昌齊云：「埵」當作「堜」。○楊樹達云：狟狢與貆貉同。狟，説文訓「犬行」，別一義。

〔一一〕【箋釋】馬宗霍云：莫猶無也，言物無有避其所利而就其所害者也。文子自然篇作「物莫不就其所利避其所害」，增「不」字於「莫」字下，因又互易下文避、就二字。意雖可通，失原文之舊矣。

〔一二〕【用韻】「望、境」陽部。

〔一三〕【用韻】「外、安」月元通韻。

〔一四〕【用韻】「虚、餘」魚部。

〔一五〕【箋釋】馬宗霍云：「徼」通作「要」，經傳徼、要多互訓。文選張衡西京賦「徼行要屈」，薛綜注云：「要或爲徼。」漢書嚴安傳「民離本而徼末矣」，顔師古注云：「徼，要求也。」皆其證。荀子富國篇「傮然要時務民」，楊倞注云：「要時，趨時也。」故徼亦有趨義。然則「皆徼於末」猶言皆趨於末也。

【用韻】「職、末」職月合韻。

〔一六〕【版本】藏本「節」下無「而」字，今據文子補，各本同藏本。

【箋釋】王叔岷云：「欲節」下當有「而」字，乃與下文「民躁而費多也」句法一致。文子自然篇正有「而」字。○雙棣按：王説是，今據補。

【用韻】「財、寡」之魚合韻。

〔一七〕【箋釋】陶鴻慶云：「亡、存」二字當互易，「有餘者非多財也」與「不足者非無貨也」二句，亦當互易。元文本云：「存國若不足，亡國若有餘，不足者非無貨也，欲節事寡也，有餘者非多財也，民躁而費多也。」上文云：「亂國若盛，治國若虛。」又云：「虛者非無人也，皆守其職也。盛者非多人也，皆徼於末也。」與此文語意正同。特彼以人言，此以財言耳。今本傳寫錯亂，則文義均不可通矣。文子自然篇誤與此同。◯楊樹達云：陶說是也。鹽鐵論本議篇云：「老子曰：貧國若有餘，非多財，嗜慾衆而民躁也。」正本此文，可以爲證。

【用韻】「貨、多」歌部。

〔一八〕【用韻】「籍、作」鐸部。

〔一九〕【用韻】「誅、守」侯幽合韻。

凡以物治物者不以物，以睦〔一〕，治睦者不以睦以人〔二〕，治人者不以人以君，治君者不於君以欲〔三〕，治欲者不於欲以性〔四〕，治性者不於性以德〔五〕，治德者不以德以道。原人之性，蕪濊而不得清明者，物或堁之也〔六〕。羌、氐、僰、翟，嬰兒生皆同聲〔七〕，及其長也，雖重象狄騠〔八〕，不能通其言，教俗殊也〔九〕。今令三月嬰兒生而徙國〔一〇〕，則不能知其故俗。由此觀之，衣服禮俗者，非人之性也，所受於外也。夫竹之性浮，殘以爲牒，束而投之水則沉，失其體也。金之性沉，託之於舟上則浮，勢有所枝也〔一一〕。夫素之質白，染之以涅則黑；縑之性黃，染之以丹則赤；人之性無邪，久湛於俗則易〔一二〕。易而忘本，合於若性〔一三〕。故日月欲明，浮雲蓋之；河水欲清，沙石濊之〔一四〕；人性欲平，嗜欲害之〔一五〕。惟聖人能遺物而反己。夫乘舟而惑者，不知東西，見斗極則寤矣〔一六〕。夫性，亦人之斗極也。有以自見也〔一七〕，則不失物之情；無以自見，則動而惑營〔一八〕。譬若隴西之遊〔一九〕，愈躁愈沉。孔子謂顔回曰：「吾服汝也忘〔二〇〕；而汝服於我也亦忘，雖然，汝雖忘乎，吾猶有不忘者存〔二一〕。」孔子知其本也。

夫縱欲而失性，動未嘗正也〔二二〕，以治身則危，以治國則亂，以入軍則破〔二三〕。是故不聞道者，無以反性。故古之聖王，能得諸己，故令行禁止，名傳後世，德施四海〔二四〕。是故凡將舉事，必先平意清神〔二五〕。神清意平，物乃可正〔二六〕。若璽之抑埴〔二七〕，正與之正〔二八〕，傾與之傾〔二九〕。故堯之舉舜也，決之於目。桓公之取甯戚也〔三〇〕，斷之於耳而已矣〔三一〕。爲是釋術數而任耳目，其亂必甚矣。夫耳目之可以斷也，反情性也〔三二〕；聽失於誹譽，而目淫於采色，而欲得事正，則難矣。

校釋

〔一〕【箋釋】王念孫云：「凡以物治物者」，「以物」二字因下文而衍。呂氏春秋貴當篇、文子下德篇皆無此二字。

〔二〕【箋釋】李哲明云：「睦」義至不可曉，疑當作「陸」。陸，地也。蓋物不可與人争地而後物可治。地大者物博。古聖人林麓川澤，養之有時，而取之不節。用斯道也，禹平水土，稷播百穀，所謂「治陸者不以陸以人」也。○馬宗霍云：「睦」當通作「陸」。廣雅釋詁三云：「陸，厚也。」書堯典「九族既睦」，禮記禮運篇「講信修睦」，鄭玄注並云：「睦，親也。」親與厚義近。易夬卦九五爻辭「莧陸夬夬」，李鼎祚集解引虞翻注云：「陸，和睦也。」陸德明釋文引蜀才本「陸」作「睦」。漢唐扶頌「內和陸兮外奔赴」，嚴舉碑「九族和陸」，郭仲奇碑「崇和陸」，則皆「睦」作「陸」。即古「睦、陸」相通之證。陸者，説文訓「高平地」，地者，説文訓「萬物所陳列也」。地從土，土者，説文訓「地之吐生萬物者也」。易説卦「坤爲地」，坤象辭曰：「至哉坤元，萬物資生。」又曰：「坤厚載物，德合無疆。」淮南本文「治物者不以物以睦」者，治之爲言統也，睦既通作陸，陸又訓地，然則以睦治物，猶言物統於地也。以人治睦，猶言地統於人也。下文治人以君，治君以欲，治欲以性，治性以德云云，猶言人統於君，君統於欲，欲統於性，性統於德也。蓋人之生也，食毛踐土，故以人統地。天生民而立之君，使司牧之，故以君統人。人生而有欲，故以欲統君。欲者性之動，故以性統欲。得其本性謂之德，故以德統性。而終之曰「治德者不以德以道」，次第相治，猶言道無所不統，亦即無不統於道也。吕氏春秋貴當篇云：「治物者不於物於人，治人者不於事於君，治君者不於君於天子，治天子者不於天子於欲，治欲者不於欲於性。」似即淮南所本，而略易其詞。文子下德篇全與淮南同，惟易「睦」字爲「和」字。蓋又本於淮南。然以「和」

代「睦」，雖從睦之本義，但云治物以和，治和以人，意殊牽强，和而曰治，語亦未安。

〔三〕【版本】王鎣本、葉本、汪本、張本、吴本、黄本、莊本、集解本「於」作「以」，餘本同藏本。

〔四〕【版本】王鎣本、葉本、汪本、張本、吴本、黄本、莊本、集解本「於」作「以」，餘本同藏本。

〔五〕【版本】王鎣本、葉本「於」作「以」，餘本同藏本。

【箋釋】王叔岷云：「於、以」互文，「於」猶「以」也。上文「凡治物者不以物，以睦；治睦者不以睦，以人；治人者不以人，以君」，下文「治德者不以德，以道」，「不」下「以」字，疑原皆作「於」。吕氏春秋貴當篇：「治物者不於物，於人；治人者不於人，於君；治君者不於君，於天子；治天子者不於天子，於欲；治欲者不於欲，於性。」即淮南所本。今本此文上下文四「於」字皆作「以」，蓋後人依文子下德篇改之也。

〔六〕【許注】堁，坋塵也。

【版本】王溥本、汪本、張本、黄本「濊」作「穢」，餘本同藏本。

【箋釋】楊樹達云：「薉，蕪也。」「濊」爲「薉」之假字。下云「沙石濊之」同。○于大成云：此「原」字謂原其本也。「原人之性」迺起下之語，謂考原人性之所以蕪薉而不得清明者，迺有物以堁之之故也。○雙棣按：主術篇高注謂「楚人謂之堁」，此不言楚人。

〔七〕【許注】羌，西戎。氐，南夷。僰，西夷也。翟，北胡也。

【版本】藏本正文及注「僰」作「㷶」，景宋本、莊本、集解本作「僰」，今據改，餘本同藏本。藏本注

「西戎」作「東戎」，景宋本「西」字不誤，今據改，餘本同藏本。

【箋釋】楊樹達云：「翟」假爲「狄」。説文：「狄，北狄也。」羌字下云：「西戎牧羊人也。」又云：「西南僰人。」此注乃云「羌東戎，僰西夷」，疑文有脱誤。○雙棣按：楊説是。景宋本正作西戎，與説文合，今據改。

〔八〕【許注】象、狄騠，譯也。象傳狄騠之語也。

【箋釋】雙棣按：吕氏春秋慎勢篇騠作鞮，高誘注云：「周禮：『象胥掌蠻、夷、閩、越、戎、狄之國使，傳通其言也。』東方曰羈，南方曰象，西方曰狄鞮，北方曰譯。」

〔九〕【箋釋】蔣超伯云：荀子勸學：「干越夷貉之子，生而同聲，長而異俗，教使之然也。」齊俗篇仿此意。○于大成云：賈子保傅篇「夫胡、越之人，生而同聲，嗜欲不異；及其長而成俗也，累數譯而不能相通行者，有雖死而不相爲者，則教習然也」。亦見大戴記保傅篇，義亦與此同。

〔一〇〕【版本】茅本、葉本、汪本、張本、黄本、莊本、集解本無「令」字，餘本同藏本。（藏本「令」字略有不清。）

〔一一〕【版本】景宋本「枝」同藏本，餘本皆作「支」。

【箋釋】雙棣按：枝、支古字通。

【用韻】「體、枝」脂支合韻。

〔一二〕【用韻】「黑、赤、易」職鐸錫合韻。

〔一三〕【許注】若性，合於他性，自若本性。

【版本】景宋本「忘」下有「其」字，餘本同藏本。

【箋釋】陶鴻慶云：據高注，疑正文「於」爲「而」字之誤。合而若性，與易而忘本，相對成義，今作「於」者，即涉注文而誤。○于大成云：呂氏春秋爲欲篇曰「逆而不知其逆也，湛於俗也，久湛而不去則若性」，即此文所本。文子道原篇作「原人之性無衺穢，久湛於物即易，易而忘其本，即合於其若性」，又下德篇作「本人之性無衺穢，久湛於物，即忘其本，即合於若性」。疑「易而忘本，合於若性」當作「易而忘本則若性」。許注「合於他性，自若本性」，是釋「若性」之義。正文奪「則」字，呂氏、文子並有，又涉注文而衍「合於」二字，遂不可通矣。○雙棣按：陶說非。「易而忘本，合於若性」，乃相承爲義，「於」字不誤，景宋本「忘」下有「其」字，愈明此非對文。「於」若作「而」則不成義，合於若性即合於他性，而自認爲仍是本性也。愈明忘其本性之甚。注「若性」上敚「合於」二字。

〔一四〕【箋釋】陳昌齊云：御覽引「沙石」作「沙壤」。○劉文典云：御覽七十四引，「沙石濊之」作「沙壤穢之」。羣書治要引，「濊」亦作「穢」。

〔一五〕【用韻】「明、清、平」陽耕合韻，「蓋、濊、害」月部。

〔一六〕【箋釋】陳昌齊云：「見斗極則寤矣」，文選應璩與從弟君苗君胄書注引，作「見斗極則曉然而寤矣」。

〔一七〕【版本】藏本「有以」誤倒作「以有」，王溥本、王鎣本、茅本、葉本、汪本、張本、黄本、莊本、集解本不倒，今據乙，餘本同藏本。

〔一八〕【用韻】「情、營」耕部。

〔一九〕【版本】王溥本、王鎣本、張本、吴本、莊本、集解本「遊」作「游」，餘本同藏本。

【箋釋】雙棣按：「遊、游」字通。

〔二〇〕【許注】孔子謙，自謂無知而服回，此忘行也。

【箋釋】于鬯云：「忘」承上文「忘本」之「忘」而言，故下文云：「孔子知其本也。」下三「忘」字同。或欲讀此「忘」爲「妄」，疑未然。

〔二一〕【箋釋】楊樹達云：莊子田子方篇云：「吾服女也甚忘，女服吾也亦甚忘。雖然，女奚患焉！雖忘乎故吾，吾有不忘者存。」

〔二二〕【版本】景宋本「也」作「物」，餘本同藏本。

【箋釋】于大成云：吕氏春秋爲欲篇云：「不聞道者，何以去非性哉！無以去非性，則欲未嘗正矣，欲不正，以治身則夭，以治國則亡。」此文所本也。

【用韻】「性、正」耕部。

〔二三〕【用韻】「危、亂、破」歌元通韻。

〔二四〕【用韻】「已、止、海」之部。

〔二五〕【版本】藏本奪「清神」二字，除景宋本同藏本外，各本皆有此二字，今據補。

〔二六〕【用韻】「神、平、正」真耕合韻。

〔二七〕【許注】璽，印也。埴，泥也。

〔二八〕【許注】印正而封正也。

【版本】茅本、汪本、張本、黄本、莊本、集解本注「封」下有「亦」字。

〔二九〕【箋釋】雙棣按：呂氏春秋適威篇：「故民之於上也，若璽之於塗也，抑之以方則方，抑之以圜則圜。」此淮南所本。

〔三〇〕【用韻】「目、戚」覺部。

〔三一〕【箋釋】楊樹達云：以聞歌取之，故云「斷之於耳」。事詳道應篇。〇雙棣按：呂氏春秋舉難篇詳甯戚商歌干齊桓公事，蓋爲道應篇及本篇所本。

〔三二〕【箋釋】于大成云：呂氏春秋謹聽篇曰「耳之可以斷也，反性命之情也」，淮南文所本也。

夫載哀者聞歌聲而泣，載樂者見哭者而笑。哀可樂者，笑可哀者〔一〕，載使然也。是故貴虛〔二〕。故水擊則波興，氣亂則智昏。智昏不可以爲政，波水不可以爲平〔三〕。故聖王執一而勿失，萬物之情既矣〔四〕，四夷九州服矣〔五〕。夫一者至貴，無適於天下〔六〕。聖人託於無適〔七〕，故民命繫矣〔八〕。

爲仁者必以哀樂論之〔九〕，爲義者必以取予明之。目所見不過十里，而欲遍照海内之民，哀樂弗能給也。無天下之委財，而欲遍贍萬民，利不能足也〔一〇〕。且喜怒哀樂，有感而自然者也，故哭之發於口，涕之出於目〔一一〕，此皆憤於中而形於外者也。譬若水之下流，煙之上尋也〔一二〕，夫有孰推之者？故强哭者雖病不哀，强親者雖笑不和〔一三〕，情發於中而聲應於外，故釐負羈之壺餐〔一四〕，愈於晉獻公之垂棘〔一五〕；趙宣孟之束脯，賢於智伯之大鐘〔一六〕。故禮豐不足以效愛，而誠心可以懷遠。

故公西華之養親也，若與朋友處〔一七〕；曾參之養親也，若事嚴主烈君〔一八〕。其於養一也〔一九〕。故胡人彈骨〔二〇〕，越人契臂〔二一〕，中國歃血也〔二二〕，所由各異，其於信一也〔二三〕。三苗髽首〔二四〕，羌人括領〔二五〕，中國冠笄〔二六〕，越人劗髮〔二七〕，其於服一也。帝顓頊之法，婦人不辟男子於路者，拂之於四達之衢〔二八〕；今之國都，男女切踦〔二九〕，肩摩於道，其於俗一也。故四夷之禮不同，皆尊其主而愛其親，敬其兄；獫狁之俗相反〔三〇〕，皆慈其子而嚴其上〔三一〕。夫鳥飛成行，獸處成羣，有孰教之？

故魯國服儒者之禮，行孔子之術，地削名卑，不能親近來遠。越王句踐劗髮文身，無皮弁搢笏之服〔三二〕，拘罷拒折之容〔三三〕，然而勝夫差於五湖〔三四〕，南面而霸天下，泗上十二諸侯皆率九夷以朝〔三五〕。胡、貉、匈奴之國縱體拖髮〔三六〕，箕倨反言〔三七〕，而國不亡者，未必無禮也。楚莊王裾衣博袍〔三八〕，令行乎天下，遂霸諸侯。晉文君大布之衣〔三九〕，牂羊之裘，韋以帶劍，威立于海内〔四〇〕，豈必鄒魯之禮之謂禮乎〔四一〕？

是故入其國者從其俗，入其家者避其諱，不犯禁而入，不迕逆而進〔四二〕，雖之夷狄徒倮之國〔四三〕，結軌乎遠方之外，而無所困矣。

校釋

〔一〕【箋釋】王念孫云：「哀可樂者」，「者」字因下句而衍。○劉文典云：羣書治要引，此下有「何者」二字。○馬宗霍云：羣書治要引無此「哀可樂者，笑可哀者」二句，而有「何者」二字，直承「見哭者而笑」下。劉氏謂治要所引二字在此句下，疏也。此蓋治要以意删改，不足據。

〔二〕【許注】虛者，心無所載於哀樂也。

【箋釋】陶方琦云：羣書治要引許注：「虛者，無所載於哀樂。」與今注正同。

〔三〕【版本】浙江書局莊本「擊」作「激」，餘本同藏本。

【箋釋】王念孫云：「水擊」當爲「水激」，聲之誤也。羣書治要引此，正作「激」。氾論篇亦云「水激波興」。智昏不可以爲政，「智昏」當爲「昏智」，「昏智」與「波水」相對，謂既昏之智，不可以爲正；已波之水，不可以爲平也。今本「智昏」者，蒙上句而誤，文子下德篇正作「昏智不可以爲正」。○于大成云：莊子逍遥遊「水擊三千里」，一切經音義八十七、御覽九百二十七引「擊」作

「激」，文選盧子諒時興詩注，一切經音義十四、十八、五十九、六十八、七十八、九十並引莊子司馬注「流急曰激」，是司馬本莊子作「激」也。李白大鵬賦「激三千里以崛起」，即用莊子，字亦作「激」。淮南此文，亦出於莊，「擊」字與莊同，知不誤矣。氾論篇作「激」，文子下德篇同，正見二字可以通作。又兵略篇「若雷之擊」，意林引「擊」作「激」。列子湯問「以激夾鐘」，殷釋文：「激音擊。」論衡雷虚篇：「雷者，太陽之激氣也。」玉燭寶典引，「激」作「擊」，續一切經音義二、四、五、七凡六引，其中五引作「擊」，一引作「激」。酉陽雜俎貝篇「遂激窣至其前」，「激」一作「擊」。知二字通用，唐已前如此。此文「擊」字，浙江書局校莊本改作「激」，蓋從雜志之説矣。○雙棣按：羣書治要四十一引亦作「昏智」。「波水」作「波興」，與上文「智昏」同承上爲説，亦可通。

【用韻】「政、平」耕部。

〔四〕【許注】既，盡也。

【版本】藏本無此注，王溥本、集解本有，今據補，餘本同藏本。

【箋釋】王念孫云：「既」本作「測」，高注本作「測，盡也」。今本正文、注文皆作「既」，後人以意改之耳。羣書治要引此正作「測」。原道篇「水大不可極，深不可測」，主術篇「天道大不可極，深不可測」，呂氏春秋下賢篇「昏乎其深而不測也」，高注並云：「測，盡也。」（測與盡同義，詳見經義述聞禮記「測深厚」下。）後人但知既之訓爲盡，而不知測之訓爲盡，遂以其所知改其所不知，謬矣。且「測」與「服」爲韻，若作「既」，則失其韻矣。

〔五〕【用韻】「失、既、服」質物職合韻。

〔六〕【箋釋】楊樹達云：「適」讀爲「敵」。○王叔岷與楊説同，云：吕氏春秋爲欲篇「適」並作「敵」。詮言篇：「一也者，萬物之本也，無敵之道也。」文子道德篇作「適」，「適」亦「敵」之借。

〔七〕【版本】藏本「託」作「記」，王溥本、王鎣本、朱本、葉本、汪本、張本、吴本、黄本、莊本、集解本作「託」，今據改，景宋本、茅本同藏本。

【箋釋】雙棣按：「適」讀爲「敵」。吕氏春秋爲欲篇作「敵」。

〔八〕【用韻】「適、繫」錫部。

〔九〕【箋釋】楊樹達云：論，疑「諭」字之誤。

〔一〇〕【版本】集解本「贍」作「澹」，餘本同藏本。

〔一一〕【箋釋】雙棣按：委，猶積也。公羊傳桓公十四年「粢盛委之所藏」，何休注：「委，積也。」

〔一二〕【箋釋】莊逵吉云：太平御覽引，「目」作「鼻」，疑是。○王紹蘭云：陳風澤陂篇「涕泗滂沱」，毛傳：「自目曰涕，自鼻曰泗。」「泗」即「洟」之借字，説文：「洟，鼻液也。」易萃上六：「齎咨涕洟」，釋文引鄭「自目曰涕，自鼻曰洟」。（虞翻同。）然則目涕之義古矣。王褒僮約云「目淚下落，鼻涕長一尺」，非經訓也。莊氏疑御覽引「目」作「鼻」爲是，失之。○俞樾與王説同。○劉文典云：王、俞説是也。藝文類聚八十引，與今本同，明御覽作「鼻」必爲誤字。○雙棣按：涕訓目液乃本義。説文：「涕，泣也。」段玉裁注：「『泣也』二字，當作『目液也』三字，轉寫之誤也。」桂馥謂泣亦即淚之義。玉篇：「目汁出曰涕。」一切經音義：「涕，淚也。」廣韻：「涕，淚。」涕作鼻涕解，乃漢代後期所産生之新義，今則多用之。莊多不知古義，以今義解淮南，失之。

〔二二〕【箋釋】王引之云：「煙」當爲「熛」。熛之上尋猶言火之上尋，故與「水之下流」對文。天文篇「火上尋，水下流」是其證。若以煙水相對，則非其旨矣。藝文類聚火部煙下，引此作「煙之上尋」，則此字之誤已久。○劉文典云：尋，讀爲「覃」，（古侵、覃通爲一韻。）即古「燂」字。説文火部：「燂，火熱也。」字亦作「燖」，又與「燅」通。儀禮有司徹「乃燅尸俎」，鄭注：「燅，温也。古文燅皆作尋，記或作燖。」（左傳哀公十二年「若可尋也」，此注引作「燖」。）天文篇「上蕁」，高注：「蕁，讀葛覃之覃。」亦叚爲「燂」。○楊樹達云：「煙」字不誤。説文屮部云：「熏，火煙上出也。」此云「煙之上尋」，猶説文云「火煙上出也」。煙爲火氣，云煙之上尋，猶天文篇言「火上尋」也。王氏必欲改爲「熛」，且以天文篇之「火上尋」爲證，安所見熛爲火而煙則非火乎？安所見熛與水可以爲對文，而煙與水不可爲對文乎？參見覽冥篇「旱雲煙火」注。○雙棣按：楊説是，「煙」本可通，不煩改「熛」。

〔二三〕【箋釋】陳昌齊云：御覽「强親」作「强歡」，「不和」作「不樂」。○王叔岷云：意林引作「强戚者雖哭不哀，强歡者雖笑不樂」。記纂淵海五九、六十引「病」並作「疾」。日本舊鈔卷子本莊子漁父篇同。（今本「疾」做「悲」。）記纂淵海引「强親者雖笑不和」亦作「强歡者雖笑不樂」。劉子新論言苑篇同。○雙棣按：吕氏春秋功名篇云：「彊令之笑不樂，彊令之哭不悲。」高注：「無其中心，故不樂不悲。」可與此相參。陳引御覽作「歡」、作「樂」，於義爲長。

【用韻】「哀、和」微歌合韻。

〔一四〕【箋釋】楊樹達云：「餐」當爲「飧」，字之誤也。○雙棣按：繆稱篇作「飧」，左傳僖公二十三年亦作「飧」，道應篇作「餕」，「餕」與「飧」通。王念孫廣雅疏證云：「餕讀若飧，熟食也，飧、餕古通用。」

〔一五〕【許注】獻公以垂棘滅虞、虢。

〔一六〕【許注】智伯以大鐘滅仇由。

【箋釋】雙棣按：智伯以大鐘滅仇由事，見吕氏春秋權勳篇、韓非子説林下、戰國策西周策。

〔一七〕【許注】公西華，孔子弟子也。與朋友處，睦而少敬。

【版本】茅本、汪本、莊本、集解本此注在「於養一也」下。下注同。

〔一八〕【許注】烈，酷也。曾子事親，其敬多。

【版本】莊本、集解本注「子」作「參」，景宋本、王溥本、朱本、茅本、汪本同藏本。

【用韻】「親、親、君」真文合韻。

〔一九〕【版本】莊本、集解本「於」作「于」。

〔二〇〕【許注】胡人之盟約，置酒人頭中，飲以相詛。

【版本】莊本、集解本注「頭」下有「骨」字，景宋本、王溥本、朱本、茅本、張本同藏本。茅本、汪本、張本、莊本、集解本此注在下文「於信一也」下。下二注同。

【箋釋】楊樹達云：漢書匈奴傳記呼韓邪單于以老上單于所破月氏王頭爲飲器，與漢使韓昌、張猛共飲血盟，是其事也。○于大成云：藝文類聚三十三，御覽四百三十、四百八十引注「人頭」下並有「骨」字。

〔二〕【許注】刻臂出血。

【版本】王鎣本、汪本、張本、吴本、黄本「契」作「囓」，餘本同藏本。

【箋釋】莊逵吉云：太平御覽引「契」作「囓」，列子釋文仍作「契」。引許沓注云：「契，剋臂出血也。」○陶方琦云：今注文略省節，「刻臂」上應有「契」字。釋名釋書契：「契，刻也。」爾雅：「契，絶也。」郭注：「今江東以刻斷物爲契斷。」○于大成云：御覽四百八十引作「㓞」，藝文類聚同。契，借字。㓞，俗字。本字當作「栔」，説文㓞部：「栔，刻也。」故許注云「刻臂」矣。齧亦借爲栔，賈子道術「安柔不苛謂之良，反良爲齧」，朱駿聲云：「或曰借爲栔。」契、齧、栔同聲。

〔三〕【許注】殺牲歃血，相與爲信。

【箋釋】莊逵吉云：歃，御覽引作唼。唼，歃之别字也。○劉台拱云：血下「也」字衍。○王叔岷云：列子湯問篇釋文引「歃」作「翣」，「翣」亦借爲「歃」。

〔三〕【用韻】「骨、臂、血、異、一」物錫職質合韻。

〔四〕【許注】三苗之國，在彭蠡、洞庭之野。髽，以枲束髮也。

【版本】茅本、汪本、張本、黄本、莊本、集解本此注在「於服一也」下。下三注同。

〔二五〕【許注】括，結。

〔二六〕【許注】笄，簪。

〔二七〕【許注】鬋，斷。

【版本】張本、黄本、莊本、集解本「髮」作「鬋」，餘本同藏本。

【箋釋】楊樹達云：漢書嚴助傳晉灼注引淮南子云：「越人劗髮。」張揖以「劗」爲古「翦」字。下文云：「越王句踐劗髮文身。」逸周書王會篇云：「越漚鬋髮文身。」漢書韋賢傳云：「鬋茅作堂。」又引詩「勿鬋勿伐」，及此注鬋訓斷，亦皆以鬋爲翦字也。而此文「越人劗鬋」，殆誤。疑一本作「劗髮」，漢書注所引是也。一本作「鬋髮」，此本是也。讀者旁記異文而寫者誤合之，遂奪去「髮」字耳。○王叔岷、何寧與楊説同。○雙棣按：楊、王、何説是也。景宋本、道藏本、王溥本、朱本等諸本皆作「劗髮」，自張本始作「劗鬋」，莊本、集解本仍其誤。劗即翦，主術篇「以斧劗毛」，高注：「劗，翦也。」劗與翦（剪）同，顔師古韋賢傳注云：「劗字與剪同。」兵略篇「乃爪鬋」，許注：「鬋爪送終之禮，去手足爪。」御覽三百七十四引，鬋作剪，劗（鬋、翦）髮爲常語，而劗鬋則不成義。又：注「鬋」亦當是「劗」字之誤。

〔二八〕【許注】拂，扐。

【版本】莊本奪「拂」下「之」字，餘本同藏本。茅本、汪本、張本、黄本、莊本、集解本注「扐」作

「放」，餘本同藏本。

【箋釋】莊逵吉云：太平御覽引，「拂」作「祓」，有注云：「除其不祥。」〇雙棣按：扐同搒，廣雅釋詁：「搒，擊也。」拂亦擊也，説文云：「拂，過擊也。」故許以「扐」釋「拂」。此謂不避男子於路之婦人，於四達之衢使過者擊之，以示懲罰。御覽引蓋高本，與許本不同。

【用韻】「路、衢」鐸魚通韻。

〔二九〕【許注】踦，足。

【箋釋】楊樹達云：管子侈靡篇云：「堯之時，一踦𦦶一踦屨而當死。」以踦爲足，與淮南同。切踦猶云摩肩。〇雙棣按：吕氏春秋先識篇「中山之俗，男女切倚，固無休息」，高誘注云：「切，磨。倚，近也。」陳奇猷云：「高注是。倚、踦字通。切倚乃相依偎之意，訓踦爲足，非是。」

〔三〇〕【許注】獫狁，北胡也。其俗物與中國相反也。

〔三一〕【用韻】「兄、上」陽部。

〔三二〕【許注】皮弁，以爲爵冠也。搢，佩紟。笏，佩玉也，長三尺，抒上終葵首。

〔三三〕【許注】拘罷，圜也。拒折，方也。

【箋釋】李哲明云：「拘」借爲「鉤」，漢書楊雄傳「帶鉤矩而佩衡兮」，應劭曰：「鉤，規也；矩，方也。」鉤矩對文，與此拘拒同例。樂記「倨中矩，句中鉤」，亦矩與鉤爲對文，拘罷之「罷」，是「環」字挩爛而誤。環即旋字。莊子達生篇「旋而蓋矩」，釋文：「旋，圓也。」「拒」者「矩」之假借，大學「絜矩之道」，古本矩作拒，拘環拒折云者，即所謂周旋中規，折旋中矩耳。○楊樹達云：李讀「拘」爲「鉤」，讀「拒」爲「矩」，是也。改「罷」爲「環」則非是。罷與環形音並遠，環字無緣誤作罷。愚謂「罷」當讀爲「椑」。考工記廬人云：「句兵椑，刺兵摶。」段玉裁謂椑爲隋圜，摶爲正圜，説文木部云：「椑，圜榼也。」此皆椑訓圜之證。卑聲、罷聲音近多通。説文冎部云：「髀，别也。從冎，卑聲。讀若罷。」淮南之以罷爲椑，猶説文之讀髀爲罷矣。○于省吾云：罷無圜意，「罷」應讀作「盤」。古音讀罷如婆，隸歌部。盤元部，歌元對轉。周禮典同「陂聲散」注：「陂讀爲人短罷之罷。」按，古籍罷疲字通，不煩舉證。詩東門之枌「市也婆娑」，説文作「市也媻娑」。文選神女賦「又婆娑乎人間」，李注：「婆娑猶盤姍也。」錢大昕論古無輕脣音，謂古讀繁如鞶，又轉婆音。易賁六四：「賁如皤如。」釋文：「皤，董音槃。荀音波。」是均從皮、從般聲通之證。盤古文作般，拘罷本即鉤盤，金文鉤作句，内公鐘句，内公作⿱畾皿從鐘之句，是其證也。（禮記曾子問注：「又以繩從兩旁鉤之。」釋文：「鉤本又作拘。」莊子徐無鬼：「上且鉤乎君。」釋文：「鉤亦作拘。」拒矩古字通。然則拘罷拒折之容，即鉤盤矩折之容也。周髀算經上：「故折矩，以爲勾廣三，股修四，徑隅五。既方之外，半其一矩，環而共盤，得成三四五。」按，勾俗句字。詩六月傳：「夏后氏曰鉤車。」箋：「鉤，鉤般。」爾雅釋水「鉤盤」，郭注：「水曲如鉤流盤桓也。」是鉤盤乃古人成語。言其容如鉤之盤，如矩之折。鉤盤與矩折對文，鉤盤，圜也。矩折，方也。與注義正符。○馬宗霍亦讀「拘」爲「鉤」，讀「拒」爲「矩」。

〔三四〕【版本】藏本「差」誤作「羗」，各本均作「差」，今據改。

〔三五〕【箋釋】胡鳴玉云：史天官書「太微宫垣有匡衡十二星」，注正義云：「十二諸侯之府也。」乃知天有十二次，日月之所躔也；地有十二州，王侯之所國也。舉十二州以該天下之諸侯，非謂十二國也。○于大成云：胡説大繆！此文明云「泗上十二諸侯」，即十二諸侯皆斥泗水左近之國言之，豈得謂是天下之諸侯乎？國策燕策一蘇代説燕王噲曰：「今夫齊王，長主也，而自用也。南攻楚五年，稸積散；西困秦三年，民憔瘁，士罷弊；北與燕戰，覆三軍，獲二將，而又以其餘兵南面而舉五千乘之勁宋，而包十二諸侯。」（亦見史蘇秦列傳。）齊包十二諸侯，正淮南所謂「泗上十二諸侯」。又楚策一張儀爲秦説楚王曰：「大王悉起兵以攻宋，不至數月而宋可舉，舉宋而東指，則泗上十二諸侯盡王之有也。」夫舉宋而東指則盡有之，其不該天下之諸侯明矣。覈實言之，十二諸侯即十二國。

〔三六〕【許注】拖，縱也。

〔三七〕【箋釋】雙棣按：吕氏春秋功名篇云：「蠻夷反舌、殊俗異習皆服之。」高誘注：「戎狄言語與中國相反，因謂反舌。」此「反言」亦即吕覽之「反舌」，謂與中國言語不同也。

〔三八〕【許注】裾，裒也。

【版本】王溥本注「裾」下有「衣」字，餘本同藏本。藏本注「裒也」下有「衣裾」二字，王溥本無，今據删，景宋本、朱本、葉本同藏本，茅本、汪本、張本、黄本、莊本、集解本有「衣裾也」三字。

【箋釋】王引之云：墨子公孟篇「昔者楚莊王鮮冠組纓，綘衣博袍」，「綘」爲「綘」字之誤。綘衣與博袍連文，綘、博皆大也。淮南齊俗篇作「裾衣博袍」，高注曰：「裾，褒也。」褒亦大也。氾論篇又云：「褒衣博帶。」○吴承仕云：裾不得訓裒。衣是大名，不得訓裾，亦不煩釋之也。疑當作「裾衣，褒衣也。」釋名：「裾，倨也。」居聲之字，亦有大義，故釋裾爲褒。晏子春秋有「執一浩裾，浩裾自順」之語，並假裾爲倨，是其證。裾衣與博袍，對文同義。古書裒褒多互錯，故致譌。文又倒亂，遂不可通。○雙棣按：裒同褒。集韻豪韻：「褒，或作裒。」

〔三九〕【許注】大布，粗布。

〔四〇〕【版本】莊本、集解本「牂」作「牂」，餘本同藏本。汪本、張本、吴本、黄本、莊本、集解本「于」作「於」，餘本同藏本。

【箋釋】劉家立云：墨子兼愛中曰：「晉文公好士之惡衣，故文公之臣皆牂羊之裘，韋以帶劍。」淮南即本於此。文君當爲文公之誤。○雙棣按：君字不誤，古有稱王公爲君者，顧炎武日知録早有明言，劉説非。

〔四一〕【許注】鄒，孟軻邑。魯，孔子邑。

〔四二〕【版本】王溥本、王鎣本、葉本、汪本、張本、吴本、黄本、莊本、集解本「迕」作「忤」，景宋本、朱本同藏本。

【箋釋】于大成云：大戴禮曾子立事云「君子入人之國，不稱其諱，不犯其禁」，曾子制言云「是以君子不犯禁而入，入境及郊，問禁請命」，與此文意同。

〔四三〕【許注】徒倮，不衣。

【箋釋】俞樾云：廣雅釋詁：「徒，袒也。」徒倮猶袒倮，徒與袒一聲之轉。吕氏春秋異用篇「非徒網鳥也」，高注曰：「徒，猶但也。」袒與但同。

禮者，實之文也；仁者，恩之效也。故禮因人情而爲之節文，而仁發恲以見容〔一〕。禮不過實，仁不溢恩也〔二〕，治世之道也。夫三年之喪，是强人所不及也，而以僞輔情也。三月之服，是絶哀而迫切之性也〔三〕。夫儒墨不原人情之終始，而務以行相反之制，五縗之服〔四〕。悲哀抱於情，葬薶稱於養〔五〕，不强人之所不能爲，不絶人之所能已〔六〕。度量不失於適，誹譽無所由生。

古者，非不知繁升降槃還之禮也〔七〕，蹀采齊、肆夏之容也〔八〕，以爲曠日煩民而無所用〔九〕，故制禮足以佐實喻意而已矣。古者，非不能陳鐘鼓，盛筦簫，揚干戚，奮羽旄，以爲費財亂政，制樂足以合歡宣意而已，喜不羨於音〔一〇〕。非不能竭國麋民〔一一〕，虚府殫財，含珠鱗施，綸組節束〔一二〕，追送死也，以爲窮民絶業而無益於槁骨腐肉也，故葬薶足以收斂蓋藏而已。昔舜葬蒼梧，市不變其肆〔一三〕；禹葬會稽之山，農不易其畝〔一四〕。明乎死生之分〔一五〕，通乎侈儉之適者也。

亂國則不然，言與行相悖，情與貌相反，禮飾以煩，樂優以淫〔一六〕，崇死以害生，久喪以招行〔一七〕，是以風俗濁於世而誹譽萌於朝〔一八〕，是故聖人廢而不用也。

校　釋

〔一〕【許注】恲，色也。

【版本】藏本「因」誤作「困」，各本均作「因」，今據改。

【箋釋】楊樹達云：説文云：「艵，縹色也。從色，并聲。」楚辭遠遊云：「玉色頩以脕顏兮。」王注謂「光澤鮮好」。文選宋玉神女賦云：「頩薄怒以自持兮。」李善注引方言云：「頩，怒色青貌。」今方言無此文。恲頩皆與艵同。仁發恲見容，謂仁心見乎容也。○于省吾云：恲與迸通。文選海賦「海水迸集」注：「字書曰：迸，散也。」發恲乃謰語。散與發義相因。此言「而仁發散以見容」也。○馬宗霍云：集韻云：「恲，忼慨也。一曰志滿。」説文云：「忼慨，壯士不得志也。」本文注以色釋恲，當亦爲忼慨之色。仁者必有勇，故忼慨之色見於面矣。楚辭東方朔七諫怨世篇「思比干之恲恲兮」，王逸注云：「恲恲，忠直之貌。」忠直之貌亦仁容之一端也。洪興祖楚辭補注亦訓恲爲忼慨以申叔師之注。○于大成云：管子心術上「禮者，因人之情，緣義之理，而爲之節文者也」，韓詩外傳五「禮者，則天地之體，因人之情，而爲之節文者也」，皆淮南所本。

史記禮書「禮者也，因時世人情，爲之節文者也」，亦見漢叔孫通傳，文意皆同。

〔二〕【用韻】「實、恩」質真通韻。

〔三〕【許注】三月之服，夏后氏禮。

【版本】莊本、集解本注「氏」下有「之」字。

【箋釋】楊樹達云：宋書禮志引尸子云：「禹治水，爲喪法曰：使死於陵者葬於陵，死於澤者葬於澤。桐棺三寸，制喪三月。」與注文「夏后氏之禮」説合。

【用韻】「情、性」耕部。

〔四〕【許注】五縗，謂三年、朞、九月、五月、三月服也。

【版本】王鎣本「縗」作「衰」，餘本同藏本。張本、黄本、莊本、集解本注「朞」下有「年」字，餘本同藏本。

【用韻】「始、服」之職通韻。

〔五〕【用韻】「情、養」耕陽合韻。

〔六〕【箋釋】陳昌齊云：「能已」上亦當有「不」字，文子上仁篇正作「不絶人所不能已」。○吴闓生與陳説同。

〔七〕【版本】藏本「繫」誤「繋」，除葉本同藏本外，餘本均作「繫」，今據改。

【箋釋】楊樹達云：説文舟部云：「般，辟也。象舟之旋。從舟，從殳。殳，所以旋也。」𣃦部云：

「旋，周旋，旌旗之指麾也。」槃還乃般旋之假。

〔八〕【許注】采齊、肆夏，皆樂名也。

【箋釋】馬宗霍云：蹀字注文無釋，文選張衡南都賦「羅襪躡蹀而容與」，李善注引許慎淮南子注曰：「蹀，蹈也。」陶方琦以爲李之所引，即本書俶真篇「足蹀陽阿之舞」蹀字之注。余謂今俶真篇爲高注，而本篇爲許注。然則李之所引，正可以補本文蹀注之缺。蹀字不見説文。玉篇、廣韻有之，皆以「蹀躞」連文爲形容詞。惟集韻云：「蹀，蹈也。」蓋即本之許注。廣雅釋詁一云：「蹀，履也。」履蹈義同。○雙棣按：一切經音義卷二十四引許注：「蹀，蹈也。」與李善注引同。

〔九〕【用韻】「容、用」東部。

〔一〇〕【箋釋】蔣禮鴻云：「古者」二字衍。上文「古者非不知繁升降槃還之禮」云云，「古者」二字總冒下文，此及下文「非不能竭國麋民」云云即承上言之。「非不能竭國麋民」上無「古者」字，此文亦不當有「古者」字甚明。「制樂」上當有「故」字，上文「制禮」、下文「葬薶」並有「故」字，可證。又「喜不羨於音」當作「音不羨於喜」，乃注語誤入正文，上文「足以佐實喻意而已矣」、下文「足以蓋藏而已」下並無他文，以是知之。○雙棣按：蔣説是。此文用三古者之事，上文二出「古者」二字，此文「非不能」上亦當有「古者」二字。或前一「古者」統下三句，則後一「古者」不當有。據上下文例，「制」上當有「故」字，「喜不羨於音」五字亦爲贅餘。

〔一〕【版本】王溥本、王鎣本、吴本「麋」作「縻」，餘本同藏本。

【箋釋】雙棣按：「麋」通作「縻」。

〔二〕【許注】鱗施，玉田也。綸，絮也。束，縛也。

【版本】莊本、集解本注「玉田」作「玉紐」，朱本、茅本、葉本、汪本同藏本。

【箋釋】劉台拱云：續漢書禮儀志「金縷玉柙」注引漢舊儀曰：「腰以下以玉爲札，長一尺，廣二寸半，爲柙，下至足，亦縫以黄金縷。」紐當是柙誤。○楊樹達云：吕氏春秋節喪篇云：「含珠鱗施。」高彼注云：「含珠，口實也。鱗施，施玉於死者之體，如魚鱗也。」漢書霍光傳云：「光薨，賜璧珠璣玉衣。」顔注云：「漢儀注：以玉爲襦，如鎧狀，連綴之，以黄金爲縷。要以下玉爲札，長尺，廣二寸半爲甲，下至足，亦綴以黄金縷。」如高説，鱗施蓋即漢之玉衣矣。○于省吾與劉、楊説同。○雙棣按：北堂書鈔九十二引吕氏春秋高誘注云：「鱗施，玉匣也。」玉匣即玉柙、玉甲。藏本注「田」即「甲」之缺損。劉謂「紐」爲「柙」之誤甚是。後漢書注引漢儀作「柙」，漢書顔注引作「甲」，「甲」爲「柙」之古字。可證藏本等「田」即「甲」字。作「紐」者，始於莊本，蓋莊氏不知「田」爲「甲」之缺而臆改爲「紐」矣。

〔三〕【許注】舜南巡狩，死蒼梧，葬泠道九嶷山，不煩於市有所廢。

【版本】景宋本、王溥本、莊本、集解本注「嶷」作「疑」，朱本、茅本、葉本、汪本同藏本。茅本、汪本、莊本注「於市有」作「市井之」，景宋本、王溥本、葉本、集解本同藏本。

【箋釋】雙棣按：「市不變其肆」，肆謂工坊、商鋪。又注「煩」義當爲擾，爲亂。廣雅釋詁三：「煩，擾也。」周禮考工記鄭玄注、吕氏春秋音初高誘注並云：「煩，亂也。」此注「不煩於市有所廢」，即不擾亂於市肆，使之有所廢止也。

〔一四〕【許注】禹會羣臣於會稽，葬山陰之陽，不煩農人之田畝。

【箋釋】吴承仕云：注文「葬」上合有「死」字，上文注云：「舜南巡狩，死蒼梧，葬泠道九疑山。」此注奪死字，文義不具。○楊樹達云：吕氏春秋安死篇云：「舜葬於紀市，不變其肆；禹葬於會稽，不變人徒。」淮南本之。○雙棣按：墨子節葬下云：「舜道死，葬南己之市，已葬，而市人乘之。禹道死，葬會稽之山，既葬，收餘壤其上，壟若參耕之畝，則止矣。」南己之市，于省吾謂即吕覽紀市之省。此云葬蒼梧，與墨、吕不同，高誘吕覽注云：「此云紀市，九疑山下亦有紀邑。」意在調和二説，然實無謂也。舜乃遠古傳説中人，其葬死之地各有所説，不必强求一致。

〔一五〕【版本】張本、黄本、莊本、集解本「死生」作「生死」，餘本同藏本。

〔一六〕【箋釋】王念孫云：文子上仁篇「優」作「擾」，於義爲長。擾亦煩也。俗書「擾」字作「擾」，與「優」相似而誤。○于大成云：晏子外篇下：「飾禮煩事，羨樂淫民，崇死以害生，三者聖王之所禁也。」此文所本也。

〔一七〕【箋釋】楊樹達云：「招」當讀爲「翹」，舉也。招行謂以孝行譁世。○馬宗霍云：孟子盡心下「又從而招之」，趙岐注云：「招，罥也。」孫奭音義云：「罥謂羂其足也。」如趙、孫之訓，則本文「招行」猶買行，買行猶羈行也。行謂行事。久喪，則廢事。「羈行」正墨子節葬篇所謂「計久喪爲久禁從事者也」，故曰「久喪以招行」矣。○何寧云：「招」當讀爲「昭」。張衡東京賦「招有道於仄陋」，薛綜曰：「招，明也。」李善引尚書曰：「明明揚側陋。」又莊子駢拇篇「有虞氏招仁義以撓天下」，亦明著之義。是「招」字古通作「昭」。楚辭大招「昭質既設」，王引之曰：「昭讀爲招，招質謂射埻的也。」左傳楚康王昭，史記楚世家作「招」，史記建元以來王子侯者表劇魁侯昭，漢表作「招」，是其證。久喪以招行，謂以久喪顯示其孝行也。楊説亦可通。主術篇高注：「招，舉也。」馬氏曲説不可從。

【用韻】「生、行」耕陽合韻。

〔一八〕【箋釋】于鬯云：「萌」字似非義，疑「朋」字之誤。「誹譽朋於朝」者，言誹者譽者黨聚於朝也。文子上仁篇「非譽萃於朝」。○雙棣按：「萌」不必改字，萌之言生也，誹譽萌於朝，即誹譽生於朝。

義者，循理而行宜也〔一〕；禮者，體情制文者也〔二〕。義者，宜也；禮者，體也〔三〕。昔有扈氏爲義而亡〔四〕，知義而不知宜也；魯治禮而削，知禮而不知體也。有虞氏之祀〔五〕，其社用土〔六〕，祀中霤，葬成畝〔七〕，其樂咸池、承雲、九韶〔八〕，其服尚黄〔九〕。夏后氏[之禮]〔一〇〕，其社用松〔一一〕，祀户〔一二〕，葬牆置翣〔一三〕，其樂夏籥九成，六佾、六列、六英〔一四〕，其服尚青〔一五〕。

殷人之禮，其社用石〔一六〕，祀門〔一七〕，葬樹松，其樂大護、晨露〔一八〕，其服尚白〔一九〕。周人之禮，其社用栗，祀竈〔二〇〕，葬樹柏，其樂大武、三象、棘下〔二一〕，其服尚赤〔二二〕。禮樂相詭，服制相反〔二三〕，然而皆不失親疏之恩，上下之倫〔二四〕。今握一君之法籍，以非傳代之俗，譬由膠柱而調瑟也〔二五〕。

故明主制禮義而爲衣，分節行而爲帶〔二六〕。衣足以覆形〔二七〕，從典墳，虛循撓，便身體，適行步〔二八〕，不務於奇麗之容，隅眥之削〔二九〕。帶足以結紐收衽，束牢連固，不亟於爲文句疏短之鞻〔三〇〕。故制禮義行至德，而不拘於儒墨〔三一〕。

所謂明者，非謂其見彼也，自見而已。所謂聰者，非謂聞彼也，自聞而已〔三二〕。所謂達者，非謂知彼也，白知而已。是故身者，道之所託，身德則道得矣〔三三〕。道之得也，以視則明，以聽則聰，以言則公，以行則從〔三四〕。

故聖人財制物也〔三五〕，猶工匠之斲削鑿枘也〔三六〕，宰庖之切割分別也〔三七〕，曲得其宜而不折傷。拙工則不然，大則塞而不入，小則窕而不周，動於心，枝於手，而愈醜〔三八〕。

夫聖人之斲削物也，剖之判之，離之散之，已淫已失，復揆以一〔三九〕。既出其根，復歸其門，已雕已琢，還反於樸〔四〇〕。合而爲道德，離而爲儀表，其轉入玄冥，其散應無形〔四一〕。禮義節行，又何以窮至治之本哉？

校釋

〔一〕【用韻】「義、宜」歌部。

〔二〕【箋釋】王念孫云：太平御覽禮儀部二引「宜」下有「者」字，「情」下有「而」字，據上下文當補。○于大成云：藝文類聚八十引作「體性而制文」，「性」字雖異，有「而」字則與御覽同。

〔三〕【箋釋】王引之云：上二句即是訓義爲宜，訓禮爲體，不須更云「義者宜也，禮者體也」矣。疑後人取中庸、禮器之文記於旁，而寫者因誤入正文也。○于鬯云：「義者宜也，禮者體也」，乃更明其聲訓以起下文也。上文云：「義者循理而行宜也，禮者體情制文者也。」義訓中兼備聲訓，而聲訓猶不明，故復申之云。下文因有知義不知宜，知禮不知體之説，此二句實不可少。王雜志謂上二句即是訓義爲宜，訓禮爲體，不須更云，疑後人取中庸、禮器之文記於旁，而寫者誤入正文，其説非也。

【用韻】「義、宜」歌部，「禮、體」脂部。

〔四〕【許注】有扈，夏啟之庶兄也，以堯舜舉賢，禹獨與子，故伐啟，啟亡之。

〔五〕【箋釋】王念孫云：「祀」當爲「禮」，此涉下文「祀中霤」而誤也。有虞氏之禮，總下三事而言，不專指祭祀。下文「夏后氏之禮」，（今本脱「之禮」二字，據下文補。）「殷人之禮」，「周人之禮」，皆其證。○于鬯云：祀蓋礼字形近而誤，礼即禮字古文。因是知上下文諸「禮」字，淮南原文當皆作「礼」。此字若不誤爲「祀」，後人亦必改從「禮」矣。

〔六〕【許注】封土爲社。

〔七〕【許注】田畝而葬。【箋釋】向承周云：「葬成畝」，疑即墨子所謂「壟若參耕之畝」。（節葬下兩見。）又荀子正論篇「葬田不妨田」。

〔八〕【許注】舜兼用黄帝樂。九韶，舜所作也。【箋釋】楊樹達云：吕氏春秋古樂篇記黄帝作咸池，顓頊作承雲，帝嚳作九招、六列、六英，與此及下文所記不盡合。

〔九〕【許注】舜，土德也。故尚黄。【版本】莊本、集解本注無「故尚黄」三字，景宋本、王溥本、朱本、茅本、葉本、汪本同藏本。

〔一〇〕【版本】藏本無「之禮」二字，今據王念孫校補，各本同藏本。

〔一一〕【許注】所樹之木，皆所生地之所宜也。

〔一二〕【許注】春祭先户，夏木德也。【版本】藏本「祀户」誤作「祝尸」，王溥本、王鎣本、朱本、葉本、茅本、汪本、張本、吴本、黄本、莊本、集解本不誤，今據改，景宋本「户」字不誤，「祀」亦誤作「祝」。藏本注「户」誤作「尸」，景宋本、王溥本、朱本、茅本、汪本、莊本、集解本作「户」，今據改。

〔一三〕【許注】翣，棺衣飾也。

【箋釋】楊樹達云：禮記檀弓上篇云：「周人牆置翣。」此云夏禮，與彼違異。然氾論篇又云：「周人牆置翣。」知淮南左右采獲，故不免自相刺謬也。

〔一四〕【許注】九成，變也。六列，六六爲行列也。六英，禹兼用顓頊之樂也。

【箋釋】吴承仕云：注文當作「九成，九變也」。吕氏春秋古樂篇：「命臯陶作爲夏籥九成。」注云：「九成，九變。」是其比。○陳奇猷云：書益稷「簫韶九成」，僞孔傳：「備樂九奏。」正義曰：「鄭云：『成猶終也。』每曲一終，必變更奏，故經言九成，傳言九奏，周禮謂之九變，其實一也。」所謂夏籥九成者，猶夏籥九終也。終猶章也。

〔一五〕【許注】木德，故尚青也。

〔一六〕【許注】以石爲社主也。

【箋釋】于大成云：論語八佾宰我對哀公問社曰「夏后氏以松，殷人以柏，周人以栗」，此文夏、周之社用松、栗，皆與論語合，唯殷用石爲異。穆天子傳「乃駕鹿以遊于山上，爲之石主」，周禮小宗伯疏引許慎云「今山陽祠有石主」，是石主不限於殷人也。

〔一七〕【許注】秋祭先門，殷金德也。

〔一八〕【許注】大護、晨露，湯所作樂。

【版本】王鎣本、茅本、汪本、張本、吴本、黄本、莊本、集解本正文及注「護」作「濩」，餘本同藏本。

〔一九〕【許注】金德，故尚白也。

〔二〇〕【許注】夏祭先竈，周火德也。鄒子曰：「五德之次，從所不勝。」故虞土夏木殷金周火。

【版本】藏本注「五」誤作「吾」，王溥本、朱本、茅本、汪本、莊本、集解本作「五」，今據改，景宋本、葉本同藏本。藏本注「所」作「此」，景宋本、王溥本、朱本、茅本、汪本、莊本、集解本作「所」，今據改，葉本同藏本。莊本注缺「殷金周火」四字。

〔二一〕【許注】三象、棘下，武象樂也。

【箋釋】楊樹達云：吕氏春秋古樂篇云：「武王即位，以六師伐殷。師未至，以鋭兵克之於牧野。歸乃薦俘馘於京大室，乃命周公作爲大武。成王立，殷王反。王命周公踐伐之。商人服象，爲虐於東夷，周公遂以師逐之，至於江南，乃爲三象，以嘉其德。」〇雙棣按：正文云「大武、三象、棘下」，注僅云「三象、棘下」而無「大武」，疑「武象」當爲「大武」，在「三象」之上，「樂」上當有「周」字。吕氏春秋古樂篇高注：「大武，周樂。」

〔二二〕【許注】火德，故尚赤也。

〔二三〕【箋釋】劉殿爵云：主術篇「詭自然之性」，高注「詭，違也」；説林篇「尺寸雖齊，必有詭」，高注「詭，不同也」。是「詭」有違反之義。〇何寧云：後漢書班固傳「殊形詭制」，李注「詭，異也」。

【用韻】「詭、反」歌元通韻。

〔二四〕【用韻】「恩、倫」真文合韻。

〔二五〕【版本】藏本「瑟」作「琴」，王溥本、王鎣本、朱本、汪本、張本、吴本、黄本、莊本、集解本作「瑟」，今據改，餘本同藏本。

【用韻】「籍、俗、瑟」鐸屋質合韻。

〔二六〕【版本】汪本、張本、黄本、莊本「主」作「王」，餘本同藏本。

【箋釋】陶鴻慶云：兩「而」字皆讀爲「如」。

〔二七〕【版本】藏本「足」下缺「以」字，除景宋本同藏本外，餘本均有「以」字，今據補。

〔二八〕【箋釋】馬宗霍云：上四句只「便身體、適行步」二句與衣有關。疑「從典墳，虚循撓」二句當在上文「故明主制禮義而爲衣，分節行而爲帶」下。典墳即謂三墳、五典。禮義節行皆典墳之所載也。循撓者，遵而行之之意。虚之爲言閒也。蓋典墳爲先王之法籍，但可閒取，不可盡從，故又曰「虚循撓」耳。若盡從之，又上文所謂膠柱而調瑟矣。訓虚爲閒，見爾雅釋詁。◎蔣禮鴻云：「虚循撓」乃「處煩撓」之誤。下文曰「詆文者處煩撓以爲慧」，是其證。從典墳，處煩撓六字乃非毁儒者之詞，與上下文義不屬，明爲錯簡，特不知其原處耳。

〔二九〕【箋釋】洪頤煊云：訾當作呰。本經篇「衣無隅差之削」，高注：「隅，角也。差，邪也。」呰、差聲相近。晏子春秋諫下篇「衣不務於隅肶之削」，「肶」即「訾」之譌字。◎雙棣按：王念孫云：「眦或作呰。隅眦者，隅差也。凡字之從『此』、從『差』者，聲相近而字亦相通。」然則「訾」非誤字。

〔三〇〕【箋釋】孫詒讓云：「短」疑當爲「矩」。文句者，圜文也。（説文句部云：「句，曲也。」）疏矩者，方文也。「鞻」字疑誤。説文革部云：「鞻，革生鞮也。」此上文並説帶，不宜忽及鞮屨，此必有譌捝也。○何寧云：孫説似是也。此與上文「拘罷矩折之容」相應，「鞻」字疑「韇」字形誤。説文：「韇，韋繡也。」

〔三一〕【用韻】「德、墨」職部。

〔三二〕【箋釋】楊樹達云：莊子駢拇篇云：「吾所謂聰者，非謂其聞彼也，自聞而已矣；吾所謂明者，非謂其見彼也，自見而已矣。」此淮南文所本。○王叔岷云：「非謂其見彼也」，「非謂」下不當有「其」字，乃與下文句法一律。莊子有「其」字，句法亦一律。此文衍一「其」字，蓋由後人習於莊子之文而竄入也。

〔三三〕【版本】王溥本、王鎣本、茅本、汪本、張本、黄本、吴本、集解本「德」作「得」，餘本同藏本。

【箋釋】雙棣按：「德、得」字通。

【用韻】「託、得」鐸職合韻。

〔三四〕【用韻】「明、聰、公、從」陽東合韻。

〔三五〕【版本】汪本、張本、黄本、集解本「財」作「裁」，餘本同藏本。

【箋釋】雙棣按：「財、裁」字通。

〔三六〕【版本】藏本「枘」作「芮」，除景宋本同藏本外，餘本均作「枘」，今據改。

〔三七〕【用韻】「枘、别」月部。

〔三八〕【用韻】「周、手、醜」幽部。

〔三九〕【用韻】「判、散」元部，「失、一」質部。

〔四〇〕【版本】藏本「還」作「遂」，莊本、集解本作「還」，今據改，餘本同藏本。

【箋釋】王念孫云：「遂」當爲「還」，字之誤也。「還」字與上兩「復」字同義，作遂則非其指矣。原道篇及説苑談叢篇並云「已雕已琢，還反於樸」，是其明證也。莊子山木篇云：「既雕既琢，復歸於樸。」韓子外儲説左篇云：「既雕既琢，還歸其樸。」還亦復也。此皆淮南所本。

〔四一〕【用韻】「根、門」文部，「琢、樸」屋部。

〔四二〕【用韻】「冥、形」耕部。

世之明事者，多離道德之本，曰禮義足以治天下，此未可與言術也。所謂禮義者，五帝三王之法籍風俗，一世之迹也。譬若芻狗土龍之始成〔一〕，文以青黄，絹以綺繡〔二〕，纏以朱絲，尸祝袀袨〔三〕，大夫端冕〔四〕，以送迎之。及其已用之後，則壤土草蔮而已〔五〕，夫有孰貴之〔六〕。

故當舜之時，有苗不服〔七〕。於是舜脩政偃兵，執干戚而舞之。禹之時，天下大雨。禹令民聚土積薪，擇丘陵而處之〔八〕。武王伐紂，載尸而行〔九〕，海内未定，故不爲三年之喪始〔一〇〕。禹遭洪水之患，陂塘之事，故朝死而暮葬〔一一〕。此皆聖人之所以應時耦變，見形而施宜者也〔一二〕。

今知脩干戚而笑钁插〔一三〕，知三年而非一日〔一四〕，是從牛非馬、以徵笑羽也。以此應化，無以異於彈一絃而會棘下〔一五〕。夫以一世之變，欲以耦化應時，譬猶冬被葛而夏被裘〔一六〕。夫一儀不可以百發〔一七〕，一衣不可以出歲〔一八〕。儀必應乎高下，衣必適乎寒暑〔一九〕。是故世異即事變〔二〇〕，時移則俗易。故聖人論世而立法，隨時而舉事。尚古之王，封於泰山，禪於梁父，七十餘聖，法度不同，非務相反也，時世異也。是故不法其以成之法〔二一〕，而法其所以爲法。所以爲法者，與化推移者也。夫能與化推移爲人者〔二二〕，至貴在焉爾。故狐梁之歌可隨也，其所以歌者不可爲也〔二三〕；聖人之法可觀也，其所以作法不可原也〔二四〕；辯士言可聽也，其所以言不可形也〔二五〕；淳均之劍不可愛也，而歐冶之巧可貴也〔二六〕。今夫王喬〔二七〕、赤誦子〔二八〕，吹嘔呼吸，吐故内新〔二九〕，遺形去智，抱素反真，以遊玄眇，上通雲天。今欲學其道，不得其養氣處神，而放其一吐一吸〔三〇〕，時詘時伸，其不能乘雲升假亦明矣〔三一〕。五帝三王輕天下〔三二〕，細萬物，齊死生，同變化，抱大聖之心，以鏡萬物之情，上與神明爲友，下與造化爲人〔三三〕。今欲學其道，不得其清明玄聖，而守其法籍憲令〔三四〕，不能爲治亦明矣。故曰得十利劍，不若得歐冶之巧；得百走馬，不若得伯樂之數〔三五〕。

校釋

〔一〕【許注】芻狗，束芻爲狗，以謝過求福。土龍，以請雨。

〔二〕【箋釋】陶方琦云：意林引許注：「芻狗事以謝過，土龍事以請雨。」按：意林引爲原文。

〔三〕【箋釋】張文虎云：説文：「絹，繒如麥稍色。」絹以綺繡，不辭。「絹」疑「縜」字之譌。説文：「縜，網紐也。」謂以綺繡結之。○俞樾云：「絹」當爲「羂」，漢書司馬相如傳「羂要褭」，師古注曰：「羂，謂羅繫之也。」文選上林賦李善注引聲類曰：「絹，係取也。」羂以綺繡，謂以綺繡繫之。作絹者，省不從网耳。太平御覽皇王部引，作「飾以綺繡」，殆由不得其義而臆改也。○劉文典云：意林引，「文以青黃」作「則衣以文繡」。○楊樹達云：愚謂「絹」讀爲「緣」。絹以綺繡，謂以綺繡緣之也。「絹、緣」音近，故通用耳。○馬宗霍云：説文网部無「羂」有「䍐」。玄應一切經音義卷十大莊嚴經論第二卷「羂弶」條引三蒼羂作䍐，與説文合。則當以「䍐」爲正體。説文「䍐」有兩義：「网也。一曰綰也。」糸部云：「綰，一曰絹也。」故「絹」與「䍐」可相通借。玉篇糸部云：「綰，貫也。」廣韻二十五潸云：「綰，繫也。」聲類與小顏羂下之訓，蓋用䍐之第二義。然淮南本文承上文芻狗土龍來，則綺繡不可以言繫，疑當用䍐之第一義，謂以綺繡网之也。网者蒙於其上，猶言被以綺繡耳。意林引作「衣以綺繡」，衣與被義同。是則本文「絹」爲「䍐」之借字，唐人已知之，故從䍐義而以衣字易之也。劉文典淮南集解以意林所引爲上句「文以青黃」

之異文，而又改意林「綺繡」爲「文繡」，殊失檢。◎雙棣按：集韻：「罥，挂也，或作絹。」後漢書馬融傳「絹熄蹏」，李賢注云：「絹，繫也，與罥通。」

〔三〕【許注】袀，純服。袨，黑齋衣也。

【版本】藏本注「黑」作「墨」，景宋本作「黑」，今據改，餘本同藏本。

【箋釋】陶方琦云：大藏音義十七引許注：「袨，黑衣也。」按：黑衣不誤。袀袨，儀禮皆作「袀玄」，蔡邕獨斷「祠宗廟則長冠袀玄」，説文「黑而有赤色者爲玄」。又「袗」字下云「玄服也」。「袗」即「袀」字，「袨」本作「玄」。◎易順鼎云：「墨」當作「黑」，「袨」即「玄」也。説文無袀、袨，蓋即儀禮之「袗玄」。士冠禮云：「兄弟畢袗玄。」士昏禮云：「女從者畢袗玄。」注云：「同也。」謂借爲「均」。漢書五行志「袀服振振」，左傳僖五年以「均」爲之，服注：「黑服也。」是袀袨皆爲黑服。玉篇衣部：「袨，黑衣也。」與許義同。疑説文本有此字。◎雙棣按：玉篇：「袀，純也。」漢書王莽傳「莽紺袀服」，顔師古注：「袀，純也。」蓋皆本之此注。鄭玄士冠禮袗玄注：「袗，同也。玄者，玄衣玄裳也。」吕氏春秋悔過篇「袀服回建」，高誘注：「袀，同也。兵服上下無別故曰袀服。」鄭、高訓「袀」爲「同」，與許訓「袀」爲「純」，一也。

〔四〕【許注】端冕，冠也。

〔五〕【版本】藏本「剫」下有「音出」二字，茅本、莊本、集解本無，今據删，景宋本爲「音茁」，餘本同藏本。

【箋釋】莊逵吉云：太平御覽引「⿰⿱艹㓞刂」作「芥」。「芥」正字，「⿰⿱艹㓞刂」奇字。○王念孫云：「音出」二字，後人所加。高注皆言讀某字，無言音某者。考説文、玉篇、廣韻、集韻皆無⿰⿱艹㓞刂字，或音出，或以爲芥之奇字，皆不知何據。余謂「⿰⿱艹㓞刂」者「薊」之壞字也。草薊即草芥。史記賈生傳「細故慸薊兮」，（今本薊作葪，文選鵩鳥賦注引鶡冠子，作「細故袃葪兮」，又「袃葪」與蔕芥古字通。玉篇：「葪，俗薊字。」）索隱曰：「薊音介。」漢書作「蔕芥」。是「芥、薊」古字通。故此作薊，御覽作草芥也。○何寧云：疑「⿰⿱艹㓞刂」乃「蒯」字形誤。蒯，説文作「蔽」，「艸也」。左傳成公九年「雖有絲麻，無棄菅蒯」，孔疏引毛詩疏曰：「蒯與菅連，亦菅之類。」鶡冠子世兵篇「細故袃蒯」，陸注：「一本蒯作葪。蒯猶芥也。」

〔六〕【許注】言弃之不貴也。

【箋釋】莊逵吉云：太平御覽作「誰貴之哉」。

【用韻】「⿰⿱艹㓞刂、貴」月物合韻。

〔七〕【用韻】「時、服」之職通韻。

〔八〕【箋釋】王念孫云：天下大雨，「雨」本作「水」，此後人妄改之也。唯天下大水，是以令民聚土積薪而處丘陵，若作「大雨」，則非其指矣。後人改「水」爲「雨」者，以與「舞、處」二字爲韻耳，不知此文但以「舞、處」爲韻，餘皆不入韻也。要略正作「禹之時，天下大水」。

【用韻】「舞、雨、處」魚部。

〔九〕【許注】武王伐紂，伯夷曰：「父死未葬，爰及干戈，可謂孝乎？」

【版本】茅本、汪本、張本、黄本此注作「尸，文王之木主也」，餘本同藏本。

〔一〇〕【許注】三年之喪始於武王。

【版本】景宋本「喪」下無「始」字，餘本同藏本。藏本注無「始」字，景宋本有，今據補，葉本同藏本；王溥本注無「始」字，「武王」下有「廢」字；朱本、莊本、集解本注作「言始廢于武王也」，茅本、汪本、張本、黄本無注。

【箋釋】王念孫云：故不爲三年之喪始，當作「故爲三年之喪」。高注當作「三年之喪，始於武王」。藏本「始」字誤入正文，正文「爲三年之喪」上，又衍「不」字，則正文注文皆不可讀矣。且上文以「舞、處」爲韻，此以「行、喪、葬」爲韻，若「喪」下有「始」字，則失其韻矣。此言武王爲三年之喪，而禹則朝死暮葬，與武王不同，非謂武王不爲三年之喪也。下文云：「修干戚而笑钁插，知三年而非一日。」「干戚」二字承上文「舜舞干戚」而言，「钁插」二字承「禹令民聚土」而言，「一日」二字承「禹朝死暮葬」而言，「三年」二字則承武王「爲三年之喪」而言。若云不爲三年之喪，則與下文相反矣。要略云：「武王誓師牧野，以踐天子之位，天下未定，海内未輯，武王欲昭文王之令德，使夷狄各以其賄來貢，遼遠未能至，故治三年之喪，殯文王於兩楹之間，以俟遠方。」彼言武王治三年之喪，正與此同。若云不爲三年之喪，則又與要略相反矣。道應篇述武王之事，亦云爲三年之喪，令類不蕃。以上三篇，皆謂武王始爲三年之喪，故高注云「三年之喪始於武王」也。藏本作「三年之喪於武王」者，「始」字誤入正文耳。劉績不知是正，又改注文爲「三年之喪於武王廢」，朱本又改爲「言始廢於武王也」，（莊本同。）皆由正文誤作不爲三年之喪，故又改注文以從之耳。○雙棣按：王説似是，然賈公彦儀禮喪服疏云：「唐虞之日，淳樸漸虧，雖行心喪，更以三年爲限。」若此則三年之喪不始於武王也。

【用韻】「行、定、喪」陽耕合韻。

〔二〕【箋釋】王念孫云：「遭」，乃後人以意改之。文選海賦注、應璩與從弟君苗君胄書注，太平御覽禮儀部三十四引此，並作「有」。○劉文典云：御覽五百五十五引「坡塘之事」，下有注云：「陂，蓄水。塘，池也。」○于大成云：選注、御覽所引，並是高注，高自作「有」，今許本作「遭」，未可執彼改此。

【用韻】「患、葬」元陽合韻。

〔三〕【箋釋】劉台拱云：耦變，通變。耦化，通化也。要略「所以應待萬方，覽耦百變也」，又「知道德而不知世曲，則無以耦萬方」，高於「覽耦」注云：「耦，通也。」是也。「耦」亦作「偶」，氾論訓「人以其位，達其好憎，以其威勢供嗜欲，而欲以一行之禮，一定之法，應時偶變，其不能中權亦明矣」。説林訓「聖人之偶物也，若以鏡視形，曲得其情」，注云：「偶猶周也。」義亦通。韓非子難三篇云：「術者，藏之於胸中以偶衆端而潛御羣臣者也。」偶亦當訓周。○劉文典云：御覽五百五十五引作「此皆聖人之所以應時設教，見而施宜者也」。○于大成云：文子道德篇「應時偶變，見形施宜」，與今許本淮南同，知今本非誤。然則御覽所引，自是高本，其「見」下亦當有「形」字。

【用韻】「變、宜」元歌通韻。

〔一三〕【許注】钁，斫屬。

【版本】藏本「知」作「之」，景宋本作「知」，今據改，餘本同藏本。

〔一四〕【版本】藏本無「而」字，景宋本有，今據補，餘本同藏本。

〔一五〕【許注】棘下，樂名。一絃會之，不可成也。

【版本】藏本注「名」誤「石」，除葉本同藏本外，餘本均作「名」，今據改。

【箋釋】雙棣按：「會」當訓爲「奏」，猶俶真篇「手會緑水之趨」之「會」同。「彈一絃而會棘下」，謂彈一絃而奏出棘下之曲，爲不可得也。注「一絃會之」，會亦奏也。

【用韻】「馬、羽、下」魚部。

〔一六〕【用韻】「時、裘」之部。

〔一七〕【許注】儀，弩招顔也。射百發，遠近不可皆以一儀也。

【版本】景宋本注「顔」作「頭」，餘本同藏本。

【箋釋】蔣禮鴻云：注「招顔」當作「招質」。楚辭大招「昭質既設，大侯張只」，王引之曰：「昭讀爲招。招質，謂射埻的也。」（埻通作準。）吕氏春秋本生篇曰：「萬人操弓，共射一招。」高注曰：

「招，埻的也。」小雅賓之初筵篇「發彼有的」，毛傳曰：「的，質也。」荀子勸學篇曰：「質的張而弓矢至焉。」是埻的謂之質，又謂之招，合言之則爲招質。魏策曰：「今我講難於秦，兵爲招質。」（謂以趙兵爲秦之招質也。）是其明證也。射埻的謂之招質，亦謂之儀。韓非子外儲説左上篇曰：「新砥礪殺矢，彀弩而射，雖冥而妄發，其端未嘗不中秋毫也。然而莫能復其處，不可謂善射，無常儀的也。設五寸之的，引十步之遠，非羿、逢蒙不能必全者，有常儀的也。」是也。故注以招質訓儀。○陳直云：「招顔」蓋即弩機上之標尺，亦名望山。○何寧云：蔣説非是。説山篇注：「儀，射法。」故兵略篇曰：「儀度不得，則格的不中。」泰族篇曰：「射者數發不中，教之以儀則喜矣。」故儀乃所以中的而非的，故曰「儀必應乎高下」也。陳説是也，顔字不當改。○雙棣按：蔣謂「招顔」當作「招質」，招質即準的也，恐非。陳、何説是。「儀」義爲瞄準。正如泰族篇所云：「射者數發不中，教之以儀則喜矣。」儀即瞄準也。吕氏春秋處方云：「射者儀毫而失牆。」高注：「儀望也。」所謂「望」，亦即瞄準也。引申之，儀亦指弩機之瞄準器。即所謂「望山」也。此文「一儀不可以百發」，許注：「遠近不可皆以一儀也」，「一儀」即瞄準一次。

〔一八〕【箋釋】楊樹達云：「出」字無義，疑「币」字之誤。

〔一九〕【用韻】「發、歲」月部。

〔二〇〕【用韻】「下、暑」魚部。

【版本】茅本、汪本、張本、黄本、莊本、集解本「即」作「則」，餘本同藏本。景宋本下句「則」字亦作「即」。

〔一一〕【版本】王溥本、王鎣本、汪本、張本、吴本、黄本、莊本、集解本「以」作「已」，餘本同藏本。

【箋釋】雙棣按：「以、已」字通。

〔一二〕【箋釋】王念孫云：夫能與化推移者，乃復舉上文之詞，「推移」下不當有「爲人」二字，蓋涉下文「與造化爲人」而衍。

〔一三〕【箋釋】孫志祖云：「狐梁」無注，或疑即「有狐綏綏，在彼淇梁」之詩。案：蜀志郤正傳「瓠梁託絃以流聲」，注引淮南子「瓠巴鼓瑟而鱏魚聽之」，（今本説山訓作「淫魚出聽」。）又引此文作「瓠梁之歌」，蓋「瓠」與「狐」通也。與衛詩無涉。梁曜北云：梁字何解？豈巴又名梁耶？○陳昌齊云：藝文類聚樂部三引「狐梁」作「瓠梁」，引注云：「古善歌之人也。」○劉文典云：孫説是也。北堂書鈔一百六歌篇二引，「狐」正作「瓠」，又引注云：「瓠梁，善歌之人也。」足證孫説。○向承周云：據蜀志則瓠梁自是人名。書鈔、類聚所引注，今本無之，乃高注也。御覽五百七十三引古樂志載古之善歌者有瓠梁，注云見淮南子。

【用韻】「隨、爲」歌部。

〔一四〕【箋釋】于省吾云：原，古謜字。廣雅釋詁：「謜，度也。」

【用韻】「觀、原」元部。

〔一五〕【箋釋】楊樹達云：辯士言，劉家立集證本「言」上有「之」字，是也。○雙棣按：依上下文例，狐梁之歌、聖人之法、淳均之劍偏正之間均有「之」字，此「辯士言」亦當作「辯士之言」。

【用韻】「聽、形」耕部。

〔二六〕【箋釋】楊樹達云：「淳鈞之劍」二句與上文四句不類，疑「不可愛」之「不」字當在下句「巧」字下，而「貴」字爲誤也。○蔣禮鴻云：「淳均之劍」不得云「不可愛」。此當云：「淳均之劍可貴也，而歐冶之巧不可受也。」「不可受」與「可貴」互錯，「受」又誤作「愛」，則句法與上相左，而義亦不可通矣。

【用韻】「愛、貴」物部。

〔二七〕【許注】王喬，蜀武陽人也，爲柏人令，得道而仙也。

【版本】藏本注「柏」作「伯」，莊本、集解本作「柏」，（蔣刊道藏輯要本亦作「柏」。）今據改，餘本（黄本無注）同藏本。茅本、汪本、張本、莊本、集解本此注在下文「亦明矣」下。

〔二八〕【許注】赤誦子，上谷人也，病癘入山，導引輕舉。

【版本】汪本、張本注「導」作「道」。茅本、汪本、張本、莊本、集解本此注在下文「亦明矣」下。

【箋釋】莊逵吉云：俗本「赤誦」作「赤松」，蓋誤改之，古字「誦」與「松」同聲通用。

〔二九〕【版本】景宋本、王溥本、王鎣本「内」作「納」。

【箋釋】楊樹達云：「嘔」當讀爲「欨」。説文云：「欨，吹也。」○雙棣按：内，古納字。

〔三〇〕【箋釋】雙棣按：放，倣效。廣雅釋詁三：「放，效也。」

〔三一〕【許注】假，上也。

〔三二〕【用韻】「新、真、天、神、伸」真部。

〔三三〕【版本】藏本「輕」誤作「經」，景宋本、王溥本、王鎣本、朱本、汪本、張本、吴本、黄本、莊本、集解本作「輕」，今據改，餘本同藏本。

〔三四〕【用韻】「情、人」真耕合韻。

〔三五〕【用韻】「聖、令」耕部。

〔三六〕【箋釋】馬宗霍云：廣雅釋言云：「數，術也。」此謂伯樂善相馬之術也。

【用韻】「巧、數」幽侯合韻。

樸至大者無形狀，道至眇者無度量〔一〕，故天之員也不得規，地之方也不得矩〔二〕。往古來今謂之宙，四方上下謂之宇，道在其間，而莫知其所〔三〕。故其見不遠者，不可與語大；其智不閎者，不可與論至〔四〕。

昔者，馮夷得道，以潛大川〔五〕；鉗且得道，以處崑崙〔六〕。扁鵲以治病〔七〕，造父以御馬，羿以之射，倕以之斲〔八〕。所爲者各異，而所道者一也〔九〕。夫稟道以通物者，無以相非也〔一〇〕。譬若同陂而溉田，其受水鈞也〔一一〕。今屠牛而烹其肉，或以爲酸，或以爲甘，煎熬燎炙，齊味萬方〔一二〕，其本一牛之體。伐楩柟豫樟而剖梨之〔一三〕，或爲棺槨，或爲柱梁，披斷撥檖〔一四〕，所用萬方〔一五〕，然一木之樸也。故百家之言，指奏相反，其合道一體也〔一六〕。譬若絲竹金石之會樂同也，其曲家異而不失於體。伯樂、韓風、秦牙、管青〔一七〕，所相各異，其知馬一也〔一八〕。故三皇五帝法籍殊方，其得民心鈞也〔一九〕。故湯入夏而用其法，武王入殷而行其禮，桀紂之所以亡，而湯武之所以爲治。

故剞劂銷鋸陳〔二〇〕，非良工不能以制木；鑪橐埵坊設〔二一〕，非巧冶不能以治金〔二二〕。屠牛吐〔二三〕一朝解九牛，而刀可以剃毛〔二四〕；庖丁用刀十九年〔二五〕，而刀如新剖硎〔二六〕。何則？游乎衆虚之間〔二七〕。若夫規矩鉤繩者，此巧之具也，而非所以巧也〔二八〕。故瑟無絃，雖師文不能以成曲〔二九〕，徒絃，則不能悲。故絃，悲之具也，而非所以爲悲也。若夫工匠之爲連鐖、運開、陰閉、眩錯〔三〇〕，入於冥冥之眇，神調之極，游乎心手衆虚之間〔三一〕，而莫與物爲際者，父不能以教子。瞽師之放意相物，寫神愈舞，而形乎絃者〔三二〕，兄不能以喻弟。今夫爲平者，準也；爲直者，繩也〔三三〕。若夫不在於繩準之中，可以爲平直者，此不共之術也〔三四〕。故叩宫而宫應，彈角而角動，此同音之相應也〔三五〕。其於五音無所比，而二十五絃皆應，此不傳之道也。故蕭條者，形之君〔三六〕；而寂漠者，音之主也〔三七〕。

校釋

〔一〕【用韻】「狀、量」陽部。

〔二〕【版本】茅本、汪本、張本、黄本、莊本、集解本「員」作「圓」，餘本同藏本。景宋本兩「得」字作「中」，餘本同藏本。

【箋釋】俞樾云：兩「得」字皆當爲「中」。周官師氏「掌國中失之事」，故書「中」爲「得」，是其例也。文子自然篇正作「天圓不中規，地方不中矩」。○黄暉云：得，中也，漢人語。俞樾謂當作「中」，非也。論衡儒增篇「操匕首之劍，刺之不得」，是其證。○雙棣按：黄説未必是。本書多次言中規、中矩。原道篇云：「上通九天，下貫九野，員不中規，方不中矩。」主術篇云：「旋曲中規。」脩務篇云：「合如雷電，解如風雨，員之中規，方之中矩。」詮言篇云：「員之中規，方之中矩，行成獸，止成文。」泰族篇云：「員中規，方中矩，動成獸，止成文。」皆言「中」而不言「得」。景宋本此處亦作「中」。藏本唯此一處作「得」。姑存之。

〔三〕【用韻】「矩、宇、所」魚部。

〔四〕【用韻】「大、至」月質合韻。

〔五〕【許注】馮夷，河伯也。華陰潼鄉隄首里人，服八石，得水仙。

〔六〕【許注】鉗且得仙道，升居崑崙山。

【箋釋】莊逵吉云：莊子大宗師篇「堪坏襲昆侖」，陸德明釋文云：「堪坏，神人，人面獸形。淮南作欽負。」是唐本鉗且作欽負也。字形近，故誤耳。程文學據山海經云「是與欽䲹殺祖江于昆侖之陽」，後漢書注引作欽駓，古「駓、䲹」本一字。錢別駕云：古「丕」與「負」通，故尚書「丕子之責」，史記作負子，丕與負通，因之從丕之字亦與負通也。堪、欽亦同聲。○陳昌齊云：釋文引蓋許慎本也。凡莊子釋文所引淮南皆許本。○王念孫云：程、錢、莊説皆是。

【用韻】「川、崙」文部。

〔七〕【許注】扁鵲，盧人，姓秦名越人，趙簡子時人也。

【箋釋】何寧云：史記扁鵲傳「扁鵲者，渤海郡鄭人也」。集解引徐廣曰：「鄭當爲鄚，鄚，縣名，今屬河間。」

〔八〕【許注】倕，堯巧工。

【版本】藏本注「工」作「功」，景宋本、王溥本、朱本、茅本、汪本、張本、黄本、莊本、集解本作「工」，今據改，葉本同藏本。茅本、汪本、張本、黄本、莊本、集解本注「堯」下有「時」字。

【用韻】「病、馬」陽魚通韻，「射、斵」鐸屋合韻。

〔九〕【箋釋】劉文典云：意林引，作「得道一也」。○呂傳元云：意林引「道」上有「得」字，是也。上文「昔者馮夷得道以潛大川，鉗且得道以處崑崙」，此文「得道」即承彼而言。○于大成云：「道」者，由也。所由者，謂道也。故上文云「三代之所道者，因也」，「所道者」與此文義同。類書所引有改竄，在讀者善取之而已。○雙棣按：「所」字當爲「得」字之誤。

【用韻】「異、一」職質合韻。

〔一〇〕【用韻】「物、非」物微通韻。

〔一一〕【版本】汪本、張本、吳本、黄本、莊本、集解本「鈞」作「均」，餘本同藏本。

【用韻】「田、鈞」真部。

〔一二〕【版本】藏本「熬」作「敖」，除葉本同藏本外，各本均作「熬」，今據改。

【箋釋】王念孫云：兩「爲」字皆後人所加。北堂書鈔酒食部四、太平御覽資産部八、飲食部十一引此，皆無兩「爲」字。「齊味」當爲「齊咊」，字之誤也。齊，讀若劑。咊即今和字也。讀若「甘受和」之「和」。舊本北堂書鈔及太平御覽引此，並作「齊和萬方」，和與齊義近。鄭注周官鹽人云：「齊事，和五味之事。」又注少儀云：「齊謂食羹醬飲有齊和者也。」高注呂氏春秋本味篇云：「齊，和分也。」本經篇云：「煎熬焚炙，調齊和之適。」鹽鐵論通有篇云：「庖宰烹殺胎卵，煎炙齊和，窮極五味。」新序雜事篇云：「管仲善斷割之，隰朋善煎熬之，賓胥無善齊和之。」漢書藝文志：「調百藥齊和之所宜。」皆其證也。又案：和字説文本作「咊」，今經傳皆作「和」，從隸變也。此「咊」字若不誤「味」，則後人亦必改爲「和」矣。○于大成云：王説是也。萬卷菁華十三引此文，亦無兩「爲」字。

【用韻】「酸、甘」元談合韻，「炙、方」鐸陽通韻。

〔一三〕【許注】剖，判。梨，分。

【版本】茅本、汪本、張本、莊本、集解本注「分」下有「也」字。

【箋釋】趙曦明云：梨，假借字，當作「剺」，俗又作「𠢕」。説文木部：「梨，果也。」刀部：「剺，剥也，劃也。」兩字不同，而古多通用。文選長楊賦「分𠢕單于」，漢書𠢕作梨，注：「梨，與𠢕同。」後漢書耿秉傳「梨面流血」，注：「梨，即𠢕字。」管子五輔篇「是故博帶梨房」，注：「梨，割也。」○馬宗霍與趙説同。

〔一四〕【許注】披，解也。撥，析理。遂，順。

【版本】茅本、汪本、張本、黄本、莊本、集解本注「遂」作「檖」，餘本同藏本。茅本、汪本、張本、黄本、莊本、集解本注「理」下、「順」下有「也」字。

【箋釋】王念孫云：如高注，則「檖」字本作「遂」，故訓爲順也。今作「檖」者，因上文棺槨柱梁等字而誤耳。茅本並注文亦改爲「檖」，而莊本從之，謬矣。○雙棣按：景宋本、道藏本等注「遂」字不誤，當據注以改正文之誤，然漢語大字典據莊本之誤字，爲「檖」單立一義項「順」，斯不當矣。

〔一五〕【用韻】「梁、方」陽部。

〔一六〕【箋釋】黄生云：要略云：「指奏卷異，各有爲語。」指奏即指趣，古音近通用。○王念孫云：「體」字因下文「不失於體」而衍，「合道一」與「會樂同」，文正相對，則「一」下不當有「體」字。下文云「其知馬一也」,「其得民心鈞也」,皆與此文同一例。○于鬯云:姚廣文云:「一體」倒,上下文可例。○楊樹達云:黄説是也。○于省吾云:「奏」應讀作「趣」,詩緜「予曰有奔奏」,釋文:「奏本亦作走。」書君奭傳「爲胥附奔走」,釋文:「走又作奏。」説林篇「木者走山」,注:「走,讀奏記之奏。」釋名釋姿容:「走,奏也。」走,古亦作趣,詩緜「來朝走馬」,玉篇走部作「來朝趣馬」。書立政「趣馬小尹」,金文通作⿱大止馬,是其例證。然則指奏即指趣。○馬宗霍云:指奏猶指趣,漢書張釋之傳顔師古注云:「奏,趣也。」是其證。○何寧云:指奏即指湊,字通。原道篇「趨舍指湊」,注:「指,所之也;湊,所合也。指湊猶言行止也。」

〔一七〕【用韻】「言、反」元部。

【許注】四子皆古善相馬者。

【箋釋】雙棣按:吕氏春秋觀表篇云:「古之善相馬者:寒風是相口齒,麻朝相頰,子女厲相目,衛忌相髭,許鄙相䏶,投伐褐相胸脅,管青相膹肳,陳悲相股腳,秦牙相前,贊君相後。凡此十人者,皆天下之良工也,其所以相者不同,見馬之一徵也,而知節之高卑,足之滑易,材之堅脆,能之長短。」此蓋淮南及許注所本。

〔一八〕【用韻】「體、一」脂質通韻。

〔一九〕【版本】汪本、張本、黄本、莊本、集解本「鈞」作「均」,餘本同藏本。

〔二〇〕【版本】藏本「銷」下有注「音削」二字,莊本、集解本無,今據删,餘本同藏本。

【箋釋】陶方琦云：大藏音義六十二、六十引許注：「鋸者，可以截物也。」按：高注本「銷鋸」作「削鋸」，見本經訓。説文：「鋸，槍唐也。」列女傳仁智篇：「鋸者可以治木也。」○楊樹達云：「銷」當讀爲「削」，本經篇云：「公輸、王爾無所錯其剞劂削鋸。」文作「削」，是其證。高彼注云：「削，兩刃句刀也。」

〔二一〕【許注】鑪、橐、埵，皆冶具也。坊，土刑也。

【版本】藏本注「冶」作「治」，王溥本、茅本、汪本、張本、莊本、集解本作「冶」，今據改，餘本同藏本。

〔二二〕【版本】藏本「冶」作「治」，除葉本同藏本外，餘本均作「冶」，今據改。

〔二三〕【許注】齊之大屠。

【版本】茅本、汪本、張本、黄本、莊本、集解本此注在下文「剃毛」下，且「齊」上有「屠牛吐」三字。

【箋釋】莊逵吉云：太平御覽「吐」作「坦」，疑「坦」字之訛。○蔣超伯云：管子制分作「屠牛坦」。○劉文典云：莊説非也。初學記武部，白帖十三，御覽三百四十六、八百二十八引此文並作「屠牛坦」。管子制分篇「屠牛坦朝解九牛，而刀可以莫鐵」，莊子養生主篇釋文引管子作「有屠牛坦，一朝解九牛，刀可剃毛」，與淮南此文正合，皆「吐」當爲「坦」之證。○楊樹達云：「坦」字是也，漢書賈誼傳亦作「坦」。「吐」乃形近誤字。莊説殊誤。○王叔岷云：記纂淵海五五引「吐」亦作「坦」，賈子制不定篇同。○于大成云：韓詩外傳九「齊王厚送女，欲妻屠牛吐，屠牛吐辭以疾」，此文作「吐」，許注云「齊之大屠」，本乎此也。是許本自作「吐」，今本不誤。至若御覽引作「坦」，其連引下文文、注並與今許本異，劉氏疑爲高注，是也。則作「坦」者是高本，初學記、白帖並高本也；高本作「坦」自本於管子。齊俗篇是許本，字當作「吐」爲是。

〔二四〕【許注】剃，截髮也。

【版本】藏本「以」上無「可」字，浙局莊本有，今據補，餘本同藏本。

【箋釋】王念孫云：「刀」下當有「可」字，刀可以剃毛，賈子所謂「芒刃不頓」也。脱去「可」字則文義不明，白帖十三，太平御覽兵部七十七、資産部八引此，皆有「可」字。○陶方琦云：大藏音義三十四引許注：「鬄，截髮也。」按：大藏音義引作「鬄」，不誤。説文「鬄，鬄髮也。從髟，弟聲。」剃乃俗字。○劉文典、王叔岷與王説同。○雙棣按：記纂淵海論議部六引亦作「可以」。

【用韻】「牛、毛」之宵合韻。

〔二五〕【許注】庖丁，齊屠伯也。

【版本】茅本、汪本、張本、黄本、莊本、集解本此注在下文「剖硎」下。

【箋釋】劉文典云：御覽八百二十八引注作「庖丁，宋人。砥，磨也」。齊俗訓乃許注本，御覽所引，疑是高注。

〔二六〕【許注】剖，始也。硎，磨刀石。

【版本】藏本「剖」下無「硎」字，除葉本同藏本外，各本皆有，今據補。藏本注「剖」上有「刑」字，景宋本、王溥本、朱本無，今據刪，葉本同藏本。藏本注「始」下有「石」字，景宋本、朱本無，今據刪。茅本、汪本、張本、黄本、莊本、集解本注「剖始也」作「新剖始製也」。

【箋釋】王念孫云：據高注云「硎，磨刀石」，則有「硎」字明矣。「刀」字當作「刃」，「刃、刀」字相似，又涉上「刀」字而誤也。刃如新剖硎，言刀刃不頓也。莊子養生主篇：「今臣之刀十九年矣，而刀刃若新發於硎。」吕氏春秋精通篇：「宋之庖丁好解牛，用刀十九年而刃若新鄰研。」皆其證也。太平御覽資産部八引此，作「刃如新砥硎」，雖砥與剖不同，而字亦作「刃」。○楊樹達云：許注云：「新剖，始製也。硎，磨刀石。」如許説，新剖硎爲始製磨刀石，殊爲不辭。愚謂「硎」當爲「型」。説文土部云：「型，鑄器之法也。從土，刑聲。」「硎」又疑是「型」之或字。「刃如新剖硎」，謂刃之鋒利如新自模型中剖出也。○雙棣按：楊説集解許注不辭是，然謂「刃如新剖硎，謂刃之鋒利如新自模型中剖出也」則非。荀子彊國篇云：「刑范正，金錫美，工冶巧，火齊得，剖刑而莫邪已。然而不剥脱，不砥厲，則不可以斷繩。」此有「剖刑」一語，楊倞注：「剖，開也。」刑即型字。然新剖刑之莫邪，不經砥厲，則不可以斷繩，並非如楊氏所謂鋒利如新自模型中剖出也。此文本之吕覽精通，吕覽則本之莊子養生主，皆謂其刃鋒利若磨於石，非謂新剖於模型也。「剖」字當爲「磨」字音近之誤。集解本許注不辭，藏本許注亦有誤，「始」字，疑當作「砥」。

【用韻】「年、硎」真耕合韻。

〔二七〕【許注】衆虚之間，剖中理也。

〔二八〕【箋釋】王念孫云：「巧也」上當有「爲」字。下文云：「故絃，悲之具也，而非所以爲悲也。」與此相對爲文。太平御覽工藝部九引此，正作「非所以爲巧」。文子自然篇同。○劉家立云：御覽工藝部引有注云：「巧存於心也。」

〔二九〕【用韻】「具、巧」侯幽合韻。

〔三〇〕【許注】師文，樂師。

〔三一〕【許注】連鐖，鐖發也。運開，相通也。陰閉，獨閉也。眩錯，眩困而相錯也。

【版本】藏本注無「眩錯」二字，王溥本、朱本有，今據補，餘本同藏本。藏本注「困」作「因」，王溥本、朱本作「困」，今據改，餘本同藏本。

【箋釋】陳昌齊云：此處文義似當以「運開陰閉」四字爲句，「眩錯」二字連下「入於冥冥之眇」爲句。後文亦有神機陰閉，奇剛無跡之語。○吴承仕云：朱本近之。連鐖，運開，陰閉三事，皆連舉二字而釋之，不應於眩錯一名，獨違斯例，則莊本「眩」下奪「錯」字，從可知也。莊本「因」字，即「困」字之譌。逸書説命「若藥不瞑眩」，釋文：「瞑眩，困極也。」故注云：「眩錯，困而相錯。」蓋言巧匠所作，足以眩燿耳目，惑亂心志也。莊本奪誤，文不成義。○楊樹達云：説文木部云：「機，主發謂之機。」鐖與機同。○雙棣按：此言匠人之巧，眩眇之極，父不能以教子，非謂其巧眩燿耳目，惑亂心志也。

〔三一〕【箋釋】王念孫云：「衆虚」二字，因上文「游乎衆虚之間」而誤衍也。上文説庖丁解牛，批郤導窾，游刃有餘，故曰游乎衆虚之間。此是説工匠爲連鐖之事，不當言衆虚也。且心手之間，謂心與手之間也，則不當有「衆虚」二字明矣。文子作「遊於心手之間」，無「衆虚」二字。

〔三二〕【箋釋】劉績云：愈舞，文子作「論變」。○于省吾云：「愈」應讀作「喻」，謂比喻舞蹈之意而形乎絃也。○馬宗霍云：「愈」當通作「諭」。漢書翼奉傳「何聞而不諭」，顔師古注云：「諭謂曉解之。」文選馬融長笛賦「寫神喻意」，李善注云：「喻，曉也。」喻與諭同。瞽師目不能見，而形乎絃者，其聲樂能赴舞者之節。正由聰聽知微，心通其意，解諭於無形耳。○于大成云：馬融長笛賦云「是故可以通靈感物，寫神喻意」，字正作「喻」。文子「論」字自是誤文，寶曆本作「諭」，尚存其舊。

〔三三〕【用韻】「平、準」耕文合韻，「直、繩」職蒸通韻。

〔三四〕【版本】藏本「平直」上無「爲」字，王溥本、王鎣本、吴本有，今據補，餘本同藏本。

【箋釋】馬宗霍云：不共之術，言其術不與常同，亦即非常之術也。術之非常者，亦不能與人共之。與下文不傳之道相對爲義。

〔三五〕【版本】景宋本「應」下有「者」字，餘本同藏本。

【用韻】「應、動、應」蒸東合韻。

〔三六〕【許注】蕭條，深静。

【版本】茅本、汪本、張本、黄本、莊本、集解本注「静」下有「也」字。

〔三七〕【許注】微音生於寂漠。

【版本】莊本、集解本正文及注「漠」作「寞」，餘本同藏本。

天下是非無所定，世各是其所是，而非其所非，所謂是與非各異〔一〕，皆自是而非人。由此觀之，事有合於己者，而未始有是也。有忤於心者，而未始有非也。故求是者，非求道理也，求合於己者也。去非者，非批邪施也〔二〕，去忤於心者也。忤於我，未必不合於人也；合於我，未必不非於俗也。至是之是無非，至非之非無是〔三〕，此真是非也。若夫是於此而非於彼，非於此而是於彼者，此之謂一是一非也〔四〕。此一是非，隅曲也；夫一是非，宇宙也〔五〕。今吾欲擇是而居之，擇非而去之〔六〕，不知世之所謂是非者，不知孰是孰非〔七〕。

老子曰：「治大國若烹小鮮〔八〕。」爲寬裕者曰勿數撓〔九〕，爲刻削者曰致其鹹酸而已矣。晉平公出言而不當〔一〇〕，師曠舉琴而撞之〔一一〕，跌衽宮壁〔一二〕，左右欲塗之〔一三〕，平公曰：「舍之，以此爲寡人失〔一四〕。」孔子聞之曰：「平公非不痛其體也，欲來諫者也。」韓子聞之〔一五〕曰：「羣臣失禮而弗誅，是縱過也。有以也夫，平公之不霸也！」

故賓有見人於密子者〔一六〕，賓出，密子曰：「子之賓，獨有三過：望我而笑，是攓也〔一七〕；談語而不稱師，是返也〔一八〕；交淺而言深，是亂也〔一九〕。」賓曰：「望君而笑，是公也〔二〇〕；談語而不稱師，是通也；交淺而言深，是忠也〔二一〕。」故賓之容一體也〔二二〕，或以爲君子，或以爲小人，所自視之異也〔二三〕。故趣舍合，即言忠而益親；身疏，即謀當而見疑〔二四〕。親母爲其子治扢禿〔二五〕，而血流至耳，見者以爲其愛之至也。使在於繼母，則過者以爲嫉也〔二六〕。事之情一也，所從觀者異也。從城上視牛如羊，視羊如豕，所居高也〔二七〕。闚面於盤水則員，於杯則隨〔二八〕。面形不變其故，有所員、有所隨者，所自闚之異也。今吾雖欲正身而待物，庸遽知世之所自窺我者乎？若轉化而與世競走，譬猶逃雨也，無之而不濡〔二九〕。常欲在於虛，則有不能爲虛矣〔三〇〕。若夫不爲虛而自虛者〔三一〕，此所慕而不能致也〔三二〕。

故通於道者，如車軸，不運於己，而與轂致千里〔三三〕，轉無窮之原也。不通於道者，若迷惑，告以東西南北〔三四〕，所居聆聆〔三五〕，一曲而辟〔三六〕，然忽不得，復迷惑也〔三七〕。故終身隸於人，辟若俔之見風也〔三八〕，無須臾之間定矣。故聖人體道反性，不化以待化〔三九〕，則幾於免矣〔四〇〕。

校釋

〔一〕【箋釋】劉文典云：羣書治要引，作「所謂是與所謂非各異」，文義較今本爲完。

〔二〕【許注】施，微曲也。

【版本】藏本「施」下無「也」字，茅本、汪本、張本、黄本、莊本、集解本有，今據補，餘本同藏本。

【箋釋】劉台拱云：「施」讀作「迆」，說文：「迆，衺行也。」移爾切。○楊樹達云：批讀爲排。說文：「排，擠也。」○馬宗霍云：批爲攙之俗。說文手部云：「攙，反手擊也。」引申之，擊之使去亦謂之批。批猶排也。

〔三〕【版本】藏本「之」、「至」二字誤倒，除景宋本同藏本外，各本均不倒，今據乙改。

〔四〕【用韻】「彼、彼、非」歌微合韻。

〔五〕【箋釋】陶鴻慶云：二句文義難通，蓋傳寫倒亂其文也。元文當云：「夫此一是一非，是隅曲也，非宇宙也。」上文云：「若夫是於此而非於彼，非於此而是於彼者，此之謂一是一非也。」此文即與上相承，言此一是一非者，是隅曲之是非，非宇宙之是非也。氾論訓云：「今世之爲武者則非文也，爲文者則非武也，文武更相非，而不知時世之用也。此見隅曲之一指，而不知八極之廣大也。」與此文異而義同。○于省吾云：夫猶彼也，詳經傳釋詞。上言「此一是非，隅曲也」，此與彼對文。○馬宗霍云：上文「是於此而非於彼，非於此而是於彼」，彼與此對言。本文承上文而衍之。「此」字與「夫」字相對，則「夫」猶「彼」也。荀子解蔽篇「不以夫一害此一」，「夫一」即「彼一」，與本文可互參。漢書賈誼傳曰：「彼且爲我死，故吾得與之俱生，彼且爲我亡，故吾得與之俱存。夫將爲我危，故吾得與之皆安。」顔師古注云：「夫，夫人也。亦猶彼人耳。」小顔釋「夫」爲「彼」，又其證也。

〔六〕【用韻】「居、去」魚部。

〔七〕【箋釋】陳昌齊云：「不知孰是孰非」句，「不知」二字蓋因上句而誤衍。○王念孫云：羣書治要引此，無「不知」二字。○雙棣按：陳、王説是。

〔八〕【箋釋】雙棣按：淮南引老子見德經第六十章。河上公注：「鮮，魚。」

〔九〕【許注】裕，饒也。

〔一〇〕【箋釋】于鬯云：韓非子難一篇云：「晉平公與羣臣飲。飲酣，乃喟然歎曰：莫樂爲人君，惟其言而莫之違。」所謂出言不當也。

〔一一〕【用韻】「當、撞」陽東合韻。

〔一二〕【許注】跌衽，至平公衣衽，中宫壁。

〔一三〕【箋釋】劉台拱云：「宫」當作「中」，蓋涉注文而誤。○俞樾云：跌衽宫壁，於文未明。高注曰：「跌衽，至平公衣衽，中宫壁。」疑本作「跌衽中壁」。跌，猶越也。言越過平公之衽而中於壁也。今作「宫壁」，即涉注而誤。○楊樹達云：事具韓非子難一篇。

〔一三〕【許注】欲塗師曠所敗壁也。

〔一四〕【箋釋】雙棣按：韓非子「失」作「戒」，於義似長。

〔一五〕【許注】韓子，韓公子非。

〔一六〕【許注】密子，子賤者也。

【版本】王溥本、王鎣本、汪本、張本、黄本、莊本、集解本「密」作「宓」，餘本同藏本。王溥本、汪本、張本、黄本、莊本、集解本注「密」作「宓」，無「者」字，餘本同藏本。

【箋釋】于鬯云：戰國趙策作「客有見人於服子者」，然疑彼文「客」、「人」二字，此文「賓」、「人」二字皆宜互易。此文即襲彼文也。○陶鴻慶云：據下文賓出云云，則此文當作「人有見賓於宓子者」，下文「賓曰」亦當作「人曰」。○劉家立云：今本「賓有見人於宓子者」，治要引此「賓」作「客」，是也。人即賓也，故賓去，宓子乃有此問難之詞。否則，賓已出，宓子又何從再與言乎？下文「賓曰」亦當作「客曰」，方與上下文相合。兩「賓」字皆由寫者之誤。

〔一七〕【許注】攓，慢也。

【箋釋】劉台拱云：「攓」讀驕蹇之「蹇」，字亦作「𢤧」。○陶方琦云：説文無「攓」字，「攓」非此義。漢書淮南厲王傳：「數驕蹇。」是「攓」義同「蹇」。○劉文典云：羣書治要引「子之賓」作「子之所見客」，「攓」作「𢤧」，注同。意林及御覽四百五引「攓」並作「慢」，蓋許、高本之異也。○王叔岷云：意林及御覽引「攓」並作「慢」，乃依注文改之也。劉氏以爲許、高之異，大謬。類書引書，往往依注文以改正文，如覽冥篇：「城郭不關。」注：「關，閉也。」藝文類聚十一引「關」作「閉」。本經篇：「傒人之子女。」注：「傒，繫囚之繫。」治要引「傒」作「繫」。繆稱篇：「猨狖之捷來措。」注：「措，刺。」意林引「措」作「刺」。氾論篇：「苟周於事，不必循舊。」注：「舊，常也。」意林引「舊」作「常」。厥例甚多，此不可不知者也。

〔一八〕【版本】藏本「稱」作「擇」，各本均作「稱」，今據改。

【箋釋】劉文典云：羣書治要、意林引，「返」作「反」，御覽四百五引「語」作「論」，「返」作「叛」。○蔣禮鴻云：「返」當據御覽作「叛」。荀子大略篇：「言而不稱師謂之叛，教而不稱師謂之倍。」義與此同。○雙棣按：趙策四作「倍」，「倍」與「反」同義，此「返」字當與「反」通。

〔一九〕【用韻】「攓、返、亂」元部。

〔二〇〕【箋釋】楊樹達云：「望君而笑」與「公」義不相會，「公」蓋假爲「頌」。説文頁部云：「頌，皃也。从頁，公聲。或作額。」頌猶今言有禮貌。頌从公聲，故假「公」爲「頌」耳。

〔二一〕【用韻】「公、通、忠」東冬合韻。

〔二二〕【箋釋】劉家立云：賓之容一體也。當作「賓之容體一也」。寫者誤倒。○何寧與劉説同。

〔二三〕【版本】藏本「視」作「是」，各本均作「視」，今據改。

〔二四〕【箋釋】王念孫云：趣謂志趣也，（七句反。）趣合與身疏相對爲文，則「趣」下不當有「舍」字，蓋即「合」字之誤而衍者也。文子道德篇正作「趣合」。○劉文典云：趣、取通用，趣舍即取捨也。

韓非子姦劫弒臣篇：「今人臣之所譽者，人主之所是也，此之謂同取。人臣之所毀者，人主之所非也，此之謂同舍。夫取捨合而相與逆者，未嘗聞也。」即此文所本。五蠹篇：「故法之所非，君之所取，吏之所誅，上之所養也，法趣上下四相反也。」可證趣者取也。王氏誤以志趣釋之，遂以「舍」爲衍文，其失也迂矣。文子敚「舍」字，當依此文及韓非子增，未可據彼刪此。又：羣書治要引，兩「即」字並作「則」。

〔二五〕【版本】藏本「親母」誤作「母親」，各本均不倒，今據乙正。

【箋釋】劉台拱云：扢，古代反，磨也。要略云「濡不給扢」，注：「扢，拭也。」拭與磨義同。○楊樹達云：劉釋扢爲磨，治磨禿三字義不相承，其說非也。今謂「扢」讀爲「頜」。說文頁部云：「頜，禿也。」三倉云：「頜，頭禿無毛也。」通俗文云：「白禿曰頜。」頜禿同義，故淮南連言之，扢以聲同通借耳。○何寧云：釋名釋疾病：「禿，無髮沐禿也。毼，頭生創也。頭有創曰瘍，毼亦然也。」畢沅以「毼」爲「鬜」之俗字。昌黎南山詩「或赤若禿鬜」，用此。又鄭注明堂位云：「齊人謂無髮爲禿楬。」集韻「楬或作毼」。是又假「楬」爲「鬜」。此「扢」當亦「鬜」之假字也。「禿鬜」倒言之曰「扢禿」耳。治頭創故血流至耳。○雙棣按：「親母」與下文「繼母」相對，作「母親」則不對矣。

〔二六〕【箋釋】王叔岷云：長短經忠疑篇引，「其愛」作「愛子」。

【用韻】「耳、母」之部，「至、嫉」質部。

〔二七〕【箋釋】劉文典云：羊與豕大小不甚相遠，視牛如羊，視羊不得如豕大也。此疑本作「從城上視牛，如羊如豕」。御覽八百九十九引此文，即無「視羊」二字。補曰：呂氏春秋壅塞篇「夫登山而視牛若羊，視羊若豚，牛之性不若羊，羊之性不若豚，所自視之勢過也」，即淮南此文所本。余前據御覽八百九十九引文無「視羊」二字，謂此文當作「從城上視牛，如羊如豕」，實爲大誤。○楊樹達云：「豕」當爲「豚」，字之誤也。羊大而豚小，故曰視羊如豚，與上句視牛如羊文正一例。呂氏春秋壅塞篇云：「夫登山而視牛若羊，視羊若豚，牛之性不若羊，羊之性不若豚，所自視之勢過也。」此即淮南所本。「豚」字脱其半而爲「豕」，義不可通。御覽未得其説，删去「視羊」二字，未可據也。○馬宗霍云：羣書治要引此文，「如豕」作「如豚」，是「豚」字爲唐人所見舊本，今本作「豕」，蓋傳寫之誤。○王叔岷與楊説同。

〔二八〕【版本】莊本、集解本「闚」作「窺」，「隨」作「隋」，餘本同藏本。下句「隨」、「闚」同。

【箋釋】陳昌齊云：「隨」當讀爲「橢」。○劉文典云：羣書治要引，作「於杯水即橢」，御覽七百五十八引，作「於杯水則修」。○王叔岷云：「隋」與「橢」通。御覽作「修」，乃「隋」之誤。○雙棣按：此文「杯」下亦當有「水」字，治要、御覽引並有「水」字，是其證。

〔二九〕【箋釋】馬宗霍云：「無之而不濡」，之，往也。濡，溼也。言無往而不溼也。

【用韻】「走、雨、濡」侯魚合韻。

〔三〇〕【許注】爲者失之，執者敗之。

〔三一〕【許注】性自然也。

〔三二〕【箋釋】王念孫云：此所慕而不能致也，義不可通。「不能致」當作「無不致」。上文「欲在於虛，則不能爲虛」，高注以爲「爲者敗之，執者失之」，是也。聖人無爲故無敗，無執故無失。故曰「若夫不爲虛而自虛者，此所慕而無不致也」。「所慕無不致」，猶言所欲無不得。精神篇曰：「達至道者，性有不欲，無欲而不得。」義與此同也。今本作「不能致」者，涉上文「不能爲虛」而誤。文子道德篇正作「此所欲而無不致也」。○俞樾云：此言欲爲虛則不能爲虛，若夫不爲虛而自虛，則又慕之而不能致也。蓋性之自然，非可勉强，故慕之而不能致。文子道德篇作「此所欲而無不致也」，於義不可通。王氏念孫反據以訂正淮南，殊爲失之。○劉文典云：韓非子解老篇：「夫故以無爲無思爲虛者，其意常不忘虛，是制於爲虛也。虛者，謂其意所無制也，今制於爲虛，是不虛也。虛者之無爲也，不以無爲爲有常。不以無爲爲有常則虛。」即淮南此文「不爲虛而自虛」之誼。此道家至高至深之境，出於性之自然，非有爲者所可幾及，故雖心焉慕之而實不能致也。文子道德篇作「此所欲而無不致也」，義既不可通，又與上文「常欲在於虛，則有不能爲虛矣」之誼不叶。王氏顧欲據以改淮南，斯爲謬矣。俞氏糾其失，是也。

〔三三〕【用韻】「道、軸」幽覺通韻，「己、里」之部。

〔三四〕【箋釋】雙棣按：此數句又見於説山篇，彼「通於道者」及下「不通於道者」，「道」作「學」。彼「所居聆聆」下作「背而不得，不知凡要」，與此不同，蓋高、許不同之故。

【用韻】「惑、北」職部。

〔三五〕【許注】聆聆，意曉解也。

【箋釋】雙棣按：説山篇高注「聆聆」曰：「猶了了，言迷解也。」與此文異而義同。説文：「了，尥也。」段玉裁注：「了，假借爲憭悟字。」高注正用其假借之義。

〔三六〕【許注】小邪僻也。

【版本】茅本、汪本、莊本、集解本注「小」上有「辟」字。張本、黄本注「小」作「辟」。

〔三七〕【箋釋】陳昌齊云：「復迷惑也」四字當是衍文。○王念孫云：「然忽不得」，當作「忽然不得」。○雙棣按：説山篇高注有「更復惑」，即據此「復迷惑」爲言，後漢書竇融傳注引淮南亦有「猶復迷惑」之語，可見「復迷惑也」四字非衍文。

【用韻】「得、惑」職部。

〔三八〕【許注】俔，候風雨也。世所謂五兩者也。

【版本】茅本、汪本、張本、黄本、莊本、集解本注「雨」作「者」，王溥本注「雨」下「也」作「者」，餘本同藏本。藏本注「兩」作「雨」，茅本、汪本、張本、黄本、莊本、集解本作「兩」，今據改，茅本等六本且無「兩」下「者也」二字，餘本同藏本。茅本、汪本、張本注「五兩」下有「凡候風以雞羽重五兩繫五丈旗」十三字。

【箋釋】莊逵吉云：文選注引，「俔」作「綄」，「見」作「候」，許慎注云：「綄，候風也。楚人謂之五兩。」考古「完」與「見」因字形相近，本多譌別，故論語「莞爾」之「莞」，陸德明又作「莧爾」。此字義當作「綄」爲是。○陳昌齊云：據書鈔及御覽，「俔之見風」，並作「綄之候風」也。○王念孫云：莊以「俔」爲「綄」之譌，是也。道藏本、朱本注並作「俔，候風雨也」，「雨」乃「羽」字之譌，劉本改爲「候風雨者」，茅本又改爲「候風者也」，而莊本從之，誤矣。廣韻：「綄，船上候風羽。」北堂書鈔舟部二十引注云：「綄者，候風之羽也。」太平御覽舟部四引許注云：「綄，候風羽也。」（今本「羽」譌作「扇」。）則高注「雨」字明是「羽」字之譌。文選江賦注引許注作「候風也」者，傳寫脱「羽」字耳。○陶方琦云：北堂書鈔舟部、藝文類聚儀飾部、文選郭璞江賦注、御覽七百七十一引許注：「綄，候風之羽也。楚人謂之五兩。」按：「俔」乃「綄」字之譌。「雨」乃「羽」字之譌。玉篇：「綄，候風五兩也。」廣韻二十六桓：「綄，船上候風羽。楚人謂之五兩。」又二十四緩「綄」下云：「候風羽。出淮南子。」是許注舊本作「綄」明矣。北堂書鈔引許注：「綄，候風之羽也。」御覽引作「候風扇也」，扇乃「之羽」二字壞文。又唐本玉篇絲部引許注：「綄，候風羽也。楚人謂之五兩。」○于大成云：開元占經九十一：「凡候風，必於高平暢達之地立五丈竿，以雞羽八兩爲葆，屬竿上，候風吹羽葆平直則占。羽必用雞羽，取其屬巽而能知時。羽重八兩，以相八風，竿長五丈，以法五音。」按：古書云：「立三丈五尺竿，以雞羽五兩系其端，羽平則占。」然則長短輕重惟其適宜，不可過泥。

〔三九〕【許注】無爲以待有爲。

【版本】茅本、汪本、張本、莊本、集解本此注在下文「免矣」下。

〔四〇〕【許注】近於免世難也。

【用韻】「定、性」耕部，「化、免」歌元通韻。

治世之體易守也，其事易爲也，其禮易行也，其責易償也〔一〕。是以人不兼官，官不兼事，士農工商，鄉別州異〔二〕。是故農與農言力，士與士言行，工與工言巧，商與商言數〔三〕。是以士無遺行，農無廢功〔四〕，工無苦事，商無折貨，各安其性，不得相干。故伊尹之興土功也，脩脛者使之跖钁〔五〕，强脊者使之負土〔六〕，眇者使之准〔七〕，傴者使之塗〔八〕，各有所宜，而人性齊矣〔九〕。胡人便於馬，越人便於舟，異形殊類，易事而悖，失處而賤，得勢而貴〔一〇〕。聖人總而用之，其數一也。

夫先知遠見，達視千里，人才之隆也，而治世不以責於民〔一一〕；博聞强志，口辯辭給，人智之美也，而明主不以求於下；敖世輕物，不汙於俗，士之伉行也〔一二〕，而治世不以爲民化；神機陰閉，剞劂無迹，人巧之妙也，而治世不以爲民業。故萇弘、師曠先知禍福，言無遺策，而不可與衆同職也〔一三〕；公孫龍折辯抗辭，别同異，離堅白〔一四〕，不可以衆同道也〔一五〕；北人無擇非舜而自投清泠之淵〔一六〕，不可以爲世儀；魯般、墨子以木爲鳶而飛之，三日不集，而不可使爲工也〔一七〕。故高不可及者，不可以爲人量；行不可逮者，不可以爲國俗。夫契輕重不失銖兩〔一八〕，聖人弗用，而縣之乎銓衡〔一九〕；視高下不差尺寸，明主弗任，而求之乎浣準〔二〇〕。何則？人才不可專用，而度量可世傳也。故國治可與愚守也，而軍制可與權用也。夫待騕褭、飛兔而駕之〔二一〕，則世莫乘車；待西施、毛嬙而爲配〔二二〕，則終身不家矣〔二三〕。然非待古之英俊，而人自足者，因所有而並用之〔二四〕。夫騏驥千里，一日而通；駑馬十舍，旬亦至之〔二五〕。由是觀之，人材不足專恃，而道術可公行也。亂世之法，高爲量而罪不及，重爲任而罰不勝，危爲禁而誅不敢〔二六〕。民困於三責，則飾智而詐上，犯邪而干免〔二七〕。故雖峭法嚴刑，不能禁其姦〔二八〕。何者〔二九〕？力不足也。故諺曰：「鳥窮則噣，獸窮則觕〔三〇〕，人窮則詐〔三一〕。」此之謂也。

校　釋

〔一〕【箋釋】王念孫云：治世之體，羣書治要引此，「體」作「職」，是也。俗書「職」字作「軄」，「體」字作「軆」，「軄」誤爲「軆」，又改爲「體」耳。職易守，事易爲，禮易行，責易償，四者義並相近，若作「體」，則與守字義不相屬，且與下三句不類矣。文子下德篇亦作「職易守」。下文云萇弘、師曠不可與衆同職，又其一證矣。○于大成云：王說是也。治要引慎子云：「士不兼官則職寡，職寡則易守。」即此「職易守」一也。○何寧云：主術篇「夫責少者易賞，職寡者易守」，意林引同，又其證。

【用韻】「行、償」陽部。

〔二〕【用韻】「事、異」之職通韻。

〔三〕【用韻】「巧、數」幽侯合韻。

〔四〕【用韻】「行、功」陽東合韻。

〔五〕【許注】長脛以蹋插者，使而入深。

【版本】王鎣本、朱本、汪本「跖」作「踏」，餘本同藏本。茅本、汪本、張本、黄本、莊本、集解本注無「而」字，餘本同藏本。

【箋釋】王念孫云：太平御覽地部二、器物部九引此，「钁」並作「鏵」。案：「鏵」字是也。鏵即臿也。跖，蹋也。（文選舞賦注引淮南許注如此。）故高注言「蹋插」。説文：「苿，（玉篇胡瓜切。）兩刃臿也。宋魏曰苿。或作釪。」玉篇云：「今爲鏵。」方言云：「臿，宋魏之間謂之鏵。」高注精神篇云：「臿，鏵也。青州謂之鏵。」釋名云：「鍤或曰鏵。鏵，刳也，刳地爲坎也。」苿、釪、鏵，字異而義同。（臿、鍤、插亦同。）今人謂鍤爲鏵鍬是也。使長脛者蹋臿，則入地深而得土多，故高注曰：「長脛以蹋插者，使入深也。」後人不識「鏵」字，遂妄改爲「钁」。（埤雅引此作「钁」，則所見本已誤。）案：説文：「钁，大鉏也。」鉏以手揮，非以足蹋，不得言跖钁，且高注明言蹋插，不言蹋钁。○王叔岷云：劉子新論適才篇「钁」作「鍤」，正可證淮南子「钁」本作「鍤」。○于大成云：「鍤」字是也。王楨農書十三引此文，字並作「鍤」。又案：此文許、高二本不同，御覽、農書引此文，「脩脛」並作「脩腳」，「跖」並作「蹠」。説文：「跖，足下也。」又：「蹠，楚人謂跳躍曰蹠。」故許本作「跖」，高本作「蹠」，許用本字，高用借字也。御覽七百六十四引注文「長腳者蹠得土多，鍤入土深也」。農書引作「長腳者蹠鍤，得土多也」，則御覽引「鍤」字當在「蹠」字下，文作「長腳者蹠鍤，得土多，入土深也」，此必高注如此，故視今本許注稍詳。今許注作「長脛以蹋插者，使而入深」，「者」字當在「脛」字下，「使」當爲「便」，作「長脛者以蹋插，便而入深」，高即本於此。

〔六〕【許注】脊强者任負重。

【箋釋】陶方琦云：羣書治要引許注與今注同。

〔七〕【許注】目不正，因令睎。

【版本】景宋本「准」作「準」，餘本同藏本。藏本注「睎」誤「晞」，景宋本、汪本、張本、黄本、莊本、集解本作「睎」，今據改，餘本同藏本。

【箋釋】盧文弨云：廣韻「準」字下以「准」爲俗，然其來已久。諸子百家之書皆有之。周書寶典解「准德以義」，管子宙合篇「規矩繩准，稱量數度」，莊子天道篇「平中准」，吕覽君守篇「有准不以平」，白虎通五行篇「水之爲言准也」，緯書有靈准聽，若此者非一，固不因劉宋順帝，趙宋寇萊公之名而改也。北史魏長孫肥傳：「中山太守仇儒推趙准爲主，妄造祅言云准水不足。」此更可爲古來相沿作准之明證。○馬宗霍云：説文目部云：「眇，一目小也。」水部云：「準，平也。」本文「使之準」，蓋謂使眇者平地也。一目小，則兩目有大有小。故許君以「目不正」釋之。睎者，説文云：「海岱之間謂眄曰睎。」眄者，説文云：「一曰衺視也。」眇者視物，必衺視之始得其平。故許君又云「因令睎」，猶言令其衺視也。李筌太白陰經水攻具篇載「爲水平槽，鑿三池，浮木立齒，注水，眇者視之，三齒齊平以爲準」，亦本文之旁證。○雙棣按：測水準，今仍閉一目，以一目測之，眇者一目强，故以之測平。蓋人盡其用也。

〔八〕【許注】傴人塗地，因其俛也。

【箋釋】陶方琦云：羣書治要引許注與今注同。新論亦作「僂者使之塗地」。

〔九〕【用韻】「鏵、土、塗」魚部。

〔一〇〕【用韻】「宜、齊」歌脂合韻。

【箋釋】雙棣按：何寧謂「易事而悖」，「悖」上奪「不」字，解「易」爲容易，非是。文子下德篇作「易事而不悖」，王利器謂淮南無「不」字義勝。王説是。「易」不得解爲「容易」，「容易」乃形容詞，不能帶賓語「事」。考上下文意，「易」爲更易義無疑。

〔一一〕【用韻】「類、悖、貴」物部。

【許注】言民不以己求備於下也。

【箋釋】雙棣按：注「民」字疑涉正文而衍，正文謂治世不以先知遠見、達視千里責於民，注「不以己求備於下」正釋此意，若有「民」字則自相矛盾矣。或「民」爲「人」字之誤，「人」謂「先知遠見、達視千里」者。

〔一二〕【箋釋】楊樹達云：「敖」與「傲」同。○馬宗霍云：伉有高義，詩大雅緜篇「臯門有伉」，毛傳云：「伉，高貌。」是其證。然則本文「士之伉行」，猶言士之高行也。○蔣禮鴻云：上文云「人才之隆」、「人智之美」，下文云「人巧之妙」，則此當云「人行之伉也」，句法乃一律。

〔一三〕【用韻】「福、職」職部。

〔一四〕【許注】公孫龍，趙人，好分析詭異之言，以白馬不得合爲一物，離而爲二也。

【版本】藏本奪「白」字，各本均有，今據補。藏本注「析」誤「折」，王溥本、莊本、集解本作「析」，今據改，餘本同藏本。

【箋釋】顧廣圻云：「折」當作「析」。○于大成云：莊子秋水篇「公孫龍問於魏牟曰：龍少學先生之道，長而明仁義之行，合同異離堅白，然不然，可不可，困百家之知，窮衆口之辯」，淮南文本之。「別同異」當依莊子作「合同異」。

〔一五〕【版本】王溥本、王鎣本、朱本、汪本、張本、吴本、黄本、莊本、集解本「以」作「與」，景宋本、茅本同藏本。

【箋釋】王念孫云：詩箋、儀禮注多云：「以，猶與也。」劉本改「以」爲「與」，而諸本及莊本從之，蓋未達古訓也。

〔一六〕【許注】北人無擇，古隱士也。非舜，非其德之衰也。

【箋釋】俞樾云：廣韻德韻「北」字注：「古有北人無擇。」則北人是複姓。古今人表作北人亡擇。○楊樹達云：事見莊子讓王篇。○雙棣按：呂氏春秋先識篇載此事，「清泠」作「蒼領」。

〔一七〕【箋釋】劉文典云：御覽羽族部鵝條下引「鳶」作「鵝」，必本亦如此也。○麥文郁云：韓非子外儲説左上「墨子爲木鳶，三年而成，蜚一日而敗」，事即此文所本。○于大成云：墨子魯問篇「公輸子削竹木以爲䧿，成而飛之三日不下」，慎子外篇同。列子湯問篇「墨翟之飛鳶」，張注「墨子作木鳶，飛三日不集」，抱朴子應嘲篇「墨子刻木雞以厲天」，又釋滯篇「公輸飛木鵠之翩翾」，論衡儒增篇「儒書稱魯般、墨子之巧，刻木爲鳶，飛之三日而不集」，又亂龍篇同。同此一事，或以爲魯般，或以爲墨子，或並屬之二人；或以爲䧿，或以爲鳶，（鳶同。）或以爲雞，御覽又引作「鵝」，蓋傳聞之異莫可究詰。論衡多用淮南文，則淮南作「鳶」無誤。御覽作「鵝」，當是誤本。

〔一八〕【版本】王鎣本、朱本、葉本、汪本、張本、黄本、吴本、莊本、集解本「契」作「挈」，餘本同藏本。藏本「銖」誤作「殊」，各本均作「銖」，今據改。

【箋釋】楊樹達云：「挈」與「絜」同，度也。○雙棣按：「契、挈」古多通用，藏本用借字，不煩更改。

〔一九〕【箋釋】劉文典云：羣書治要引，「銓」作「權」。

【用韻】「兩、衡」陽部。

〔二〇〕【許注】浣準，水望之平。

【版本】藏本注「平」誤作「乎」，除葉本同藏本外，餘本均作「平」，今據改。

【箋釋】陶方琦云：羣書治要引許注：「浣準，水望之平。」與今注正同。說文：「水，準也。」「準，平也。」說正同。○孫詒讓云：泰族訓云：「人欲知高下而不能，教之用管準則說。」管、浣音近，假借字。（凡從官聲、完聲字，古多通用。管或作筦，是其比例。）管所以視遠，準即水準，非一物也。李筌太白陰經水攻具篇載「爲水平槽，鑿三池，浮木立齒，注水，眇目視之，三齒齊平以爲準」，是其遺法。但彼不用管，與古異耳。

【用韻】「寸、準」文部。

〔二一〕【許注】騕褭，良馬。飛兔，其子。褭、兔走，蓋皆一日萬里也。

【版本】茅本、汪本、張本、黄本、莊本、集解本此注在下文「乘車」下，餘本同藏本。

【箋釋】陶方琦云：羣書治要引許注：「要褭、飛兔，皆一日千里者也。」按：二注小有詳略，治要所引，乃約文。吕覽高注：「要褭、飛兔，皆馬名。馳若兔之飛，因以爲名。」與許君説亦有異。原道訓「騆要褭」注，亦當是許注羼入高注者。○劉文典云：御覽八百九十六引，「兔」作「菟」，「車」下有「矣」字，與下文「終身不家矣」一律。又引注云：「腰褭、飛菟，皆行萬里。其行若飛，因曰飛菟也。」○何寧云：注「褭兔走」，義不可通，有譌誤。廣韻：「騛兔，馬而兔走。」而、如通。疑此亦當作「馬而兔走」也。○雙棣按：許維遹云：「要褭之名，本取疊韻，故或作要裊，後漢書張衡傳云：『斥西施而弗御兮，羈要裊以服箱。』章注引吕覽亦作『要裊』。」許説是。吕覽離俗作「要褭」，此作「騕褭」，原道篇作「要裊」。要褭、騕褭、要裊，其義一也。又何謂注「褭兔走」譌誤，當作「馬而兔走」，非是。「褭」謂「騕褭」，「兔」謂「飛兔」，「褭、兔走」即騕褭、飛兔之馳走，故下曰「蓋皆一日萬里也」。此文不誤。

〔二二〕【許注】西施、毛嫱，古好女也。

【版本】茅本、汪本、張本、黄本、莊本、集解本此注在下文「不家矣」下，餘本同藏本。

【箋釋】王念孫云：羣書治要引此，作「西施、絡慕」，又引注，作「西施、絡慕，古好女也」。太平御覽獸部八引，作「落慕」。案，廣韻及元和姓纂，絡、落皆姓也。慕蓋其名。治要、御覽所引者，原文也。今本作毛嫱者，後人不知絡慕所出，又見古書多言毛嫱、西施，故改之耳，不知他書自作「毛嫱」，此自作「絡慕」，不必同也。○陶方琦與王説同，並云：御覽八百九十六引，作「西施、落纂」，「落纂」即「落慕」。○楊樹達云：説文云：「妃，匹也。」經傳多假配爲之。○王叔岷云：治要引「配」作「妃」，妃、配古今字。○鄭良樹云：長短經引「配」亦作「妃」。○于大成云：御覽八百九十六引「配」亦作「妃」，是古本皆作「妃」也。

〔二三〕【用韻】「駕、配」歌微合韻，「車、家」魚部。

〔二四〕【箋釋】王念孫云：羣書治要引此，「並」作「遂」，於義爲長。遂，即也。言因所有而即用之，故不待古之英俊而人自足也。今本作「並」者，後人依文子下德篇改之耳。○于鬯云：「並」字之義自勝，依王説則義轉不逮。王顧謂作「遂」於義爲長，竊恐不然。況文子下德篇亦是「並」字乎？

〔二五〕【許注】旬，十日也。

【箋釋】王叔岷云：意林引「舍」作「駕」，荀子勸學同。○何寧云：荀子修身篇：「夫驥一日而千里，駑馬十駕，則亦及之矣。」此淮南所本。

【用韻】「里、舍」之魚合韻。

〔二六〕【箋釋】王念孫云：危爲禁，本作「危爲難」。危爲難而誅不敢者，危猶高也，（見緇衣鄭注。）難爲艱難之事，而責之以必能，及畏難而不敢爲，則從而誅之，正與上二句同意。後人不察，而改難爲禁，禁之正欲其不敢，何反誅之乎？文子下德篇正作「危爲難而誅不敢」。莊子則陽篇：「匿爲物而愚不識，大爲難而罪不敢，重爲任而罰不勝，遠其塗而誅不至。」呂氏春秋適威篇：「煩爲教而過不識，數爲令而非不從，巨爲危而罪不敢，重爲任而罰不勝。」文義並與此同。

〔二七〕【許注】干，求也。

〔二八〕【用韻】「免、姦」元部。

〔二九〕【版本】藏本奪「者」字，除景宋本同藏本外，餘本均有，今據補。

〔三〇〕【版本】王鎣本「噣」作「啄」，「隼」作「觸」，餘本同藏本。

【箋釋】劉績云：隼，古觸字也。

〔三一〕【箋釋】于大成云：荀子哀公篇、慎子外篇、家語顔回篇並云「鳥窮則啄，獸窮則攫，人窮則詐」，彼「隼」作「攫」。玄應音義一、三、四、十一凡四引淮南，「隼」亦並作「攫」，其下有連引説文、蒼頡篇訓「攫」字，是唐人所見淮南本有作「攫」者。唯意林引淮南作「觸」，文子下德篇、新序雜事五並同。「觸」即「隼」字，見玉篇，則作「隼」者亦未爲非，或傳本互異與。文子作「觸」，許本當作「隼」也。

【用韻】「噣、隼、詐」屋鐸合韻。

道德之論，譬猶日月也，江南河北不能易其指，馳鶩千里不能易其處〔一〕。趍舍禮俗〔二〕，猶室宅之居也。東家謂之西家，西家謂之東家，雖臯陶爲之理，不能定其處〔三〕。故趍舍同，誹譽在俗；意行鈞，窮達在時。湯武之累行積善，可及也；其遭桀紂之世，天授也。今有湯武之意，而無桀紂之時，而欲成霸王之業，亦不幾矣。

昔武王執戈秉鉞以伐紂勝殷，搢笏杖殳以臨朝〔四〕。武王既没，殷民叛之。周公踐東宮〔五〕，履乘石〔六〕，攝天子之位，負扆而朝諸侯〔七〕，放蔡叔，誅管叔〔八〕，克殷殘商〔九〕，祀文王于明堂，七年而致政成王〔一〇〕。夫武王先武而後文，非意變也，以應時也。周公放兄誅弟〔一一〕，非不仁也，以匡亂也。故事周於世則功成，務合於時則名立。

昔齊桓公合諸侯以乘車，退誅於國以斧鉞；晉文公合諸侯以革車，退行於國以禮義〔一二〕。桓公前柔而後剛，文公前剛而後柔。然而令行乎天下、權制諸侯鈞者，審於勢之變也。顏闔，魯君欲相之〔一三〕，而不肯，使人以幣先焉。鑿培而遁之〔一四〕，爲天下顯武〔一五〕。使遇商鞅、申不害，刑及三族，又況身乎？世多稱古之人而高其行，並世有與同者而弗知貴也，非才下也，時弗宜也。故六騏驥、駟駃騠〔一六〕，以濟江河，不若竅木便者〔一七〕，處勢然也〔一八〕。是故立功之人，簡於行而謹於時。

今世俗之人，以功成爲賢，以勝患爲智，以遭難爲愚，以死節爲戇，吾以爲各致其所極而已。王子比干非不知箕子被髮佯狂以免其身也〔一九〕，然而樂直行盡忠以死節，故不爲也。伯夷、叔齊非不能受禄任官以致其功也，然而樂離世伉行以絕衆，故不務也。許由、善卷非不能撫天下寧海内以德民也，然而羞以物滑和，故弗受也〔二〇〕。豫讓、要離〔二一〕非不知樂家室安妻子以偷生也，然而樂推誠行必以死主，故不留也〔二二〕。今從箕子視比干則愚矣〔二三〕，從比干視箕子則卑矣，從管晏視伯夷則戇矣，從伯夷視管晏則貪矣。趍舍相非，嗜欲相反，而各樂其務，將誰使正之？曾子曰：「擊舟水中，鳥聞之而高翔，魚聞之而淵藏〔二四〕。」故所趍各異〔二五〕，而皆得所便。故惠子從車百乘以過孟諸〔二六〕，莊子見之，弃其餘魚〔二七〕。鵜胡飲水數斗而不足〔二八〕，鱓鮪入口若露而死〔二九〕，智伯有三晉而欲不贍〔三〇〕，林類、榮啟期衣若縣衰〔三一〕，而意不慊〔三二〕。由此觀之，則趣行各異，何以相非也？

夫重生者不以利害己，立節者見難不苟免，貪祿者見利不顧身，而好名者非義不苟得〔三三〕。此相爲論，譬猶冰炭鉤繩也，何時而合〔三四〕。若以聖人爲之中，則兼覆而并之，未有可是非者也〔三五〕。夫飛鳥主巢，狐狸主穴。巢者巢成而得棲焉，穴者穴成而得宿焉。趍舍行義，亦人之所棲宿也。各樂其所安，致其所蹠〔三六〕，謂之成人。故以道論者，總而齊之。

校釋

〔一〕【箋釋】王念孫云：下「易」字本作「改」，此因上「易」字而誤也。意林及文選月賦注、鮑照翫月城西門解中詩注引此，下「易」字並作「改」。○于大成云：文選謝希逸月賦注、鮑明遠翫月城西門解中詩注、意林引「猶」並作「如」。

〔二〕【版本】景宋本、莊本、集解本「趍」作「趨」，餘本同藏本。下「趍」字同此。

〔三〕【用韻】「處、居、家、處」魚部。

〔四〕【許注】殳，木杖也。

【箋釋】王念孫云：「伐紂」二字，後人所加，執戈秉鉞以勝殷，搢笏杖殳以臨朝，相對爲文，加入「伐紂」二字，則文不成義，且與下句不對矣。太平御覽兵部八十四引，無「伐紂」二字，蓋後人孰於武王伐紂之語，遂任意增改，而不顧文義，甚矣其妄也。○于大成云：王説是也。玉海八十六、萬卷精華十一引此文，亦無「伐紂」二字。

〔五〕【許注】東宫，太子宫也。

〔六〕【版本】張本、黄本、莊本、集解本無此注，餘本同藏本。

【許注】人君升車有乘石也。

〔七〕【許注】户牖之間謂之扆。

〔八〕【許注】周公兄也。

〔九〕【許注】殘商，誅紂子禄父。

【版本】藏本正文「商」誤作「商」，景宋本、茅本、吴本、莊本、集解本作「商」，今據改，餘本同藏本。藏本注「紂」字重，莊本、集解本不重，今據删，景宋本、王溥本、朱本、葉本同藏本。

【箋釋】于省吾云：殘商，即詩閟宫「實始翦商」之「翦商」。從戔之字與翦音近相假。儀禮既夕禮「緇翦」注：「今文翦作淺。」詩甘棠「勿翦勿伐」，釋文引韓詩翦作剗。禮記文王世子「不翦其類也」，周禮甸師鄭司農注作「不踐其類也」。説文引詩作「實始戩商」。「翦、戩」一聲之轉。○楊樹達與于説同。

〔一〇〕【用韻】「商、堂、王」陽部。

〔一一〕【箋釋】于鬯云：上文云：「放蔡叔，誅管叔。」高注以管叔爲周公兄。又氾論訓注云「管叔，周公兄也。蔡叔，周公弟也。」與孟子合。則此應言周公放弟誅兄。〇陶鴻慶與于説同。〇雙棣按：此「放兄誅弟」不誤。藏本氾論高注正與此同。參氾論篇一八二〇頁注〔一七〕。

〔一二〕【用韻】「鉞、義」月歌通韻。

〔一三〕【許注】顔闔，魯隱士也。

【箋釋】雙棣按：顔闔事見莊子讓王篇、吕氏春秋貴生篇。此魯君蓋謂魯哀公。

〔一四〕【許注】培，屋後牆。

【箋釋】蔣超伯云：培，土垣也。晉語「趙簡子使尹鐸爲晉陽，曰：必墮其壘培」。韋昭注：「壘壂曰培。」又古培、備通。上文「扣墓踰備」之注云：「備，後垣也。」備即培也。〇于省吾云：「培」乃「坏」之借字，漢書揚雄傳「或鑿坏以遁」注：「應劭曰：坏，壁也。」字亦作「阫」。莊子庚桑楚「正晝爲盜，日中穴阫」，釋文：「向音裴，云：阫，牆也。」〇馬宗霍與于説同。〇雙棣按：吕氏春秋聽言篇「其室培濕」，「培」與此義同。吕氏春秋貴生篇高誘注「顔闔踰坯而逃之」，「坯」即「坏」字，可證于説是。

【用韻】「肯、先、遁」蒸文合韻。

〔一五〕【許注】楚人謂士爲武。

【箋釋】馬宗霍云：爾雅釋訓，詩大雅下武篇、生民篇、周頌武篇毛傳，儀禮士相見篇、鄉射篇、禮記曲禮篇鄭注，並云：「武，迹也。」本文「武」亦當訓迹，迹猶行也。爲天下顯武，言天下皆高其行而稱之也。○雙棣按：馬説非是。淮南書多處稱士爲武，覽冥篇云：「勇武一人，爲三軍雄。」高誘注：「武，士也。江淮間謂士爲武。」人間篇「請無罷武大夫而鼓可得也」，又「是使晉國之武舍仁而爲佞」，又「此爲人而必爲天下勇武」，此等「武」字義皆爲士。王念孫云：「淮南一書，通謂士爲武。史記淮南衡山列傳『即使辯武隨而説之』，集解引徐廣云：『淮南人名士曰武。』名士曰武，乃江淮楚地方言。馬氏釋武爲迹，又爲行，於此甚爲迂曲而非其解。王念孫於李善文選注不得『武、士』之解而慨歎曰：『蓋謂士爲武，唐人已不知有此訓矣。』」

〔一六〕【許注】駃騠，北翟之良馬也。

【版本】葉本、莊本、集解本「駟」作「四」，餘本同藏本。

【箋釋】雙棣按：説文：「駃，駃騠，馬父驘子也。」史記魯仲連鄒陽列傳索隱引字林云：「北狄之良馬也，馬父驘子。」

〔一七〕【許注】窾，空。

〔一八〕【版本】藏本「勢」作「世」，景宋本作「勢」，今據改，餘本同藏本。

【箋釋】王念孫云：「『處世』本作『處勢』，古者謂所居之地曰處勢，窾木謂舟也。言乘良馬濟江河不若乘舟之便者，處勢使然也。莊子山木篇曰：『王獨不見夫騰猿乎？得柘棘枳枸之間，危行側視，振動悼慄，處勢不便，未足以逞其能也。』新序雜事篇曰：『元蝯在枳棘之中，恐懼而悼慄，危視而蹟行，處勢不便故也。』史記蔡澤傳曰：『翠鵠犀象，其處勢非不遠死也。』漢書陳湯傳曰：「故陵因天性，據真土，處執高敞。」又史記楚世家曰：「處既形便，勢有地利。」（有與又同。）淮南俶真篇曰：「處便而勢利。」處勢或曰勢居，逸周書周祝篇曰：「勢居小者，不能爲大。」賈子過秦篇曰：「秦地被山帶河以爲固，自繆公以來，至於秦王，二十餘君，常爲諸侯雄，其勢居然也。」淮南原道篇曰：「故橘樹之江北則化而爲橙，鴝鵒不過濟，貈渡汶而死，形性不可易，勢居不可移也。」或言處，或言勢，或言處勢，或言勢居，其義一也。後人不識古義，而改「處勢」爲「處世」，其失甚矣。○吴汝綸、劉文典同王説。

〔一九〕【版本】藏本「知」作「智」，除景宋本同藏本外，餘本均作「知」，今據改。

【箋釋】王念孫云：「箕子」二字，因下文「從箕子視比干」而衍，下文曰：「伯夷、叔齊非不能受禄任官以致其功也。」「許由、善卷非不能撫天下寧海内以德民也。」「豫讓、要離非不知樂家室安妻子以偷生也。」皆與此文同一例，若有「箕子」二字，則文不成義，且與下文不對矣。

〔二〇〕【箋釋】楊樹達云：許由、善卷並見莊子讓王篇。○馬宗霍云：物謂外物，和謂天和也。老子第五十五章「知和曰常」，河上公注云：「和者，純氣之守也。」列子黄帝篇題下張湛注云：「稟生之質謂之性，得性之極謂之和。」天和者，即自然稟受之純氣也。此蓋言許由、善卷視天下爲外物，養其天和，不欲以天下之事亂之也。○雙棣按：吕氏春秋下賢篇「善卷」作「善綣」。

〔二一〕【許注】豫讓，智伯臣。要離，吴王闔閭臣。

〔二二〕【箋釋】楊樹達云：豫讓事見戰國策趙策一，要離事見吕氏春秋忠廉篇。

【用韻】「務、受、留」侯幽合韻。

〔二三〕【箋釋】楊樹達云：韓詩外傳卷六云：「比干諫而死，箕子曰：『知不用而言，愚也。』」

〔二四〕【箋釋】楊樹達云：劉文典集解云：御覽九百十四引「淵藏」作「沈淵」。按：御覽誤也。淵藏謂藏於淵，猶郊迎謂迎於郊也。此文「翔、藏」爲韻，作「沈淵」則失其韻矣。先儒校書，必他書足以校訂本文者則記之，否則不取也。集解惜未瞭此。○王叔岷云：小爾雅廣詁：「淵，深也。」「淵藏」即「深藏」，與「高翔」對文。（鹽鐵論褒賢篇：「龜龍聞而深藏，鸞鳳見而高逝。」彼以「高逝」與「深藏」對文，猶此以「高翔」、「淵藏」對文也。）御覽引作「沉淵」則文不相對，蓋淺人所改也。且翔、藏爲韻，若作「沈淵」則失其韻矣。○雙棣按：王說是。淵之訓深，乃古文常詁。詩邶風燕燕毛傳、史記吴太伯世家裴駰集解因賈逵曰、廣雅釋詁三、漢書敘傳顔師古注皆云：「淵，深也。」

【用韻】「翔、藏」陽部。

〔二五〕【箋釋】劉台拱云：「故」字衍。

〔二六〕【許注】惠子名施，仕爲梁相，從車百乘，志尚未足。孟諸，宋澤。

〔二七〕【許注】莊子名周，蒙人，隱而不仕，見惠施之不足，故弃餘魚也。

【箋釋】于大成云：御覽九百三十五引「弃其餘魚」作「而弃餘魚」，又引注云「疾惠子故也」，與今本不同，當是高本。

【用韻】「諸、魚」魚部。

〔二八〕【許注】鵜胡，汙澤鳥。

【版本】藏本注「汙」作「烏」，景宋本、茅本、汪本、張本、黄本、莊本、集解本作「汙」，今據改，葉本同藏本，朱本作「水」，王溥本無「汙」字。

〔二九〕【許注】鱓鮪，魚名。

【箋釋】孫詒讓云：鱓鮪生於水，無入口若露而死之理，竊疑此「鱓鮪」當作「蟬蜅」。「蟬、鱓」古字通用。周書王會篇「歐人蟬蛇」。彼以蟬爲鱓，與此以鱓爲蟬，可互證。説文虫部云：「蜩，蟬也。」或從舟，作「蜅」。與「鮪」形近，因而致誤。「死」當爲「飽」，亦形之誤。（草書二字相似。）墬形訓云：「蟬飲而不食。」荀子大略篇亦云：「飲而不食者，蟬也。」是「蟬蜅」雖飲而不多，故云「入口若露而飽」也。然許注已以「魚名」爲釋，或後人所增竄與？

〔三〇〕【許注】三晉，智伯有范、中行之地。贍，足。

【版本】莊本、集解本正文及注「贍」作「澹」，餘本同藏本。茅本、汪本、張本、莊本、集解本注「有」作「兼」，無「之」字，景宋本、王溥本、朱本、葉本同藏本。

【箋釋】易順鼎云：一切經音義七十六引許注：「憺，足。」憺、澹、贍皆相通也。

〔三一〕【許注】林類、榮啟期，皆隱賢。

【版本】藏本正文及注「榮」作「策」，景宋本、吴本、莊本、集解本作「榮」，今據改，朱本作「荣」，餘本同藏本。茅本、汪本、張本、黄本、莊本、集解本此注在下文「不慊」下，且「賢」作「士」，餘本同藏本。

【箋釋】劉文典云：御覽六百八十九引，「衰」作「蓑」。○雙棣按：説文衣部「衰，艸雨衣。」説文無「蓑」字，蓑爲衰之後起字。

〔三二〕【許注】慊，恨。

【版本】藏本無「而」字，除景宋本同藏本外，各本均有，今據補。

【用韻】「贍、慊」談部。

〔三三〕【用韻】「免、身」元真合韻，「己、得」之職通韻。

〔三四〕【箋釋】劉文典云：白帖十六引注曰：「冰寒炭熱，無時得合。」○馬宗霍云：冰寒而炭熱，鉤曲而繩直，事皆相反，故曰何時而合。○于大成云：御覽八百七十一亦引此注，「冰寒炭熱」下尚有「鉤繩曲直」四字，「繩曲」二字當到。又正文「而」下有「可」字，注「得合」正釋「可合」，有「可」字是也。

〔三五〕【箋釋】王念孫云：「并」下當有「有」字，兼覆而并有之，與上文「兼覆而并有之，伎能而裁使之」同。○陶鴻慶云：「未」下「有」字當在「并」字下。○王叔岷云：文子符言篇作「兼覆而并有之」。

〔三六〕【版本】景宋本有注「蹠，至」。茅本、汪本、張本、黄本、莊本、集解本有注「蹠，至也」在下文「成人」下，王溥本、朱本、葉本同藏本。

【箋釋】楊樹達云：繆稱篇許注：「蹠，願也。」此「蹠」亦當訓爲「願」。○馬宗霍云：「蹠」字疑當訓「願」。「致」猶「達」也，左傳宣公二年「致果爲毅」，孔穎達疏云：「致謂達之于敵。」是其證。本文「致其所蹠」，猶言達其所願。與「樂其所安」義正相對。若如本注釋「蹠」爲「至」，則致其所至，二字意複矣。○蔣禮鴻與楊、馬説同。

治國之道，上無苛令，官無煩治，士無僞行〔一〕，工無淫巧〔二〕，其事經而不擾〔三〕，其器完而不飾。亂世則不然。爲行者相揭以高〔四〕，爲禮者相矜以僞，車輿極於雕琢，器用遽於刻鏤〔五〕，求貨者争難得以爲寶，詆文者處煩撓以爲慧，争爲佹辯〔六〕，久積而不訣，無益於治〔七〕。工爲奇器，歷歲而後成，不周於用。

故神農之法曰：「丈夫丁壯而不耕，天下有受其飢者；婦人當年而不織，天下有受其寒者。」故身自耕，妻親織，以爲天下先〔八〕。其導民也，不貴難得之貨，不器無用之物〔九〕。是故其耕不强者，無以養生；其織不力者，無以揜形〔一〇〕；有餘不足，各歸其身。衣食饒溢，姦邪不生；安樂無事，而天下均平〔一一〕。故孔丘、曾參無所施其善，孟賁、成荊無所行其威〔一二〕。

衰世之俗，以其知巧詐僞〔一三〕，飾衆無用，貴遠方之貨，珍難得之財，不積於養生之具〔一四〕。澆天下之淳〔一五〕，析天下之樸，牿服馬牛以爲牢，滑亂萬民〔一六〕，以清爲濁，性命飛揚，皆亂以營。貞信漫瀾，人失其情性〔一七〕。於是乃有翡翠犀象、黼黻文章以亂其目〔一八〕，芻豢黍粱、荊吴芬馨以嚂其口〔一九〕，鐘鼓管簫、絲竹金石以淫其耳〔二〇〕，趍舍行義、禮節謗議以營其心〔二一〕。於是，百姓糜沸豪亂〔二二〕，暮行逐利〔二三〕，煩挐澆淺〔二四〕，法與義相非，行與利相反〔二五〕。雖十管仲，弗能治也。且富人則車輿衣纂錦〔二六〕，馬飾傅旄象，帷幕茵席，綺繡絛組〔二七〕，青黄相錯，不可爲象〔二八〕。貧人則夏被褐帶索〔二九〕，唅菽飲水以充腸，以支暑熱〔三〇〕，冬則羊裘解札〔三一〕，短褐不掩形，而煬竈口〔三二〕。故其爲編户齊民無以異，然貧富之相去也，猶人君與僕虜，不足以論之〔三三〕。夫乘奇技僞邪施者〔三四〕，自足乎一世之間；守正脩理不苟得者，不免乎飢寒之患〔三五〕，而欲民之去末反本，是由發其原而壅其流也〔三六〕。夫雕琢刻鏤，傷農事者也；錦繡纂組，害女工者也〔三七〕。農事廢，女工傷，則飢之本而寒之原也〔三八〕。夫飢寒並至，能不犯法干誅者，古今之未聞也〔三九〕。

故(仕)[仁]鄙在時不在行，利害在命不在智〔四〇〕。夫敗軍之卒，勇武遁逃，將不能止也〔四一〕；勝軍之陳，怯者先行〔四二〕，懼不能走也〔四三〕。故江河決沉，一鄉父子兄弟相遺而走〔四四〕，爭升陵阪，上高丘，輕足先升，不能相顧也〔四五〕；世樂志平，見鄰國之人溺，尚猶哀之，又況親戚乎！故身安則恩及鄰國，志爲之滅〔四六〕；身危則忘其親戚，而人不能解也〔四七〕。游者不能拯溺，手足有所急也；灼者不能救火，身體有所痛也。夫民有餘即讓，不足則争。讓則禮義生〔四八〕，争則暴亂起。扣門求水，莫弗與者，所饒足也〔四九〕；林中不賣薪，湖上不鬻魚，所有餘也〔五〇〕。故物豐則欲省，求贍則争止〔五一〕。秦王之時，或人葅子〔五二〕，利不足也；劉氏持政〔五三〕，獨夫收孤，財有餘也〔五四〕。故世治則小人守政〔五五〕，而利不能誘也；世亂則君子爲姦，而法弗能禁也〔五六〕。

校釋

〔一〕【版本】藏本「行」作「仁」，各本均作「行」，今據改。

〔二〕【版本】藏本「工」作「上」，各本均作「工」，今據改。

〔三〕【箋釋】劉績云：經，文子作「任」。〇劉文典云：羣書治要引，「經」作「任」。

〔四〕【許注】揭，舉。

〔五〕【版本】王溥本、王鎣本、朱本、茅本、汪本、張本、黄本、莊本、集解本「遽」作「逐」，葉本作「遂」，景宋本同藏本。

【箋釋】陶方琦云：羣書治要引許注：「揭，舉。」與今注正同。〇劉文典云：羣書治要引，「逐」作「遽」。〇吕傳元云：「逐」當爲「邃」字之訛也。「邃於刻鏤」猶言精於刻鏤也。「邃」字脱其上，傳寫便訛爲「逐」矣。宋本、藏本皆作「遽」，羣書治要引亦作「遽」，胥形近之誤。文子上義篇正作「邃於刻鏤」。

【用韻】「琢、鏤」屋侯通韻。

〔六〕【版本】王溥本、王鎣本、朱本、葉本、吴本「佹」作「詭」，餘同本藏本。

【箋釋】陳昌齊云：「詭」當作「佹」。○馬宗霍云：佹辯之「佹」，治要作「詭」。○吕傳元云：「争」當爲「士」，士，事也，古本蓋作「事」，傳寫誤作「争」耳。「士爲詭辯」與下文「工爲奇器」對言，文子上義篇正作「士爲僞辯」。

〔七〕【版本】王溥本、王鎣本、朱本、葉本、吴本、莊本、集解本「積」作「稽」，餘本同藏本。景宋本「訣」作「決」，餘本同藏本。張本、黄本、莊本、集解本「於」作「于」。

【箋釋】陳昌齊云：稽，御覽作「積」。○劉文典云：羣書治要及宋本並作「久積而不決」。○馬宗霍云：羣書治要引亦作「久稽」，惟「訣」作「決」。○吕傳元云：「訣」當作「決」，訣與決，形聲近而訛。此猶言「其稽遲而不能決斷也」，若作「訣」，則非其指矣。宋本正作「決」，羣書治要引亦作「決」，文子上義篇同。○王叔岷與馬説同。

【用韻】「慧、訣」月部。

〔八〕【箋釋】向承周云：吕氏春秋愛類篇：「神農之教曰：『士有當年而不耕者，則天下或受其饑矣。女有當年而不績者，則天下或受其寒矣。』故身親耕，妻親織，所以見致民利也。」即此文所本。

又管子揆度篇：「一農不耕，民有爲之飢者；一女不織，民有受其寒者。」賈子無蓄篇：「古人曰：一夫不耕，或爲之饑；一婦不織，或爲之寒。」潛夫論浮侈篇：「一夫不耕，天下必受其饑者；一婦不織，天下必受其寒者。」

〔九〕【用韻】「先、物」文物通韻。

〔一〇〕【版本】藏本「力」作「强」，景宋本作「力」，今據改，餘本同藏本。

【箋釋】劉文典云：羣書治要引，「其織不强」作「其織不力」，宋本同。○王叔岷云：文子上義篇、劉子新論貴農篇，「强」並作「力」。

〔一一〕【箋釋】劉文典云：羣書治要引「溢」作「裕」。○王叔岷云：文子亦作「裕」。

〔一二〕【用韻】「生、形、身、生、平」耕真合韻。

〔一三〕【許注】成荊，古勇士也。

【箋釋】陶方琦云：史記集解七十九、羣書治要四十引許注：「成荊，古勇士。」按：史記范睢蔡澤列傳：「成荊、孟賁、王慶忌、夏育之勇焉而死。」吕覽論威：「成荊致死于韓王。」古「荊、慶」字通，成荊或作成慶，漢書景十三王傳：「其殿門有成慶畫。」師古注：「成慶，古勇士，見淮南子。」是淮南舊本或作成慶。○何寧云：荊卿又稱慶卿，爲荊、慶古通之證。史記范睢列傳集解引許慎曰：「成荊，古勇士。」與此合。是許本作「荊」而高本作「慶」也。集解引許注又云：「孟賁，衛人。」後漢書鄭太傳注引同。蓋亦此處注文而今本脱之也。

〔一三〕【版本】王溥本、王鎣本、葉本、吴本「知」作「智」，餘本同藏本。

〔一四〕【用韻】「僞、貨、具」歌侯合韻。

〔一五〕【許注】澆，薄也。淳，厚也。

【箋釋】陶方琦云：文選陸機招隱詩注、王元長永明策秀才文注、劉孝標廣絶交論注，大藏音義十八、八十、九十、九十七引許注：「澆，薄也。」按：文選注引澆與澆同，非許原注。莊子繕性「澆淳散樸」，釋文：「本作澆。」澆同磽，孟子「則地有肥磽」，趙注：「磽，薄也。」

〔一六〕【版本】藏本奪「亂」字，王溥本、王鎣本、茅本、葉本、汪本、張本、吴本、黄本、莊本、集解本有「亂」字，今據補，景宋本、朱本同藏本。

〔一七〕【箋釋】雙棣按：「漫瀾」是散亂之貌，精神篇云：「其已成器而破碎漫瀾。」亦即此義。「漫瀾」又作「瀾漫」，覽冥篇「道瀾漫而不脩」，義同。莊子在宥篇作「爛熳」，云：「大德不同，而性命爛熳矣。」義亦同。成疏云：「爛熳，散亂也。」

〔一八〕【用韻】「營、性」耕部。

〔一九〕【用韻】「象、章」陽部。

〔二〇〕【許注】荊，吴，國也。芬，珍味也。嚂，貪求也。

【版本】藏本「粱」作「梁」，景宋本、王溥本、王鎣本、莊本、集解本作「粱」，今據改，餘本同藏本。藏本「嚂」下有注「音藍」二字，莊本、集解本無，今據删，餘本同藏本。

【箋釋】楊樹達云：「嚂」假爲「嬂」。說文女部云：「嬂，過差也。」

【用韻】「粱、馨」陽耕合韻。

〔二〇〕【版本】藏本「耳」誤作「身」，各本均作「耳」，今據改。

〔二一〕【用韻】「義、議」歌部。

〔二二〕【版本】王鎣本、汪本、張本、黃本、莊本、集解本「縻」作「糜」，餘本同藏本。

【箋釋】于省吾云：「豪」應讀作「秏」，秏亂謰語，秏亦亂也。漢書酷吏傳贊「寢以耗費」注：「耗，亂也。」耗同秏。精神篇「弗疾去則志氣日秏」注：「秏，猶亂也。」

〔二三〕【版本】藏本「逐」誤作「遂」，各本均作「逐」，今據改。

〔二四〕【許注】淺，薄也。既薄尚澆也。

〔二五〕【用韻】「亂、淺、反」元部。

〔二六〕【許注】纂，繪。

〔二七〕【版本】藏本「絛」作「條」，景宋本、茅本、汪本、張本、黃本、莊本、集解本作「絛」，今據改，餘本同藏本。

【箋釋】陳昌齊云：「絛」當作「條」。

〔二八〕【用韻】「象、席、組、錯、象」陽鐸魚通韻。

〔二九〕【箋釋】陳昌齊云：「則夏」當作「夏則」。○劉文典云：初學記人部中、御覽四百八十五引，「則夏」並作「夏則」，二十三引作「則夏」，疑後人據已誤之本改之也。○雙棣按：作「夏則」當是，下文「冬則」正與此相對。

〔三〇〕【版本】吴本、莊本、集解本「唅」作「含」，餘本同藏本。藏本「腸」誤作「腸」，各本皆不誤，今據改。

【箋釋】莊逵吉云：太平御覽兩引，一引「支」作「止」，一引仍作「支」。○陳昌齊云：御覽引，無「以充腸」三字。○于大成云：初學記十八，御覽二十三、四百八十五引皆作「支」，無作「止」者，「支」字是也。○雙棣按：「唅」即「含」字，漢書貨殖傳：「唅菽飲水」，顔師古注：「唅，亦含字也。」「以充腸」三字，與前後文皆四字不協，或脱一字。

〔三一〕【許注】解札，裘敗解也。

【箋釋】莊逵吉云：太平御覽兩引，一引「解札」作「蔽體」，一引仍作「解札」，有注云：「解札，爲裘如鎧甲之札，言其破壞也。」當是異本，故兩引兩異耳。○李哲明云：莊子人間世「名也者，相札也」，李注：「札，折也。」家語觀周「毫末不札」，注：「札，拔也。」釋名釋天：「札，截也，氣傷人如有截斷也。」皆與解敗之義相近。注説得之。

〔三二〕【許注】煬，炙。

【箋釋】莊逵吉云：太平御覽引注，作「煬，炙也。向竈口自温煬，讀高尚之尚也」。解讀甚精，當是今本脱之。○桂馥云：煬有二義，郭注方言曰：「今江東呼火熾猛爲煬。」文選賦「颺檛燎之炎煬」，此一義也。列子黄帝篇「煬者避竈」，司馬注：「對火曰煬。」與此文「貧人煬竈口」，又一義也。○于大成云：觀御覽所引音讀，知出高氏注無疑，莊以爲今本脱之，非。

〔三三〕【版本】藏本「僕」作「樸」，各本均作「僕」，今據改。

【箋釋】莊逵吉云：太平御覽引「論」作「喻」，有注曰：「喻，猶方也。」○王念孫云：「論」當爲「諭」，字之誤也。「諭」或作「喻」。御覽引是其證。○吕傳元云：「論」，「倫」之誤字，非「喻」之訛字。倫，等也。言人君與僕虜不能等也。羣書治要引正作「倫」。○馬宗霍云：「論」字不誤，論之言倫也，古與倫通。羣書治要引「論」正作「倫」。説文云：「倫，輩也。」引申之義則爲比。此謂貧富相去懸絶，譬之人君與僕虜，尚不足以比之也。莊子齊物論「有倫有義」，陸德明釋文云：「倫，崔本作論。」是「論、倫」相通之證。禮記中庸篇「毛猶有倫」，鄭玄注云：「倫猶比也。」是倫得訓比之證。御覽引作「喻」，又有注文，疑彼所據爲高本。

〔三四〕【版本】朱本「僞」作「爲」，餘本同藏本。

【箋釋】陳昌齊云：「僞」當作「爲」。○于省吾云：「僞」應讀作「爲」，二字古通。治要逕改作「爲」，非是。上文「非批邪施也」，是「邪施」乃古人成語，施亦邪也，字又作迆。説文：「迆，衺行也。」是其證。

〔三五〕【箋釋】陳昌齊云：「脩」當作「循」。守正循理，文選東都賦、東京賦注並引作「守道順理」。○王念孫與陳説同。○劉文典云：羣書治要引，「苟得」上有「爲」字。

【用韻】「閒、患」元部。

〔三六〕【版本】藏本「是由」作「由是」，景宋本、莊本作「是由」，今據乙改，餘本同藏本。

【箋釋】王念孫云：「由是」當爲「是由」，由與猶同，羣書治要引此，正作「是猶」。○吴汝綸與王說同。○劉文典云：王說是也。文選東都賦、東京賦注引此文並作「是猶」，惟唐人所見本字並作「猶」。

〔三七〕【箋釋】劉文典云：羣書治要引「琢」作「文」。○王叔岷云：漢書景帝紀、六韜上賢篇、劉子新論貴農篇亦並作「文」。○向承周云：「琢」當作「文」。說苑反質篇亦作「文」。

【用韻】「鏤、組」侯魚合韻。

〔三八〕【版本】茅本、汪本、張本、黄本「飢」作「饑」，餘本同藏本。

【箋釋】劉文典云：羣書治要引，作「農事廢業，饑之本也；女工不繼，寒之原也」。

【用韻】「傷、原」陽元合韻。

〔三九〕【版本】景宋本「之未」作「未之」，餘本同藏本。

【箋釋】劉文典云：「古今之未聞也」不辭，羣書治要引及宋本，並作「古今未之聞也。」○馬宗霍云：本文「之」猶「所」也。古今之未聞，猶古今所未聞也。不得謂之不詞。劉淇助字辨略引論語「果哉末之難矣」，謂「此『之』字『所』辭也，末之難猶云無所難也」。足以例此。○王叔岷云：治要引作「而能無犯令干誅者」，漢書景帝紀「能」上亦有「而」字。○于大成云：說苑「能」上亦有「而」字。

〔四〇〕【版本】藏本「仁」作「仕」，今據陳昌齊校改，各本同藏本。

【箋釋】陳昌齊云：「仕鄙」當爲「仁鄙」，字之誤也。仁與鄙相反，利與害相反。論衡命禄篇引此，正作「仁鄙」。本經篇曰：「毁譽仁鄙不立。」漢書董仲舒傳曰：「性命之情，或夭或壽，或仁或鄙。」○劉盼遂、黄暉、何寧與陳説同。

〔四一〕【箋釋】馬宗霍云：爾雅釋訓、廣雅釋詁並云：「武，迹也。」迹猶步也。本文「勇武遁逃」，蓋言敗軍之卒，其心已怯，故健步疾奔，惟恐逃之不速也。○雙棣按：馬説非是。此「武」字亦當訓「士」，「勇士」正與下文「怯者」爲對文。辨見前。

〔四二〕【版本】藏本「先」作「死」，蔣刊道藏輯要本作「先」，今據改，餘本同藏本。

【箋釋】何寧云：怯者死行，義不可通，「死」當作「先」。「遁逃」與「先行」相對爲文。○雙棣按：何説是。蔣刊道藏輯要本改「死」爲「先」，今從之。

〔四三〕【用韻】「止、走」之幽合韻。

〔四四〕【箋釋】王念孫云：「沈」當爲「流」，字之誤也。（荀子勸學篇「瓠巴鼓瑟而流魚出聽」，大戴禮作沈魚。）「江河決流」爲句，「一鄉」二字下屬爲句，非以「沈一鄉」爲句。江河之決，所沈非止一鄉也。羣書治要引此，正作「江河決流」。

〔四五〕【箋釋】王念孫云：「輕足先升」，「升」字與上文相複。羣書治要引，作「輕足者先」，無「升」字，於義爲長。

〔四六〕【箋釋】馬宗霍云：説文云：「滅，盡也。」志爲之滅，猶言志爲之盡。此謂鄰國有事，盡心力以赴之也。

〔四七〕【版本】藏本「忘」誤作「忌」，除景宋本作「忠」外，餘本均作「忘」，今據改。景宋本「人」作「仁」，餘本同藏本。

【箋釋】陶鴻慶云：「人不能解」，「人」當讀爲「仁」，言其平時之仁讓，不能解其危時之争也。語勢上下相承。○雙棣按：陶説是，景宋本正作「仁」。

〔四八〕【用韻】「争、生」耕部。

〔四九〕【箋釋】王念孫云：此用孟子語，則「水」下當有「火」字，羣書治要、意林引此，皆作「求水火」。○楊樹達云：鹽鐵論授時篇云：「昏莫叩人門户，求水火，貪夫不恡。何則？所饒也。」桓語用此文，亦有「火」字。

〔五〇〕【箋釋】劉文典云：御覽九百三十五引「所有餘也」作「有所餘也」。○馬宗霍云：本文兩「所」字皆指事之詞。「所饒足也」，據人而言。猶言彼饒足也。「所有餘也」，據地而言。猶言「彼有餘也」。「所」爲詞之「彼」。王氏經傳釋詞、劉氏助字辨略皆無其例，此可補之。御覽引「有所餘也」，蓋校者不達詞例，以意乙轉，不足據。○王叔岷云：意林引「魚」下有「者」字。○何寧云：馬謂兩「所」字皆指事之詞，是也，所以説之非也。竊謂此兩「所」字，前者指代饒足之物，即水火，猶言饒足於水火也。後者指代有餘之物，即薪、魚，猶言有餘於薪和魚也。

【用韻】「魚、餘」魚部。

〔五一〕【版本】藏本「豐」誤作「豈」，各本均作「豐」，今據改。莊本、集解本「贍」作「澹」，餘本同藏本。

〔五二〕【許注】生子，殺葅之。

【版本】茅本、汪本、張本、莊本、集解本此注在下文「不足也」下，景宋本、王溥本、朱本、葉本同藏本。

【箋釋】俞樾云：「或人」即「國人」也。説文戈部：「或，邦也。」口部：「國，邦也。」「或、國」古通用。○劉文典云：或人葅子，言人或有殺葅其子者耳。若作「國人」，則是舉國之人皆葅其子，事固不爾，文亦失經，俞説未安，不可從也。○雙棣按：「或人」與下文「獨夫」相對，俞説似長。

〔五三〕【許注】劉氏，謂漢也。

【版本】茅本、汪本、張本、黄本、莊本、集解本此注在下文「有餘也」下，餘本同藏本。

〔五四〕【用韻】「孤、餘」魚部。

〔五五〕【版本】景宋本「政」作「正」，餘本同藏本。

【箋釋】劉文典云：羣書治要引，「政」作「正」。政、正古通用。○王叔岷云：文子上禮篇「政」作「正」。

〔五六〕【箋釋】劉文典云：羣書治要引「法」作「刑」。○于大成云：長短經勢運篇引「法」亦作「刑」。

淮南子校釋卷第十二

道應訓〔一〕

太清問於無窮〔二〕曰：「子知道乎？」無窮曰：「吾弗知也。」又問於無爲〔三〕曰：「子知道乎？」無爲曰：「吾知道〔四〕。」「子之知道亦有數乎〔五〕？」無爲曰：「吾知道有數。」曰：「其數柰何？」無爲曰：「吾知道之可以弱，可以强，可以柔，可以剛，可以陰，可以陽，可以窈，可以明〔六〕，可以包裹天地，可以應待無方〔七〕，此吾所以知道之數也。」太清又問於無始〔八〕曰：「鄉者吾問道於無窮，無窮曰〔九〕：『吾弗知之。』又問於無爲，無爲曰：『吾知道。』曰：『子之知道亦有數乎？』無爲曰：『吾知道有數。』曰：『其數柰何？』無爲曰：『吾知道之可以弱，可以强，可以柔，可以剛，可以陰，可以陽，可以窈，可以明，可以包裹天地，可以應待無方〔一〇〕。吾所以知道之數也〔一一〕。』若是，則無爲知與無窮之弗知，孰是孰非？」無始曰：「弗知之深，而知之淺；弗知内，而知之外；弗知精，而知之粗〔一二〕。」太清仰而嘆曰：「然則不知乃知邪？知乃不知邪？孰知知之爲弗知，弗知之爲知邪？」無始曰：「道不可聞，聞而非也；道不可見，見而非也；道不可言，言而非也。孰知形之不形者乎〔三〕？」故老子曰：「天下皆知善之爲善，斯不善也。」故「知者不言，言者不知」也〔一四〕。

校釋

〔一〕【許注】道之所行，物動而應，考之禍福，以知驗符也。

【版本】茅本、汪本、莊本、集解本注「符也」下有「故曰道應」四字，餘本同藏本。

【箋釋】曾國藩云：此篇雜徵事實，而證之以老子道德之言，意以已驗之事皆與昔之言道者相應也，故題曰道應。每節之末，皆引老子語證之，凡引五十二處。○劉文典云：莊子知北遊篇無始曰：「有問道而應之者，不知道也。雖問道者，亦未聞道。道無問，問無應。無問問之，是問窮也；無應應之，是無内也。」即「道應」二字之誼。此篇以太清問道於無窮爲始，故以「道應」題篇。敘目望文生義，以「道之所行，物動而應」釋之，非是。○楊樹達云：此篇體裁效韓非喻老篇。

〔二〕【許注】太清，元氣之清者也。無窮，無形也。

【版本】茅本、汪本、莊本、集解本此注在下文「弗知也」下，景宋本、王溥本、朱本、葉本同藏本。

〔三〕【許注】無爲，有形而不爲也。

〔四〕【許注】無爲有形，故知道也。

〔五〕【箋釋】劉文典云：「子之知道」上當有「曰」字，而今本敓之。莊子知北遊篇正作「曰：『子之知道，亦有數乎？』」當據增。○楊樹達云：劉家立淮南集證句上有「曰」字，與上下文例合，是也。

〔六〕【箋釋】俞樾云：「窈」，讀爲「幽」，故與明相對。禮記玉藻篇「再命赤韍幽衡」，鄭注曰：「幽，讀爲黝。」窈之通作幽，猶幽之通作黝也。○劉文典云：俞讀是也。文子微明篇正作「可以幽，可以明」，是其證矣。原道篇「幽而能明，弱而能强，柔而能剛」，與此文詞意略同，亦以「幽、明」對文。

〔七〕【用韻】「强、剛、陽、明、方」陽部。

〔八〕【許注】無始，未始有之氣也。

〔九〕【版本】藏本「曰」上缺「無窮」二字，景宋本、王溥本、王鎣本、吴本、集解本有，今據補，餘本同藏本。

〔一〇〕【用韻】「强、剛、陽、明、方」陽部。

〔一一〕【箋釋】王叔岷云：「吾」上當有「此」字，上文可照。

〔一二〕【箋釋】王念孫云：「弗知之深」，「之」字當在上文「無爲」下，「無爲之知」與「無窮之弗知」相對爲文。今本「無爲」下脱「之」字，則文不成義，「弗知」下衍「之」字，則與下二句不對。莊子知北遊篇作：「『若是則無窮之弗知與無爲之知，孰是而孰非乎？』無始曰：『弗知深矣，知之淺矣。弗知内矣，知之外矣。』」是其證。○劉文典云：王謂上文「無爲」下脱「之」字，是也。惟文子微明篇襲用淮南此文，作「知之淺不知之深，知之外不知之内，知之粗不知之精」，文雖倒，「不知」下固自有「之」字，且三句一律。文子襲用淮南子文，大抵删削多而增益少，或此文本作「弗知之深而知之淺，弗知之内而知之外，弗知之精而知之粗」，今本下二句敓兩「之」字耳。莊子文句與淮南相遠，文子則直襲用淮南，故以莊子校，不若以文子校之近確也。

〔一三〕【箋釋】王念孫云：「形之不形」，當依莊子作「形形之不形」，郭象曰：「形自形耳，形形者竟無物也。」少一形字，則義不可通。列子天瑞篇亦云：「形之所形者實矣，而形形者未嘗有。」

〔一四〕【箋釋】雙棣按：此引老子曰，見今本老子第二章。王本「也」作「已」，帛書甲、乙本並作「矣」。作「矣」或「已」字是。「知者不言，言者不知」見老子第五十六章，馬王堆漢墓帛書老子甲、乙本兩「不」字作「弗」。

白公問於孔子曰：「人可以微言〔一〕？」孔子不應〔二〕。白公曰：「若以石投水中，何如〔三〕？」曰：「吴越之善没者能取之矣。」曰：「若以水投水，何如？」孔子曰：「菑澠之水合，易牙嘗而知之〔四〕。」白公曰：「然則人固不可與微言乎？」孔子曰：「何謂不可？誰知言之謂者乎〔五〕？夫知言之謂者，不以言言也〔六〕。争魚者濡，逐獸者趍〔七〕，非樂之也。故至言去言，至爲無爲〔八〕。夫淺知之所争者，末矣〔九〕！白公不得也，故死於浴室〔一〇〕。故老子曰：「言有宗，事有君，夫唯無知，是以不吾知也〔一一〕。」白公之謂也。

校釋

〔一〕【許注】白公，楚平王孫，太子建子勝也。建見殺，白公怨而欲復讎，故問微言也。

【版本】藏本注「太子建」下脱「子」字，汪本、張本、黄本、莊本、集解本有，今據補，餘本同藏本。莊本、集解本注「王」下、「太子建」下有「之」字。

【箋釋】劉文典云：「微言」下當有「乎」字，語意始完。吕氏春秋精諭篇、列子説符篇、文子微明篇「微言」下並有「乎」字，是其證矣。○楊樹達云：劉家立淮南集證「微言」下補「乎」字，是也。○雙棣按：「以」，猶「與」也，吕覽「人可與微言乎」，作「與」。吕覽「微言」高誘注：「陰謀密事也。」可補此注。

〔二〕【許注】知白公有陰謀，故不應也。

〔三〕【箋釋】俞樾云：「中」字衍文。列子説符篇、吕氏春秋精諭篇並作「若以石投水」。

〔四〕【許注】菑、澠，齊二水也。

【版本】茅本、汪本、張本、黄本、莊本、集解本注「也」作「名」，餘本同藏本。

【箋釋】劉文典云：文選琴賦注引「易牙」作「狄牙」。○于大成云：「易」字古通「狄」。大戴禮保傳篇、列子湯問篇、法言問神篇、論衡譴告篇、自紀篇皆作「狄牙」。此文許本作「狄牙」，高本作「易牙」。精神篇「桓公甘易牙之和而不以時葬」，高注「齊桓好味，易牙蒸其首子而進之」，又主術篇「昔者齊桓公好味，而易牙蒸其首子而餌之」，又氾論篇「臾兒、易牙，淄澠之水合者，嘗一哈水如甘苦知矣」，凡諸高注本字皆作「易牙」，而莊子駢拇釋文引淮南氾論篇「易牙」作「狄牙」，與選注引此文同，釋文用淮南多是許本，故知許本當作「狄牙」也。此篇許注，而後人依高本改作「易牙」。陶方琦於氾論篇亦云許本作「狄牙」。○雙棣按：呂覽高注「淄、澠，齊之二水名也」，似此亦當有「名」字。呂覽「菑」作「淄」，「菑」爲借字。

〔五〕【箋釋】王念孫云：「何謂不可」，謂，猶爲也。「誰」當爲「惟」，字之誤也。言唯知言之謂者，乃可與微言也。呂氏春秋精論篇作「唯知言之謂者爲可耳」，列子説符篇作「唯知言之謂者乎」（文子微明篇同）是其證。○陶鴻慶云：謂猶意也。知言之謂者，聽言而知其意也。列子説符篇張注云：「謂者，所以發言之旨趣。」斯爲得之。○馬宗霍與王、陶説同。云：廣雅釋言云：「謂，指也。」指即指趣，蓋又張注所本。漢書楊王孫傳「不損財於亡謂」，顔師古注云：「謂者亦指趣也。」蓋亦本之廣雅。慧苑華嚴經音義卷三離世間品第三十八之一知諸稱謂條引漢書音義云：「謂者指趣也。」亦與小顔合。皆其證。旨又通作恉，説文云：「恉，意也。」禮記王制篇「有旨無簡不聽」，鄭玄訓「有旨」爲「有其意」。然則旨趣猶言意嚮，意内而言外，言未形而心通其意，故曰知言之謂耳。又氾論篇云：「誦先王之詩書，不若聞得其言。聞得其言，不若得其所以言。」高注云：「聞聖人之言，不如得其未言時之本意。」知言之謂，正得其未言時之本意也。

〔六〕【許注】不以言，心知之。

〔七〕【版本】景宋本、張本、黄本、莊本、集解本「趍」作「趨」，餘本同藏本。

〔八〕【用韻】「濡、趍」侯部。

〔八〕【箋釋】孫鏘鳴曰：言之至者，無待乎言，故可以去言。○于大成云：亦見莊子知北遊、列子黄帝。

〔九〕【用韻】「言、爲」元歌通韻。

〔九〕【箋釋】陳奇猷云：末即本末之末，無爲是本，有爲是末。白公之所争者是有爲，故是淺智者之所争也。○雙棣按：吕覽作「淺智者之所争則末矣」，「者」作「則」，與下屬爲句，似較此爲長。

〔一〇〕【許注】楚殺白公於浴室之地也。

【箋釋】劉文典云：吕氏春秋精諭篇「浴室」作「法室」，高注：「法室，司寇也。一曰浴室，澡浴之室也。」與此注異。道應篇爲許注本，故注與高彼注不合。○于省吾云：作「法室」者是也。「法」之譌爲「浴」，猶「郤」之譌爲「却」也。○雙棣按：吕覽「白公弗得也」直承「孔子曰胡爲不可，唯知言之謂者爲可耳」之下，語勢順暢。夾於「夫淺知之所争者末矣」下，則語意欠明。或此句當在「至言去言，至爲無爲」下，謂白公不能去言、無爲。「夫淺知」云云，以「夫」另起一句，謂白公所爲乃末也，故死於浴室。

〔一二〕【箋釋】雙棣按：此引老子曰見老子第七十章。今本老子「君」作「主」，帛書老子甲、乙本均作「君」，與淮南引同。

惠子爲惠王爲國法〔一〕，已成而示諸先生，先生皆善之〔二〕。奏之惠王，惠王甚説之。以示翟煎，曰：「善〔三〕。」惠王曰：「善，可行乎？」翟煎曰：「不可。」惠王曰：「善而不可行，何也？」翟煎對曰：「今夫舉大木者，前呼邪許，後亦應之〔四〕，此舉重勸力之歌也，豈無鄭衛激楚之音哉？然而不用者，不若此其宜也。治國有禮，不在文辯〔五〕。」故老子曰：「法令滋彰，盜賊多有〔六〕。」此之謂也。

校釋

〔一〕【許注】惠王，梁惠王。惠子，惠施也。

【箋釋】陶方琦云：羣書治要引許注：「惠王，魏惠王也。惠子，惠施也。」○楊樹達云：用吕氏春秋淫辭篇文。○于大成云：羣書治要引注與此同，太平御覽六百二十四引注作「惠子，惠王師也」，其引下文亦頗與今本異，注更有益出今本外者，則所引乃高注也。此文本之吕氏春秋淫辭篇，然彼高注云：惠子，惠施，宋人也，仕魏，爲惠王相也。亦不云「惠王師」。

〔二〕【箋釋】王念孫云：「先生」二字，於義無取，呂氏春秋淫辭篇「先生」皆作「民人」，集韻、類篇「民」字古作「㞫」，「人」字唐武后作「𤯔」，疑「㞫」誤爲「先」，「𤯔」誤爲「生」也。○俞樾云：先生乃長老有德者之稱，惠子爲國法而示諸先生，乃就正有道之意。呂氏春秋淫辭篇「先生」皆作「民人」，舊校云「一作良人」，此當以「良人」爲是。序意篇「良人請問十二紀」，高注曰：「良人，君子也。」然則諸良人即諸先生也。若是民人，則惠子豈能一一示之？且使民人皆以爲善，則其可行也必矣，下文翟煎何以云「善而不可行」乎？王氏念孫反以「民人」爲是，而欲改淮南以從之，誤矣。○劉文典云：俞説是也。先生乃周季恒言。莊子天下篇：「其在於詩書禮樂者，鄒魯之士，搢紳先生，多能明之。」韓非子五蠹篇：「夫離法者罪，而諸先生以文學取。」所謂「先生」者，皆指長老有德者而言，辭本明顯，無可致疑。王氏乃欲改之，其失也鑿矣。○雙棣按：俞、劉説是。孟子告子下云：「宋牼將之楚，孟子遇於石丘，曰：『先生將何之？』」趙岐注：「學士年長者，故謂之先生。」

〔三〕【箋釋】王念孫云：「曰善」上當更有「翟煎」二字，「以示翟煎，翟煎曰」與上文「示諸先生，先生皆善之」，「奏之惠王，惠王甚説之」，文同一例。今本「翟煎」二字不重，寫者脱之也。太平御覽引此已誤，羣書治要引此，作「以示翟煎，翟煎曰善」，呂氏春秋作「以示翟翦，翟翦曰善也」，皆其證。

〔四〕【箋釋】雙棣按：邪許，疊韻聯緜字，古音均在魚部。舉重勸力之歌，即協調力氣使集中於一處之歌，亦即今俗曰勞動號子也。呂覽淫辭篇作「輿謣」，高誘注云「或作邪謣」。文子微明篇作「邪許」，舊校云「許，一本作軤」。

〔五〕【箋釋】王念孫云：「有禮」當爲「在禮」，字之誤也。在與不在，相對爲文。羣書治要引此，正作「在禮」。○劉文典云：文子微明篇作「治國有禮」，與淮南合，未可依後世類書引文改。○向承周云：「治國有禮」，禮與體同，猶云治國有體。○何寧云：向説是也。齊俗篇：「禮者，體也。」文子杜道堅纘義云：「治國有禮，初不在乎于文華之辯，不知治體而滋彰其法令者，適以爲盜法賊民之資。」正訓「禮」爲「體」。

〔六〕【箋釋】雙棣按：此引老子曰，見老子第五十七章。

田駢以道術説齊王〔一〕，王應之曰：「寡人所有，齊國也〔二〕，道術難以除患，願聞國之政〔三〕。」田駢對曰：「臣之言，無政而可以爲政，譬之若林木，無材而可以爲材。願王察其所謂，而自取齊國之政焉已。雖無除其患〔四〕，天地之間，六合之内，可陶冶而變化也〔五〕。齊國之政，何足問哉？」此老聃之所謂「無狀之狀，無物之象」者也〔六〕。若王之所問者，齊也；田駢所稱者，材也〔七〕。材不及林，林不及雨〔八〕，雨不及陰陽，陰陽不及和，和不及道〔九〕。

校釋

〔一〕【許注】田駢，齊人，齊臣。【版本】茅本、汪本、張本、黄本、莊本、集解本注無「齊人」二字，餘本同藏本。【箋釋】楊樹達云：用呂氏春秋執一篇文。○劉殿爵云：呂氏春秋執一篇作「田駢以道術説齊，齊王應之曰」，疑本作「説齊王，齊王應之」，今淮南、呂覽各脱一字。○于大成云：劉説是也。御覽六百二十四引此文，下「王」字上正有「齊」字。

〔二〕【用韻】「有、國」之職通韻。

〔三〕【箋釋】楊樹達云：呂氏春秋作「願聞齊國之政」，「國」上當有「齊」字。○王叔岷與楊説同。○雙棣按：楊、王説是，下文田駢對語亦言「齊國之政」，是其證。

〔四〕【版本】王溥本、王鎣本、茅本、汪本、張本、吴本、黄本、莊本、集解本「患」下有「害」字，餘本同藏本。

〔五〕【箋釋】楊樹達云：爾雅釋詁云：「已，此也。」言如此則無除其患害也。○雙棣按：楊讀「已」屬下讀。

〔五〕【版本】藏本無「治」字，除葉本同藏本外，各本均有，今據補。

〔六〕【箋釋】雙棣按：此引見老子第十四章。

【用韻】「狀、象」陽部。

〔七〕【用韻】「齊、材」脂之合韻。

〔八〕【許注】雨然後材乃得生也。

〔九〕【許注】道者，求之由，生之本也。

【版本】張本、黄本、莊本、集解本無此注。藏本注「求」作「末」，景宋本作「求」，今據改，王溥本、朱本、葉本同藏本，茅本作「未」，汪本作「木」。

【箋釋】吴承仕云：此蓋以林木之生，推本於道也。則此注「末」字，或爲「木」之形譌，未可知也。此注文九字，各本誤奪。○雙棣按：吴謂「末」爲「木」之譌非是，木之由，不辭。此當依景宋本作「求」爲是，求之由，猶尋求之所經，與生之本相一致。

白公勝得荆國，不能以府庫分人〔一〕。七日，石乞入曰〔二〕：「不義得之，又不能布施，患必至矣。不能予人，不若焚之，毋令人害我。」白公弗聽也。九日，葉公入〔三〕，乃發大府之貨以予衆，出高庫之兵以賦民，因而攻之，十有九日而擒白公〔四〕。夫國非其有也，而欲有之，可謂至貪也。不能爲人，又無以自爲，可謂至愚矣。譬白公之嗇也，何以異於梟之愛其子也〔五〕。故老子曰：「持而盈之，不如其已，揣而鋭之，不可長保也〔六〕。」

校釋

〔一〕【許注】白公篡得楚國，貪其財而不分人也，得積七日也。

【版本】茅本、汪本、莊本、集解本此注在下文「七日」下。藏本注「財」作「材」，景宋本、王溥本、莊本、集解本作「財」，今據改，朱本、茅本、葉本、汪本同藏本。王溥本注無「得積七日也」五字。

【箋釋】楊樹達云：事本吕氏春秋分職篇文。

〔二〕【許注】石乞，白公之黨也。

【版本】藏本正文及注「乞」作「乙」，景宋本作「乞」，今據改，餘本同藏本。

【箋釋】王念孫云：石乙當爲石乞，字之誤也。（乞即气之省文，非從乙聲，不得通作乙。）人間篇及哀十六年左傳、史記楚世家、伍子胥傳、墨子非儒篇、吕氏春秋分職篇皆作石乞。○雙棣按：王説是，今據宋本改。

〔三〕【許注】葉公，楚大夫子高，自方城之外入，殺白公也。

〔四〕【許注】葉公殺白公也。

【箋釋】何寧云：十有九日而擒白公，當作「十有九日而白公死」。注：「葉公殺白公也。」正所以釋「死」字。若作擒，則注不得言殺也。吕氏春秋分職篇正作「十有九日而白公死」。精諭篇「此白公之所以死於法室」，高注：「九日而殺之。」（九上脱「十有」二字。）亦以「殺」釋「死」，不言

「擒」也。

〔五〕【許注】梟子長，食其母。

【箋釋】陶方琦云：御覽九百二十七引許注：「梟子大，食其母。」按：「大」應作「長」。詩「流離之子」陸璣疏曰：「自關以西謂梟爲流離。其子適長大，還食其母。」呂氏春秋分職篇高注亦云：「梟愛養其子，長而食其母也。」意林引桓子新論「梟生子，長食其母乃能飛」。並作「長」字。○雙棣按：「譬」猶「譬若」也。古人多單言「譬」。呂氏春秋亦作「譬白公之嗇」。老子三十二章：「譬道之在天地。」

【用韻】「嗇、子」職之通韻。

〔六〕【版本】景宋本「如」作「知」，餘本同藏本。

【箋釋】雙棣按：此引老子曰見老子第九章。帛書本老子甲、乙本「持」均作「揗」。今本老子「揣而鋭之」作「敚而梲之」，帛書乙本作「拖而兑之」。

【用韻】「已、保」之幽合韻。

趙簡子以襄子爲後，董閼于曰：「無卹賤〔一〕，今以爲後，何也？」簡子曰：「是爲人也，能爲社稷忍羞〔二〕。」異日，知伯與襄子飲而批襄子之首〔三〕，大夫請殺之。襄子曰：「先君之立我也，曰能爲社稷忍羞，豈曰能刺人哉！」處十月，知伯圍襄子於晉陽，襄子疏隊而擊之〔四〕，大敗知伯，破其首以爲飲器〔五〕。故老子曰：「知其雄，守其雌，其爲天下谿〔六〕。」

校釋

〔一〕【許注】董閼于，趙氏臣也。無卹，襄子之名，簡子之庶子也。

【版本】藏本「于」作「子」，景宋本、茅本、汪本、張本、黄本、莊本、集解作「于」，今據改，餘本同藏本。茅本、汪本、張本、黄本、莊本、集解本此注在下文「何也」下，餘本同藏本。

【箋釋】雙棣按：董閼于，韓非子内儲説上同，吕氏春秋愛士篇作董安于。安、閼音近而通。

〔二〕【許注】襄子能柔，能忍恥也。

【箋釋】于大成云：左傳哀公二十七年知伯謂襄子「惡而無勇，何以爲子」，趙孟對曰「以能忍恥，庶無害趙宗乎」，許注「忍恥」，當本諸左傳。

〔三〕【箋釋】楊樹達云：説文云：「⿰扌毘，反手擊也。從手，毘聲。」「批」當爲「⿰扌毘」之或作。此猶肉部膍或作肶，蟲部蠶或作蚍之比。○雙棣按：楊説是。段玉裁云：「左傳曰：『宋萬遇仇牧于門，⿰扌毘而殺之。』玉篇所引如是，今左傳作批，俗字也。」

〔四〕【許注】疏，分也。隊，軍二百人爲一隊。分斯隊卒擊之。

【箋釋】于省吾云：分隊卒而曰疏，甚爲不詞。「隊」古「隧」字，謂潛道也。疏謂疏通。言通其隧道而擊之也。

〔五〕【版本】茅本、汪本、張本、黄本、莊本、集解本此下有注云：「飲，溺器，椑榼也。」餘本同藏本。

【箋釋】劉台拱云：齊俗訓「胡人彈骨」注云：「胡人之盟約，置酒人頭骨中，飲以相詛。」漢書匈奴傳云：「元帝遣車騎都尉韓昌，光禄大夫張猛與匈奴盟。以老上單于所破月氏王頭爲飲器者，共飲立盟。」案：此二文則襄子破智伯，首爲飲器者，蓋與韓、魏盟也。◎雙棣按：劉説是。吕氏春秋義賞云：「令張孟談踰城潛行，與魏桓、韓康期而擊智伯，斷其頭以爲觴，遂定三家。」高誘注：「觴，酒器也。」淮南作飲器，吕覽作觴，均謂酒器。「斷其頭以爲觴，遂定三家」，即以智伯頭骨爲酒器而立盟約，遂定三家分晉之形勢。

〔六〕【箋釋】王叔岷云：「爲」上不當有「其」字，此涉上文兩「其」字而衍也。老子正無「其」字，莊子天下篇引同。◎雙棣按：王説是，帛書老子甲、乙本皆無「其」字。此引老子曰，見老子第二十八章。

【用韻】「雌、谿」支部。

齧缺問道於被衣〔一〕，被衣曰：「正女形，壹女視，天和將至〔二〕。攝女知，正女度，神將來舍〔三〕。德將來附若美，而道將爲女居。惷乎若新生之犢，而無求其故〔四〕。」言未卒，齧缺繼以讎夷〔五〕。被衣行歌而去，曰：「形若槁骸，心如死灰，直實知，不以故自持〔六〕。墨墨恢恢，無心可與謀。彼何人哉〔七〕！」故老子曰：「明白四達，能無以知乎〔八〕？」

校釋

〔一〕【許注】齧缺、被衣，皆堯時老人也。【箋釋】楊樹達云：用莊子知北遊篇文。○雙棣按：莊子天地篇云：「堯之師曰許由，許由之師曰齧缺，齧缺之師曰王倪，王倪之師曰被衣。」知北遊篇成疏即據此爲説云：「齧缺，王倪弟子。被衣，王倪之師也。」

〔二〕【用韻】「視、至」脂質通韻。

〔三〕【用韻】「度、舍」鐸魚通韻。

〔四〕【版本】藏本「惷」作「憃」，集解本作「惷」，今據改，餘本同藏本。【箋釋】王念孫云：德將來附若美，本作「德將爲若美」，此後人因上句「神將來舍」而妄改之也。若亦女也。德將爲若美，道將爲女居，相對爲文，若改爲「德將來附」，則「若美」二字文不成義矣。此文以「度舍居故」爲韻，後人不知「舍」字之入韻，（舍古讀若「庶」，故與「度居故」爲韻，後人讀舍爲始夜反，故不入韻。）故改此句爲德將來附，以與度爲韻，不知古音度在御部，附在候部，（説見六書音均表。）附與度非韻也。莊子知北遊篇作「德將爲女美，而道將爲女居」。文子道原篇作「德將爲女容，道將爲女居」，皆其證。○曾國藩云：惷乎，莊子知北遊篇作「瞳焉」，瞳焉者，目灼灼不瞬之貌。此作「惷乎」，亦近之。○向承周云：「惷」，莊子作「瞳」。釋文引李云：「未有知貌。」蓋借爲憧蒙之憧。大戴主言篇「商慤女憧」，亦「憧」之借。廣雅釋詁：「憧，癡也。」晉語「憧昏不可使謀」，注：「憧，無知也。」此作「惷」，正同意。○何寧云：向説是也。説文：「惷，愚也。」揚子太玄經「憧然未有知」，與「惷」同義。○雙棣按：王説作「德將爲若美」，是也。然謂此文以「度舍居故」爲韻，則未盡然。此文至、舍、居、故爲句，前二各三小句，後二各二小句，何但二句之二、三小句與三句、四句之第二小句韻？此韻例當爲一句二三小句「視至」爲韻，（脂質合韻。）二句二三小句「度舍」爲韻，（鐸魚通韻。）三句二小句與四句二小句「居故」爲韻，（魚部。）又知北遊篇「瞳焉」，成疏：「無知直視之貌。」又向、何所據莊本「惷」是誤字，字當作「憃」。説文：「憃，愚也。」何引説文亦誤。（説文「惷，亂也」。）

【用韻】「居、故」魚部。

〔五〕【許注】𥌒夷，熟視不言。

【版本】茅本、汪本、張本、黄本、莊本、集解本注末有「貌」字，餘本同藏本。

【箋釋】于省吾云：𥌒夷即𥌒眱，廣雅釋訓：「𥌒眱，直視也。」與注義符。

〔六〕【版本】張本、黄本、莊本、集解本「知不」倒，餘本同藏本。

【箋釋】王念孫云：「直實知」三字，文不成義，當從莊子、文子作「真其實知」。今本真誤爲直，又脱「其」字。主術篇注曰：「故，巧也。」「真其實知，不以故自持」，莊子所謂「去智與故，循天之理」也。漢魏叢書本改爲「直實不知，以故自持」，而莊本從之，斯爲謬矣。

〔七〕【用韻】「骸、灰、持、恢、謀、哉」之部。

〔八〕【箋釋】雙棣按：此引老子曰，見老子第十章。今本老子「知」作「爲」，帛書老子乙本作「知」，與淮南引同。

趙襄子攻翟而勝之〔一〕，取尤人、終人〔二〕。使者來謁之，襄子方將食，而有憂色〔三〕。左右曰：「一朝而兩城下，此人之所喜也。今君有憂色〔四〕，何也？」襄子曰：「江河之大也，不過三日〔五〕。飄風暴雨，日中不須臾〔六〕。今趙氏之德行無所積，今一朝兩城下，亡其及我乎〔七〕？」孔子聞之曰：「趙氏其昌乎！」夫憂所以爲昌也，而喜所以爲亡也〔八〕，勝非其難者也，持之其難者也〔九〕。賢主以此持勝，故其福及後世。齊楚吴越皆嘗勝矣，然而卒取亡焉，不通乎持勝也。唯有道之主能持勝。孔子勁杓國門之關〔一〇〕，而不肯以力聞；墨子爲守攻，公輸般服，而不肯以兵知〔一一〕。善持勝者，以强爲弱。故老子曰：「道沖而用之，又弗盈也〔一二〕。」

校釋

〔一〕【箋釋】王念孫云：「『攻翟』上當有『使』字，襄子使新稚狗攻翟而未親往，故下文言『使者來謁』

也。羣書治要引此，有「使」字。晉語曰：「趙襄子使新稚穆子伐狄。」列子説符篇同，是其證。○雙棣按：呂覽慎大篇高誘注亦云「使辛穆子伐翟」，文雖有譌脱，然正文趙襄子下有「使新稚穆子」可證。當據國語等補此五字。

〔二〕【許注】尤人、終人，翟之二邑。

【版本】藏本無「取」字，張本、黄本、莊本、集解本有，今據補，餘本同藏本。

【箋釋】王念孫云：俗書「左」字作「尢」，因誤而爲「尢」。茅本改尢爲尤，而莊本從之，斯爲謬矣。呂氏春秋慎大篇作「老人」，亦「左人」之誤，晉語、列子並作左人。水經滱水注：「滱水東逕左人城南。應劭曰：左人城在唐縣西北四十里是也。」應據正。又案：「左人、終人」句，與上句義不相屬，莊據列子於句首加「取」字，理或然也。○雙棣按：王説是，尤人當爲左人之誤。「左人」上有「取」字，非莊本據列子加，明張烒如本、黄錫禧本已有「取」字。

〔三〕【箋釋】雙棣按：「方將」猶今語之「正在」，爲古時常語。呂氏春秋愛士篇云：「繆公自往求之，見埜人方將食之於岐山之陽。」異寶篇云：「見一丈人刺小船，方將漁。」呂覽慎大篇作襄子方食摶飯」，單用「方」字。「方將」猶「方」也。

【用韻】「食、色」職部。

〔四〕【用韻】「喜、色」之職通韻。

〔五〕【許注】三日而滅。

【箋釋】陶方琦云：羣書治要引許注與今注正同。

〔六〕【許注】言其不終日。

【箋釋】陳昌齊云：列子説符篇「暴雨」下有「不終朝」三字。○俞樾云：「飄風暴雨」下脱「不終朝」三字。老子曰：「飄風不終朝，暴雨不終日。」是其義也。日中不須臾，乃「日中則昃」之義。今脱「不終朝」三字，則若飄風暴雨亦不須臾者，失其義矣。列子説符正作「飄風暴雨不終朝，日中不須臾」，可據以訂正。呂氏春秋慎大篇亦脱「不終朝」三字。○陶方琦云：羣書治要引許注：「言其不能終日。」按：呂覽慎大「日中不須臾」，高注：「易曰：『日中則昃。』故曰不須臾。」其説與許亦異。○楊樹達云：淮南此篇多本呂氏春秋。此條出呂氏慎大覽，彼文無「不終朝」三字，知淮南亦本無之。説苑談叢篇云：「江河之溢，不過三日，飄風暴雨，須臾而畢。」乃用呂覽及此文。彼文云「須臾而畢」，不云「終朝而畢」，知彼所據呂覽及淮南亦無「不終朝」之字也。俞氏謂呂氏亦脱三字，説並非是。○何寧云：「江河之大也，不過三日」，文義不明。「也」當作「溢」，聲近而誤。許注：「三日而減。」正就「溢」言之也。江河之大，豈可以三日增減乎？文子微明篇作「江河之大溢，不過三日」。説苑説叢作「江河之溢，不過三日」。皆其證。○雙棣按：何説「也」當作「溢」，非是。「溢」與「也」，形音皆不相近，無緣致誤。「也」字不誤。呂覽慎大篇亦作「江河之大也」，高誘注：「大，長。」高注「長」亦即今之漲水也。與溢義同。文子「大」下增「溢」，以示明確，説苑則以「溢」代「大」，義同也。淮南本之呂覽，故與呂同。

【用韻】「雨、臾」魚侯合韻。

〔七〕【箋釋】王念孫云：今一朝兩城下，本作「一朝而兩城下」。此後人嫌其與上文相複而改之也。不知此是復舉上文之詞，當與前同，不當與前異。若云「今一朝兩城下」，則與上句「今」字相複矣。羣書治要引此，正作「一朝而兩城下」。列子、吕氏春秋並同。○于鬯云：此復舉上文之辭，固無嫌於語同，亦何嫌於文變？必謂當同不當異，何其拘泥。且此文法顯然，何以必欲改與上文不同，而轉與上句今字相複，後人之不通不至此也。蓋此本淮南原文。古人行文固多疊用今字而不嫌其複者。戰國策齊策「今秦之伐天下」，以下複四「今」字。趙策「今事有可急者」，以下亦複四「今」字。魏策「今臣直欲棄臣前之所得矣」，以下複三「今」字，皆可案也。又如史記高祖紀云：「今父老雖爲沛令守，諸侯並起，今屠沛，沛令共誅。」亦複三「今」字。又云：「今誠得長者往，毋侵暴，宜可下，今項羽慓悍，今不可遣。」亦複三「今」字。是則漢人喜效戰國文法，複今字不爲厭。此止複兩今字，尤不當怪。治要所節淮南子，本不盡可訂今本。至列子天瑞篇、吕氏慎大篇與淮南固宜各存本文可也。

〔八〕【用韻】「昌、亡」陽部。

〔九〕【版本】莊本、集解上「難」字下無「者」字，餘本同藏本。藏本無「持之其難者也」六字，王溥本、葉本、吴本有，今據補，莊本、集解本作「持之者其難也」，餘本同藏本。

【箋釋】劉績云：舊本無「持之其難者也」句，非。○王念孫云：列子、吕氏春秋皆有此句，羣書治要引淮南亦有此句，則劉增是也。莊本作「持之者其難也」，則與上句不對，非是。

〔一〇〕【許注】杓，引也。古者縣門下，從上杓引之者難也。

【箋釋】王念孫云：列子釋文引此作許注，今高注有之者，蓋後人以許注竄入也。又案：「杓」當爲「扚」，字從手，不從木。玉篇：「杓，甫遥、都歷二切，斗柄也。又市若切。」「扚，丁激切，引也。」廣韻：「杓，甫遥切，北斗柄。」「扚，都歷切，引也。」許注訓扚爲引，則其字當從手。玉篇、廣韻訓扚爲引，即本於許注。其證一也。史記天官書「用昏建者杓」，索隱：「説文：『杓，斗柄。』音匹遥反。」又下文「扚雲如繩者」，索隱：「扚，説文音丁了反。許慎注淮南云：『扚，引也。』」是扚音丁了反，而訓爲引，與杓字不同。其證二也。晉書天文志「扚雲如繩」，何超音義：「扚，音鳥。」鳥與丁了同音。其證三也。而今本淮南及列子釋文、史記、漢書「扚」字皆誤作「杓」，（晉書又誤作「杓」。）與玉篇、廣韻不合。世人多見「杓」，少見「扚」，遂莫有能正其失者矣。○洪頤煊、陶方琦與王説同。陶又云：主術訓「孔子之通，力招城關」，高注：「以一手招城門關端能舉之。」吕氏春秋慎大覽「孔子之勁，舉國門之關，而不肯以力聞」，高注：「勁，强也。以一手捉城門關，顯而舉之，不肯以力聞也。」捉亦招字之誤。是高作「招」，與許作「扚」正異。道應訓爲許注本，故作「扚」。列子説符「孔子之勁，能拓國門之關」，張注：「拓，舉也。」拓亦招字，文選吴都賦注引列子正作「招」，云「與翹同」。顔氏家訓誡兵篇：「孔子力翹門關，不以力聞。」（説文：「撟，舉手也。」招與翹，義並通撟。）

〔一〕【許注】墨子雖善爲兵，而不肯以知兵聞也。

【版本】張本、黄本、莊本、集解本無此注，餘本同藏本。

【箋釋】何寧云：「攻」當爲「使」，草書形近而誤。御覽三百二十二引「墨子爲守，使公輸盤服」誤題爲墨子，當即淮南此文。

〔二〕【箋釋】雙棣按：此引老子曰，見老子第四章。傅奕本「沖」作「盅」，帛書乙本同淮南引。王弼本「又」作「或」，帛書乙本作「有」。傅奕本「盈」作「滿」。

惠孟見宋康王〔一〕，蹀足謦欬〔二〕，疾言曰：「寡人所説者，勇有(功)［力］也〔三〕，不説爲仁義者也。客將何以教寡人？」惠孟對曰：「臣有道於此，［使］人雖勇，刺之不入〔四〕；雖巧有力，擊之不中〔五〕，大王獨無意邪？」宋王曰：「善！此寡人之所欲聞也。」惠孟曰：「夫刺之而不入，擊之而不中，此猶辱也。臣有道於此，使人雖有勇弗敢刺，雖有力不敢擊〔六〕。夫不敢刺，不敢擊，非無其意也。臣有道於此，使人本無其意也。夫無其意，未有愛利之心也。臣有道於此，使天下丈夫女子莫不歡然皆欲愛利之(心)〔七〕。此其賢於勇有力也，四累之上也〔八〕。大王獨無意邪？」宋王曰：「此寡人所欲得也〔九〕。」惠孟對曰：「孔墨是已。孔丘、墨翟無地而爲君，無官而爲長〔一〇〕，天下丈夫女子莫不延頸舉踵而願安利之者〔一一〕。今大王，萬乘之主也，誠有其志，則四境之内，皆得其利矣〔一二〕。此賢於孔墨也遠矣。」宋王無以應。惠孟出，宋王謂左右曰：「辯矣，客之以説勝寡人也。」故老子曰：「勇於不敢則活〔一三〕。」由此觀之，大勇反爲不勇耳。

校釋

〔一〕【箋釋】楊樹達云：文本吕氏春秋順説篇，又見列子黄帝篇。惠孟，彼二書皆作惠盎。

〔二〕【箋釋】王念孫云：「蹀足」上當更有康王二字，今本脱去，則文義不明。列子黄帝篇作「惠盎見宋康王，康王蹀足謦欬疾言」，是其證。○馬宗霍云：謦與欬分言，謦亦爲欬。謦欬連文，蓋以謦字狀欬，猶言欬聲如謦耳。

〔三〕【版本】藏本「力」作「功」，今據陳昌齊、王念孫校改，各本同藏本。

【箋釋】王念孫云：「有功」當爲「有力」，字之誤也。「勇有力」對下句「仁義」而言，若作「有功」，則非其指矣。下文皆言「有力」，不言「有功」，列子及吕氏春秋順説篇並作「勇有力」，是其證。○陳昌齊與王説同。

〔四〕【版本】藏本「人雖勇」上脱「使」字，今據王念孫校補，各本同藏本。

【箋釋】王念孫云：「人雖勇」上當有「使」字。下文曰：「臣有道於此，使人雖勇弗敢刺，雖有力不敢擊。」又曰「使人本無其意」，又曰「使天下丈夫女子莫不歡然皆欲愛利之」，皆其證也。今本脱「使」字，則與上句義不相屬，列子、吕氏春秋皆有「使」字。○王叔岷云：文子道德篇亦有

「使」字。

〔五〕【箋釋】王念孫云：「有力」上本無「巧」字，此後人以文子道德篇加之也，案文子云：「雖巧，擊之不中。」此云「雖有力，擊之不中」，文各不同，加「巧」字於「有力」之上，則文不成義矣。下文云「雖有力不敢擊」，亦無「巧」字也。列子、呂氏春秋皆無「巧」字。

〔六〕【用韻】「刺、擊」錫部。

〔七〕【版本】藏本「之」下有「心」字，今據王念孫校删，各本同藏本。

【箋釋】王念孫云：「愛利之」下，不當有「心」字，此因上文「未有愛利之心」而誤衍也。文子、列子、呂氏春秋皆無「心」字。下文云「天下丈夫女子莫不延頸舉踵而願安利之」，亦無「心」字。

〔八〕【許注】此上凡四事，皆累於世，而男女莫不歡然爲上也。

【版本】藏本注「凡」誤作「九」，「女」誤作「六」，各本（張本、黄本無注）均作「凡」、「女」，今據改。茅本、汪本、莊本、集解本此注在下文「無意邪」下。

【箋釋】曾國藩云：累者，層累也。刺不入，擊不中，一層也；弗敢刺，弗敢擊，二層也；無其意，三層也；歡然愛利，四層也。故曰四累之上也。高注失之。○李哲明云：累，積累也，亦層累也。言居四者層積之中，而處其上也。注云皆累於世，似非。張注列子尤誤，已嘗辨之。○劉文典云：呂氏春秋順説篇高注：「四累，謂卿大夫士及民四等也。君處四分之上，故曰四累之上。」與此注迥殊。蓋許、高之異也。知分篇「四上之志」，高注：「四上，謂君也。卿大夫士與君爲四，四者之中，君處其上，故曰四上之志。」與順説篇注意相類。知高氏自以卿大夫士民爲解，與許氏以爲四事者不同。○雙棣按：曾、李説是，此謂歡然愛利之，居於四事之上。高注順説篇「居四累之上」屬下爲意，謂王居四累之上，獨無意於此乎？雖似可通，然觀前後文義，順説篇數問大王獨無意邪，餘幾處並無此意，此亦不當若是言。據文例及文義，均當上屬爲是。

〔九〕【用韻】「意、得」職部。

〔一〇〕【許注】無地爲君，以道富也；無官爲長，以德尊也。

【箋釋】雙棣按：順説篇高誘注「無地爲君」云：「以德見尊。」注「無官爲長」云：「以道見敬。」與此注道德互易。

〔一一〕【箋釋】于大成云：「者」字衍，吕氏春秋、列子、文子道德篇並無「者」字。○雙棣按：「而願安利之」，此無注。吕覽高注云：「願其尊高安而利也。」蔣維喬等云：「天下丈夫女子所以企望者，欲其安利己也。」于省吾謂「安」當讀作「焉」，「而願安利之，即而願焉利之也。」陳奇猷云：「安亦利也。此猶言天下丈夫女子莫不歡然而願利孔墨。」余謂蔣、于、陳諸説均不若高注得其本意。安利之，即使之安，使之利也。「之」謂孔墨，「安利」各如字讀，並用作使動，此謂天下丈夫女子願孔墨既安且利，正可見孔墨見尊見敬之情。

〔一二〕【版本】藏本「志」誤作「忘」，各本均作「志」，今據改。

〔一三〕【箋釋】王念孫云：「『老子曰』下脱『勇於敢則殺』一句。兩句相對爲文，單引一句，則文不成義。

文子道德篇亦有此句。○雙棣按：此引老子曰，見老子第七十三章。

昔堯之佐九人〔一〕，舜之佐七人〔二〕，武王之佐五人〔三〕。堯、舜、武王於九七五者不能一事焉，然而垂拱受成功者〔四〕，善乘人之資也。故人與驥逐走，則不勝驥，託於車上則驥不能勝人〔五〕。北方有獸，其名曰蹷〔六〕，鼠前而菟後〔七〕，趨則頓，走則顛〔八〕，常爲蛩蛩駏驉取甘草以與之〔九〕。蹷有患害，蛩蛩駏驉必負而走。此以其能託其所不能〔一〇〕。故老子曰：「夫代大匠斲者，希不傷其手〔一一〕。」

校釋

〔一〕【許注】謂禹、皋陶、稷、契、伯夷、倕、益、夔、龍也。

【版本】張本、黄本、莊本、集解本注無「謂」字，餘本同藏本。

【箋釋】于大成云：齊策四顔斶對齊宣王云「堯有九佐」，陶潛聖賢羣輔録云「禹作司空，棄作稷，契作司徒，咎繇作士，益作朕虞，垂作共工，伯夷作秩宗，龍作納言，夔作典樂」，蓋依書堯典，與許此注相合。說苑君道篇云「當堯之時，舜爲司徒，契爲司馬，禹爲司空，后稷爲田疇，夔爲樂正，倕爲工師，伯夷爲秩宗，皋陶爲大理，益掌敺禽」，數舜而不數龍，與此别。

〔二〕【許注】皆與堯同，臣其七人也。

【箋釋】顧廣圻云：七人即七友也。注謬。○向承周云：顧説是也。齊策：「堯有九佐，舜有七友，禹有五臣，湯有三輔。」是其證。

〔三〕【許注】謂周公、召公、太公、畢公、毛公也。

【箋釋】于大成云：此文見吕氏春秋分職篇，彼高注云「五人者，周公旦、召公奭、太公望、畢公高、蘇公忿生也」，彼注以「蘇忿生」易「毛公」，亦許、高之異也。

〔四〕【版本】藏本「者」作「焉」，王溥本、王鎣本、汪本、張本、吴本、黄本、莊本、集解本作「者」，今據改，餘本同藏本。

〔五〕【用韻】「資、人」脂真通韻。

〔六〕【箋釋】楊樹達云：文本吕氏春秋不廣篇。

〔七〕【許注】鼠前足短，菟後足長，故謂之蹷。

【版本】王鎣本、汪本、張本、吴本、黄本、莊本、集解本「菟」作「兔」，餘本同藏本。

【箋釋】雙棣按：菟、兔通。楚辭天問：「厥利維何，而顧菟在腹。」王逸注：「菟，一作兔。」洪興祖補注云：「菟，與兔同。」

〔八〕【用韻】「頓、顛」文真合韻。

〔九〕【許注】蛩蛩駏驉，前足長，後足短，故能乘虚而走，不能上也。

【箋釋】莊逵吉云：爾雅曰：「西方有比肩獸焉，與邛邛岠虚比，爲邛邛岠虚齧甘草。即有難，邛卬岠虛負而走，其名謂之蟨。」攷此獸，唯爾雅作西方，吕不韋書及説苑皆云北方。説文解字與爾雅同。郭璞注之曰：「今雁門廣武縣夏屋山中有獸，形如兔而大，相負共行，土俗名之爲蟨鼠。」錢別駕云：周書王會篇稱「獨鹿邛邛岠虛」，「獨鹿」即「涿鹿」。史記五帝本紀注徐廣曰：「一作濁鹿。」古字獨、濁、涿相通，故借用之。廣武、涿鹿地居西北，相近，故一稱北方，一稱西方也。解字「蹷」作「蟨」，從虫；「駏驉」作「巨虛」。「邛」作「蛩」字爲正。然則作「邛」者省，作「岠」者借，作「蹷」及「駏驉」者別也。〇蔣超伯云：郭弘農注爾雅引此而申其義云：「然則邛邛岠虛亦宜鼠後而兔前，前高不得取甘草，故須蟨食之。」又相如子虛賦張揖曰：「蛩蛩，青獸，狀如馬。距虛似嬴而小。」黃香九宮賦：「三台執兵而奉引，軒轅乘駏驉而先駈。」注：「駏驉似騾。」超疑「邛邛岠虛」四字連云者當別是一獸，與蟨相負行；其邛邛、岠虛分言者，乃驢騾之類，斷非一物。蟲魚禽鳥同名而異狀者甚多也。

〔一〇〕【箋釋】雙棣按：吕氏春秋不廣篇上「能」字上有「所」字，於義爲長。

〔一一〕【箋釋】雙棣按：此引老子曰，見老子第七十四章，今王弼本「希」下有「有」字，「手」下有「矣」字，傅奕本「不」下有「自」字，「手」下有「矣」字。

【用韻】「斲、手」屋幽合韻。

薄疑説衛嗣君以王術〔一〕，嗣君應之曰：「予所有者，千乘也，願以受教〔二〕。」薄疑對曰：「烏獲舉千鈞，又況一斤乎〔三〕？」杜赫以安天下説周昭文君〔四〕，文君謂杜赫曰〔五〕：「願學所以安周。」赫對曰：「臣之所言不可，則不能安周。臣之所言可，則周自安矣〔六〕。」此所謂弗安而安者也〔七〕。故老子曰：「大制無割。」「故致數輿無輿也〔八〕。」

校釋

〔一〕【許注】嗣君，衛國君也。

【箋釋】楊樹達云：文本呂氏春秋務大篇。○雙棣按：呂覽務大篇高注云：「嗣君，衛平侯之子也，秦貶其號曰君。」務本篇、審應篇注同。高誘審應篇注謂薄疑爲嗣君之臣。漢書古今人表作「蕩疑」，顏師古注云「即薄疑」。

〔二〕【版本】藏本「予」誤作「子」，除朱本、葉本同藏本外，餘本均作「予」，今據改。藏本「受」誤作「愛」，除景宋本、葉本同藏本外，餘本均作「受」，今據改。

〔三〕【箋釋】畢沅云：薄疑之對，以千鈞喻王術，一斤喻治國。言王術可爲，於治國乎何有？○陳奇猷云：此文之意，謂若能爲王術，直可以治天下，何況治千乘之國？如烏獲之力能舉千鈞，則舉一斤甚易耳。

【用韻】「鈞、斤」真文合韻。

〔四〕【許注】昭文君，周衰，分爲西東，各自立其君也。

【版本】藏本注「衰」作「襄」，茅本、汪本、張本、黄本、莊本、集解本作「衰」，(蔣刊道藏輯要本亦作「衰」。)今據改，餘本同藏本。

〔五〕【箋釋】雙棣按：務大篇高誘注：「周昭文君，周分爲二，東周之君也。」報更篇高注云：「昭文君，周後所分立東周君也。」較此注明確。

〔六〕【箋釋】王念孫云：「文君謂杜赫曰」上脱「昭」字，當依上句及吕氏春秋務大篇補。

〔七〕【箋釋】范耕研云：言能安天下則亦自能安周。

【用韻】「可、安」歌元通韻。

〔八〕【箋釋】陶鴻慶云：此言杜赫不言安周而周自安矣。

【箋釋】馬宗霍云：「大制無割」，見老子第二十八章，今本老子「無割」作「不割」。「故致數輿無輿也」，見老子第三十九章。此櫽括而稱之也。王弼注上句云：「大制者，以天下之心爲心，故無割也。」余疑輔嗣所據本與淮南同。注云「故無割也」者，「故」即承正文而故之，非以「無」字釋「不」字也。其注下句云「故致數輿乃無輿也」，但以「乃」字助其詞氣，而未釋其義。魏源老子本義引李贄曰：「今夫輪輻蓋軫衡軛會而成車。人但知其爲車，而不知其爲數者所會而成。初無所謂車也。」似可補王注所未及。然余以爲淮南本文兩句合稱，義當相屬。輿者器也。致猶集也。集衆材而成輿，則凡材之呈效於輿者，皆輿之一體，故曰致衆輿也。然當其爲材，則固樸也，不得以輿目之，故又曰無輿也。樸散而後爲器，自其本然而觀之，未散已有器之用，是之謂「大制無割」。大制無割，猶言大匠不斲也。○雙棣按：今傅奕本及帛書甲、乙本均作「無」字，馬疑今王弼本「不」爲「無」字之誤是。帛書甲本「輿」作「與」，今傅本作「譽」，帛書乙本及今王弼本與淮南同。

魯國之法，魯人爲人妾於諸侯〔一〕，有能贖之者，取金於府〔二〕。子贛贖魯人於諸侯，來而辭不受金。孔子曰：「賜失之矣！」夫聖人之舉事也，可以移風易俗，而受教順可施後世〔三〕，非獨以適身之行也。今國之富者寡而貧者衆。贖而受金，則爲不廉〔四〕；不受金，則不復贖人。「自今以來，魯人不復贖人於諸侯矣。」孔子亦可謂知禮矣〔五〕。故老子曰：「見小曰明〔六〕。」

校釋

〔一〕【箋釋】王念孫云：吕氏春秋察微篇、説苑政理篇、家語致思篇「妾」上俱有「臣」字，於義爲長。

〔二〕【用韻】「侯、府」侯部。

〔三〕【箋釋】王念孫云：「教順」上本無「受」字，此因上文「不受金」而誤衍也。「教順」即「教訓」也。（訓、順古多通用，不煩引證。）「教訓」上有「受」字，則與下四字義不相屬矣。説苑、家語並作「教導可施於百姓」，是其證。○雙棣按：此文似有錯亂，依吕氏春秋察微篇孔子語「賜失之矣」，當更接「自今以來，魯人不復贖人於諸侯矣」，中間之「夫聖人之舉事也」一段，乃淮南議論之辭，非孔子之語也。

〔四〕【用韻】「金、廉」侵談合韻。

〔五〕【箋釋】王念孫云：「知禮」本作「知化」，謂知事理之變化也。見子贛之不受金，而知魯人之不復贖人，達於事變，故曰知化。（齊俗篇曰：「唯聖人知其化。」吕氏春秋驕恣篇曰：「智短則不知化。」知化篇曰：「凡智之貴也，貴知化也。」）非謂其知禮也。俗書「禮」字或作「礼」，形與「化」相近，「化」誤爲「礼」，後人因改爲「禮」耳。齊俗篇述此事而論之曰：「孔子之明，以小知大，以近知遠。」即此所謂「知化」也。故下文引老子曰「見小曰明」之語。吕氏春秋論此事曰：「孔子見之以細，觀化遠也。」説苑曰：「孔子可謂通於化矣。」此皆其明證。

〔六〕【箋釋】雙棣按：此引老子曰，見老子第五十二章。

魏武侯問於李克〔一〕曰：「吴之所以亡者，何也？」李克對曰：「數戰而數勝。」武侯曰：「數戰數勝，國之福〔二〕。其獨以亡，何故也〔三〕？」對曰：「數戰則民罷，數勝則主憍〔四〕。以憍主使罷民，而國不亡者，天下鮮矣。憍則恣，恣則極物；罷則怨，怨則極慮〔五〕。上下俱極，吴之亡猶晚。此夫差之所以自剄於干遂也〔六〕。」故老子曰：「功成名遂身退，天之道也〔七〕。」

校釋

〔一〕【許注】李克，武侯之相。

【版本】茅本、汪本、張本、黄本、莊本、集解本此注在下文「曰」字下，餘本同藏本。

【箋釋】王叔岷云：韓詩外傳十、新序雜事五並作「魏文侯」。○鄭良樹云：戰國策魏策、史記魏世家、漢書藝文志儒家類注皆載李可相魏文侯，不及魏武侯，則作「魏文侯」者是也。吕氏春秋適威篇作「魏武侯」，許維遹改之，是也。○于大成云：吕氏春秋偶誤，淮南承其誤，許注又誤據誤文，皆誤也。通鑑外紀十有此文，亦作「魏文侯」。

〔二〕【版本】景宋本「國」下有「家」字，餘本同藏本。

【箋釋】雙棣按：吕覽適威篇「國」下亦有「家」字。

【用韻】「勝、福」蒸職通韻。

〔三〕【用韻】「亡、故」陽魚通韻。

〔四〕【箋釋】楊樹達云：憍爲今驕傲之驕本字。荀子云憍泄，即驕泰也。説文失載此字。

〔五〕【版本】藏本缺「恣則」下「極物罷則怨怨則」七字，王溥本、王鎣本、朱本（挖補）、汪本、張本、吴本、黄本、莊本、集解本均有此七字，今據補，餘本同藏本。

【箋釋】雙棣按：吕覽適威篇亦有此七字。高誘注「極物」曰「極盡可欲之物」，注「極慮」曰「極其巧欺之臣之慮」。

〔六〕【許注】越伐吴，夫差所以自殺也。

【版本】藏本「此」作「矣」，屬上讀，景宋本作「此」，屬下讀，今據改，茅本作「比」，（疑乃「此」字之誤。）餘本同藏本。藏本注無「以」字，茅本、汪本、莊本、集解本有，今據補，景宋本、王溥本、朱本、葉本同藏本。

【箋釋】雙棣按：吕覽適威篇亦無「矣」字，有「此」字。又吕覽「遂」作「隧」，戰國策亦作「隧」，韓詩外傳與此同。「遂」與「隧」字同。

〔七〕【箋釋】雙棣按：此引老子曰，見老子第九章。今王弼本及帛書乙本作「功遂身退」，無「成名」二字，帛書乙本「道」下有「也」字，與淮南同。今傳奕本作「成名功遂身退」，「成名」二字當在「功」字之下。景龍碑本與淮南同，唯「道」下無「也」字。

甯戚欲干齊桓公〔一〕，困窮無以自達，於是爲商旅將任車〔二〕，以商於齊〔三〕，暮宿於郭門之外〔四〕。桓公郊迎客，夜開門，辟任車〔五〕，爝火甚盛〔六〕，從者甚衆〔七〕。甯戚飯牛車下，望見桓公而悲，擊牛角而疾商歌〔八〕。桓公聞之，撫其僕之手曰：「異哉！歌者非常人也〔九〕！」命後車載之。桓公及至〔一〇〕，從者以請。桓公贛之衣冠而見，説以爲天下〔一一〕。桓公大説，將任之。羣臣争之曰〔一二〕：「客，衛人也。衛之去齊不遠，君不若使人問之。而故賢者也〔一三〕，用之未晚。」桓公曰：「不然。問之，患其有小惡也。以人之小惡，而忘人之大美，此人主之所以失天下之士也。」凡聽必有驗，一聽而弗復問，合其所以也〔一四〕。且人固難合也，權而用其長者而已矣〔一五〕。當是舉也，桓公得之矣。故老子曰：「天大，地大，道大，王亦大。域中有四大，而王處其一焉〔一六〕。」以言其能包裹之也〔一七〕。

校釋

〔一〕【版本】藏本「戚」作「越」，王溥本、王鎣本作「戚」，今據改，餘本同藏本。下文「越」字皆同。

【箋釋】楊樹達云：文本吕氏春秋舉難篇。彼作甯戚。高注氾論篇甯戚之商歌，引道應訓此事亦作甯戚。此作甯越者，此篇乃許注本，或與高異也。然此事自屬甯戚，「越」字實誤，當正作「戚」。○王叔岷云：主術篇、繆稱篇、齊俗篇、氾論篇皆作「寧戚」，吕氏春秋舉難篇、御覽四八四引史記、列女傳辯通篇、新序雜事五、劉子妄瑕篇並同。○雙棣按：楊、王説是。甯戚、甯越爲二人。許維遹、陳奇猷吕覽舉難篇注已辨明。吕覽博志篇云：「甯越，中牟之鄙人也，十五歲而爲周威公師。」漢書古今人表亦列甯越與周威公同時，班固自注云：「中牟人，爲周威王師。」擊牛角商歌而干齊桓公者爲甯戚，漢書古今人表列甯戚與齊桓公同時。吕覽直諫篇、楚辭離騷篇、晏子春秋問篇及本書繆稱篇亦述其事。

〔二〕【許注】任，載也。詩曰：「我任我輦。」

【箋釋】馬宗霍云：注訓「任」爲「載」是也。引詩「我任我輦」，毛傳訓「任者」，鄭箋訓「負任者」，似非淮南本文之切證。本文合「任車」爲一詞，任車猶言載物之車耳。注不解「將」字，案將當讀如詩小雅谷風篇「無將大車」之「將」。鄭君彼箋云：「將猶扶進也。」「將任車」者，即扶此載物之車以進路也。〇于大成云：後漢書注引「困窮」作「窮困」，與吕氏春秋、韓詩外傳合。〇雙棣按：馬説是。達，吕覽作「進」。

〔三〕【箋釋】陳季臯云：商，疑涉上文而誤。新序褋事五作「以適齊」，原當相同。吕氏春秋舉難作「以至齊」，其義不異也。〇王叔岷與陳説同。〇于大成云：後漢書注引此文，「商」正作「適」。

〔四〕【用韻】「達、外」月部。

〔五〕【版本】藏本「開」作「問」，除景宋本、葉本同藏本外，餘本均作「開」，（蔣刊道藏輯要本亦作「開」。）今據改。

【箋釋】楊樹達云：孟子離婁下篇云：「君子平其政，行辟人可也。」趙岐釋「辟人」爲「辟除人，使卑避尊」。此「辟」字義與彼同。實則二「辟」字皆假爲「避」，避人謂之避，使人避己亦謂之避也。〇馬宗霍與楊説同。〇雙棣按：「避」爲「辟」之後起字，「辟」爲古字。左傳成公五年云：「梁山崩，晉侯以傳召伯宗，伯宗辟重，曰：『辟傳！』」釋文云：「上辟匹亦切，下辟，音避。」實上「辟」即「辟」之使動用法，使人避己也。此「辟」字亦辟之使動用法。

〔六〕【許注】爝，炬火也。

〔七〕【箋釋】吴承仕云：御覽八百七十引注云：「爝火，炬火也。」是也。此奪一「火」字，應據補。

【用韻】「盛、衆」耕冬合韻。

〔八〕【箋釋】雙棣按：吕氏春秋舉難篇高誘注云：「歌碩鼠也。」畢沅云：「孫云：『後漢書馬融傳注引説苑曰：「甯戚飯牛於康衢，擊車輻而歌碩鼠。」與吕覽正合。』梁仲子云：『今説苑善説篇云：「甯戚飯牛康衢，擊車輻而歌顧見，桓公得之霸也。」以上下文義求之，顧見當是碩鼠之譌。』盧云：『史記鄒陽列傳集解引應劭曰：「齊桓公夜出迎客，而甯戚疾擊其牛角商歌曰：『南山矸，白石爛，生不遭堯與舜禪，短布單衣適至骭，從昏飯牛薄夜半，長夜曼曼何時旦。』」此歌出三齊紀。藝文類聚又載一篇云：「滄浪之水白石粲，中有鯉魚長尺半，縠布單衣裁至骭，清朝飯牛至夜半，黄犢上坂且休息，吾將捨汝相齊國。」李善注文選成公子安嘯賦又載一篇云：「出東門兮厲石班，上有松柏兮清且蘭，麤布衣兮緼縷，時不遇兮堯舜，牛兮努力食細草，大臣在爾側，吾當與爾適楚國。」三歌真贋雖不可知，合之亦成章法。仁和陳嗣倩云：「疾商歌，殆非一歌也。」今故具録之以備參考焉。』」氾論訓高注云「其歌曲在道應説也」。今本爲許注，故無歌曲。依吕覽高注，此高注之歌曲蓋亦當爲碩鼠矣。

【用韻】「悲、歌」微歌合韻。

〔九〕【箋釋】俞樾云：吕氏春秋舉難篇「歌者」上有「之」字，當從之。之，猶是也。「之歌者」即「是歌者」也。無「之」字，則文不備。新序雜事篇作「此歌者」，此亦猶是也。

〔一〇〕【箋釋】王念孫云：「及」當爲「反」，字之誤也。反至，謂桓公反而至於朝也。吕氏春秋舉難篇、新序雜事篇並作「反至」。

〔一一〕【箋釋】楊樹達云：「桓公贛之衣冠而見，説以爲天下」二句文義不完，「見」下當有「之甯越見」四字。「桓公贛之衣冠而見之」爲一句，「甯越見」爲一句，「説以爲天下」爲一句，此因二見字相混，故誤脱耳。吕氏春秋舉難篇、新序雜事篇五並有「之甯越見」四字，當據補。

〔一二〕【箋釋】雙棣按：吕氏春秋功名篇「關龍逢、王子比干能以要領之死，争其上之過」，高誘注云：「争，諫也。」争與諍同。

〔一三〕【版本】茅本、汪本、張本、吴本、黄本、莊本、集解本「而」上有「問之」二字，餘本同藏本。

【箋釋】雙棣按：吕覽舉難篇「而」上亦無「問之」二字。畢説云「而與如同」是，「而」同「如」見經傳釋詞。「故」通「固」，舉難篇作「固」，用本字，此用「故」，借字也。

〔一四〕【許注】合己聽知之意，所以用之。

【箋釋】馬宗霍云：「驗」字與「合」字相應。「所以」二字指意中所欲者言。問字承上文「不若使人問之」言。此蓋謂凡聽人之説，必先驗其説之是否有當。一聽而不復使人問之者，當初聽之時，已驗其説與己意中所欲者相合也。注文以「所以用之」釋「所以」，似未安。○何寧云：馬氏説本文之義是也，説許注以「所以用之」釋「所以」，非也。注文蓋以「合己聽知之意」釋「合其所以」，以「所以用之」足成句意，非以釋「所以」也。

〔一五〕【箋釋】王念孫云：「合」當爲「全」。言用人不可求全也。全、合字相近，又因上文「合其所以」而誤。呂氏春秋、新序並作「全」。

〔一六〕【箋釋】雙棣按：此引老子曰，見老子第二十五章。今王弼、傅奕本及帛書甲、乙本「道大」二字在「天大」上。帛書本及王弼本「處」作「居」，傅奕本作「處」，與淮南同。帛書本「域」作「國」，王弼、傅奕本作「域」，與淮南同。

〔一七〕【箋釋】雙棣按：以，猶此也。呂覽務本篇云：「大雅曰：『上帝臨汝，無貳爾心。』以言忠臣之行也。」貴信篇云：「故周書曰：『允哉！允哉！』以言非信則百事不滿也。」以皆猶此也。是其證。

爲也〔一〕。大王亶父居邠，翟人攻之。事之以皮帛珠玉而弗受。曰翟人之所求者地，無以財物爲也〔一〕。大王亶父曰：「與人之兄居，而殺其弟；與人之父處，而殺其子，吾弗爲〔二〕，皆勉處矣。爲吾臣與翟人臣，奚以異〔三〕？且吾聞之也，不以其所養害其養〔四〕。」杖策而去，民相連而從之，遂成國於岐山之下〔五〕。大王亶父可謂能保生矣。雖富貴不以養傷身，雖貧賤不以利累形〔六〕。今受其先人之爵禄，則必重失之；所自來者久矣，而輕失之，豈不惑哉〔七〕！故老子曰：「貴以身爲天下，焉可以託天下；愛以身爲天下，焉可以寄天下矣〔八〕。」

校釋

〔一〕【箋釋】雙棣按：陳奇猷云「此不當有曰字，此係作者綜述其事，若著一曰字，則曰字無主詞也」。陳説是。莊子讓王篇、吕覽審爲篇均無此「曰」字。足證此爲衍字。

【用韻】「地、爲」歌部。

〔二〕【版本】藏本無「吾」字，王溥本、王鎣本、朱本、汪本、張本、吴本、黄本、莊本、集解本有，今據補，景宋本、葉本同藏本，茅本「吾」誤在「弗」下。

【箋釋】于大成云：吕氏春秋作「吾不忍爲也」，文爲完足。史記周本紀作「予不忍爲」。

【用韻】「居、處」魚部，「弟、子」脂之合韻。

〔三〕【版本】藏本「翟人」下脱「臣」字，王溥本、王鎣本有，今據補，餘本同藏本。

【箋釋】于鬯云：莊子讓王篇作「爲吾臣與爲狄人臣奚以異」，多「爲」字、「臣」字，語較足。吕氏春秋審爲篇作「爲吾臣與翟人臣奚以異」，無「爲」字，而亦有「臣」字。○劉文典與于説同。○楊樹達云：此文「翟人」上省「爲」字，「翟人」下省「臣」字。漢書翟方進傳云：「其左氏則國師劉歆，星曆則長安令田終術師也。」劉歆下省去「師」字，與此省臣字文例略同。特此文承上省，彼文因下省爲異耳。○沈延國云：莊子下「爲」字係淺人竄入。律以文例，上「爲」字，語氣連貫下「翟人」二字，則下「爲」字意存而字可省。吕氏春秋審爲篇正無下「爲」字，詩大雅緜疏引莊子及呂氏春秋云：「爲吾臣與翟人臣，奚以異。」亦無下「爲」字，皆其證也。○雙棣按：莊子、呂覽有下「爲」字與否，文義皆無損，不必謂某脱某衍。藏本無下「臣」字，則文義不完，劉績蓋據莊、呂補，今從之。

〔四〕【箋釋】劉績云：呂氏春秋作「所以養害所養」。○楊樹達云：不以其所養害其養，文義不完，文當云「不以其所以養害其所養」。所以養謂土地，所養謂人民也。此文本莊子讓王篇、呂氏春秋審爲篇。審爲篇云：「不以所以養害所養。」讓王篇云：「不以所用養害所養。」皆其證矣。孟子梁惠王下云：「君子不以其所以養者害人。」文亦有「以」字。○雙棣按：劉、楊説是。呂覽高誘有注云：「所以養者，土地也；所養者，謂人民也。」

〔五〕【許注】岐山，今之美陽北山也，其下有周地，因是以爲天下號也。

【版本】藏本注「北」下缺「山」字，莊本、集解本有，今據補，景宋本、王溥本、朱本、葉本同藏本，茅本、汪本「陽」下有「山」字，無「北也」二字。

〔六〕【箋釋】劉文典云：「保」當爲「尊」。「雖富貴」上當有「能尊生者」四字。莊子讓王篇、呂氏春秋審爲篇並作「大王亶父可謂能尊生矣」，即此文所本。莊子之「能尊生」者，即承此而言。若作保生，則與下句不叶矣。呂氏春秋、文子上仁篇「雖富貴」上亦並有「能尊生」三字。淮南敚此數字，「雖富貴，不以養傷身；雖貧賤，不以利累形」，二句遂無所指矣。

【用韻】「身、形」真耕合韻。

〔七〕【箋釋】王念孫云："「所自來者」上當有「生之」二字。此承上文「保生」而言，言人皆重爵禄而輕其生也。脱去「生之」二字，則文不成義。莊子讓王篇、吕氏春秋審爲篇、文子上仁篇，皆有「生之」二字。○陶鴻慶與王説同。

【用韻】「久、惑」之職通韻。

〔八〕【箋釋】劉文典云："焉當訓乃，猶言貴以身爲天下，乃可以託天下；愛以身爲天下，則可以寄天下也。禮月令「天子焉始乘舟」，墨子親士篇「焉可以長生保國」，魯問篇「焉始爲舟戰之器」，國語晉語「焉始爲令」，皆其比也。今本老子作「故貴以身爲天下者，則可以寄於天下；愛以身爲天下者，乃可以託於天下。」莊子在宥篇作「故貴以身於爲天下，則可以託天下；愛以身於爲天下，則可以寄天下。」則、乃誼亦相近。○馬宗霍云：本文見老子第十三章，開元本老子兩「焉」字皆作「若」。傅奕本作「則」。王引之經傳釋詞謂「淮南道應訓引老子則作焉，是焉與則亦同義」，蓋據傅本言也。若依開元本，是「焉」又通作「若」，然淮南所引在前，要以作「焉」爲古本。王弼老子注云："「無以易其身，故曰貴也，如此乃可以託天下也。無物可以損其身，故曰愛也，如此乃可以寄天下也。」余疑輔嗣所據本與淮南同。故以乃字訓之。以「焉」爲「乃」，經傳諸子其例甚多。劉家立淮南集證讀兩「焉」字上屬，以爲句絶之詞，誤矣。本書詮言篇「能不以天下傷其國，而不以國害其身者，焉可以託天下也。」「焉」字之義與此同。茅一桂改「焉」作「爲」，而莊逵吉本從之，是亦不達古人詞例者也，宜爲王念孫所譏。○雙棣按：兩「焉」字，帛書甲、乙本上作「若」，下作「女」。

中山公子牟〔一〕謂詹子曰〔二〕：「身處江海之上，心在魏闕之下，爲之奈何〔三〕？」詹子曰：「重生，重生則輕利〔四〕。」中山公子牟曰：「雖知之，猶不能自勝〔五〕。」詹子曰：「不能自勝，則從之〔六〕。從之，神無怨乎〔七〕！不能自勝而强弗從者，此之謂重傷〔八〕。重傷之人，無壽類矣〔九〕。」故老子曰：「知和曰常，知常曰明，益生曰祥，心使氣曰强〔一〇〕。」是故「用其光，復歸其明」也〔一一〕。

校釋

〔一〕【許注】中山，鮮虞之國。【箋釋】于省吾云：杕氏壺，鮮虞作鮮于。

〔二〕【箋釋】楊樹達云：文本莊子讓王篇、吕氏春秋審爲篇。

〔三〕【許注】江海之上，言志在於己身。心之魏闕也，言内守。【箋釋】劉績云：魏闕，象魏也，言雖隱居而懷富貴，注非。○吴承仕云：俶真篇述詹子語同。注云：「一曰，心下巨闕，神内守也。」又吕氏春秋審爲篇注云：「身在江海之上，言志放也。魏闕，心下巨闕也，心下巨闕，言神内守也。」二注義與此同。此注文有譌奪，應據彼文正。○雙棣按：劉績所云爲俶真篇高注之前一説，此注爲高注之一曰。然呂氏春秋審爲篇高注又以此爲前一説，魏象之義爲一説。蓋古自有此二解。

〔四〕【許注】重生，己之性也。

【箋釋】吴承仕云：生、性聲義相近，舊多互訓。此文應作重生，重己之性也。亦以性釋生，各本誤奪一重字。

〔五〕【用韻】「之、勝」之蒸通韻。

〔六〕【版本】藏本脱「詹子曰不能自勝」七字，王溥本、王鎣本、朱本、汪本、張本、吴本、黄本、莊本、集解本不脱，今據補，餘本同藏本。

【用韻】「勝、之」蒸之通韻。

〔七〕【許注】言不勝己之情欲，則當縱心意，則己神無怨也。

【箋釋】雙棣按：呂覽「從」作「縱」，「怨」作「惡」，高彼注云：「言不能自勝其情欲則放之，放之，神無所憎惡，言當寧神以保性也。」較此注爲完。馬宗霍釋「從」爲「徇」而非許注，無可取。

〔八〕【用韻】「從、傷」東陽合韻。

〔九〕【版本】藏本「重傷」不重，除景宋本、茅本同藏本外，餘本均重「重傷」，今據補。

【箋釋】俞樾云：重傷猶再傷也。不能自勝則已傷矣，又强制之而不使縱，是再傷也。故曰此之謂重傷。○松皐圓云：無壽類，言此類之人必無長生也。○章炳麟云：「壽」借爲「疇」，無疇類，言殃及子孫。○馬敘倫、楊樹達與章說同。○陳奇猷、于大成與松說同。○雙棣按：「壽」字當讀如字。

〔一〇〕【箋釋】劉文典云：「益生曰祥，心使氣曰强」，「曰」皆當爲「日」，形近而誤也。今本老子玄符第五十五作「知和曰常，知常曰明，益生日祥，心使氣日强」，注：「人能知道之常行，則日以明達於玄妙也。」是所見本上二「曰」字亦作「日」。○馬敘倫云：河上本作日，案：「日」爲「曰」誤，曰、則通用。○朱謙之云：作「曰」是也，劉謂「曰」當爲「日」，以河上本此章爲證，非是。○雙棣按：帛書甲、乙本皆作「曰」字，無作「日」字者，作「曰」字是。

【用韻】「常、明、祥、强」陽部。

〔一一〕【箋釋】雙棣按：「用其光，復歸其明」，見老子第五十二章。俞樾謂此二句連上文皆五十五章文，「後因已見於五十二章而删去之耳」。按：俞說非是。帛書甲、乙本此句皆在「見小曰明，守柔曰强」下，即與今本五十二章同。今本五十五章位置，帛書甲、乙本亦並無此二句，非後人之删明矣。

楚莊王問詹何曰〔一〕：「治國柰何？」對曰〔二〕：「何明於治身，而不明於治國。」楚王曰：「寡人得立宗廟社稷〔三〕，願學所以守之。」詹何對曰：「臣未嘗聞身治而國亂者也，未嘗聞身亂而國治者也。故本任於身，不敢對以末〔四〕。」楚王曰：「善。」故老子曰：「修之身，其德乃真也〔五〕。」

校釋

〔一〕【箋釋】陳奇猷云：考莊子讓王篇、吕覽審爲篇、淮南道應篇載詹子與中山公子牟答問，則詹何當是楚頃襄王時人，（漢書古今人表列公子牟與楚頃襄王同時。）「莊」乃「襄」字音近之誤。

〔二〕【箋釋】劉殿爵云：此文當作「詹何對曰」，列子説符篇正有「詹何」二字。○于大成云：藝文類聚五十二引亦有「詹何」二字。

〔三〕【箋釋】陳昌齊云：「立」疑當作「主」。類聚作「奉宗廟」。○俞樾云：「立」字無義，疑「主」字之誤。○劉文典云：列子説符篇作「寡人得奉宗廟社稷」，藝文類聚五十二引此文同。「立」當爲「奉」字之壞。俞説失之。○楊樹達云：「立」當讀爲「涖」。詩采芑云：「方叔涖止。」毛傳：「涖，臨也。」涖字或作蒞。禮記文王世子云：「成王幼，不能蒞阼。」國策秦策云：「蒞政有頃。」此云「涖宗廟社稷」，猶彼云蒞阼、蒞政也。立字古與涖通。周禮鄉師云：「執斧以涖匠師。」鄭注云：「故書涖作立。」鄭司農云：「立讀爲涖。」是其證也。○于省吾云：立奉無由致譌，立古涖字，國差𦉜，陳猷釜，並有立事之語，立事即涖事。涖，臨也。此言寡人得臨宗廟社稷也。○何寧云：楊、于説是也，本書涖字多作立。主術篇「桓公立政」，氾論篇「立政者不能廢法而治民」，「管子免于累紲之中，立齊國之政」，皆其例。

〔四〕【箋釋】王念孫云：「任」當爲「在」，字之誤也。呂氏春秋執一篇作「爲國之本在於爲身」，列子説符篇作「故本在身」，皆其證。○王叔岷云：文子上仁篇作「本在於治身」，亦其證。○雙棣按：王説是。本書多有「任」、「在」互誤者。

〔五〕【箋釋】雙棣按：此引老子曰，見老子第五十四章。今河上本、王弼本「之」下有「於」字，帛書乙本、傅奕本及景龍碑本無「於」字，與淮南同。

【用韻】「身、真」真部。

桓公讀書於堂〔一〕，輪扁斲輪於堂下〔二〕，釋其椎鑿而問桓公曰：「君之所讀者，何書也〔三〕？」桓公曰：「聖人之書。」輪扁曰：「其人在焉〔四〕？」桓公曰：「已死矣。」輪扁曰：「是直聖人之糟粕耳〔五〕。」桓公悖然作色而怒曰〔六〕：「寡人讀書，工人焉得而譏之哉！有説則可，無説則死〔七〕。」輪扁曰：「然，有説。臣試以臣之斲輪語之〔八〕。大疾則苦而不入〔九〕，大徐則甘而不固〔一〇〕，不甘不苦，應於手，猒於心〔一一〕，而可以至妙者，臣不能以教臣之子，而臣之子亦不能得之於臣。是以行年七十，老而爲輪〔一二〕。今聖人之所言者，亦以懷其實，窮而死〔一三〕，獨其糟粕在耳〔一四〕。」故老子曰：「道可道，非常道；名可名，非常名〔一五〕。」

校　釋

〔一〕【許注】桓公，齊君。

【箋釋】楊樹達云：文本莊子天道篇。「堂」下莊子有「上」字，與下文「堂下」相對，是也，當據補。韓詩外傳卷五作「楚成王讀書於殿上」，文雖不同，亦有「上」字。○劉文典、王叔岷與楊說同。

〔二〕【版本】藏本「扁」作「人」，浙局莊本作「扁」，今據改，餘本同藏本。

【箋釋】王念孫云：「輪人」當依莊子天道篇作「輪扁」。輪扁之名當見於前，不當見於後也。高注「輪扁，人名」四字，本在此句之下，因扁誤爲人，後人遂移置於下文「輪扁曰」云云之下耳。○雙棣按：王說是。浙局莊本蓋依王校改，今從之。

〔三〕【版本】藏本「讀」下有「書」字，王溥本、王鎣本、汪本、張本、吴本、黄本、莊本、集解本無「書」字，今據删，餘本同藏本。

〔四〕【許注】輪扁，人名。問作書之人何在也。

【版本】浙局莊本「在焉」作「焉在」，餘本同藏本。藏本注上「人」字作「之」，莊本、集解本作「人」，今據改，景宋本、王溥本、朱本、葉本同藏本。

【箋釋】陳昌齊云：「其人在焉」當作「其人焉在」，故高注云「問作書之人何在」。○俞樾云：焉，猶乎也。儀禮喪服傳曰：「野人曰：父母何算焉？」禮記檀弓篇曰：「子何觀焉？」論語子路篇曰：「又何加焉？」皆是也。「其人在焉」，猶曰「其人在乎」？故桓公告之曰「已死矣」。莊子天道篇作「聖人在乎」，與此文異而義同。○王叔岷云：册府元龜引此正作「其人焉在」，與陳説合。○于大成云：景宋本注文「輪扁」二字到，莊本「之」作「人」，皆是也。此文當作「扁，輪人名」。如今本則義不可通。

〔五〕【許注】糟，酒滓也。粕，已漉之精也。

【箋釋】陶方琦云：莊子釋文引許注作「粕，已漉粗糟也。」今注「之精」二字即「粗糟」之譌。一切經音義三引作「已湑糟曰粕也」。湑即漉字，糟上敓一「粗」字，又倒易其文耳。説文：「糟粕，酒滓也。」釋名：「酒滓曰糟，浮米曰粕。」又大藏音義卷七十七、九十一引許注：「粕，已湑粗糟也。」○于省吾云：注「精」字乃「粗」字之譌，本應作「粕，已漉之粗也」。○何寧云：大藏音義九引許注「糟，酒滓，湑糟曰粕也。」七十七、九十二引作「糟，酒滓也；粕，已湑糟也」。皆不作「粗糟」。

〔六〕【箋釋】楊樹達云：説文：「艴，怒色也。」大徐音蒲没切，悖乃同音假借字。下文云「於是攸非教然瞋目」，教亦艴之借字。○何寧云：説文「艴」字注引論語「色艴如也」，今論語鄉黨作「勃」。又「孛」字注引論語「色孛如也」，楚策「王怫然作色」，本篇「攸非教然瞋目」，是艴、勃、孛、怫、教、悖並字異而義同。

〔七〕【用韻】「可、死」歌脂合韻。

〔八〕【版本】藏本「試」作「誠」，王溥本、王鎣本、朱本、葉本、汪本、張本、吴本、黄本、莊本、集解本作「試」，今據改，餘本同藏本。

〔九〕【許注】苦，急意也。

〔一〇〕【許注】甘，緩意也。

〔一一〕【版本】王溥本、王鎣本、茅本、葉本、汪本、張本、黄本、莊本、集解本「于」作「於」，餘本同藏本。

〔一二〕【版本】藏本「七」作「六」，除景宋本、葉本同藏本外，餘本均作「七」，今據改。

【箋釋】雙棣按：莊子天道篇亦作「七」。

【用韻】「臣、輪」真文合韻。

〔一三〕【版本】王溥本、王鎣本、汪本、吴本「窮」作「躬」，餘本同藏本。

〔一四〕【用韻】「死、在」脂之合韻。

〔一五〕【箋釋】雙棣按：此引老子曰，見老子第一章。

昔者，司城子罕相宋〔一〕，謂宋君曰：「夫國家之危安，百姓之治亂，在君行賞罰〔二〕。夫爵賞賜予，民之所好也，君自行之〔三〕；殺戮刑罰，民之所怨也，臣請當之〔四〕。」宋君曰：「善，寡人當其美，子受其怨，寡人自知不爲諸侯笑矣。」國人皆知殺戮之制，專在子罕也〔五〕，大臣親之，百姓畏之〔六〕。居不至期年，子罕遂劫宋君而專其政〔七〕。故老子曰：「魚不可脱于淵，國之利器不可以示人〔八〕。」

校釋

〔一〕【箋釋】楊樹達云：文本韓非子外儲説右下篇。又見韓詩外傳卷七及説苑君道篇。

〔二〕【版本】茅本、汪本、張本、黄本、莊本、集解本「危安」作「安危」，餘本同藏本。

【箋釋】俞樾云：「君」字衍文，涉下文「君自行之」而衍。此但言行賞罰，下乃分别言之曰：「夫爵賞賜予，民之所好也，君自行之；殺戮刑罰，民之所怨也，臣請當之。」若此文有「君」字，則下文不可通矣。○劉文典云：説苑君道篇作「國家之危定，百姓之治亂，在君行之賞罰也」，韓詩外傳七作「夫國家之安危，百姓之治亂，在君之行」，「在」下並有「君」字。俞謂「君」字爲衍文，失之。

〔三〕【箋釋】雙棣按：「爵賞」，韓非子外儲説右下作「慶賞」，二柄篇亦作「慶賞」，於義爲長。「慶賞」同義，下「賜予」亦同義，作爵賞似不類。

【用韻】「安、亂、罰」元月通韻。

【用韻】「予、好」魚幽合韻。

〔四〕【用韻】「罰、怨」月元通韻，「行、當」陽部。

〔五〕【版本】藏本「制專」誤倒，景宋本不倒，今據乙正，餘本同藏本。

【箋釋】吕傳元云：「專制」當作「制專」，猶言殺戮之制，子罕專之也。宋本作「制專」，韓詩外傳七作「國人知殺戮之刑，專在子罕也」，説苑君道篇作「刑戮之威，專在子罕也」。外傳作「刑專」，説苑作「威專」，亦足證此當作「制專」矣。○雙棣按：吕説是，今據宋本改，「制專」誤倒則於文義不通矣。

【用韻】「制、罕」月元通韻。

〔六〕【用韻】「親、畏」真微合韻。

〔七〕【箋釋】王念孫云：「却」當爲「劫」，字之誤也。韓詩外傳作「去」，「去」亦「劫」之誤，韓子外儲説右篇作「劫宋君而奪其政」，是其證。二柄篇又云：「宋君失刑，而子罕用之。故宋君見劫。」史記李斯傳亦云「司城子罕劫其君」，又説林篇「知己者不可誘以物，明於死生者不可却以危」，却亦當爲劫。繆稱篇曰：「有義者不可欺以利，有勇者不可劫以懼。」是其證。

【用韻】「年、政」真耕合韻。

〔八〕【箋釋】雙棣按：此引老子曰，見老子第三十六章。傅奕本「脱」作「侻」，帛書乙本作「説」，帛書甲本、河上本、王弼本作「脱」，與淮南同。帛書甲本、傅奕本「國」作「邦」，帛書乙本、河上本、王弼本作「國」，與淮南同。

【用韻】「淵、人」真部。

王壽負書而行，見徐馮於周〔一〕。徐馮曰：「事者，應變而動。變生於時，故知時者無常行〔二〕。書者，言之所出也。言出於知者〔三〕，知者［不］藏書。」於是，王壽乃焚書而舞之〔四〕。故老子曰：「多言數窮，不如守中〔五〕。」

校釋

〔一〕【許注】王壽，古好書之人。徐馮，周之隱者也。

【箋釋】俞樾云：韓非子喻老篇「周」下有「塗」字，是也。行而見之，則必在道塗之間，故曰「見徐馮於周塗」。周塗猶周道也。○陳奇猷與俞説同。○雙棣按：喻老篇「王壽負書而行，見徐馮於周塗，馮曰」云云，顧廣圻云：「周字絶字，讀當依淮南道應訓。塗字，淮南作『徐』，此文上『徐』下『塗』，未詳孰是。」王先慎云：「依淮南作徐爲是。『塗』爲『徐』字形近之誤，後人又加土於其下耳。」按：王説是，淮南不誤。王壽見徐馮於周，不必必在於路途之上，俞説牽强。

〔二〕【用韻】「動、行」東陽合韻。

〔三〕【箋釋】鄭良樹云：「知」下不當有「者」字，「言出於知」，與上文「變生於時」相對，韓非子喻老篇作「言生於知」，正無「言」字。○于大成云：文子道原篇用此文，亦無「者」字。

〔四〕【許注】自喜焚其書，故舞之也。

【版本】藏本「知者」下奪「不」字，今據王念孫校補，各本同藏本。

【箋釋】王念孫云：知者藏書，本作「知者不藏書」，與「知時者無常行」相對爲文，今本脱「不」字，則與上下文不相屬矣。太平御覽學部十三引此有「不」字，韓子喻老篇同。焚書而舞之，御覽引，「焚」下有「其」字，韓子同。據高注云「自喜焚其書，故舞之也」，則正文本有「其」字。○于大成云：文子道原篇「藏書」上有「非」字，則王校是也。又案：「知」下當有「言」字。「知言者不藏書」，與上「知時者無常行」相對爲文，北堂書鈔一百一引韓子有「言」字。又集證本於「知」上有「故」字，與上一例。○雙棣按：「知者」承上句「知者」爲言，不當有「言」字夾於「知」下。

【用韻】「書、舞」魚部。

〔五〕【箋釋】雙棣按：此引老子曰，見老子第五章。帛書甲、乙本皆作「多聞數窮，不若守於中」。河上本、王弼本、傅奕本與淮南同。文子道原篇「多言」亦作「多聞」。

【用韻】「窮、中」冬部。

令尹子佩請飲莊王〔一〕，莊王許諾〔二〕。子佩疏揖，北面立於殿下〔三〕，曰：「昔者，君王許之，今不果往〔四〕，意者臣有罪乎？」莊王曰：「吾聞子具於强臺，强臺者，南望料山，以臨方皇〔五〕，左江而右淮，其樂忘死〔六〕。若吾薄德之人，不可以當此樂也，恐留而不能反〔七〕。」故老子曰：「不見可欲，使心不亂〔八〕。」

校釋

〔一〕【許注】子佩，楚莊王之相。請飲，請置酒也。

【版本】莊本注無下「請」字。

〔二〕【箋釋】王念孫云：太平御覽人事部一百九引，「莊王許諾」下有「子佩具於京臺，莊王不往，明日」，共十二字。今本脱去，當補入。文選應璩與滿寵書注引此，子佩作子瑕，亦云「子瑕具於京臺，莊王不往」。京、强二字，古同聲而通用，故今本京臺作强臺。○于大成云：北堂書鈔八十五引此文，「莊王許諾」下亦有「子佩具，王不往」六字，文雖節略，而今本之有奪文則無疑。

〔三〕【許注】疏，徒跣也。揖，舉手也。

【箋釋】王念孫云：太平御覽人事部一百九引，正文「疏」作「跣」，與注「徒跣」合，當據改。○李哲明云：徒跣而揖，於理不合。疏揖即長揖。氾論篇「體大者節疏」注：「疏，長也。」是此「疏」字亦當訓「長」，於義爲適。○馬宗霍云：説文㐬部云：「疏，通也。从㐬从疋。疋亦聲。」「㐬」即「𠫓」之或體。𠫓者，不順忽出也。故疏引申之義爲疏解。疋者，足也。故疏又兼有足義。此注以徒跣釋之者，説文足部云：「跣，足親地也。」徒跣必解韤，正合「疏」之引申義。然則「疏」非誤字也。又案左氏哀公二十五年傳「褚師聲子韤而登席」，杜預注云：「古者見君解韤。」是徒跣爲古者人臣見君之禮。施之淮南本文，情事適符，故注釋「疏」爲「徒跣」矣。御覽引「疏」

作「跣」，蓋傳寫者不得「疏」字之解，涉注文以改正文，未足據。

〔四〕【許注】果，誠也。

【箋釋】陶方琦云：文選謝宣遠于安城答靈運詩注、繇欽與魏文帝箋注、魏文帝與鍾大理書注引許注：「果，誠也。」按，誠一本作成。論語「行必果」，皇疏引繆協注：「果，成也。」又大藏音義五十四引許注：「果，猶成。」

〔五〕【許注】料山，山名。方皇，水名也，一曰山名。

【版本】藏本注「料」下脱「山」字，王溥本、茅本、汪本、張本、黄本、莊本、集解本有「山」字，今據補，餘本同藏本。

【箋釋】莊逵吉云：料山，太平御覽引作「獵山」。◯劉文典云：文選應休璉與滿公琰書注引作「吾聞京臺者，南望獵山，北臨方皇」，又引高注云：「京臺，高臺也。方皇，大澤也。」與此注不合。蓋許、高二家之異。强臺，高本作京臺，京、强古音同字通。説苑正諫篇、家語辨政篇字又作「荊」，亦以同音通用。料山，高本及説苑作「獵山」。方皇，説苑作「方淮」。料、獵，皇、淮皆雙聲，古亦通用。◯王叔岷云：説苑正諫篇亦作「獵山」。◯于大成云：此下數句並見魏策，彼文作「以」，與此同，御覽引同。選注所引恐非其舊。

【用韻】「山、皇」元陽合韻。

〔六〕【箋釋】劉文典云：文選注引作「其樂忘歸」。◯于大成云：御覽引「死」亦是「歸」字。當是高本如此。然此用魏策文，彼文作「死」，與此同。則許本作「死」是也。説苑正諫篇亦云「其樂使人遺老忘死」。

【用韻】「淮、死」微脂合韻。

〔七〕【箋釋】劉文典云：文選注引作「恐流而不能自反」。○于大成云：御覽引「留」亦作「流」，高本也。留、流同音通用，謂流連也。

〔八〕【箋釋】雙棣按：此引老子曰，見老子第三章。今王弼本、傅奕本「使」下有「民」字，河上本無「民」字，與淮南同。帛書甲、乙本「使」下均有「民」字，無「心」字。

【用韻】「反、亂」元部。

晉公子重耳出亡，過曹，無禮焉〔一〕。釐負羈之妻謂釐負羈曰：「君無禮於晉公子，吾觀其從者，皆賢人也〔二〕，若以相夫子，反晉國，必伐曹，子何不先加德焉〔三〕？」釐負羈遺之壺餕而加璧焉〔四〕。重耳受其餕而反其璧。及其反國，起師伐曹，剋之，令三軍無人釐負羈之里〔五〕。故老子曰：「曲則全，枉則正〔六〕。」

校釋

〔一〕【許注】曹共公聞重耳駢脅，使袒而捕魚，設薄以觀之。

【版本】藏本注「祖」誤作「袒」，除葉本同藏本外，餘本均作「袒」，今據改。

【箋釋】劉績云：傳「曹共公聞其駢脅，欲觀其裸，浴，薄而觀之」，則非捕魚。薄，迫近也。○馬宗霍云：此事見左氏僖公二十三年傳。本文「曹」下更當重「曹」字，「曹無禮焉」，其義乃明。今本不重，寫者脱之也。注文與左傳異。傳云：「曹共公聞其駢脅，欲觀其裸，浴，薄而觀之。」不言「捕魚」，「薄」上無「設」字。孔穎達正義引晉語云：「曹共公聞其駢脅，欲觀其狀，止其舍，諜其將浴，設微薄而觀之。」此視内傳稍詳，且言「設薄」，然亦不言「捕魚」。惟吕氏春秋上德篇述此事作「曹共公視其駢脅，使袒而捕池魚」。本書人間篇作「晉公子重耳過曹，曹君欲見其駢脅，使之袒而捕魚」，皆言「捕魚」。但又不言「設薄」。然則此注「袒而捕魚」，蓋本之吕覽，「設薄以觀」，又本之國語。不用左傳也。○王叔岷云：「曹」下當更有「曹君」二字，文意乃明。史記管蔡世家作「晉公子重耳其亡，過曹，曹君無禮焉」，（敦煌本無「其」字。）正此文脱「曹君」二字之證。韓非子十過篇作「晉公子重耳出亡，過於曹，曹君袒裼而觀之」，本書人間篇作「晉公子重耳過曹，曹君欲見其骿脇」，亦並有「曹君」二字。晉語十作「自衛過曹，曹共公亦不禮焉」，曹君即曹共公也。○雙棣按：吕氏春秋上德篇云：「曹共公視其駢脅，使袒而捕池魚。」本書人間篇云：「曹君欲見其駢脅，使之袒而捕魚。」許注蓋本於此，然其「設薄」之説，不知何據。

〔二〕【許注】從者，狐偃、趙衰之屬也。

〔三〕【用韻】「子、國、德」之職通韻。

〔四〕【箋釋】楊樹達云：餕爲食之餘。禮記曲禮云「餕餘不祭」是也。此餕當讀爲飧，以音近假借耳。左傳僖公二十三年云：「乃饋盤飧，寘璧焉，公子受飧反璧。」字作「飧」。

〔五〕【用韻】「國、剋、里」職之通韻。

〔六〕【版本】藏本「正」作「直」，景宋本、浙局莊本作「正」，今據改，餘本同藏本。【箋釋】王引之云：道藏本「正」作「直」，乃淺人以今本老子改之也。唐傅奕校定古本老子及邢州龍興觀碑並作「枉則正」，（見王氏金石萃編。）與窪則盈、敝則新爲韻，（古音正盈在耕部，新在真部。周易、管子、老子、莊子、楚詞多以二部合韻。）然則淮南所引作「正」，乃老子原文，未可以今本改之也。○雙棣按：此引老子曰，見老子第二十二章。王説「直」作「正」是也。帛書乙本亦作「正」，甲本作「定」，實亦「正」字之借。後人習於枉直之對，而改「正」爲「直」。正、直同義，鬼谷子磨篇：「正者，直也。」廣雅釋詁：「直，正也。」

越王句踐與吴戰而不勝，國破身亡，困於會稽。忿心張膽，氣如涌泉，選練甲卒，赴火若滅〔一〕，然而請身爲臣，妻爲妾，親執戈爲吴兵先馬走〔二〕，果擒之於干遂〔三〕。故老子曰：「柔之勝剛也，弱之勝强也，天下莫不知，而莫之能行〔四〕。」越王親之，故霸中國〔五〕。

校釋

〔一〕【用韻】「泉、滅」元月通韻。

〔二〕【許注】先馬，走先馬前。

【版本】茅本、汪本、張本、黄本、莊本、集解本此注在下文「干遂」下，且「前」字下有「而走也」三字，餘本同藏本。

【箋釋】王念孫云：爲吴兵先馬走，當作「爲吴王先馬」。今本「吴王」作「吴兵」，涉下文「襄子起兵」而誤，其「走」字則涉注文而衍也。據注云「先馬（句），走先馬前」，（道藏本、劉本、朱本並同，茅本於此下加「而走也」三字，蓋以「先馬走」絶句故也，莊本同。）則正文無走字明矣。爲吴王先馬，即上文所謂身爲臣也。若作「吴兵」，則非其指矣。越語曰：「其身親爲夫差前馬。」韓子喻老篇曰：「身執戈爲吴王洗馬。」（先、洗古字通。）皆其證。○雙棣按：王説是，「吴兵」當作「吴王」。

〔三〕【版本】藏本「干」誤作「千」，除景宋本、葉本同藏本外，餘本均作「干」，今據改。

〔四〕【箋釋】雙棣按：此引老子曰，見老子第七十八章。今王弼本無兩「也」字、「而」字及「莫」下「之」字，且「弱之勝强」在「柔之勝剛」上。傅奕本與淮南同，惟無兩「也」字。帛書乙本有兩「也」字，與淮南同，然「柔」字作「水」，「不」字作「弗」，兩「勝」字借用「朕」。

【用韻】「剛、强、行」陽部。

〔五〕【箋釋】許建平云：戰國策秦策二「寡人不佞，不能親國事也」高注：「親，知也。」吕氏春秋長見「三年而知鄭國之政也」高注：「知，爲也。」是親即爲也，爲與行同義，此「越王親之」之「親」當釋作「爲、行」。○雙棣按：「親」爲動詞，義爲躬親，親自參與、親自處理也。詩小雅節南山「弗躬弗親」即此義，僅未帶賓語。吕氏春秋孟春：「善相丘陵阪險原隰，土地所宜，五穀所殖，以教導民，必躬親之。」察賢：「宓子賤治單父，彈鳴琴，身不下堂而單父治。巫馬期以星出，以星入，日夜不居，以身親之，而單父亦治。」漢書史丹傳：「元帝被疾，不親政事，留好音樂。」谷永傳：「起居有常，循禮而動，躬親政事，致行無倦，安服若性。」以上數例，均帶賓語，與此處義同。不必如許氏展轉爲訓。

趙簡子死，未葬，中牟入齊〔一〕。已葬五日，襄子起兵攻圍之，未合而城自壞者十丈〔二〕。襄子擊金而退之〔三〕。軍吏諫曰：「君誅中牟之罪，而城自壞〔四〕，是天助我，何故去之？」襄子曰：「吾聞之叔向曰：『君子不乘人於利，不迫人於險。』使之治城，城治而後攻之〔五〕。」中牟聞其義，乃請降。故老子曰：「夫唯不争，故天下莫能與之争〔六〕。」

校　釋

〔一〕【許注】中牟自入臣於齊也。

【用韻】「死、齊」脂部。

〔二〕【箋釋】王念孫云：此當作「襄子起兵攻之（句），圍未帀，而城自壞者十丈」。今本「之圍」二字誤倒，則文不成義。太平御覽兵部四十九引此不誤。韓詩外傳作「襄子興師而攻之，圍未帀而城自壞者十丈」，新序親事篇作「襄子率師伐之，圍未合而城自壞者十堵」。○于大成云：王校是也。通鑑外紀十作「襄子興師攻之，圍未合，而城自壞者十堵」。蓋參用韓詩外傳與新序文也。

〔三〕【許注】軍法，鼓以進衆，鉦以退之。

【箋釋】于省吾云：文選東京賦：「司鐸授鉦。」薛注：「鉦，鐸，所以爲軍節。」按：鉦即句鑃，即大鐸也。郤鍇尹句鑃作征城，余冉鉦作鉦鍼。

〔四〕【用韻】「罪、壞」微部。

〔五〕【箋釋】于大成云：御覽引「城治」作「城成」，通鑑外紀同，亦當用淮南文也。則淮南古本下「治」字作「成」。今本作「治」者，涉上「治」字而誤。

【用韻】「城、攻」耕東合韻。

〔六〕【箋釋】雙棣按：此引老子曰，見老子第二十二章。帛書甲、乙本均無「天下」二字。

秦繆公謂伯樂曰〔一〕：「子之年長矣，子姓有可使求馬者乎〔二〕？」對曰：「良馬者，可以形容筋骨相也。相天下之馬者，若滅若失，若亡〔三〕其一〔四〕，若此馬者，絶塵弭徹〔五〕。臣之子，皆下材也〔六〕，可告以良馬，而不可告以天下之馬。臣有所與供儋纆采薪者九方堙〔七〕，此其於馬，非臣之下也〔八〕。請見之。」穆公見之，使之求馬。三月而反，報曰：「已得馬矣，在於沙丘。」穆公曰：「何馬也？」對曰：「牡而黃。」使人往取之，牝而驪。穆公不説，召伯樂而問之曰：「敗矣！子之所使求者〔九〕。毛物牝牡弗能知〔一〇〕，又何馬之能知？」伯樂喟然大息曰：「一至此乎？是乃其所以千萬臣而無數者也。若堙之所觀者，天機也。得其精而忘其粗，在其内而忘其外〔一一〕，見其所見而不見其所不見，視其所視而遺其所不視。若彼之所相者，乃有貴乎馬者〔一二〕。」馬至，而果千里之馬。故老子曰：「大直若屈，大巧若拙〔一三〕。」

校釋

〔一〕【版本】藏本「謂」作「請」，王溥本、王鎣本、朱本、葉本、張本、吴本、黄本、莊本、集解本作「謂」，今據改，餘本同藏本。

〔二〕【許注】子姓，謂伯樂子。

【箋釋】雙棣按：許注「子姓」爲伯樂子，是據下文爲説。禮記喪大記「卿大夫父兄子姓」，鄭玄注：「子姓，謂衆子孫也。」儀禮特牲饋食禮「子姓兄弟如主人之服」，鄭玄注：「言子姓者，子之所生。」

〔三〕【許注】若滅，其相不可見也。若失，乍入乍出也。若亡，髣髴不及也。

〔四〕【箋釋】王引之云：此當以「若亡其一」爲句，莊子徐無鬼篇「天下馬有成材，若卹若失，若喪其一」，陸德明曰：「言喪其耦也。」齊物論篇「嗒焉似喪其耦」，司馬彪云：「耦，身也。身與神爲耦。」此言「若亡其一」，亦謂精神不動，若亡其身也。高讀至「若亡」爲句，則「其一」二字，上下無所屬矣。且一與失、徹爲韻，如高讀，則失其韻矣。○于鬯云：列子説符篇作「若滅若没，若亡若失」。○劉文典云：王説是也。列子説符篇作「若滅若没，若亡若失」，亦以「没、失、轍」三字爲韻，四字爲句，足爲王説之一證。又案：「天下之馬」與上句「良馬」相對爲文，所謂「若滅若失，若亡其一」，乃指馬言，非指相馬言也。「天下之馬」上不當有「相」字。莊子徐無鬼篇、列子説符篇「天下馬」上並無「相」字，是其證矣。○何寧亦謂「相」字衍，與劉説同。

〔五〕【用韻】「失、一」質部。

【許注】絶塵，不及也。弭徹，引迹疾也。

【版本】王溥本、王鎣本、朱本、葉本、汪本、張本、黄本、莊本、集解本正文及注「徹」作「轍」，餘本同藏本。

【箋釋】雙棣按：「徹、轍」古今字。段玉裁云：「古有徹無轍。」

〔六〕【版本】藏本「材」誤作「林」，各本均作「材」，今據改。

【用韻】「子、材」之部。

〔七〕【許注】纏，索也。九方堙，人姓名也。

【箋釋】王念孫云：「供」當爲「共」，此因「儋」字而誤加人旁也。蜀志郤正傳注引此，正作「共」。列子説符篇同。纏字之義，諸書或訓爲繞，（説文。）或訓爲束，（廣雅。）無訓爲索者。「纏」當爲

「纆」，字之誤也。説文作「纆」，云：「索也。」字或作「纆」。坎上六：「係用徽纆。」馬融曰：「徽纆，索也。」劉表曰：「三股曰徽，兩股曰纆。」故高注云：「纆，索也。」若作「儋纏」，則義不可通矣。列子及郤正傳注、白帖九十六，「纆」字亦誤作「纏」，蓋世人多見「纏」，少見「纆」，故傳寫多誤耳。（管子乘馬篇「鎌纆得入焉」，今本「纆」字亦誤作「纏」，唯宋本不誤。韓子説疑篇「或在囹圄縲紲纆索之中」，今本亦誤作「纏」。）唯道藏本列子釋文作「纆」，音墨，足正今本之誤。

〔八〕【用韻】「馬、馬、馬、下」魚部。

〔九〕【箋釋】王念孫云：「求」下脱「馬」也，郤正傳注及白帖引此，並有「馬」字，列子同。○吕傳元云：列子説符篇文及蜀志郤正傳注引皆作「牝而黄」、「牡而驪」。

〔一〇〕【箋釋】楊樹達云：毛謂純色，物謂雜色。文公十三年公羊傳云：「羣公不毛。」何注云：「不毛，不純色。」周禮地官牧人云：「凡陽祀用騂牲，毛之；陰祀用黝牲，毛之；望祀各以其方之色，毛之。凡外祭毁事，用尨可也。」鄭注云：「毛之，取純色也。尨謂雜色不純也。」此毛爲純色也。詩小雅無羊云：「三十維物，爾牲則具。」毛傳云：「異毛色者三十也。」僚友王君静安據詩及甲文之「勿牛」撰釋物篇，謂物之本訓當爲雜色牛，引申之因謂雜帛爲物，其義甚碻。此物爲雜色也。淮南云「毛物牝牡弗能知」，牝牡對文，毛物亦對文也。淮南以毛物爲對文，猶之周禮以毛尨爲對文矣。又按甲文有⿰糸勿字，乃「雜帛爲物」物之本字。○雙棣按：物之本義爲雜色牛，引申之義則爲動物之毛色。周禮春官雞人「雞人掌供雞牲，辨其物」，鄭玄注：「物謂毛色也。」穆天子傳

「收皮效物」，郭璞注：「物謂毛色也。」再引申則爲色。此文「毛物」即指馬之毛色，無論純雜也。何寧説同。

〔一〕【版本】藏本「在」下脱「其」字，景宋本有「其」字，今據補，餘本同藏本。

【箋釋】王念孫云：「在」下本有「其」字，後人以意删之也。爾雅曰：「在，察也。」察其内即得其精也。忘其外即忘其粗也。後人不知「在」之訓爲察，故删去其字耳。郤正傳注引此，正作在其内而忘其外，列子同。白帖引作「見其内而忘其外」，雖改「在」爲「見」，而其字尚存。

〔二〕【用韻】「相、馬」陽魚通韻。

〔三〕【箋釋】雙棣按：此引老子曰，見老子第四十五章。傅奕本及帛書甲本「屈」作「詘」，帛書甲本兩「若」字作「如」。

【用韻】「屈、拙」物部。

吴起爲楚令尹，適魏，問屈宜若〔一〕曰：「王不知起之不肖，而以爲令尹。先生試觀起之爲人也〔二〕。」屈子曰：「將柰何？」吴起曰：「將衰楚國之爵而平其制禄，損其有餘而綏其不足〔三〕，砥礪甲兵，時争利於天下〔四〕。」屈子曰：「宜若聞之，昔善治國家者，不變其故，不易其常〔五〕。今子將衰楚國之爵而平其制禄，損其有餘而綏其不足〔六〕，是變其故，易其常也〔七〕。行之者不利。宜若聞之曰：『怒者，逆德也；兵者，凶器也〔八〕；争者，人之所本也〔九〕。』今子陰謀逆德，好用凶器，始人之所本〔一〇〕，逆之至也〔一一〕。且子用魯兵，不宜得志於齊，而得志焉〔一二〕。子用魏兵，不宜得志於秦，而得志焉〔一三〕。宜若聞之，非禍人，不能成禍〔一四〕。吾固惑吾王之數逆天道，戾人理，至今無禍，差須夫子也〔一五〕。」吴起惕然曰：「尚可更乎？」屈子曰：「成刑之徒，不可更也〔一六〕。子不若敦愛而篤行之〔一七〕。」故老子曰：「挫其鋭，解其紛，和其光，同其塵〔一八〕。」

校釋

〔一〕【許注】屈宜若，楚大夫亡在魏者也。

【版本】茅本、汪本、張本、黄本、莊本、集解本此注在下文「曰」字下。

【箋釋】王念孫云：此許注也。宜若當爲宜咎，字之誤也。（隸書「咎」字或作「**咎**」，與「若」相似。）史記六國表、韓世家並作宜臼，集解引淮南許注云：「屈宜臼，楚大夫亡在魏者也。」正與此注同。説苑指武篇亦作屈宜臼，權謀篇作屈宜咎，是「臼、咎」古字通。屈宜臼之爲宜咎，亦猶平王宜臼之爲宜咎矣。（晉語及小雅小弁傳、白華箋，並作宜咎。）○陶方琦與王説同。

〔二〕【箋釋】王念孫云：「爲人」本作「爲之」，此後人以意改之也。「爲之」，謂爲楚國之政也。下文「將衰楚國之爵而平其制禄」云云，正承此句言之。若作「爲人」，則與上下文全不相涉矣。説苑指武篇正作「爲之」。

〔三〕【箋釋】吴闓生云：衰，差也。綏，疑緩誤。○于省吾云：衰謂等衰。綏讀如字不詞，應讀作委。禮記明堂位「夏后氏之綏」注：「綏當爲緌。」禮記雜記「以其綏復」注：「綏當爲緌。」疏：「但經中綏字絲旁者著妥，其音雖，訓爲委。」均其證也。齊策「願委之於子」注：「委，付也。」此言損其有餘而付其不足也。○馬宗霍云：衰引申爲等衰，由等衰之義而廣之，則又爲小，爲微，爲減，爲殺。此衰字當取減殺之義。又爾雅釋詁云：「綏，安也。」説文手部「撫」亦訓「安」，故綏之義又通於撫。廣雅釋言：「綏，撫也。」此綏字亦當取安撫之義。○吕傳元云：「綏」字當爲「繼」字之訛也。「繼不足」猶補不足也。若作「綏」，便文不成義矣。説苑指武篇正作「損其餘而繼其不足」。

〔四〕【版本】藏本「礪」作「礦」，各本均作「礪」。（蔣刊道藏輯要本亦作「礪」。）今據改。

【用韻】「禄、足」屋部。

【箋釋】王念孫云：「時」上當有「以」字，謂因時而動，與天下争利也。脱去「以」字，則文義不明。説苑有「以」字。○馬宗霍云：莊子齊物論「見卵而求時夜」，陸德明釋文引崔譔云：「時夜，司夜。」則「時」古與「司」通。廣雅釋言：「時，伺也。」説文無伺字，古即假「司」爲之。慧苑華嚴經音義卷三離世閒品之六伺其過失條引「玉篇曰：『伺，候也。』方言曰：『伺，視也。自關而北，凡竊相視謂之伺也。』」候視有待時之意，亦即時之引申義。此「時」字，蓋亦謂伺時而動以争利於天下也。王念孫據説苑，謂「時上當有以字，脱去以字則文義不明」。余謂讀時爲伺，其義自見，不必加「以」字。

〔五〕【用韻】「兵、下」陽魚通韻。

〔六〕【用韻】「家、故、常」魚陽通韻。

〔七〕【用韻】「禄、足」屋部。

〔八〕【用韻】「故、常」魚陽通韻。

〔九〕【用韻】「怒、兵」魚陽通韻，「德、器」職質合韻。

【箋釋】俞樾云：「本」字無義，乃「去」字之誤。下文「始人之所本，逆之至也」，説苑指武篇作「殆人所棄，逆之至也」。彼作「棄」，此作「去」，文異而義同。惟「始」字亦不可通，説苑作「殆」，尤爲無義。「始」乃「治」字之誤。吴起欲砥礪甲兵，故屈子以爲治人所去，言取人之所去者而治之也。文子下德篇作「治人之亂，逆之至也」，「治」字不誤，可據以訂正。○于鬯云：「本」疑當作「否」，形近之誤。下文「始人之所本」，「始」讀爲「治」，言治人之所否也。○何寧云：俞、于二説未安。疑「本」字乃「末」字之誤。國語越語下「夫勇者逆德也，兵者凶器也，争者事之末也。陰謀逆德，好用凶器，始于人者，人之所卒也」，此淮南所本。史記主父偃傳亦云「且夫怒者逆德也，兵者凶器也，争者末節也」，是其明證。又吕氏春秋先己篇「當今之世，巧謀並行，詐術遞用，攻戰不休，亡國辱主愈衆，所事者末也」，以攻戰爲末。尉繚子兵令上云「兵者凶器也，争者逆德也，事必有本，故王者伐暴亂，本仁義焉」，仁義、兵争對舉，以仁義爲本，亦以兵争爲末。

越語「人之所卒」，卒猶末也。下文「始人之所本」，故注云「末者，謂兵争也。」今本「末」亦誤爲「本」，義相反矣。

〔一〇〕【許注】本者，謂兵争也。

【版本】茅本、汪本、莊本、集解本此注在下文「逆之至也」下。

〔一一〕【用韻】「器、至」質部。

〔一二〕【許注】吴起爲魯將，伐齊，敗之。

【版本】張本、黄本、莊本、集解本注無「吴」字，餘本同藏本。藏本注無「魯」字，張本、黄本、莊本、集解本注有，今據補，餘本同藏本。

〔一三〕【許注】吴起爲魏西河守，秦兵不敢東下也。

【版本】張本、黄本、莊本、集解本注無「吴」字，餘本同藏本。

〔一四〕【箋釋】陶鴻慶云：「『禍人』二字不辭，疑本作『禍非人，不能成』，以『人、成』爲韻也。文子下德篇亦作『非禍人，不能成禍』，然下文云『不如挫其鋭，解其紛，和其光，同其塵』，以『人、成』與『紛、塵』爲韻，可知今本文子與淮南並誤也。蓋因句首二字傳寫誤倒，後人乃於句末增『禍』字以成義耳。詮言訓云：『禍之至也，非其求所生，故窮而不憂；福之至也，非其求所成，故通而無矜。』人間訓云：『夫禍之來也，人自生之；福之來也，人自成之。』並與此文異而義同。」○雙棣按：陶説非是，淮南不誤。吕氏春秋貴卒篇謂吴起令貴人往實廣虚之地，皆甚苦之。荊王死，貴人皆來，相與射吳起，吳起死矣。韓非子和氏篇云：「吳起教楚悼王以楚國之俗曰：『大臣太重，封君太衆，若此則上偪主而下虐民，此貧國弱民之道也，不如使封君之子孫三世而收其爵禄，絶滅（陳奇猷謂當作裁減）百吏之禄秩，損不急之枝官，以奉選練之士。』悼王行之期年而薨矣，吳起枝解於楚。」此言「禍人」，蓋謂衰楚國之爵而平其制禄，損其有餘而綏其不足。吳起爲此必招致殺身之禍。反言之，不禍人，則不招禍及身也。

〔一五〕【許注】差須，猶意須也。

【版本】張本、黄本注「意須」作「少待」，餘本同藏本。

【箋釋】俞樾云：此本作「嗟（句）！須夫子也。」嗟乃歎辭。説苑指武篇作「嘻！且待夫子也」，是其證也。嗟字闕壞，高注遂以「差須」連讀，而釋之曰「猶意須也」，失之甚矣。○吕傳元云：俞説是非互見。差、嗟，古字通。毛詩「穀旦于差」，釋文云：「韓詩作嗟。」是差、嗟古字通之證。高注兩「須」字涉正文而衍，當作「差，猶意也」，「意」即「噫」字。禮檀弓曰「噫」，釋文云：「噫，本又作意。」俞氏蓋未細審耳。

【用韻】「理、子」之部。

〔一六〕【許注】成刑之徒，刑禍已成於衆。

【版本】藏本「刑」作「形」，景宋本、茅本、葉本作「刑」，（蔣刊道藏輯要本亦作「刑」。）今據改，餘本同藏本。王溥本、汪本、莊本、集解本注「刑」均作「形」。

〔一七〕【箋釋】呂傳元云：「愛」當作「處」，與「行」對文也。作「愛」無義，蓋形近致誤。説苑指武篇正作「敦處而篤行之」。

【用韻】「更、行」陽部。

〔一八〕【版本】藏本無「故」字，王鎣本、朱本（挖補）、吴本有，今據補，餘本同藏本。

【箋釋】雙棣按：此引老子曰，見老子第四章，又見第五十六章。王弼本五十六章「紛」作「分」，帛書乙本（四章）作「芬」，景龍碑本作「忿」，蓋紛、分、芬皆忿之借字。

【用韻】「紛、塵」文真合韻。

晉伐楚，三舍不止。大夫請擊之〔一〕。莊王曰：「先君之時，晉不伐楚，及孤之身，而晉伐楚，是孤之過也。若何其辱羣大夫〔二〕？」曰〔三〕：「先臣之時，晉不伐楚，今臣之身，而晉伐楚，此臣之罪也。請王擊之〔四〕。」王俛而泣涕沾襟，起而拜君大夫〔五〕。晉人聞之曰：「君臣争以過爲在己，且輕下其臣，不可伐也〔六〕。」夜還師而歸。故老子曰：「能受國之垢，是謂社稷主〔七〕。」

校釋

〔一〕【用韻】「止、之」之部。

〔二〕【用韻】「楚、楚、夫」魚部。

〔三〕【箋釋】陳昌齊云：楚檮杌載此段，「羣大夫」下有「大夫」二字。○于鬯云：「羣大夫」下似當疊「羣大夫」三字，或下文「羣大夫」三字在此。○楊樹達云：「曰」上當有「大夫」二字。此文當以「若何其辱羣大夫」七字爲句。新序雜事四云「如何其辱諸大夫也。大夫曰」云云，是其證也。○王叔岷與楊説同。

〔四〕【版本】藏本「王」作「三」，景宋本作「王」，（蔣刊道藏輯要本亦作「王」。）今據改，餘本同藏本。【箋釋】莊逵吉云：太平御覽引，無「三」字。○陳昌齊云：楚檮杌載此段，「三」作「王」。○陶鴻慶云：此文疑本作「三請擊之」，言大夫請擊之者三也。太平御覽引無「三」字，蓋引之而不備耳。○楊樹達云：「三」字當衍，新序無「三」字。

〔五〕【版本】王溥本、王鎣本、朱本、茅本、張本、汪本、莊本、集解本「君」作「羣」，景宋本、葉本同藏本。【箋釋】于大成云：御覽三百五引「君」作「羣」，新序雜事四作「諸」，通鑑外紀六同。諸猶羣也。君亦古通羣。荀子王制篇「君者，善羣也」，又君道篇「君者何也？曰：能羣也」，白虎通號篇「君之爲言羣也」，爾雅釋詁疏引白虎通云「君，羣也。羣下之所歸心也」，淮南兵略篇「上下一心，君臣同力」，文子上義篇「君」作「羣」，文子上仁篇「君臣相怨」，治要引「君」作「羣」，文子道德篇「君必執一，而後能羣矣」「羣」亦「君」字。劉績改「君」爲「羣」，而諸本从之，未達假借之恉。

〔六〕【箋釋】于大成云：此文「輕」上奪「君」字，新序作「且君下其臣」，通鑑外紀作「君能下其臣」，並有「君」字，無「君」字義不可通。

〔七〕【版本】藏本無「故」字，王鎣本、朱本、吴本有，今據補，餘本同藏本。

【箋釋】雙棣按：此引老子曰，見老子第七十八章。今王弼本、河上本無「能」字，傅奕本，帛書甲、乙本無「能」字而「社稷」下有「之」字。帛書「垢」作「訽」，甲本「國」作「邦」。

【用韻】「垢、主」侯部。

宋景公之時，熒惑在心〔一〕。公懼，召子韋而問焉〔二〕，曰：「熒惑在心，何也？」子韋曰：「熒惑，天罰也；心，宋分野〔三〕，禍且當君。雖然，可移於宰相。」公曰：「宰相，所使治國家也，而移死焉，不祥〔四〕。」子韋曰：「可移於民。」公曰：「民死，寡人誰爲君乎，寧獨死耳〔五〕。」子韋曰：「可移於歲。」公曰：「歲，民之命。歲饑，民必死矣〔六〕。爲人君而欲殺其民以自活也，其誰以我爲君者乎？是寡人之命固已盡矣，子韋無復言矣〔七〕。」子韋還走，北面再拜，曰：「敢賀君！天之處高而聽卑。君有君人之言三，天必有三賞君〔八〕。今夕星必徙三舍，君延年二十一歲。」公曰：「子奚以知之？」對曰：「君有君人之言三，故有三賞，星必三徙舍。舍行七里，三七二十一，故君移年二十一歲〔九〕。臣請伏於陛下以司之〔一〇〕，星不徙，臣請死之。」公曰：「可。」是夕也，星果三徙舍〔二〕。故老子曰：「能受國之不祥，是謂天下王〔三〕。」

校釋

〔一〕【箋釋】楊樹達云：文本吕氏春秋制樂篇。○于大成云：史記宋微子世家此事在景公三十七年「楚惠王滅陳」下，十二諸侯年表同。考左氏傳，楚滅陳在哀公十七年秋七月。魯哀公十七年，當宋景公三十九年，則史記作三十七者誤也。

〔二〕【許注】子韋，司星者也。

〔三〕【許注】宋之分野，上屬房、心之星。

〔四〕【用韻】「相、家、祥」陽魚通韻。

〔五〕【版本】藏本脱「子韋曰可移於民公曰民死寡人誰爲君乎寧獨死耳」二十一字，各本均有，今據補。

【箋釋】王叔岷云：吕氏春秋制樂篇、新序雜事四、論衡變虚篇「誰」上並有「將」字，於義爲長。○雙棣按：吕覽制樂篇亦有「移於民」句。

〔六〕【用韻】「饑、死」微脂合韻。

〔七〕【箋釋】王念孫云：「韋」字因上下文而衍，吕氏春秋制樂篇、新序雜事篇、論衡變虚篇皆作「子無復言矣」，無「韋」字。

〔八〕【箋釋】王念孫云：次句「有」字，因下文「故有三賞」而衍，吕氏春秋、新序、論衡皆作「天必三賞君」，無「有」字。○雙棣按：君人之言，吕氏春秋作「至德之言」。

〔九〕【箋釋】王念孫云：「七里」當爲「七星」，字之誤也。古謂二十八宿爲二十八星。七星，七宿也。吕氏春秋、新序、論衡皆作「舍行七星」。又新序、論衡「舍行七星」下，皆有「星當一年」四字，於義爲長。舍行七星，三舍則行二十一星，星當一年，故延年二十一歲也。吕氏春秋亦云「星一徙當七年」。○楊樹達云：吴檢齋云：「移即延也。」按：移延歌寒對轉，古移施二字音同通作，（禮記大傳云：「絶族無移服。」釋文云：「移本作施。」）施延則通訓也。○雙棣按：吕氏春秋用「延」字。

〔一〇〕【版本】王溥本、王鎣本、朱本、茅本、汪本、張本、吴本、黄本、莊本、集解本「司」作「伺」，景宋本、葉本同藏本。

〔一一〕【箋釋】雙棣按：説文無「伺」字，古伺候字皆以「司」爲之。王念孫已有説。

〔一二〕【用韻】「夕、舍」鐸魚通韻。

〔一三〕【箋釋】雙棣按：此引老子曰，見老子第七十八章。今王弼本無「能」字、「之」字。傅奕本，帛書甲、乙本無「能」字，「王」上有「之」字。帛書甲本「國」作「邦」。

【用韻】「祥、王」陽部。

昔者，公孫龍在趙之時，謂弟子曰：「人而無能者，龍不能與遊。」有客衣褐帶索而見曰：「臣能呼。」公孫龍顧謂弟子曰：「門下故有能呼者乎？」對曰：「無有。」公孫龍曰：「與之弟子之籍。」後數日，往説燕王，至於河上，而航在一汜〔一〕。使善呼者呼之〔二〕，一呼而航來。故曰聖人之處世不逆有伎能之士〔三〕。故老子曰：「人無棄人，物無棄物，是謂襲明〔四〕。」

校釋

〔一〕【許注】汜，水涯也。

【版本】莊本、集解本注「涯」作「厓」，餘本同藏本。

【箋釋】劉文典云：「『一』，北堂書鈔百三十八、御覽七百七十引，並作『北』。藝文類聚七十一作『水』。」○馬宗霍云：説文水部云：「汜，水别復入水也。一曰汜，窮瀆也。」「涘，水厓也。」本注訓「汜」爲「水厓」，則正文之「汜」，蓋「涘」之借字。「航在一汜」，猶言航在彼一厓。詩秦風蒹葭「在水一方」鄭箋云：「乃在大水之一邊。」一厓亦猶水之一邊也。凡據此方而指彼一方，古多以「一」言之，今語猶然。史記扁鵲傳「視見垣一方人」，司馬貞索隱曰：「方猶邊也。言能隔牆見彼邊之人。」即「一」得訓「彼」之證。蓋惟航在彼厓，故須善呼者呼之而後來耳。御覽七百七十引此文作「而航在北」，類聚七十一引作「而航在水汜」，疑校者不知「一」有「彼」義而妄改之，不足據也。○蔣禮鴻云：「北」字是。燕在河北，故須呼北氾之航。藝文類聚作「水」，即「北」字形近之誤。此作「一」，涉下文「一呼」而誤也。○何寧云：馬説是也。唐本玉篇舟部引作「公孫龍將渡河而航在一氾」，蓋約引，而作「一氾」同今本。

〔二〕【版本】藏本「善」下脱「呼者」二字，張本、黄本、莊本、集解本有，今據補，餘本同藏本。

【箋釋】陳昌齊云：「使善呼之」，藝文類聚作「使善呼者呼之」，御覽作「使客呼之」。今本有脱文。

〔三〕【箋釋】王念孫云：「故」下「曰」字，因下文「故老子曰」而衍。此因述公孫龍納善呼者一事，而言聖人不棄伎能之士，非引古語爲證，不當有「曰」字。下文「故老子曰」云云，方引老子之言以證之耳。下文曰：「故伎無細而能無薄，在人君用之耳。」（今本「故」下有「曰」字，誤與此同。）又曰：「故人主之嗜欲見於外，則爲人臣之所制。」又曰：「故周鼎著倕而使齕其指，先王以見大巧之不可爲也。」又曰：「故大人之行，不掩以繩，至所極而已矣。」其下皆引書爲證，與此文同一例，而「故」下皆無「曰」字。

【用韻】「氾、之、來、士」之部。

〔四〕【箋釋】雙棣按：此引老子曰，見老子第二十七章。今王弼本、河上本作「是以聖人常善救人，故無棄人；常善救物，故無棄物；是謂襲明」，傅奕本與之大同，唯兩「故」下有「人」字、「物」字。帛書本無「常善救物」等字，「無棄人、無棄財」相接，與淮南相近。

子發攻蔡，踰之〔一〕。宣王郊迎，列田百頃而封之執圭〔二〕。子發辭不受，曰：「治國立政，諸侯入賓〔三〕，此君之德也；發號施令，師未合而敵遁〔四〕，此將軍之威也〔五〕；兵陳戰而勝敵者，此庶民之力也〔六〕。夫乘民之功勞而取其爵禄者，非仁義之道也〔七〕。」故辭而弗受〔八〕。故老子曰：「功成而不居，夫唯不居，是以不去〔九〕。」

校釋

〔一〕【許注】子發，楚宣王之將軍。踰，越，勝之也。

【版本】莊本、集解本注無「軍」字，景宋本、王溥本、朱本、茅本、葉本、汪本同藏本。

〔二〕【許注】楚爵功臣賜以圭，謂之執圭。比附庸之君也。

【箋釋】楊樹達云：國策楚策曰：「莊辛謂楚襄王曰：『夫黄鵠其小者也，蔡聖侯之事因是已。南游乎高陂，北陵乎巫山，飲茹谿流，食湘波之魚，左抱幼妾，右擁嬖女，與之馳騁乎高蔡之中，而不以國家爲事，不知夫子發方受命乎宣王，繫己以朱絲而見之也。』」荀子彊國篇云：「子發將，西伐蔡，克蔡，獲蔡侯。」按：蔡侯見俘，當有面縛銜璧之事，故莊辛云繫蔡侯以朱絲而見宣王。淮南不云獲蔡侯，二書可以補明之。

〔三〕【用韻】「政、賓」耕真合韻。

〔四〕【版本】藏本「遁」作「循」，各本均作「遁」，今據改。

〔五〕【用韻】「遁、威」文微通韻。

〔六〕【用韻】「敵、力」錫職合韻。

〔七〕【版本】藏本「勞」作「榮」，除葉本作「業」外，各本均作「勞」，今據改。藏本無「非」字，景宋本、王溥本、王鎣本、朱本、茅本、汪本、張本、黄本、莊本、集解本有「非」字，今據補，葉本同藏本。景宋本無「者」字。

〔八〕【用韻】「道、受」幽部。

〔九〕【箋釋】雙棣按：此引老子曰，見老子第二章。帛書本及景龍碑本「功成」作「成功」，帛書本三「不」字皆作「弗」（甲本脱一「弗」字）。傅奕本「居」作「處」。

【用韻】「居、居、去」魚部。

晉文公伐原〔一〕，與大夫期三日。三日而原不降，文公令去之。軍吏曰：「原不過一二日將降矣〔二〕。」君曰〔三〕：「吾不知原三日而不可得下也，以與大夫期。盡而不罷〔四〕，失信得原，吾弗爲也〔五〕。」原人聞之曰：「有君若此，可弗降也？」遂降。温人聞，亦請降〔六〕。故老子曰：「窈兮冥兮，其中有精。其精甚真，其中有信〔七〕。」故「美言可以市尊，美行可以加人〔八〕。」

校釋

〔一〕【許注】原，周邑。周襄王以原賜文公，原叛，伐之也。

【版本】張本、黄本、莊本、集解本注「襄王」上無「周」字，餘本同藏本。藏本注「伐」下無「之」字，除景宋本、葉本同藏本外，餘本均有「之」字，今據補。

【箋釋】劉文典云：吕氏春秋爲欲篇「晉文公伐原」，高注：「原，晉邑。文公復國，原不從，故伐之。今河内軹縣北原城是也。」與淮南注不合。蓋亦許、高二家之異。○楊樹達云：文出僖公二十五年左傳、韓非子外儲説左上篇、吕氏春秋爲欲篇。○于大成云：左傳僖公二十五年夏四月，「晉侯朝王，王饗醴，命之宥，與之陽樊、温、原、欑茅之田，晉於是始啟南陽」，此許注是也，高注非也。

〔二〕【箋釋】劉文典云：「一二」當爲「三」字。國語晉語作「諜出曰：『原不過三日矣。』」韓非子外儲説左上篇作「士有從原中出者，曰：『原三日即下矣。』」新序雜事四篇作「吏曰：『原不過三日將降矣。』」字並作「三」，是其證也。○雙棣按：劉説非是。韓非子作期十日，故下文云「三日即下」，言其不用多時可下也。此文作「期三日」，故云「不過一二日將降」，亦言其不用多時可下也。若此亦云三日，則與期三日等，並非不用多時可下之義而非其指矣。晉語亦作「一二日」，非「三日」也，劉氏失檢，或據誤本爲説，不足據也。

〔三〕【箋釋】何寧云：「君曰」當作「公曰」，涉下文「有君如此」而誤也。左傳、韓非子、國語、呂氏春秋皆作「公曰」。

〔四〕【箋釋】陶鴻慶云：「盡而不罷」上當有「期」字，以重文誤奪。○向承周説同。

〔五〕【用韻】「罷、原、爲」歌元通韻。

〔六〕【許注】時周人亦以温予文公，温相連皆叛。

【版本】藏本注「予」誤作「子」，景宋本、朱本、茅本、汪本、莊本、集解本作「予」，（蔣刊道藏輯要本亦作「予」。）今據改，王溥本作「與」，葉本同藏本。

〔七〕【箋釋】雙棣按：此引老子曰，見老子第二十一章。今傅奕本「窈」作「幽」。河上本、王弼本與淮南同。

【用韻】「冥、精」耕部，「真、信」真部。

〔八〕【箋釋】雙棣按：見老子第六十二章。今王弼本、河上本、傅奕本及帛書甲、乙本無下「美」字，「尊」屬下讀，傅奕本「市」上、「人」上有「於」字，帛書本「加」作「賀」。淮南下「美」字疑當爲衍文。

【用韻】「尊、人」文真合韻。

公儀休相魯〔一〕，而嗜魚〔二〕。一國獻魚，公儀子不受〔三〕。其弟子諫曰：「夫子嗜魚，弗受，何也？」答曰：「夫唯嗜魚，故弗受。夫受魚而免於相，雖嗜魚，不能自給魚。毋受魚而不免於相，則能長自給魚。」此明於爲人爲己者也。故老子曰：「後其身而身先，外其身而身存〔四〕，非以其無私邪？故能成其私。」一曰：「知足不辱〔五〕。」

校釋

〔一〕【許注】公儀休，故魯博士也。

〔二〕【箋釋】楊樹達云：文本韓非子外儲說右下篇。又見韓詩外傳三、史記循吏傳、新序節士篇。

〔三〕【用韻】「魯、魚」魚部。

【版本】汪本、張本、黄本、莊本、集解本「不」作「弗」，餘本同藏本。

〔四〕【用韻】「先、存」文部。

〔五〕【版本】王鎣本、汪本、張本、黄本「一曰」作「又曰」，餘本同藏本。

【箋釋】雙棣按：此引老子曰，見老子第七章。今傳奕本「非」作「不」，帛書甲本「非」作「不」，「邪」作「輿」，河上本無「非」字、「邪」字，王弼本與淮南同。此引一曰，見老子第四十四章。

【用韻】「足、辱」屋部。

狐丘丈人謂孫叔敖〔一〕曰：「人有三怨，子知之乎？」孫叔敖曰：「何謂也？」對曰：「爵高者士妬之，官大者主惡之，禄厚者怨處之〔二〕。」孫叔敖曰：「吾爵益高，吾志益下；吾官益大，吾心益小；吾禄益厚，吾施益博。是以免三怨，可乎〔三〕？」故老子曰：「貴必以賤爲本，高必以下爲基〔四〕。」

校釋

〔一〕【許注】丈人，老而杖於人者。

〔二〕【版本】茅本、汪本、莊本、集解本此注在下文「曰」字下，景宋本、王溥本、朱本、葉本同藏本。

【箋釋】楊樹達云：文見列子説符篇及韓詩外傳七，荀子堯問篇及説苑敬慎篇，文小異。○雙棣按：吕氏春秋異寶篇高誘注：「丈人，長老稱也。」與此異。

〔三〕【用韻】「妬、惡、處」鐸魚通韻。

【箋釋】王念孫云：「是以」，當依列子説符篇作「以是」。

〔四〕【箋釋】雙棣按：此引老子曰，見老子第三十九章。今王弼本、傅奕本、景龍碑本無兩「必」字，帛書甲、乙本與此小異，然皆有兩「必」字。

大司馬捶鉤者年八十矣〔一〕，而不失鉤芒。大司馬曰：「子巧邪？有道邪？」曰：「臣有守也〔二〕。臣年二十好捶鉤，於物無視也，非鉤無察也。」是以用之者，必假於弗用也，而以長得其用，而況持無不用者乎〔三〕？物孰不濟焉！故老子曰：「從事於道者，同於道〔四〕。」

校釋

〔一〕【許注】捶，鍛擊也。鉤，釣鉤也。

【版本】藏本「捶」下有注「棍果反」三字，茅本、汪本、張本、黄本、莊本、集解本無，今據删，餘本同藏本。茅本、汪本、莊本、集解本此注在下文「鉤芒」下，景宋本、王溥本、朱本、葉本同藏本。藏本注「鍛」作「鍜」，景宋本、王溥本、集解本作「鍛」，今據改，茅本、汪本、莊本「鍛」下有「鍜」字，葉本「擊」作「捶」，朱本同藏本。

【箋釋】陶方琦云：大藏音義十一引許注：「捶，鍛也。」按：今本多一「擊」字，説文：「捶，以杖擊也。」「擊」字應有。○楊樹達云：文本莊子知北遊篇。○雙棣按：知北遊「大司馬」作「大馬」，下有「之」字，於義較明。成疏云：「鉤，腰帶鉤。」與此異。

〔二〕【箋釋】王念孫云：守即道守。莊子達生篇：「仲尼曰：『子巧乎？有道耶？』曰：『我有道也。』」是其證。道字古讀若守，故與「守」通。

〔三〕【版本】藏本「持」下無「無」字，王溥本、王鎣本、朱本（挖補）、汪本、張本、吴本、黄本、莊本、集解本有，今據補，餘本同藏本。

【箋釋】雙棣按：莊子亦有「無」字。

〔四〕【箋釋】雙棣按：此引老子曰，見老子第二十三章。今王弼本、河上本、傅奕本「道者」二字重。

帛書甲、乙本上「於」字作「而」。

文王砥德修政，三年而天下二垂歸之〔一〕。紂聞而患之曰：「余夙興夜寐，與之競行，則苦心勞形。縱而置之，恐伐余一人〔二〕。」崇侯虎曰：「周伯昌行仁義而善謀〔三〕，太子發勇敢而不疑，中子旦恭儉而知時〔四〕。若與之從，則不堪其殃。縱而赦之，身必危亡〔五〕。冠雖弊，必加於頭。及未成，請圖之〔六〕！」屈商乃拘文王於羑里〔七〕。於是散宜生乃以千金求天下之珍怪〔八〕，得騶虞、雞斯之乘〔九〕，玄玉百工〔一〇〕，大貝百朋〔一一〕，玄豹、黃羆、青豻〔一二〕、白虎文皮千合，以獻於紂，因費仲而通〔一三〕。紂見而説之，乃免其身，殺牛而賜之。文王歸，乃爲玉門，築靈臺，相女童，擊鐘鼓〔一四〕，以待紂之失也。紂聞之曰：「周伯昌改道易行，吾無憂矣。」乃爲炮烙，剖比干，剔孕婦，殺諫者。文王乃遂其謀。故老子曰：「知其榮，守其辱，爲天下谷〔一五〕。」

校釋

〔一〕【許注】砥，礪也。文王三分天下有其二。

【版本】王鎣本、吳本「垂」作「分」，餘本同藏本。

【箋釋】于鬯云：姚廣文云：「垂乃分字之誤。『垂』古文作𠂹，與草書『分』字形相似。要略云：『文王地不過百里，天下二垂歸之。』御覽『垂』作『分』，足證。」案：此「垂」字别本固有作「分」者，然作「垂」似亦無害。○金其源云：太平御覽引此，「垂」作「分」。大戴禮保傅「湯去張網者之三面而二垂至」，注：「二垂謂天地之際，言感通遠處。淮南子曰：文王砥德修政二垂至。」可見「垂」不當作「分」解。御覽亦誤引作「分」。然説文「垂，遠邊也」，故國策秦策「半天下而有二」，鮑注：「西北二邊。」後漢書杜詩傳「威侮二垂」，注：「二垂，西與北也。」是句之二垂，亦謂文王德及半天下，有西北二垂也。蓋周之德化肇自岐周，故亦在西北。若孔子所謂三分天下有其二者，已在化行南國時矣。迨武王東伐紂，而四塞告至。○雙棣按：金説是，御覽作「分」誤。

〔二〕【用韻】「形、人」耕真合韻。

〔三〕【箋釋】俞樾云：「行」字，衍文也。下云「太子發勇敢而不疑，中子旦恭儉而知時」，若此有「行」字，則與下兩句不一律矣。蓋涉上文「與之競行」而衍。

〔四〕【版本】藏本「恭」誤作「㳟」，景宋本、王溥本、王鎣本、朱本、茅本、莊本、集解本作「恭」，今據改。

【用韻】「謀、疑、時」之部。

〔五〕【用韻】「殃、亡」陽部。

〔六〕【用韻】「頭、圖」侯魚合韻。

〔七〕【許注】屈商，紂臣也。羑里，地名也，在河内湯陰。

〔八〕【用韻】「里、怪」之部。

〔九〕【許注】騶虞，白虎黑文而仁，食自死之獸，日行千里。雞斯，神馬也。

【箋釋】雙棣按：山海經海内北經云：「犬封國曰犬戎國，有文馬，縞身朱鬣，目若黄金，名曰吉量，乘之壽千歲。」郭璞注引六韜云：「文身朱鬣，眼若黄金，項若雞尾，名曰雞斯之乘。」海内北經又云：「林氏國有珍獸，大若虎，五采畢具，尾長于身，名曰騶吾，乘之日行千里。」

〔一〇〕【許注】二玉爲一工也。

【版本】莊本、集解本注「二」作「三」，餘本同藏本。

【箋釋】俞樾云：「三玉爲一工」，他無所見。疑本作「玄玉百玨」，注本作「二玉爲一玨也」。説文玨部「二玉相合爲一玨也」是也。莊十八年左傳「賜玉五瑴」，僖三十年傳「納玉於王與晉侯，皆十瑴」，襄十八年傳「獻子以朱絲繫玉二瑴」，國語魯語「行玉二十瑴」，穆天子傳「於是載玉萬瑴」，杜預、韋昭、郭璞注並以雙玉説之。瑴即玨之或體。是古人用玉，率以玨計，未聞其以工計也。蓋「玨」字闕壞而爲「工工」，後人因改爲「工」，又改高注「二玉」爲「三玉」，以別異於玨耳。○陶方琦云：唐本玉篇工部引許注云：「二玉爲工。」説文：「玨，二玉相合爲一玨也。」疑「工」字應作「玨」字。○呂傳元云：俞説非也。春秋昭十六年左氏傳「宣子有環，其一在鄭商」，杜注：「玉環同工共朴，自共爲雙。」此「玄玉百工」之「工」，當如杜注「同工」之「工」，不得云他無所見也。高注「三玉」之「三」，宋本、藏本、汪本、茅本正作「二」，二玉爲一工，即杜注「同工共朴，自共爲雙」之義也。○蔣禮鴻云：注「三」字當作「二」，宋本正作「二」，可據以訂正。原本玉篇零卷工部云：「淮南『玄玉百工』，許叔重曰『二玉爲工』。」段玉裁注説文玨部曰：「按淮南書曰『玄玉百工』，注『二玉爲一工』，工與玨雙聲，百工即百玨也。」雖引注與今本異，而與宋本、玉篇正合，其説確而可據。竊謂説文説玉字云：「象三玉之連。」工蓋象二玉之連，乃玨之初文，與工巧字各異也。俞氏非不讀段氏注者，而不用其説，亦偶疏耳。○王叔岷、于大成與蔣説同。

（二）【許注】五貝爲一朋也。

【箋釋】俞樾云：朋之訓五貝，本詩菁菁者莪篇鄭箋。然正義云：「五貝者，漢書食貨志以爲大貝、壯貝、么貝、小貝、不成貝爲五也。言爲朋者，爲小貝以上四種，各二貝爲一朋，而不成者不成朋。鄭因經廣解之，言有五種之貝，貝中以相與爲朋，非總五貝爲一朋也。」然則高氏泥鄭箋五貝之説，以注此文，殊非塙詁。古者實以二貝爲一朋。周易損六五「十朋之龜」，李鼎祚集解引崔憬曰：「雙貝曰朋。」得之矣。詩七月篇「朋酒斯饗」，毛傳曰：「兩樽曰朋。」貝以兩爲朋，猶樽以兩爲朋也。此云「玄玉百玨，大貝百朋」，玨也，朋也，皆以兩計。玄玉百玨者，玉二百也；大貝百朋者，貝二百也。其數正相當矣。○王國維云：所系之貝玉，於玉則謂之玨，於貝則謂之朋，然二者於古實爲一字。玨字殷虛卜辭作丰，作[illegible]，或作[illegible]，[illegible]、[illegible]皆象其系。古系貝之法與系玉同，故謂之朋，其字卜辭作[illegible]，金文作[illegible]，作[illegible]。朋友之朋，卜辭作[illegible]，金文作[illegible]，或作[illegible]，或從[illegible]，或從玨，知玨朋本一字。古制貝玉皆五枚爲一系，合二系爲一玨，若一朋。康成謂五貝爲朋。五貝不能分爲二系，蓋緣古者五貝一系，二系一朋，後失其傳，遂誤謂五貝一朋耳。○于省吾云：王氏謂五貝一系，二系一朋，是，俞說未允。

【用韻】「乘、朋」蒸部。

〔二〕【許注】犴，胡地野犬也。

【版本】莊本、集解本正文及注「犴」作「豻」，餘本同藏本。藏本注有「音岸」二字，莊本、集解本無，今據删，餘本同藏本。

〔三〕【許注】費仲，紂佞臣也。

〔四〕【許注】玉門，以玉飾門，爲柱樞也。相女童，相，視之，一曰：相，匠也。

【箋釋】于省吾云：視女童，匠女童，均失本義。周禮大僕：「王燕飲則相其灋。」注：「相，左右。」儀禮鄉飲酒禮：「相者二人。」注：「相，扶工也。衆賓之少者爲之，每工一人。」禮記禮器：「樂有相步。」注：「相步，扶工也。」然則相女童，謂以女童爲扶持也。○何寧云：周禮簭人「上春相簭」，注：「相謂更選擇其簭也。」故「相」有「選」義。又注「之」當爲「也」字之誤也。

〔五〕【箋釋】雙棣按：此引老子曰，見老子第二十八章。

【用韻】「辱、谷」屋部。

成王問政於尹佚曰〔一〕：「吾何德之行而民親其上〔二〕？」對曰：「使之時而敬順

之〔三〕。」王曰：「其度安至〔四〕？」曰：「如臨深淵，如履薄冰〔五〕。」王曰：「懼哉！王人乎〔六〕！」尹佚曰：「天地之間，四海之内，善之則吾畜也，不善則吾讎也〔七〕。昔夏商之臣反讎桀紂而臣湯武，宿沙之民皆自攻其君而歸神農〔八〕，此世之所明知也。如何其無懼也？」故老子曰：「人之所畏，不可不畏也〔九〕。」

校釋

〔一〕【許注】尹佚，史佚。

【版本】藏本此注在下文「何德之行」下，張本、黄本、莊本、集解本在此處，今據移，餘本同藏本。

〔二〕【用韻】「行、上」陽部。

〔三〕【箋釋】王念孫云：「時」上當有「以」字，説苑政理篇、文子上仁篇並作「使之以時」，是其證。○馬宗霍云：順與慎同。慎，誠也。誠，信也。此猶論語學而篇所謂「敬事而信，使民以時」也。何晏集解引包咸曰：「爲國者舉事必敬慎，與民必誠信，使民必以其時，不妨奪農務。」可作本文之注。

【用韻】「時、之」之部。

〔四〕【版本】王溥本、王鎣本、朱本、汪本、張本、吴本、黄本、莊本、集解本「至」作「在」，餘本同藏本。

【箋釋】王念孫云：劉本改「至」爲「在」，而莊本從之。案：「其度安至」者，謂敬慎之度何所至，猶言當如何敬慎也。下文「如臨深淵，如履薄冰」，正言敬慎之度所至也。若云其度安在，則謬以千里矣。太平御覽皇王部九引此，正作「其度安至」。説苑同。

〔五〕【箋釋】雙棣按：此見詩小雅小旻。

【用韻】「淵、冰」真蒸合韻。

〔六〕【箋釋】于鬯云：王人義與君人同。

〔七〕【箋釋】于省吾云：「畜」應讀爲孟子「畜君何尤」之「畜」，畜，好也。謂善之則吾之友好也，不善則吾之讎怨也。畜、讎相對爲文。○馬宗霍云：善之謂臣民以君爲善也，不善謂臣民以君爲不善也，善與不善，皆指人君之政事言。「畜」當讀如孟子梁惠王篇下「畜君何尤」之「畜」。畜，好也。與「讎」相對。政善則民從而好之，政不善則民從而讎之。吾畜吾讎，猶言好我讎我也。好之斯愛之，即上文所謂「民親其上」也。呂氏春秋適威篇：「周書曰：民善之，則畜也。不善，則讎也。」高誘彼注亦訓「畜」爲「好」，與淮南本文可互照。○于大成云：呂氏春秋引作周書曰，此作尹佚語，説苑政理篇以爲孔子語。

【用韻】「畜、讎」覺幽通韻。

〔八〕【許注】伏羲、神農之間，有共工、宿沙，霸天下者也。

【箋釋】雙棣按：呂氏春秋用民篇云：「夙沙之民，自攻其君而歸神農。」高誘注：「夙沙，大庭氏之末世也。其君無道，故自攻之。」宿沙與夙沙同。宿、夙字通。世本作篇云：「夙沙氏煮海爲鹽。」

〔九〕【箋釋】雙棣按：此引老子曰，見老子第二十章。帛書乙本「不」上有「亦」，「可」下有「以」。

跖之徒問跖曰〔一〕：「盜亦有道乎？」跖曰：「奚適其無道也〔二〕？夫意而中藏者，聖也；入先者，勇也；出後者，義也；分均者，仁也；知可否者，智也。五者不備，而能成大盜者，天下無之。」由此觀之，盜賊之心，必託聖人之道而後可行。故老子曰：「絶聖棄智，民利百倍〔三〕。」

校釋

〔一〕【箋釋】雙棣按：文本莊子胠篋篇、呂氏春秋當務篇。

〔二〕【箋釋】王念孫云：奚適其無道也，本作「奚適其有道也」，適與啻同。（孟子告子篇「則口腹豈適爲尺寸之膚哉」，秦策「疑臣者不適三人」，適並與啻同。史記甘茂傳作「疑臣者非特三人」。）言豈特有道而已哉，乃聖勇義仁智五者皆備也。後人不知「適」之讀爲「啻」，而誤以爲適齊、適楚之適，故改「有」爲「無」耳。莊子胠篋篇本作「何適而無有道邪」，「而無」二字，亦後人所改，唯「有」字尚存。呂氏春秋當務篇正作「奚啻其有道也」。

〔三〕【箋釋】雙棣按：此引老子曰，見老子第十九章。傅奕本、帛書甲、乙本「智」作「知」。

【用韻】「智、倍」支之合韻。

楚將子發好求技道之士。楚有善爲偷者往見曰：「聞君求技道之士，臣，偷也〔一〕，願以技齎一卒〔二〕。」子發聞之，衣不給帶，冠不暇正，出見而禮之。左右諫曰：「偷者，天下之盜也。何爲之禮〔三〕！」君曰〔四〕：「此非左右之所得與。」後無幾何，齊興兵伐楚〔五〕。子發將師以當之，兵三却〔六〕。楚賢良大夫皆盡其計而悉其誠，齊師愈强〔七〕。於是市偷進請曰〔八〕：「臣有薄技，願爲君行之。」子發曰：「諾。」不問其辭而遣之。偷則夜解齊將軍之幬帳而獻之〔九〕。子發因使人歸之，曰：「卒有出薪者，得將軍之帷，使歸之於執事。」明又復往，取其枕。子發又使人歸之〔一〇〕。明日又復往，取其簪〔一一〕。子發又使歸之。齊師聞之，大駭，將軍與軍吏謀曰：「今日不去，楚軍恐取吾頭〔一二〕。」則還師而去〔一三〕。故曰無細而能薄，在人君用之耳〔一四〕。故老子曰：「不善人，善人之資也〔一五〕。」

校釋

〔一〕【箋釋】王念孫云：臣偷也，本作「臣，楚市偷也」。下文「市偷進請曰」，即承此句言之。今本脱「楚市」二字。太平御覽人事部一百十六、一百四十引此，並作「臣，楚市偷也」。○劉文典云：三國志郤正傳裴松之注引作「臣，偷也」，與今本合。御覽所引，當是別本。

〔二〕【許注】齎，備。卒，足。

【箋釋】莊逵吉云：太平御覽作「技該一卒」，注：「該，備也。卒，一人。」○陶方琦云：大藏音義引淮南「技」下有「道」字。卷七十八引許注：「齎，備足也。」按：大藏音義引但證齎字，則「足」字上敚一「卒」字無疑。○易順鼎云：今注中「卒」字自是衍文。正文「技」下亦當有「道」字。○呂傳元云：齎、該一聲之轉，蜀志郤正傳注引作「技備之卒」，是又以訓詁字易本字也。○蔣禮鴻云：玉篇：「齎，備也。」蓋即本許氏淮南義。（玉篇引淮南注皆用許氏。）御覽作該，非是。○雙棣按：注「卒，足」非。此「卒」字義爲士卒，即下文「卒有出薪者」之「卒」。義極顯明，不煩作注。易謂許注「卒」爲衍文，甚是。大藏音義引許注正作「齎，備足」，無「卒」字。

〔三〕【箋釋】王念孫云：「之禮」當爲「禮之」。上文「出見而禮之」，即其證。蜀志郤正傳注引此，正作「何爲禮之」。

〔四〕【箋釋】雙棣按：此「君」，謂子發也。下文「子發曰諾」，郤正傳引作「君曰諾」，君正謂子發。

〔五〕【版本】各本「與」並作「興」，蔣刊道藏輯要本亦作「興」。

【箋釋】雙棣按：與，猶舉也。與、舉古通。舉兵亦猶興兵也。各本作興，或不知與猶舉而改之也。

〔六〕【用韻】「楚、當、却」魚陽鐸通韻。

〔七〕【用韻】「誠、强」耕陽合韻。

〔八〕【箋釋】雙棣按：郤正傳引此，「市」作「卒」。似以作「卒」義長。上文云「以技齎一卒」，下文又云「卒有出薪者」，此作「卒」，正前後相承。

〔九〕【箋釋】莊逵吉云：太平御覽作「偷則夜出」。○王念孫云：郤正傳注及北堂書鈔衣冠部一，太平御覽人事部一百十六、一百四十、服章部五、服用部九引此，「夜」下俱有「出」字，於義爲長。○呂傳元云：「帳」當爲「帷」，字之誤也。下文「得將軍之帷」，即承此而言。御覽人事部一十六引作「解齊將軍之帷」，又一百三十九引作「解齊將軍之綢帷」，御覽兩引皆作「帷」，足證今本之誤。蜀志郤正傳注引作「解齊將軍之帳」，所據本蓋別本也。○于大成云：蜀志注紹熙本、元脩本「帳」上並有「幬」字，與今本同。御覽六百九十九「幬」下、羣書類編故事十八、天中記四十八引皆作「齊將軍之幬」。下文「得將軍之帷」，蜀志注「帷」作「帳」。疑此文本作「齊將軍之幬」，説文巾部「幬，禪帳也」，後人以「幬」字訓「帳」，因注「帳」字於「幬」字下，傳寫遂誤兩存。

【用韻】「遺、獻」元部。

〔一〇〕【箋釋】王念孫云：明又，明日又，兩「又」字皆當爲「夕」。「夕、又」字相近，又因下句「又」字而誤。（若以又復二字連讀，則明字文不成義。）後人不知「又」爲「夕」誤，故又加「日」字耳。偷以夜往，故言夕。上文曰「偷則夜出」是也。舊本北堂書鈔衣冠部一引此，作「明夕取枕」，「明夕取簪」，（陳禹謨依俗本於取簪上加「又」字，而「夕」字尚未改。）太平御覽四引，皆作「明夕復往取其枕」，「明夕復往取其簪」。○呂傳元云：「卒有出薪者」義不可通。「薪」上當有「采」字。蜀志郤正傳注、太平御覽人事部一百二十六引皆作「采薪」，當據補。

〔一一〕【用韻】「枕、簪」侵部。

〔一二〕【版本】藏本「軍」作「君」，景宋本作「軍」，今據改，餘本同藏本。

【箋釋】王念孫云：「楚君」當作「楚軍」，聲之誤也。郤正傳注、太平御覽引此，並作「楚軍」。○鄭良樹云：記纂淵海五七引此，「楚君」亦作「楚軍」。○于大成云：羣書類編故事十八引，「楚君」亦作「楚軍」。

〔一三〕【版本】王溥本、王鎣本、茅本、汪本、張本、吳本、黃本、莊本、集解本「則」作「乃」，餘本同藏本。

【箋釋】王念孫云：「則還師而去」，（道藏本如是。）「則」與「即」同，郤正傳注、太平御覽引此，並作「即還師」。（即、則古多通用，不煩引證。）劉績不曉「則」字之義，改則爲乃，而諸本從之，（莊本同。）斯爲繆矣。

〔一四〕【箋釋】王念孫云：故曰無細而能薄，本作「故伎無細而能無薄」，言人君能用人，則細伎薄能，皆得效其用也。今本衍「曰」字，（曰字因下文「故老子曰」而衍，説見前故曰下。）又脱「伎」字及下「無」字，遂致文不成義，太平御覽兩引此文，並作「故伎無細能無薄」。○何寧云：文當作「故伎無細而無薄」，御覽六百八十八引作「伎無細能無薄」，「而」、「能」通用。蓋高作「能」而許作「而」。

〔一五〕【箋釋】雙棣按：此引老子曰，見老子第二十七章，今王弼本、傅奕本「不善人」下有「者」字，「資」下無「也」字。帛書甲、乙本與淮南同。

【用韻】「人、資」真脂通韻。

顔回謂仲尼曰：「回益矣〔一〕。」仲尼曰：「何謂也？」曰：「回忘禮樂矣〔二〕。」仲尼曰：「可矣，猶未也。」異日復見，曰：「回益矣。」仲尼曰：「何謂也？」曰：「回忘仁義矣。」仲尼曰：「可矣，猶未也。」異日復見，曰：「回坐忘矣〔三〕。」仲尼造然曰〔四〕：「何謂坐忘？」顔回曰：「隳支體，黜聰明，離形去知，洞於化通，是謂坐忘〔五〕。」仲尼曰：「洞則無善也，化則無常矣。而夫子薦賢〔六〕，丘請從之後。」故老子曰：「載營魄抱一，能無離乎？專氣至柔，能如嬰兒乎〔七〕？」

校釋

〔一〕【箋釋】雙棣按：文本莊子大宗師篇。「回益矣」，此無注，莊子郭注云：「以損之爲益也。」成疏云：「顔子稟教孔氏，服膺問道，覺已進益，呈解於師。損有益空，故以損爲益也。」可爲參考。

〔二〕【許注】回忘禮樂，絶聖弃知，入於無爲也。

【箋釋】雙棣按：莊子「忘禮樂」與下文「忘仁義」互易，「忘仁義」在前，「忘禮樂」在後。

〔三〕【許注】言坐自忘其身，以至道也。

〔四〕【版本】王鎣本、朱本、茅本、汪本、張本、吴本、黄本、莊本、集解本「造」作「遽」，餘本同藏本。

【箋釋】楊樹達云：遽，景宋本作「造」，是也。此由淺人不知「造」字之義妄改耳。莊子大宗師作「仲尼蹵然」，「造、蹵」古音同在覺部，一聲之轉。下文亦云：「孔子造然改容。」

〔五〕【箋釋】王叔岷云：「化通」當依莊子作「大通」。此淺人據下文「化則無常」改之也。不知大通即化也。化則無不通矣。莊子「同於大通」，郭象注「曠然與變化爲體」，最得其解。○雙棣按：「洞於化通」，莊子作「同於大通」。郭象彼注云：「然後曠然與變化爲體而無不通也。」依郭注莊子似亦當作「化通」。成疏則釋大通爲大道，云「道能通生萬物，故謂道爲大通也」，則與郭注異。

【用韻】「明、通、忘」陽東合韻。

〔六〕【許注】薦，先也。回先賢。

【版本】藏本注下「先」字作「人」，王溥本、朱本作「先」，今據改，莊本、集解本作「入」，景宋本、葉本同藏本。

【箋釋】吴承仕云：「薦，先」者，以聲訓。夫子斥回，故言回先賢。作入作人並非。○雙棣按：莊子作「而果其賢乎」。此「夫子」蓋謂顔回，孔子意爲「汝能坐忘，先賢於我，吾欲從汝之後而學之矣」。

〔七〕【箋釋】雙棣按：此引老子曰，見老子第十章。今河上本「離」下無「乎」字。王弼本、河上本、傅奕本「至」作「致」，帛書乙本作「至」。王弼本、河上本、帛書甲、乙本「能」下無「如」字，傅奕本有「如」字，與淮南同。

【用韻】「離、兒」歌支合韻。

秦穆公興師，將以襲鄭。蹇叔曰：「不可。臣聞襲國者，以車不過百里，以人不過三十里，爲其謀未及發泄也，甲兵未及銳弊也〔一〕，糧食未及乏絶也〔二〕，人民未及罷病也，皆以其氣之高與其力之盛至，是以犯敵能威〔三〕。今行數千里，又數絶諸侯之地以襲國，臣不知其可也〔四〕。君重圖之！」穆公不聽。蹇叔送師，衰絰而哭之。師遂行。過周而東，鄭賈人弦高矯鄭伯之命，以十二牛勞秦師而賓之〔五〕。三師乃懼而謀曰：「吾行數千里以襲人，未至而人已知之，其備必先成，不可襲也〔六〕。」還師而去。當此之時，晉文公適薨，未葬，先軫言於襄公〔七〕曰：「昔吾先君與穆公交，天下莫不聞，諸侯莫不知，今吾君薨未葬，而不弔吾喪，而不假道，是死吾君而弱吾孤也〔八〕。請擊之。」襄公許諾。先軫舉兵而與秦師遇於殽，大破之，擒其三帥以歸〔九〕。穆公聞之，素服廟臨，以説於衆〔一〇〕。故老子曰：「知而不知，尚矣；不知而知，病也〔一一〕。」

校釋

〔一〕【箋釋】劉台拱云：「銳」，疑當作「鈍」。○于鬯云：「銳」當讀爲「挩」，説文手部云：「挩，解挩也。」後人通用「脱」字。「脱、挩」義本不遠，特脱主肉言，故説文肉部云：「脱，消肉臞也。」引伸亦即凡解挩之義，「挩弊」二字平列，與上文「發泄」，下文「乏絶、罷病」一律。若「銳」，則與「弊」

適相反，且句亦不成義矣。〇于省吾云：「鋭」字不詞，「鋭」應讀作「脱」。「鋭、脱」古本並作兑，故相通也。鋭弊即脱弊。〇蔣禮鴻亦謂「鋭」當作「鈍」，云：鈍以兵言，弊以甲言。〇雙棣按：劉、蔣説是。「乏絶」義近，「罷病」義近，「鋭弊」義則相反。「鋭」與「鈍」形近而誤，「鈍弊」義則相近矣。鹽鐵論水旱篇：「民用鈍弊。」亦有作「鈍獘」者，國語吴語：「甲兵鈍獘。」

〔二〕【用韻】「泄、弊、絶」月部。

〔三〕【箋釋】俞樾云：「威」乃「烕」字之誤。烕，讀爲滅，言能滅之也。吕氏春秋悔過篇正作「滅」。又按：吕氏春秋此句下有「去之能速」四字，高注曰：「故進能滅敵，去之能速也。」此文無此四字，則於文爲不備，疑寫者脱去之。〇楊樹達云：「威」字不誤。國語周語云：「動則威。」與此句義同。襄公三十一年左傳云：「有威而可畏謂之威。」是其義也。吕氏春秋悔過篇「滅」乃誤字，當據此文正作「威」。〇陳奇猷云：楊謂作「威」，是也。吕氏春秋論威篇云：「凡兵，天下之凶器也。行凶德必威，威所以懾之也。敵懾民生，此義兵之所以隆也。故古之至兵，才民未合，而威已諭矣，敵已服矣，豈必用枹鼓干戈哉？故善諭威者，於其未發也，於其未通也。窅窅乎冥冥，莫知其情，此之謂至威之誠。」正可釋此文「犯敵能威」之義，亦可證「威」字不誤，「滅」當作「威」。

〔四〕【箋釋】劉家立云：秦建國在今鳳翔，鄭建國在今新鄭，相去一千一百餘里。僖三十三年左傳蹇叔云「且行千里，其誰不知」，淮南云「師行千里」，即本於左傳，今本作「師行數千里」，與地之遠近不相符矣。此即涉下句「數絶諸侯之地」而誤也。又人間篇引此文均同其誤。○馬宗霍云：段玉裁云：「凡横越之曰絶。」本文「絶」字，當取横越之義。○于大成云：此文本之吕氏春秋悔過篇，彼云「今行數千里」，與淮南同。又下文「三帥乃懼而謀曰『吾行數千里以襲人』」，正與此文相應，吕氏春秋下文亦作「數千里」，與淮南同。且人間篇亦云「師行數千里」，淮南非用左傳文也。「數千里」但極言其遠耳，行文不妨如此，豈得據實里數以求之也。劉説泥矣。不唯删此文「數」字，又並下文及人間篇「數」字而亦删之，不其傎矣。

〔五〕【用韻】「命、賓」耕真合韻。

〔六〕【用韻】「人、成」真耕合韻。

〔七〕【許注】先軫，晉大夫也。襄公，晉文公子。

【版本】茅本、汪本、張本、黄本、莊本、集解本此注在下文「曰」字下。

〔八〕【箋釋】陶鴻慶云：「而不假道」上當有脱文。○馬宗霍云：文中兩「而」字皆語詞，但兩句遞用，意微有别。上「而」字是轉語中之常語，下「而」字是轉語中更端之詞，猶云而且也，與又同意。此言既不弔喪，又不假道也。

【用韻】「葬、喪、孤」陽魚通韻。

〔九〕【版本】藏本「殽」誤作「殽」，除景宋本同藏本外，餘本均作「殽」，（蔣刊道藏輯要本亦作「殽」。）今據改。藏本「帥」作「軍」，王鎣本、朱本、汪本、張本、吴本、黄本、莊本、集解本作「帥」，今據改，餘本同藏本。【箋釋】雙棣按：呂氏春秋亦作「獲其三帥以歸」，「帥」不當作「軍」明矣。

〔一〇〕【許注】説，解。

【箋釋】雙棣按：呂氏春秋高誘注云：「臨，哭也。」可補此注。又呂氏春秋「以説於衆」下有解説之詞，云：「天不爲秦國，使寡人不用蹇叔之諫，以至於此患。」

〔一一〕【箋釋】馬宗霍云：本文兩「而」字與「如」同義，知而不知，猶知如不知也。不知而知，猶不知如知也。而、如雙聲字。○雙棣按：此引老子曰，見老子第七十一章。今傅奕本及帛書甲、乙本無兩「而」字，「也」字作「矣」。王弼本、景龍碑本作「知不知上，不知知病」，各本均無「而」字。

【用韻】「尚、病」陽部。

齊王后死，王欲置后而未定，使羣臣議〔一〕。薛公欲中王之意〔二〕，因獻十珥而美其一。旦日，因問美珥之所在，因勸立以爲王后〔三〕。齊王大説。遂尊重薛公〔四〕。故人主之意欲見於外，則爲人臣之所制〔五〕。故老子曰：「塞其兑，閉其門，終身不勤〔六〕。」

校　釋

〔一〕【箋釋】楊樹達云：事見韓非子外儲説右上篇及戰國策齊策三。楚策四又以爲昭魚事。

〔二〕【許注】薛公，田嬰也。

【箋釋】陶方琦云：羣書治要引許注，與今注正同。

〔三〕【箋釋】劉家立云：因問美珥之所在，「因」字乃衍文。問美珥之所在，加一「因」字，則累於辭矣。此涉上下文而誤也。

〔四〕【箋釋】王念孫云：遂尊重薛公，本作「遂重薛公」，重即尊也。（秦策「請重公於齊」，高注：「重，尊也。」又西周策、齊策注，吕氏春秋勸學、節喪二篇注，禮記祭統注，並同。）古書無以「尊重」二字連用者，（戰國策、史記、漢書及諸子書，皆但言「重」，無言「尊重」者。）唯俗語有之。羣書治要引此，無「尊」字。蓋後人所加也。◎雙棣按：「尊重」一詞，漢代已有，新語、史記、漢書皆見之，且有三十餘處。一爲形容詞，一爲動詞。形容詞義爲尊貴、顯要。新語資質：「公卿之子弟，貴戚之黨友，雖無過人之能，然身在尊重之處，輔之者强而飾之衆也，靡不達也。」史記李斯列傳：「故生則有尊重之勢，死則有賢明之謚也。」衛將軍驃騎列傳：「蘇建語余曰：『吾嘗責大將軍至尊重，而天下之賢大夫毋稱焉。』」動詞義爲敬重。漢書淮南厲王長傳：「時武帝方好藝文，以安屬爲諸父，辯博善爲文辭，甚尊重之。」蕭望之傳：「望之、堪本以師傅見尊重，上即位，數宴見。」論衡道虚篇：「如武帝之時，有李少君以祠竈、辟穀、却老方見上，上尊重之。」陸賈、司馬遷與劉安，同爲漢初人，説明「尊重」一詞當時已經産生，不得謂「唯俗語有之」。

〔五〕【箋釋】王念孫云：古書無以「意欲」二字連用者，此涉上文「欲中王之意」而誤也。「意欲」本作

「嗜欲」，主術篇曰：「君人者，喜怒形於心，耆欲見於外，（耆與嗜同。）則守職者離正而阿上。」是其證。羣書治要引此正作「嗜欲」。○楊樹達云：王校誤也。韓非子主道篇云：「故曰：『君無見其所欲，君見其所欲，臣將自彫琢；君無見其意，君見其意，臣將自表異。』」此淮南文所本。羣書治要作「嗜欲」者，魏徵不知淮南「意欲」之所出，妄改之耳，豈足據乎！

【用韻】「外、制」月部。

〔六〕【箋釋】楊樹達云：勤，勞也。○雙棣按：此引老子曰，見老子第五十二章。

【用韻】「門、勤」文部。

盧敖游乎北海〔一〕，經乎太陰，入乎玄闕〔二〕，至於蒙穀之上〔三〕。見一士焉，深目而玄鬢，淚注〔四〕而鳶肩〔五〕，豐上而殺下〔六〕，軒軒然方迎風而舞〔七〕。顧見盧敖，慢然下其臂〔八〕，遯逃乎碑〔九〕。盧敖就而視之，方倦龜殼〔一〇〕而食蛤梨〔一一〕。盧敖與之語曰：「唯敖爲背羣離黨，窮觀於六合之外者，非敖而已乎？敖幼而好游，至長不渝。周行四極，唯北陰之未闚〔一二〕。今卒睹夫子於是，子殆可與敖爲友乎〔一三〕？」若士者齤然而笑曰〔一四〕：「嘻！子中州之民，寧肯而遠至此〔一五〕。此猶光乎日月〔一六〕而載列星，陰陽之所行，四時之所生〔一七〕。其比夫不名之地，猶窔奥也〔一八〕。若我南游乎岡㝗之野〔一九〕，北息乎沉墨之鄉，西窮冥冥之黨〔二〇〕，東開鴻濛之光〔二一〕。此其下無地而上無天，聽焉無聞，視焉無眴〔二二〕，此其外猶有汰沃之汜〔二三〕。其餘一舉而千萬里〔二四〕，吾猶未能之在〔二五〕。今子游始於此，乃語窮觀，豈不亦遠哉〔二六〕！然子處矣〔二七〕，吾與汗漫期于九垓之外〔二八〕，吾不可以久駐〔二九〕。」若士舉臂而竦身，遂入雲中。盧敖仰而視之，弗見，乃止駕〔三〇〕，止柸治〔三一〕，悖若有喪也〔三二〕。曰：「吾比夫子，猶黄鵠與蠰蟲也〔三三〕，終日行不離咫尺〔三四〕，而自以爲遠，豈不悲哉！」故莊子曰：「小人不及大人〔三五〕，小知不及大知，朝菌不知晦朔〔三六〕，蟪蛄不知春秋〔三七〕。」此言明之有所不見也。

校釋

〔一〕【許注】盧敖，燕人，秦始皇召以爲博士，使求神仙，亡而不反也。

【箋釋】于大成云：史記秦始皇本紀載「燕人盧生，使入海還，以鬼事，因奏録圖書曰：亡秦者，胡也」，又載盧生勸始皇所居宫毋令人知，然後不死之藥可得。又載盧生與侯生謀以上貪於權勢，未可爲求仙藥，於是亡去。而説苑反質篇載始皇坑諸生四百六十餘人，侯生後得，而盧生不得云云。許君附會史公文，遂以此盧敖當史記盧生。考太平御覽三百六十九引莊子曰「盧敖見若士深目鳶肩」，文雖節略，然即淮南此文所本。苟盧敖之名見于莊書，則不得以爲秦時之盧生，許注大可商。

〔二〕【許注】太陰，北方也。玄闕，北方之山也。

〔三〕【許注】蒙轂，山名。

【箋釋】王叔岷云：事類賦六引「穀」作「谷」，事文類聚前集三四、合璧事類前集五十並引作「轂」。「穀、轂」古通。○鄭良樹云：永樂大典八八四五、韻府羣玉八引此「蒙穀」亦並作「蒙谷」。「谷、穀」字通。○于大成云：此文許、高二本當有異同。天文篇「至于蒙谷，是謂定昏」，高彼注云「蒙谷，北方之山名也」，則高本當作「蒙谷」，韻府羣玉、永樂大典及讀子隨識引此文作「蒙谷」，當是舊傳高本如此。論衡道虚篇、文選郭景純遊仙詩注、藝文類聚七十八、天中記七引與今本同，當是許本也。蜀志郤正傳注、御覽三十七、羣書類編引作「轂」，轂、穀以聲同通用，亦可傳寫互誤。「穀、轂」並假借爲「谷」。

〔四〕【許注】淚，水。

【版本】茅本、汪本、張本、黄本、莊本、集解本此注在下文「鳶肩」下，餘本同藏本。

【箋釋】王念孫云：「淚注」當爲「渠頸」，高注「淚，水」當作「渠，大」，皆字之誤也。（俗書渠字或作淭，淚字或作淚，二形相似，故「渠」誤爲「淚」。廣韻：「淭，强魚切。」引方言云：「杷，宋魏之間謂之淭挐。」淭即渠字。玉篇云：「淭，俗淚字。」皆其證也。「頸」誤爲「注」者，「注」字右邊「主」爲「頸」字左邊「巠」之殘文，又因「淚」字而誤加水旁耳。若高注内「大」字今作「水」，則後人以「淚」字從水而妄改之。）渠頸，大頸也，渠之言巨也。史記蔡澤傳「先生曷鼻巨肩」，徐廣曰：「巨，一作渠。」彼言渠肩，猶此言渠頸矣。杜子春注周官鍾師引吕叔玉云：「肆夏、樊遏、渠，皆周頌也。渠，大也。言以后稷配天，王道之大也。」荀子彊國篇「是渠衡入穴而求利也」，楊倞曰：「渠，大也。渠衝，攻城之大車也。」漢書吳王濞傳「膠西王、膠東王爲渠率」，顔師古亦云：「渠，大也。」是渠與大同義，故高注訓渠爲大也。太平御覽地部二引，作「淚注而鳶肩」，則所見本已誤。蜀志郤正傳注引，作「戾頸而鳶肩」，「戾」亦傳寫之誤。論衡道虛篇作「鴈頸而鳶肩」，「鴈」字則後人以意改之，唯「頸」字皆不誤。藝文類聚靈異部上引，作「渠頸而鳶肩」，又引注云：「渠，大也。」斯爲確據矣。○譚獻云：「玄鬢」當作「玄準」，論衡及蜀志注皆作「準」。○劉文典云：御覽三百六十九引莊子「盧敖見若士深目鳶肩」，是淮南此文本出莊子也。淚注，論衡道虛篇作「雁頸深目玄鬢」，雁頸、鳶肩誼正相類，文亦相對。王充，東漢人，其書當較唐人所輯類書爲可信。此當依論衡，不當依藝文類聚引文。○于省吾云：王以「淚」爲「渠」，其説至當。惟「頸」誤爲「注」，失之牽强。「注」當讀爲「脰」，脰古讀爲度，故與注通。玄應一切經音義十七駐：「古文住、尌、侸、逗四形同。」方言七「傺、眙，逗也」，注：「逗即今住字也。」漢書匈奴傳「逗遛不進」，注：「逗讀與住同。」是均從主從豆字通之證。蓋「注」與「脰」爲音假，非「注」與「頸」爲形譌也。爾雅釋獸「麐麙短脰」，注：「脰，項。」説文：「脰，項也。」莊子德充符「其脰肩肩」，釋文：「脰，頸也。」然則渠注而鳶肩，即渠脰而鳶肩矣。○吕傳元云：「玄鬢」當作「「玄準」」，「目」與「準」對言，蜀志郤正傳注引正作「玄準」，論衡道虛篇亦作「玄準」。○王叔岷云：事文類聚、合璧事類引並「鬢」作「準」，引「淚注」並作「渠頸」。○于大成云：羣書類編故事引「鬢」亦作「準」。○雙棣按：「頭」爲「頸」之誤。

〔五〕【用韻】「鬢、肩」真元合韻。

〔六〕【箋釋】雙棣按：呂氏春秋明理篇亦有「豐上殺下」之語，殺猶細小也。此意與彼同。豐上殺下，謂上身肥胖，下身削瘦。

〔七〕【用韻】「下、舞」魚部。

〔八〕【許注】慢然止舞也。

【版本】茅本、汪本、莊本、集解本此注在下文「遯逃乎碑」下。

〔九〕【許注】匿於碑陰。

【箋釋】王念孫云：「碑」下脱去「下」字，「碑」或作「崥」，太玄增上九「崔嵬不崩，賴彼峡崥」，（玉篇峡，於兩切；崥，方爾切。）范望曰：「峡碑，山足也。」下者，後也，（見大雅下武箋、周語注。）謂遯逃乎山足之後。故高注曰「匿於碑陰也」。太平御覽引此，已脱「下」字。藝文類聚引作「崥下」，蜀志注引作「碑下」，論衡同。○王叔岷云：事文類聚前集三四、合璧事類前集五十「碑」下並有「下」字。○于大成云：羣書類編故事引「下」字未奪，雲笈七籤一百九引神仙傳同。

【用韻】「臂、碑」錫支通韻。

〔一〇〕【許注】楚人謂倨爲倦。龜殼，龜甲也。

【版本】茅本、汪本、張本、黄本、莊本、集解本此注在下文「蛤梨」下。

【箋釋】章炳麟云：倦之言拳也。今四川謂踞在地曰倦在地，倦讀如捲。○劉盼遂云：「倨」爲

「踞」之借。説文：「踞，蹲也。」古之踞猶今之所謂坐矣。倦，説文訓罷，人罷則不能危坐而就踞矣。以倦代踞，雖楚之方言，尚未離其宗也。再按之：華嚴聲母，倨入見紐，倦入溪紐，同爲牙音雙聲，此又由音理有可通之術焉。○馬宗霍云：正文「倦」蓋「卷」之借字，注文「倨」蓋「居」之借字。説文卩部云：「卷，厀曲也。」尸部云：「居，蹲也。」此蓋言蹲於龜甲之上而食海蚌。凡蹲者必曲其厀，故知正文當作「卷」，注文當作居也。論衡道虚篇述此事作「方卷然龜背而食合梨」，「倦」正作「卷」。裴松之三國志郤正傳注引此文亦作「卷」。漢書郅都傳顔師古注云：「居，讀與倨同。」又「居」「倨」相通之證也。後人多用「卷」爲卷舒之義，又以居爲凥處字。於是兩字本義皆加足旁。捲曲字作踡，蹲居字作踞。

〔二〕【許注】蛤梨，海蚌。

【用韻】「視、梨」脂部。

〔三〕【箋釋】莊逵吉云：太平御覽此下有注云：「渝，解也。」○王念孫云：此本作「至長不渝解」，今本無「解」字者，後人不曉「渝解」之義而削之也，不知渝與解同義。太玄格次三「裳格鞶鉤渝」，范望曰：「渝，解也。」字亦作愉，吕氏春秋勿躬篇「百官慎職而莫敢愉綎」，高注曰：「愉，解也。綎，緩也。」又方言：「揄、㩉，脱也。」「解、輸，脱也。」郭璞曰：「捝，猶脱耳。」文選七發「揄弃恬怠，輸寫淟濁」，李善注引方言：「揄，脱也。」脱亦解也。渝、愉、揄、輸，並聲近而義同。太平御覽引作「至長不渝解」，蜀志注引作「長不喻解」，論衡作「至長不偷解」，字雖不同，而皆有

「解」字。

【用韻】「游、渝、闚」幽侯支合韻。

〔一三〕【用韻】「是、友」支之合韻。

〔一四〕【版本】藏本「齤」字下有注「音拳」二字，莊本、集解本無，今據删，景宋本、王溥本、朱本、葉本同藏本。

【箋釋】于省吾云：説文：「齤，缺齒也。一曰曲齒。讀若權。」段玉裁云：「淮南子道應訓『若士齤然而笑』，謂露其齒病而笑也。」○馬宗霍云：「齤然」蓋狀笑而露齒之皃。露則齒不全見，未必齒病也。此用「齤」爲形容詞，不可泥於本義。論衡道虚篇「齤然」作「悖然」，字異義亦異。○雙棣按：集韻仙韻云：「齤，笑而見齒皃。」

〔一五〕【箋釋】楊樹達云：「而遠」集證本作「遠而」，是也。「寧」與「乃」同。○于大成云：陳與義登海山樓詩胡穉注引此正作「遠而」。

〔一六〕【許注】言太陰之地，尚見日月也。

【版本】茅本、汪本、張本、黄本、莊本、集解本此注在下文「列星」下。

〔一七〕【箋釋】雙棣按：論衡作「四時之所行，陰陽之所生」。

【用韻】「星、行、生」耕陽合韻。

〔一八〕【許注】言我所游不可字名之地，以盧敖而所行比之，則如窔奥。奥，室中也。

【版本】藏本正文及注「窔」並作「宎」，王鎣本、汪本、張本（無注）、黄本（無注）、莊本、集解本作「窔」，今據改，景宋本作「突」，餘本同藏本。王溥本、朱本注「字」作「自」。茅本、汪本、莊本、集解本注「盧敖」下無「而」字，景宋本、王溥本、朱本、葉本同藏本。莊本注無「奥室」二字。

【箋釋】雙棣按：陳昌齊謂「宎」當作「突」，是。「突」爲「窔」之俗字，室中東南隅。「宎」爲「突」之俗字。參主術篇一二九六頁注〔三〕。又注意有誤，若士云盧敖所行之地比其所游不名之地，狹小猶窔奥也。注意顛倒言之，則若士所游反成窔奥矣。

〔一九〕【箋釋】王念孫云：「岡」當作「罔」，考論衡、蜀志注、太平御覽及洪興祖楚辭遠遊補注並作「罔㝗」。○于省吾云：莊子應帝王「以處壙埌之野」，釋文引李注：「壙埌，無滯爲名也。」罔㝗即壙埌，字異而義同。○王叔岷云：事類賦六、事文類聚、合璧事類並引作「罔㝗」。○鄭良樹云：永樂大典八八四五、韻府羣玉八、天中記十六引，「岡」亦並作「罔」。○蔣禮鴻云：王説非也。「岡㝗之野」即莊子「壙埌之野」也。字又作「康」，作「漮」。説文：「康，屋康㝗也。」方言郭注「漮㝗，空貌」是也。不當作「罔」甚明。○雙棣按：「岡㝗、壙埌、罔㝗、罔㝗」字異而義同，此乃疊韻聯緜字，以音取義耳。字尚有作「莽㝗」者，文選左思吳都賦「相與騰躍乎莽㝗之野」，注：「莽㝗，廣大貌。」廣韻宕韻又作「漭浪」。

〔二〇〕【版本】王溥本、王鎣本、朱本、葉本、汪本、張本、吴本、黄本、莊本、集解本「冥冥」作「窅冥」，餘本同藏本。

【箋釋】莊逵吉云：黨，所也。方言云。○盧文弨云：黨，當訓所。案：釋名：「上黨，黨，所也，在山上，其所最高，故曰上黨。」又公羊文十三年傳：「往黨，衛侯會公于沓，至得與晉侯盟。反黨，鄭伯會公于斐。」何休注：「黨，所也。所猶時，齊人語。」史記齊世家：「萊人歌曰：師乎師乎！何黨之乎！」集解服虔曰：「黨，所也。言公子徒衆何所適也。」案：此亦齊人語。然上黨在晉，而亦以「所」爲「黨」，則不獨齊人爲然矣。○于大成云：劉本改「冥冥」作「窅冥」是也。「窅冥」爲道家恒語，字亦作「窈冥」，老子「窈兮冥兮，其中有精」，莊子在宥「至道之精，窈窈冥冥」，又「爲女入於窈冥之門矣」，又天運「窈窈冥冥」，本書覽冥篇「得失之度，深微窈冥」，兵略篇「建心乎窈冥之野」，要略「測窈冥之深」，史記項羽本紀「窈冥晝晦」，索隱徐廣曰「窈，一作窅字」，宋本論衡正作「窅冥」。「窅」與「冥」形似，故譌爲「冥冥」。

〔二〕【版本】王溥本、王鎣本、朱本、茅本、汪本、張本、吴本、黄本、莊本「光」作「先」，景宋本、葉本、集解本同藏本。

【箋釋】王念孫云：「開」當爲「關」，「關」字俗書作「開」，（唐顔元孫干禄字書曰：「開、關，上俗下正。」）「開」字俗書作「開」，二形相似，故「關」誤爲「開」。（莊子秋水篇「今吾無所開吾喙」，釋文：「開，本亦作關。」楚策「大關天下之匈」，今本「關」誤作「開」。漢書西南夷傳「皆棄此國而關蜀故徼」，史記「關」誤作「開」。說文「管，十二月之音，物關地而牙，故謂之管」，今本亦誤作「開」。）關與貫同。（雜記輪人「以其杖關轂而輠輪」，關轂即貫轂。漢書王嘉傳「大臣括髮關械」，關械即貫械。今人言關通即貫通。鄉射禮「不貫不釋」，古文貫作關。大戴禮子張問入官篇「察一而關於多」，家語入官篇關作貫。史記儒林傳「履雖新，必關於足」，漢書關作貫。）「東貫鴻濛之光」，謂東貫日光也。（見上注。）司馬相如大人賦「貫列缺之倒景」，義與此貫字同。太平御覽、楚辭補注引此，作「東開鴻濛之光」，則所見本已誤。論衡作「東貫澒濛之光」，蜀志注引此，作「東貫鴻濛之光」，「貫」「關」古字通，則「開」爲「關」之誤明矣。○王叔岷云：事文類聚、合璧事類引此亦並作「東貫鴻濛之光」。○鄭良樹云：永樂大典、韻府羣玉引此，亦並作「東貫鴻濛之光」。○于大成云：羣書類編故事引此，亦作「東貫鴻濛之光」。

【用韻】「鄉、黨、光」陽部。

〔三〕【版本】王鎣本、汪本、張本、吴本、黄本、莊本「眴」作「矚」，餘本同藏本。

【箋釋】王念孫云：「視焉無眴」，本作「視焉則眴」，眴與眩同。司馬相如大人賦云：「視眩泯而亡見。」楊雄甘泉賦云：「目冥眴而亡見。」其義一也。楚辭遠遊云：「下峥嶸而無地兮，上寥廓而無天。視儵忽而無見兮，聽惝怳而無聞。」此云「下無地而上無天，聽焉無聞，視焉則眴」，義本遠遊也。蜀志注引此，正作「視焉則眴」。論衡作「視焉則營」，「營」與「眴」古字通也。（眴字從目，旬聲。大雅江漢篇「來旬來宣」，鄭箋曰：「旬，當作營。」史記天官書「旬始」，徐廣曰：「旬一作營。」旬之通作營，猶眴之通作營矣。）道藏本作「視焉無眴」者，涉上句無字而誤。太平御覽所引已與道藏同。後人不知「無眴」爲「則眴」之誤，遂改「眴」爲「矚」，而莊本從之。案：廣韻：

「矚，視也。」是矚與視同義，「視焉無視」，斯爲不辭矣。且「眴」與「天」爲韻，若作「矚」，則失其韻矣。○馬宗霍云：焉猶乃也，乃猶而也。「聽焉無聞」，言聽而無聞也。「視焉無眴」，言視而無眴也。説文目部眴爲旬之或體，旬下云：「目摇也。」玄應一切經音義大般涅槃經第十二卷「視瞚」條引服虔云：「目動曰旬也。」目有所接則動摇。無眴猶言無足以動摇其目者。引申之，亦即目無所見之意。此承上文「其下無地而上無天」言。故視聽皆絶也。王念孫據蜀志郤正傳注引，謂「視焉無眴本作視焉則眴，眴與眩同」。不悟若作「則眴」，正老子所謂「五色令人目盲」，失淮南本文之恉矣。莊本改「眴」爲「矚」，尤失之。

【用韻】「天、聞、眴」真文合韻。

〔三三〕【許注】汰沃，四海與天之際水流聲也。汜，涯也。

【版本】藏本注「與」作「子」，莊本、集解本作「與」，今據改，景宋本作「予」，餘本同藏本。

【箋釋】馬宗霍云：汰沃，蜀志郤正傳注引作「沈沈」，蓋以意改。論衡道虚篇此句作「此其外猶有狀」，狀與汰沃二字形皆相近，疑又傳寫之譌，皆不足據。○何寧云：注「之際」二字誤倒。

〔三四〕【許注】千萬里，汰汜之外也。

【版本】景宋本注「汰汜」作「沃汜」。餘本同藏本。

〔三五〕【許注】吾尚未至此地。

【版本】景宋本注「地」作「也」，餘本同藏本。

【箋釋】劉家立云：吾猶未能之在，語不可曉。注曰「言吾尚未至此地」，則應作「吾猶未之能至」，方與「一舉而千萬里」相應。今本「之能」二字誤倒，「至」字又誤爲「在」，遂至義不可通。○于省吾云：注讀「在」如字，不詞。「在、哉」古字通。甲骨文「在」通作「才」，金文「在、哉」亦十九假「才」爲之。書立政「是罔顯在厥世」，漢石經「在」作「哉」。康誥「今民將在」，召誥「智藏瘝在」，二「在」字均應讀作「哉」，詳尚書新證。此言其餘一舉而千萬里，吾猶未能之哉？本書多此等句法，詳要略篇。○馬宗霍云：「未能之在」，「之」字爲句中語助，不爲義。猶言「未能在」。説文土部云：「在，存也。」荀子議兵篇「所存者神」，楊倞注云：「存，至也。」是「在」引申之義亦得訓「至」。未能在猶言未能至也。

【用韻】「汜、里、在」之部。

〔二六〕【箋釋】馬宗霍云：今子游始於此，蜀志郤正傳注引，「始」字下有「至」字。論衡道虚篇亦作「始至於此」。上文云：「子中州之民，寧肯而遠至此。」本文正與相應，則以有至字爲長。似可據補。○楊樹達、于大成與馬説同。

【用韻】「觀、遠」元部。

〔二七〕【箋釋】馬宗霍云：説文云：「処，止也。得几而止。」處爲処之或體。由止義引申之，則休亦謂之處。説文：「休，息止也。從人依木。」依木與得几同意。「然子處矣」，猶言「且子休矣」，蓋訶而止之之詞。

〔二八〕【許注】汗漫，不可知之也。九垓，九天之外。

【箋釋】王念孫云：九垓之外，本作「九垓之上」，高注本作「九垓，九天也。」俶真篇「徙倚於汗漫之宇」，高注引此文云：「吾與汗漫期於九垓之上。」漢書禮樂志郊祀歌「專精厲意逝九閡」，如淳曰：「閡亦陔也。淮南子曰：『吾與汗漫期乎九陔之上。』陔，重也。謂九天之上也。」司馬相如傳封禪文「上暢九垓」，如淳注所引亦與前同。又論衡及蜀志注、太平御覽、文選郭璞遊仙詩注、張協七命注並引作「九垓之上」。（李白廬山謠「先期汗漫九垓上，願接盧敖遊太清」，即用此篇之語，則李所見本亦作「九垓之上」。）御覽又引高注云：「九垓，九天也。」此皆其明證矣。後人既改九垓之上爲九垓之外，復於注内加「之外」二字，以曲爲附會，甚矣其妄也。○陶方琦云：大藏音義三十、四十五、八十八引許注：「九垓，九天也。」○王叔岷云：王説是也。事類賦、事文類聚、合璧事類、天中記一引此亦並作「九垓之上」，事類賦引注作「九垓，九天也」。○鄭良樹云：永樂大典、韻府羣玉、洪武正韻八引此，「九垓之外」亦並作「九垓之上」。○于大成云：蘇軾壬寅二月有詔令郡吏分往屬縣減決囚禁歸，作詩五百言以記凡所經歷者寄子由詩程縯注（集注分類東坡詩一）、又和王屏詩李厚注（同上十九）、小學紺珠一、羣書類篇故事引亦作「九垓之上」，七籤引神仙傳同。

〔二九〕【箋釋】王念孫云：「駐」字後人所加。論衡作「吾不久」，蜀志注、文選注、太平御覽並引作「吾不可以久」，則久下無「駐」字明矣。

【用韻】「處、駐」魚侯合韻。

〔三〇〕【許注】止其所駕之車。

〔三一〕【許注】楚人謂恨不得爲柸治也。

【版本】張本、黄本、莊本、集解本無「止」字，餘本同藏本。王溥本、王鎣本、汪本、張本正文及注「柸」作「抷」，餘本同藏本。

【箋釋】王念孫云：「止」當爲「心」，隸書「心」與「止」二形相似，又涉上句「止」字而誤也。「乃止駕」爲句，「心柸治」爲句，「悖若有喪也」爲句。「柸治」疊韻字，言其心柸治然也。（高注「楚人謂恨不得爲柸治也」。）論衡作「乃止喜，（喜當爲嘉，嘉、駕古字通。）心不怠，悵若有喪」，「不怠」即「柸治」之借字，則「止」爲「心」字之誤明矣。莊本删去「止」字，非是。○俞樾云：王氏念孫謂「止」乃「心」字之誤，是也。柸治之義，高注曰「楚人謂恨不得爲柸治也」，其實「柸治」即不怡也。不怡二字，本於虞書，古人慣用之。國語晉語曰：「主色不怡。」太史公報任安書曰：「聽朝不怡。」此言「心不怡」，非必楚人語，因聲誤而爲柸治，其義始晦矣。論衡道虚篇作「乃止喜（句），心不怠」，即「乃止駕，心不怡」也。「喜」者，「嘉」字之誤，「駕」之假字也。「怠」者，「怡」之假字也。○劉盼遂云：俞説是也。凡方言衍變，多由雅言音轉而成，治與得古雙聲通用，柸治蓋亦不得之音譌歟？○黄暉云：王説未審，俞説「不怠」即「不怡」亦非。方以智曰：「楚人謂恨不得爲柸治，猶今言癡也。癡轉爲獃，猶眙之有嗤音也。柸乃發語聲。」不，語詞，或作丕，見經傳釋詞。故論衡作「不」，淮南作「柸」，論衡作「怠」，淮南作「治」，並聲之轉。○于省吾云：俞以柸治爲不怡，其説未允。上言「若士舉臂而竦身，遂入雲中。盧敖仰而視之，弗見」。是當時之情形，心不怡三字實不足以晐之。「柸治」二字乃疊韻謰語，亦即「誒詒」之轉語。莊子達生「誒詒爲病」，釋文引李云：「誒詒，失魂魄也。」按：失魂魄即恐懼之意。柸與誒，治與詒同屬疊韻，柸治又轉爲「謾台」，方言一：「謾台，懼也。燕代之間曰謾台。」盧敖以若士入雲爲神異，故中心恐懼也。

〔三二〕【版本】王溥本、王鎣本、朱本、吴本「悖」下有「然」字，餘本同藏本。

〔三三〕【許注】蠰蟲，蟲之幼也。

【版本】王鎣本、汪本、張本、黄本、莊本、集解本正文及注「蠰」作「壤」，餘本同藏本。

【箋釋】雙棣按：爾雅釋蟲：「蠰，齧桑。」郭璞注云：「似天牛，長角，體有白點，喜齧桑樹，作孔入其中。」郝懿行義疏云：「玉篇：『蠰，齧桑蟲也。』陳藏器説螧螬云：『蝎在朽木中，至春羽化爲天牛，兩角狀如水牛，色黑，背有白點，上下緣木，飛騰不遥。』」此蟲「飛騰不遥」，正與黄鵠相對。

〔三四〕【許注】八寸爲咫，十寸爲尺。

〔三五〕【版本】張本、黄本、莊本、集解本兩「人」字作「年」，餘本同藏本。

〔三六〕【許注】朝菌，朝生暮死之蟲也，生水上，狀似蠶蛾，一名孳母，海南謂之蟲邪。

【箋釋】王念孫云：「朝菌」本作「朝秀」，（高注同。）今作「朝菌」者，後人據莊子逍遥遊篇改之也。文選辯命論「朝秀晨終」，李善注引淮南子「朝秀不知晦朔」，又引高注云：「朝秀，朝生暮死之蟲也，生水上，似蠶蛾。」太平御覽蟲豸部茲母下引淮南子「朝秀不知晦朔」，又引高注云：「朝秀，朝生暮死之蟲也，生水上，似蠶蛾。一名茲母。」廣雅釋蟲：「朝蟏，（曹憲音秀。）孳母也。」義本淮南注。是淮南自作「朝秀」，與莊子異文，不得據彼以改此也。○王引之云：朝秀與蟪蛄皆蟲名也，朝菌、朝秀，語之轉耳。非謂芝菌。○郭慶藩云：王説是也。廣雅正作「朝蟏」，以其爲蟲，故字從虫耳。○陶方琦云：文選注、御覽引正文及許注，俱作「朝秀」。今本作「朝菌」，乃因莊子而改。莊子釋文引司馬注：「菌，大芝也。」兩書古注互異，不必强同。今許注既解爲蟲，當作「朝秀」，秀即蟏字。廣雅：「朝秀，孳母也。」即淮南即本許注。玉篇：「蟏，思又、弋久二切，朝生莫死蟲也。生水上，狀如蠶蛾，一名孳母。」然則其狀不許氏注文。○于鬯云：蓋孳母之名，謂其孳乳浸多，即今人謂水面上之蟏蛆是也。然則其狀不似蠶蛾，却似蠶子，疑注文「蛾」字當作「子」。御覽引亦作「蛾」，蓋已據誤本也。至朝菌實糞上蟲，並非水上蟲。説見大戴夏小正記校。○胡懷琛云：莊子釋文引司馬注：「菌，大芝也。」楚辭山鬼「采三秀兮於山間」，王逸注：「三秀，芝草也。」是菌芝也，秀亦芝也。莊子作「菌」，淮南作「秀」，實同物異名耳，未必朝秀爲蟲名也。

〔三七〕【許注】蟪蛄，貂蟟。

【箋釋】劉家立云：注「貂」乃「蛁」字之誤。廣雅釋蟲：「蟪蛄，蛁蟟也。」家語「蟪蛄之聲猶在於耳」，注與廣雅同，是其證。○何寧云：貂、蛁同音，都僚切。劉氏無庸改字。

季子治亶父三年〔一〕，而巫馬期絻衣短褐〔二〕，易容貌，往觀化焉〔三〕。見夜魚釋之〔四〕，巫馬期問焉，曰：「凡子所爲魚者，欲得也〔五〕。今得而釋之，何也？」漁者對曰：「季子不欲人取小魚也〔六〕，所得者小魚，是以釋之〔七〕。」巫馬期歸，以報孔子曰：「季子之德至矣，使人闇行〔八〕，若有嚴刑在其側者。季子何以至於此〔九〕？」孔子曰：「丘嘗問之以治，言曰：『誠於此者刑於彼〔一〇〕』，季子必行此術也。」故老子曰：「去彼取此〔一一〕。」

校 釋

〔一〕【許注】季子，子賤。

【箋釋】王念孫云：羣書治要引此，季子作宓（音孚）子，呂氏春秋具備篇同。案：諸書無謂宓子賤爲季子者，「季」當爲「孚」，字之誤也。孚與宓聲相近。宓子之爲孚子，猶宓犧之爲庖犧也。（伏犧字，漢書皆作宓，「庖」字古讀若「浮」。故呂氏春秋本味篇「庖人」作「烰人」，「浮、宓」聲相近，故宓犧或作庖犧。）齊俗篇「賓有見人於宓子者」，太平御覽人事部四十六引作孚子，羣書治要作季子，故知「宓」通作「孚」，「孚」誤作「季」也。○陶方琦云：羣書治要引許注：「宓子，子賤也。」與今注正同。○雙棣按：泰族篇「密子治亶父」，字作密，密與宓音同。治要引亦作「季」。

〔二〕【許注】巫馬期，孔子弟子也。

【箋釋】陶方琦云：羣書治要引許注：「巫馬期，孔子弟子也。」與今注正同。史記、呂覽並作巫馬旗。○蔣禮鴻云：短當作裋，不煩舉證。綄爲冕之或體，冕衣裋褐不復成語。此蓋以「衣裋褐」與「易容貌」相對爲文，則「衣」上不當有「綄」字，疑或涉「貌」字而誤衍，或以巫馬期名施，後人旁注「施」字而誤「綄」，又併入正文也。○雙棣按：呂覽具備篇作巫馬旗，然察賢篇作巫馬期，孔子家語亦作巫馬期，蓋「旗、期」古字通。

〔三〕【許注】易服而往，微以視之。

【箋釋】陶方琦云：羣書治要引許注：「微視之。」是約文。○蔣禮鴻云：注「微以視之」當作「以微視之」。微乃之叚字。廣韻：「䁍，伺視也。」墨子迎敵祠篇：「謹微察之。」史記游俠列傳：「使人微知賊處。」並以微爲䁍。微視同義連文，今本誤倒，可據治要訂正。○雙棣按：説文：「䁍，司也。」段玉裁注曰：「司者，今之伺字。許書無伺。司下當有視字，廣韻曰：『䁍，伺視也。』於從微取意。」

【用韻】「褐、化」月歌通韻。

〔四〕【版本】王鎣本、朱本、汪本、張本、黄本、莊本、集解本「夜」作「得」，餘本同藏本。

【箋釋】王念孫云：太平御覽鱗介部七引作「見夜魚者釋之」，羣書治要引作「見夜漁者得魚則釋之」。案：羣書治要所引是也。呂氏春秋作「見夜漁者，得則舍之」，家語屈節篇作「見夜魰者，得魚輒舍之」，是其證。泰族篇亦云：「見夜漁者，得小即釋之。」

〔五〕【箋釋】劉文典云：「魚」當爲「漁」，字之壞也。呂氏春秋具備篇作「漁爲得也」，家語屈節篇作「凡敏者爲得」，敏與漁同。○雙棣按：魚和漁乃名詞與動詞之區別，魚亦可用爲動詞，不必認爲必是漁字之壞。

〔六〕【許注】古者魚不盈尺，不上俎也。

【箋釋】劉文典云：羣書治要引，「人」下有「之」字，與呂覽具備篇合。

〔七〕【用韻】「魚、釋」魚鐸通韻。

〔八〕【箋釋】蔣維喬云：「人」當作「民」，呂覽、家語並作「民」，此蓋避唐諱未經改正者。

〔九〕【箋釋】呂傳元云：此文乃巫馬期問孔子之言也，「季子」上當脱「敢問」二字。孔子家語屈節解、呂覽具備篇皆有。

〔一〇〕【版本】藏本「誠」作「誠」，吳本作「誠」，（蔣刊道藏輯要本亦作「誠」。）今據改，景宋本、王溥本、王鎣本、朱本、茅本、葉本、汪本、張本、黄本、莊本、集解本同藏本。

【箋釋】王念孫云：各本及莊本「誠」字皆誤作「誠」，唯道藏本不誤。羣書治要引此，正作「誠」，呂氏春秋、家語並同。○陶鴻慶云：呂覽具備篇高注：「施至誠於近以化之，使刑行於遠。」按：刑與形同。猶言誠中而形外也。高注讀「刑」如字，非。○劉文典云：王謂「誠」當爲「誠」，是也。「刑」爲「形」假，言誠於此者則形於彼也。水經泗水注：「子聞之曰：『誠彼形此。』子賤得之，善矣！」是其證。○雙棣按：王謂道藏本作「誠」不誤。正統道藏本亦誤作「誠」，王所謂乃道藏輯要本。

〔一一〕【箋釋】雙棣按：此引老子曰，見老子第十二章、第三十八章、第七十二章。

罔兩問於景〔一〕曰：「昭昭者，神明也〔二〕。」景曰：「非也。」罔兩曰：「子何以知之？」景曰：「扶桑受謝，日照宇宙〔三〕，炤炤之光〔四〕，輝燭四海，闔户塞牖，則無由入矣。若神明，四通並流，無所不極〔五〕，上際於天，下蟠於地，化育萬物而不可爲象，俛仰之間而撫四海之外，昭昭何足以明之〔六〕！」故老子曰：「天下之至柔，馳騁於天下之至堅〔七〕。」

校釋

〔一〕【許注】罔兩，水之精物也。景，日月水光晷也。

【箋釋】雙棣按：莊子齊物論「罔兩問景曰」，郭象曰：「罔兩，景外之微陰也。」

〔二〕【許注】罔兩恍惚之物，見景光明，以爲神也。

〔三〕【許注】扶桑，日所出之木也。受謝，扶桑受日，旦澤出之也。

【版本】王溥本、朱本注「澤」作「則」，景宋本、茅本、葉本、汪本、莊本、集解本同藏本。

【箋釋】吳承仕云：朱本作「旦則出之」。案：朱本非也。「澤」當讀爲「繹」，猶尋繹也。扶桑受謝者，謂昏受日而旦出之，若代謝焉。俶真篇「代謝舛馳」注云：「謝，敘也。」謝敘繹聲相近。朱本不得其解而改澤爲則，失之。○馬宗霍云：澤通作繹。繹者，尋繹之意。春秋宣公八年經「壬午猶繹」，公羊傳云：「繹者何？祭之明日也。」穀梁傳云：「繹者，祭之旦日之享賓也。」是許注「旦澤出之」，猶言明旦出之也。史記孝武本紀「古者先振兵澤旅」，裴駰集解引徐廣曰：「古釋字作澤。」詩周頌絲衣序「繹賓尸也」，陸德明釋文云：「繹，字書作釋。」案：「澤、繹」皆與「釋」通，即「澤」可通「繹」之證。

〔四〕【版本】王溥本、王鎣本、葉本、汪本、張本、吴本、黄本、莊本、集解本「炤炤」作「昭昭」，餘本同藏本。

〔五〕【版本】藏本「極」作「及」，景宋本、浙局莊本作「極」，今據改，餘本同藏本。

【箋釋】雙棣按：炤與昭通。

〔六〕【箋釋】王引之云：爾雅：「極，至也。」淺人不知而改爲「及」。○雙棣按：莊子刻意篇云：「精神四達並流，無所不極，上際於天，下蟠於地，化育萬物，不可爲象。」此爲淮南所本。

【版本】藏本「昭昭」作「照照」，除景宋本、茅本同藏本外，餘本均作「昭昭」，（蔣刊道藏輯要本亦作「昭昭」。）今據改。

【用韻】「象、明」陽部。

〔七〕【版本】藏本「騁」下無「於」字，景宋本有，今據補，餘本同藏本。

【箋釋】王引之云：於，猶乎也。淺人不知而删之，非是。惟原道篇「馳騁於天下之至堅」，尚未删。○雙棣按：此引老子曰，見老子第四十三章。王説當有「於」字，是。帛書甲本有「於」字，乙本有「乎」字。范應元本亦有「於」字，並云：「淮南子有『於』字，與古本合。」可知「於」字爲後人所妄删。

光耀問於無有〔一〕曰：「子果有乎？其果無有乎〔二〕？」無有弗應也〔三〕。光耀不得問，而就視其狀貌〔四〕，冥然忽然，視之不見其形，聽之不聞其聲〔五〕，搏之不可得，望之不可極也〔六〕。光耀曰：「貴矣哉！孰能至于此乎！予能有無矣，未能無無也〔七〕。及其爲無無，又何從至於此哉！」故老子曰：「無有入于無間，吾是以知無爲之有益也〔八〕。」

校釋

〔一〕【許注】光耀可見，而無有至虚者。

【箋釋】楊樹達云：此用莊子知北遊篇文。

〔二〕【許注】有形生於無形，何以能生物，故問果有乎？其無有也？

〔三〕【用韻】「有、有、有、應」之蒸通韻。

〔四〕【箋釋】王念孫云：「就視」當依莊子知北遊篇作「孰視」，字之誤也。孰與熟同。

〔五〕【用韻】「形、聲」耕部。

〔六〕【用韻】「得、極」職部。

〔七〕【許注】言我能使形不可得，未能殊無形也。

〔八〕【箋釋】雙棣按：此引老子曰，見老子第四十三章。今傅奕本「無有」上有「出於」二字。原道篇引亦有「出於」二字。焦竑、劉師培、劉文典謂當有「出於」二字，乃老子古本。然帛書甲本作「無有入於無間」，亦無「出於」二字，與淮南此引同。

白公勝慮亂〔一〕，罷朝而立，到杖策，錣上貫頤〔二〕，血流至地而弗知也。鄭人聞之曰：「頤之忘，將何不忘哉〔三〕！」此言精神之越於外，智慮之蕩於內，則不能漏理其形也〔四〕。是故神之所用者遠，則所遺者近也〔五〕。故老子曰：「不出户以知天下，不窺牖以見天道，其出彌遠，其知彌少〔六〕。」此之謂也。

校釋

〔一〕【許注】白公將爲父復讎，起兵亂，因思慮之也。

【箋釋】劉文典云：爾雅釋詁、廣雅釋詁四：「慮，謀也。」吕氏春秋安死篇高注：「慮，謀也。」國策秦策注：「慮，計也。」白公勝慮亂，猶言白公勝謀亂也。慮當訓謀，訓計，不當訓思。○何寧云：文本韓非子喻老篇，又見列子説符篇。説文「慮，謀思也」。玉篇「深謀遠慮曰思」。許注訓「謀」爲「思」，何不當之有？

〔二〕【許注】策，馬捶。端有針以刺馬，謂之錣。到杖策，故錣貫頤也。

【版本】張本、黄本、莊本、集解本正文及注「到」作「倒」，餘本同藏本。藏本「錣」下有注「音針」二字，莊本、集解本無，今據删，餘本同藏本。

〔三〕【許注】白公之父死，鄭預，故懼之也。

【版本】景宋本、汪本、張本、黄本、莊本、集解本注「鄭」下有「人」字，「預」下有「之」字，餘本同藏本。

〔四〕【許注】漏，補空也。

【箋釋】于省吾云：注説未允。「漏」疑「滿」字之形譌。廣雅釋詁：「滿，充也。」「充，滿也。」上云「此言精神之越於外，智慮之蕩於内」，故接以「則不能充理其形也」。

〔五〕【許注】近，謂身也。

【用韻】「遠、近」元文合韻。

〔六〕【版本】藏本「户」下無「以」字，景宋本、茅本、汪本、張本、吴本、黄本、莊本、集解本有，今據補，餘本同藏本。

【箋釋】雙棣按：此引老子曰，見老子第四十七章。帛書甲、乙本及傅奕本「户」、「牖」下皆有

「以」字，淮南引不當缺其一，藏本脱。王弼本兩「以」字皆無。傅奕本「以」字上並有「可」字，帛書甲、乙本「户」、「牖」上並有「於」字，帛書甲、乙本及傅奕本「見」字作「知」。

【用韻】「户、下」魚部，「牖、道」幽部。

秦皇帝得天下，恐不能守，發邊戍，築長城〔一〕，修關梁，設障塞，具傳車，置邊吏〔二〕。然劉氏奪之，若轉閉錘〔三〕。昔武王伐紂，破之牧野，乃封比干之墓，表商容之閭〔四〕，柴箕子之門〔五〕，朝成湯之廟，發鉅橋之粟，散鹿臺之錢，破鼓折枹〔六〕，弛弓絶絃〔七〕，去舍露宿以示平易，解劍帶笏以示無仇。於此，天下歌謡而樂之，諸侯執幣相朝〔八〕，三十四世不奪。故老子曰：「善閉者，無關鍵而不可開也；善結者，無繩約而不可解也〔九〕。」

校釋

〔一〕【箋釋】于鬯云：姚廣文云：「高誘序，淮南以父諱長，故其所著諸長字皆曰脩。人間訓『將築脩城』，又云『欲知築脩城以備亡，不知築脩城之所以亡也』。此長字蓋諱之未盡者。」案：説山訓「巨雖可而長不足」，據御覽引，彼長作脩。是知今本淮南有經後人寫亂者。○梁玉繩、劉文典與于説同。○何寧云：説文「戍，守邊也」。邊、戍義複，當作「適戍」。邊、適草書二形相似，又涉下「邊吏」而誤也。氾論篇「發適戍」，人間篇「乃發適戍以備之」，又云「發適戍以備越」，史記陳涉世家亦云「發閭左適戍漁陽」，皆其證。

〔二〕【用韻】「守、戍」幽侯合韻，「城、梁」耕陽合韻，「塞、吏」職之通韻。

〔三〕【許注】閉錘，格也，上之錘，所以編薄席，反覆之易。

【用韻】「奪、錘」月歌通韻。

〔四〕【用韻】「野、墓、閭」魚鐸通韻。

〔五〕【許注】紂死，箕子亡之朝鮮，舊居空，故柴護之。

【箋釋】莊逵吉云：柴護之者，設軍士護之也。「柴」即俗「寨」字。○曾國藩云：後漢書楊震傳「柴門謝客」，三國志「以萬兵柴道」，與此柴字義同，即塞也。

〔六〕【版本】藏本「枹」誤作「抱」，王鎣本、朱本、茅本、汪本、張本、吴本、黄本、莊本、集解本作「枹」，今據改，景宋本、葉本同藏本。

〔七〕【用韻】「錢、絃」元真合韻。

〔八〕【版本】藏本「幣」作「弊」，各本均作「幣」，（蔣刊道藏輯要本亦作「幣」。）今據改。

〔九〕【箋釋】雙棣按：此引老子曰，見老子第二十七章。今傅奕本無兩「也」字，王弼本無兩「者」字、「也」字，景龍碑本無兩「者」字、「而」字、「也」字，帛書甲、乙本「者」字、「而」字、「也」字皆有，與淮南同。帛書本「鍵」並作「籥」，「開」並作「啟」。

尹需學御，三年而無得焉〔一〕。私自苦痛，常寢想之〔二〕。中夜，夢受秋駕於師〔三〕。明日，往朝。師望之，謂之曰〔四〕：「吾非愛道於子也〔五〕，恐子不可予也〔六〕。今日將教子以秋駕〔七〕。」尹需反走，北面再拜，曰：「臣有天幸，今夕固夢受之。」故老子曰：「致虚極，守静篤，萬物並作，吾以觀其復也〔八〕。」

校釋

〔一〕【版本】王溥本、王鎣本、朱本、葉本「尹需」作「尹儒」（下同），餘本同藏本。

【箋釋】楊樹達云：文本吕氏春秋博志篇。

〔二〕【許注】寢堅思之。

【版本】王溥本注「堅」作「臥」，餘本同藏本。

【箋釋】劉文典云：御覽七百四十六引注，「堅」作「臥」。○吕傳元云：「堅」與「臥」形近致訛。「臥」字正釋「寢」字也。○何寧云：説文：「寢，臥也。」注以「臥」訓「寢」，與説文合。

〔三〕【許注】秋駕，善御之術。

〔四〕【箋釋】王念孫云：「望之謂之」當作「望而謂之」。今本「而」作「之」，因下「謂之」而誤。太平御覽工藝部三引此，正作「望而謂之」。吕氏春秋博志篇同。○劉文典云：「師」字當重。淮南此文出莊子，文選魏都賦、王元長三月三日曲水詩序注引莊子逸文並作「明日，往朝師。師曰」，是其證。○雙棣按：此句斷作「明日，往朝。師望之，謂之曰」則可，不必重「師」字，亦可不改「之」爲「而」，自可通。

〔五〕【版本】藏本「愛」作「受」，茅本、汪本、張本、吴本、黄本、莊本、集解本作「愛」，今據改，餘本同藏本。

【箋釋】雙棣按：吕氏春秋亦作「愛」，愛，吝惜也。

〔六〕【用韻】「子」、「予」之魚合韻。

〔七〕【版本】藏本「教」上無「將」字，景宋本有，今據補，餘本同藏本。

【箋釋】劉文典云：「教」上當有「將」字。吕氏春秋博志篇正作「今日將教子以秋駕」，文選魏都賦、王元長三月三日曲水詩序注引莊子作「今將教子以秋駕」，皆其證矣。

〔八〕【箋釋】雙棣按：此引老子曰，見老子第十六章。今傅奕本、河上本及帛書甲、乙本「致」並作「至」，王弼本、景龍碑本作「致」。傅奕本、景龍碑本、王弼本「復」下皆無「也」字，帛書甲、乙本有「也」字，與淮南同。王弼本「觀」下脱「其」字。

【用韻】「篤」、「復」覺部。

昔孫叔敖三得令尹，無喜志；三去令尹，無憂色〔一〕。延陵季子，吴人願一以爲王而不肯〔二〕。許由，讓天下而弗受〔三〕。晏子與崔杼盟，臨死地不變其儀〔四〕。此皆有所遠通也。

精神通於死生，則物孰能惑之？

荊有佽非，得寶劍於干隊〔五〕。還反度江〔六〕，至於中流，陽侯之波，兩蛟俠繞其船〔七〕。佽非謂枻船者〔八〕曰：「嘗有如此而得活者乎〔九〕？」對曰：「未嘗見也。」於是佽非瞋目教然，攘臂拔劍曰〔一〇〕：「武士可以仁義之禮説也，不可劫而奪也〔一一〕。此江中之腐肉朽骨弃劍而已，余有奚愛焉〔一二〕！」赴江刺蛟，遂斷其頭，船中人盡活，風波畢除〔一三〕，荊爵爲執圭。孔子聞之曰：「夫善載腐肉朽骨弃劍者，佽非之謂乎〔一四〕！」故老子曰：「夫唯無以生爲者，是賢於貴生焉〔一五〕。」

校釋

〔一〕【箋釋】楊樹達云：此及下延陵季子、佽非事皆用吕氏春秋知分篇文。

【用韻】「志、色」之職通韻。

〔二〕【箋釋】楊樹達云：「一」字義不可通，緣與「以」字聲近而衍。吕氏春秋知分篇無「一」字，當據删。○雙棣按：楊説是。

【用韻】「子、肯」之蒸通韻。

〔三〕【箋釋】雙棣按：依上句「延陵季子，吴人願一以爲王而不肯」例，此句「讓」字上似當有「舜」字，蓋傳寫脱之。

【用韻】「由、受」幽部。

〔四〕【箋釋】雙棣按：呂氏春秋知分篇云：「晏子與崔杼盟，而不變其義。」呂覽作「義」，此「儀」與「義」通。

〔五〕【許注】干國在今臨淮，出寶劍，蓋爲莫邪、洞鄂之形也。

【版本】藏本注有「干音寒」三字，茅本、汪本、張本、黄本、莊本、集解本無，今據删，餘本同藏本。

【箋釋】雙棣按：干隊即干遂也。呂覽知分篇高注云：「干遂，吴邑。」佽非，呂覽作次非，後漢書馬融傳作兹飛，又有作佽飛、刺韭者。楊昭儁云：「古籍中同紀一人之事往往字各不同者，蓋傳聞同音，即隨筆於簡，未遑考其孰爲正字也。」

【用韻】「非、隊」微物通韻。

〔六〕【版本】王溥本、王鎣本、葉本「度」作「渡」，餘本同藏本。

〔七〕【許注】蛟，龍屬也。魚滿二千五百斤，蛟來爲之主也。

【版本】景宋本、集解本「俠」作「挾」，王鎣本、汪本、張本、黄本作「夾」，（蔣刊道藏輯要本亦作「夾」。）餘本同藏本。藏本注「滿」作「漏」，景宋本、王溥本、茅本、汪本、莊本、集解本作「滿」，（蔣刊道藏輯要本亦作「滿」。）今據改，朱本、葉本同藏本。王溥本注「二千五百斤」作「三千六百斤」，餘本同藏本。藏本注「來」作「未」，王溥本、莊本、集解本「作」來，（蔣刊道藏輯要本亦作「來」。）今據改，景宋本、朱本、茅本、葉本、汪本同藏本。

【箋釋】顧廣圻云：「波」下疑少一字。○雙棣按：「俠」與「夾、挾」通。漢書叔孫通傳「殿下郎中俠陛」，顔師古云：「俠，與挾同，挾其兩旁。」吕覽字作「夾」。又：説文云：「蛟，龍之屬也。池魚滿三千六百，蛟來爲之長。」王溥本蓋據説文改也。此爲許注，當與説文合，恐有誤。吕覽高注云：「魚滿二千斤爲蛟。」與許異。

〔八〕【許注】枻，櫂。

【版本】茅本、汪本、張本、黄本、莊本、集解本此注在下文「曰」字下，且注末有「也」字，餘本同藏本。

〔九〕【箋釋】俞樾云：「嘗」下脱「見」字。下文「對曰：未嘗見也」，「嘗見」字與此相應。吕氏春秋知分篇作「子嘗見有兩蛟繞船能兩活者乎」，正有「見」字。○雙棣按：吕氏春秋有「見」字，無「有」字。此「有」字蓋「見」字譌。

〔一〇〕【版本】藏本「瞋」作「瞑」，景宋本作「瞋」，今據改，餘本同藏本。

【箋釋】王念孫云：「瞑目」二字與「攘臂拔劍」事不相類。「瞑目」當爲「瞋目」，二形相似而誤。（莊子秋水篇「瞋目而不見丘山」，釋文：「瞋，本或作瞑。」管子小問篇「桓公瞋目而視祝鳧、已疵」，韓子守道篇「瞋目切齒傾耳」，今本瞋字並誤作瞑。）又案：「教然」二字，當在瞋目之上，而以「教然瞋目攘臂拔劍」作一句讀。

〔一一〕【用韻】「説、奪」月部。

〔一二〕【箋釋】陳昌齊云："「此江中之腐肉朽骨、弃劍而已」，蓋佽非惟視骨肉與劍皆爲腐朽廢棄之物，故赴江刺蛟而無所憚。吕氏春秋「此江中之腐肉朽骨也，棄劍以全己」，當據此改正。若作「棄劍以全己」，則亦棄之而已，何必赴江哉？"○俞樾云："己乃人己之己，己上當有全字。吕氏春秋正作「棄劍而全己」。"○馬宗霍云："「有」讀爲「又」，言余又何愛於劍也。○蔣禮鴻云：吕氏文回穴無義。「善哉」上著「夫」字，尤不成文法，豈足據乎？淮南文實不誤，已乃已止之已，非人己之己也。其曰此江中之腐肉朽骨棄劍而已者，乃承上文與枻人問答而言，言陽侯之波，兩蛟挾船，必不得活，則佽非身且爲腐肉朽骨，劍且爲棄劍，何惜此身此劍，不與蛟爭頃刻之命，猶有所冀乎？○雙棣按：陳、蔣説是。腐肉、朽骨、棄劍，皆偏正結構，三者並列。「此江中之腐肉朽骨棄劍而已」，乃佽非視身軀與劍皆腐朽廢棄之物。此正與下文引老子文義相合。

〔一三〕【版本】藏本「蛟」誤作「蚊」，各本皆作「蛟」，今據改。

【用韻】「頭、除」侯魚合韻。

〔一四〕【版本】藏本「佽」誤作「飲」，各本皆作「佽」，今據改。

【箋釋】俞樾云："「載」當作「哉」，聲之誤也。「哉」下脱「不以」二字。吕氏春秋正作「夫善哉，不以腐肉朽骨而棄劍者，其次非之謂乎」。○蔣禮鴻云："「載」乃因利乘便之意，猶今言利用也。漢書董仲舒對策曰「身寵而載高位，家温而食厚禄，因乘富貴之資力，而與民爭利於下」，顔師古曰："「載猶乘也。」漢書「載」字義與淮南此文同。言善用之則爲生人而有其劍，不善用之則爲腐肉朽骨棄劍而已。文義本自曉暢，俞氏乃據呂氏書誤文以改之，甚未思也。〇雙棣按：載，猶識也。詩大雅大明「文王初載，天作之合」，毛傳：「載，識。」此謂攸非善識腐肉朽骨棄劍。

〔一五〕【箋釋】雙棣按：此引老子曰，見老子第七十五章。王弼本、景龍碑本無「焉」字。帛書甲、乙本無「於」字、「焉」字。傅奕本「爲」下有「貴」字，「焉」作「也」。

齊人淳于髡以從説魏王，魏王辯之〔一〕。約車十乘，將使荊。辭而行，人以爲從未足也，復以衡説，其辭若然〔二〕。魏王乃止其行而疏其身。失從心志而有不能成衡之事〔三〕，是其所以固也〔四〕。夫言有宗，事有本，失其宗本，技能雖多，不若其寡也。故周鼎著倕而使齕其指，先王以見大巧之不可也〔五〕。故慎子曰：「匠人知爲門，能以門〔六〕，所以不知門也〔七〕。」故必杜然後能門〔八〕。

校釋

〔一〕【箋釋】楊樹達云：文本呂氏春秋離謂篇。〇馬宗霍云：魏王辯之，言魏王以淳于髡之説爲辯也。〇雙棣按：馬説是。此辯字用作意動。呂覽高誘注云：「魏王以爲辯達。」

〔二〕【許注】從説，説諸侯之計，當相從也。衡説，從之非是，當横，更計也。

【箋釋】劉台拱云：「人以爲從未足也」，當作「又以從爲未足也」。〇孫詒讓云：人當作又，「又以爲從未足也」句斷。呂氏春秋離謂篇作「有以横説魏王」，有與又同。○李哲明云：呂覽離謂篇「有以横説魏王」，注云：「關西曰横，髡以合關東從爲未足，復説欲連關西之横，王多其言，故輟不使行之也。」爲此數語之碻詁，此注義未融。「其辭若然」，若然者，猶言亦如是也。下云「失從之志，而有不能成衡之事」，所謂兩無據者也。○吴闓生與孫説同。

【用韻】「説、然」月元通韻。

〔三〕【版本】張本、黄本、莊本、集解本「有」作「又」，餘本同藏本。

【箋釋】王念孫云：「失從心志」當作「失從之志」，今本「之」作「心」者，因「志」字而誤。「有」與「又」同。此言魏王既不能合從，又不能連衡也。呂氏春秋離謂篇作「失從之意，又失横之事」，是其證。漢魏叢書本改「有」爲「又」，而莊本從之，則昧於假借之義矣。○劉台拱、吴闓生與王説同。

〔四〕【箋釋】雙棣按：國語魯語「不識窮固又求自邇」，韋昭注：「固，廢也。」此「固」字義亦爲廢。「是其所以固」，謂此是其所以被廢止使荆之原因。

【用韻】「事、固」之魚合韻。

〔五〕【箋釋】王念孫云：「不可」下脱「爲」字，呂氏春秋作「先王有以見大巧之不可爲也」，是其證。本經篇亦云：「故周鼎著倕，使銜其指，以明大巧之不可爲也。」○王叔岷云：文子精誠篇「不可」下亦有「爲」字。

【用韻】「指、可」脂歌合韻。

〔六〕【許注】慎子，名到，齊人。

【版本】王溥本此注在上文「慎子曰」下，茅本、汪本、張本、黄本、莊本、集解本此注在下文「然後能門」下，餘本同藏本。

【箋釋】于大成云：史記孟荀列傳以爲趙人，此注謂爲齊人，殆因嘗爲齊之稷下先生且終老齊而致誤也。

〔七〕【許注】不知門之要也。

【版本】茅本、汪本、張本、黄本、莊本、集解本此注在下文「然後能門」下，且「不知門」三字重。

〔八〕【許注】門之要在門外。

【箋釋】孫詒讓云：今本慎子殘缺，無此文，義亦難通。文子精誠篇襲此云：「故匠人智爲，不以能，以時閉，不知閉也，故必杜而後開。」彼文亦有譌挩。參合校繹，此似當云：「不能以閉，所以不知門也，故必杜然後能開。」言門以開閉爲用，若匠人爲門，但能開，而不能閉，則終未知爲門之要也。文子開、閉二字尚未譌，可據以校正。○馬宗霍云：「知爲門」之「門」爲名詞，「能以門」之「門」爲動詞，當讀如公羊宣公六年傳「無人門焉者」之「門」，義猶守也。此蓋言匠人爲門，但知門能以守，不知門之所以能守，别有司其啟閉者在。即㢧門之具也。㢧門之具如關闔等，皆别於門而爲物。故許注云「門之要在門外」。下文「故必杜然後能門」，爲淮南引慎子後所加申繹之語，非慎子本文。「杜」者「敷」之借字，「門」字義亦爲守，言必杜然後能守也。訓門爲守，見廣雅釋詁三。孫詒讓乃謂此文義難通，似失之矣。孫所校改，絕不可從。

墨者有田鳩者〔一〕，欲見秦惠王，約車申轅〔二〕，留於秦，（周）〔三〕年不得見〔三〕。客有言之楚王者，往見楚王，楚王甚悅之，予以節，使於秦。至，因見（予之將軍之節）惠王，而説之〔四〕。出舍，喟然而歎，告從者曰：「吾留秦三年不得見，不識道之可以從楚也。」物故有近之而遠，遠之而近者〔五〕。故大人之行，不掩以繩〔六〕，至所極而已矣。此所謂筦子梟飛而維繩者〔七〕。

校釋

〔一〕【許注】田鳩，學墨子之術也。

【箋釋】劉文典云：呂氏春秋首時篇高注「田鳩，齊人，學墨子術」。田鳩即田俅子，漢書藝文志墨家有田俅子三篇。鳩、俅音近字通。○雙棣按：注末「也」字似當作「者」。

〔二〕【許注】申，束。

【箋釋】陶方琦云：文選七發注、謝玄暉京路夜發注引許注：「裝，束也。」當即此處注。或舊本作裝。又文選謝惠連西陵遇風詩注引作「裝，飾也」，思玄賦「簡元辰而俶裝」，注亦曰：「裝，束也。」詩出車箋：「裝載物而往。」義同。

〔三〕【版本】藏本「三」作「周」，今據劉文典、楊樹達校改，各本同藏本。

【箋釋】劉文典云：意林引，「周」作「三」。以下文「吾留秦三年」覈之，則作「三」是也。〇楊樹達云：劉校是也。吕氏春秋首時篇云：「留秦三年而弗得見。」字正作「三」。

【用韻】「轅、見」元部。

〔四〕【版本】藏本「因見」下有「予之將軍之節」六字，今據陳昌齊校删，各本同藏本。張本、黄本、莊本、集解本「而」上有「見」字，餘本同藏本。

【箋釋】陳昌齊云：吕氏春秋首時篇云：「楚王説之，與將軍之節以如秦。至，因見惠王。」則此亦當云：「至，因見惠王，而説之。」其「予之將軍之節」六字，乃是上文「予以節」句注語。今誤入此句中，文義遂不可曉。〇王念孫云：陳説是也。莊本又加「見」字於「而説之」之上，非是。〇雙棣按：陳、王説是。「予之將軍之節」今删。

〔五〕【箋釋】雙棣按：「故」與「固」通，吕覽作固。吕覽高誘注云：「留秦三年不得見惠王，近之而遠也；從楚來，至而得見，遠之而近也。」正可作此文之注。

〔六〕【許注】掩，猶憚也。

【版本】景宋本、茅本、莊本、汪本、集解本注「憚」作「揮」，王溥本、朱本、葉本同藏本。

【箋釋】俞樾云：「掩」字無義，高注義亦未詳。「掩」乃「扶」字之誤。管子宙合篇曰：「千里之路，不可扶以繩。」是其證。下文「此所謂筦子梟飛而維繩者」，王氏念孫引陳觀樓説，謂當作「此筦子所謂鳥飛而準繩者」。按：鳥飛準繩本管子宙合篇，其曰「千里之路不可扶以繩，萬家之都不可平以準」，即説鳥飛準繩之義也。然則此云「大人之行，不扶以繩」，亦本管子，「掩」字之誤無疑矣。宙合篇又曰：「夫繩，扶撥以爲正。」即此「扶」字之義。因「扶」字闕壞，此存「扶」形，淺人遂以意補成「掩」字耳。○劉文典云：意林引，作「故大丈夫之行不可掩」，是其敚誤已在唐代矣。○吴承仕云：俞校爲「扶」，「扶、掩」形不近，亦不與注義相會，管子非其證也。尋朱本注作「掩，猶憚也。」憚當爲彈，彈一誤爲憚，再誤爲揮，遂不可通矣。掩揜古字通，本訓爲覆，故言行相掩，謂之可復。此言大人之行，不得以常律相格，故注訓掩爲彈，謂不當以繩墨抨彈之。説山篇注云：「撽，弓之掩牀。」撽弓曰掩，以繩彈曲，亦謂之掩。其義正同。掩字本無彈訓，故加猶言。下文注云：「爲士者，上下無常，進退無恒，不可繩也。」正與此注相應。○楊樹達云：吴説是也。孟子云：「大人者，言不必信，行不必果。」即此文之意。繆稱、説林二篇並云：「行險者不得履繩。」語意亦略同。○于省吾云：「掩、扶」形殊，無緣致誤。掩應讀作按。此言大人之行，不能按之以繩也。荀子富國「掩地表畝」，即按地表畝。詳荀子新證。至管子言扶繩，義各有當，不應援彼以改此也。○金其源云：爾雅釋詁：「揮，竭也。」不掩以繩者，不竭以繩也。不竭以繩者，謂任其所之，不維之以繩，使有所竭盡也。故下云「至所極而已矣」。○蔣禮鴻云：孫詒讓説宙合篇，謂以聲類校之，疑扶當與輔通，舉大戴禮記四代篇「巧匠輔繩而斷」爲證，（詳見札迻。）其説是也。然俞氏據管子以校此文，義雖甚允，而實未確。兵略篇曰：「是故扶義而動，推理而行，掩節而斷割。」以扶掩並言，則掩與扶義近。説山篇「撤不正而可以正弓」，高注曰：「撤，弓之掩牀。」楊倞注荀子性惡篇曰：「排撤，輔正弓弩之器。」輔正弓弩之器以掩爲名，則以繩直輔曲亦可云掩矣。此掩字不當改。

【用韻】「行、繩」陽蒸合韻。

〔七〕【許注】言爲士者上下無常，進退無恒，不可繩也，以喻飛梟，從下繩維之，而欲翺翔，則不可也。

【箋釋】陳昌齊云：「此所謂筦子」當作「此筦子所謂」，「梟飛而維繩」當作「鳥飛而準繩」。案：管子宙合篇曰「鳥飛準繩」，此言「大人之行也」云云，大意謂鳥飛雖不必如繩之直，然意南而南，意北而北，總期於還山集谷而後止，則亦與準於繩者無異，所謂「苟大意得，不以小缺爲傷」也。故此云「大人之行，不掩以繩，至所極而已矣，此筦子所謂鳥飛而準繩者」。今本鳥誤作梟，準誤作維，（準字俗者作准，又因下繩字而誤從糸。）則義不可通。注内梟字亦鳥字之誤，而云「從下繩維之」，則高所見本已誤作維矣。

豐水之深千仞〔一〕，而不受塵垢，投金鐵鍼焉〔二〕，則形見於外，非不深且清也。魚鼈龍蛇，莫肯之歸也〔三〕。是故石上不生五穀，秃山不游麋鹿〔四〕，無所陰蔽隱也〔五〕。

昔趙文子問於叔向曰：「晉六將軍，其孰先亡乎〔六〕？」對曰：「中行、知氏〔七〕。」文子曰：「何乎？」對曰：「其爲政也，以苛爲察，以切爲明，以刻下爲忠，以計多爲功〔八〕。譬之猶廓革者也，廓之，大則大矣，裂之道也。」故老子曰：「其政悶悶，其民純純；其政察察，其民缺缺〔九〕。」

校釋

〔一〕【版本】王溥本、王鎣本、汪本、張本、黄本「豐」作「澧」，吴本、莊本、集解本作「灃」，餘本同藏本。

【箋釋】何寧云：澧水之深千仞，誇飾過矣。「千仞」當作「十仞」。玉燭寶典七、貞觀政要五公平篇、御覽八百十三引皆作「十仞」，文子上德篇同。是其證。

〔二〕【箋釋】王念孫云：「金鐵」下不當有「鍼」字，「鍼」即「鐵」之誤也。（鐵或省作鉄，形與鍼相近。）今作「金鐵鍼」者，一本作「鐵」，一本作「鍼」，而後人誤合之耳。文選沈約貽京邑游好詩注、太平御覽珍寶部十二引此，皆無「鍼」字。文子上禮篇作「金鐵在中，形見於外」。（羣書治要所引如是，今本文子「金鐵」作「金石」，乃後人所改。）○何寧云：王説是也。貞觀政要五引作「金鐵在焉，則形見於外」。亦無「鍼」字。玉燭寶典七月引作「金針投之，即見其形」，針即鍼之俗寫，爲一本作「鍼」之證。

【用韻】「仞、鍼」文侵合韻。

〔三〕【版本】王溥本、王鎣本、朱本、葉本、汪本、張本、吴本、黄本、莊本、集解本「之」字在「肯」字上，景宋本、茅本同藏本。

【箋釋】雙棣按：「莫肯之歸」，代詞「之」處助動詞與動詞之間，爲一特例。呂氏春秋不苟篇云：「五人御於前，莫肯之爲。」與此例同。或謂「之」誤於下而乙轉，劉績則是也。此保留以待考。

【用韻】「蛇、歸」歌微合韻。

〔四〕【用韻】「穀、鹿」屋部。

〔五〕【箋釋】王念孫云：「隱」字蓋「蔽」字之注，而誤入正文者。（廣雅：「蔽，隱也」。）文子無「隱」字，是其證。

〔六〕【許注】六將軍，韓、魏、趙、范、中行、知伯也。

【版本】莊本、集解本此注在上文「六將軍」下，且「魏趙」爲「趙魏」，景宋本、王溥本、朱本、葉本、茅本、汪本同藏本。王溥本、莊本、集解本注「知」作「智」，景宋本、朱本、茅本、葉本、汪本同藏本。

【箋釋】楊樹達云：文公六年穀梁傳曰：「晉使狐射姑爲將軍。」墨子非攻中云：「昔者晉有六將軍，而智伯莫爲强焉。」與此文皆稱晉卿爲將軍。

〔七〕【箋釋】于大成云：「中行」下，新序雜事一、通鑑外紀七無「知」字。考左傳定十三年，荀寅、士吉射奔朝歌，（十二諸侯年表晉定公十五年，趙鞅伐范、中行。）哀五年，荀寅、士吉射奔齊，（年表晉定公二十三年趙鞅敗范、中行，范、中行奔齊。）亦見晉世家，是六卿先亡，范、中行居首。

國策秦策五「昔智伯瑶殘范、中行」，高彼注曰「范，范吉射昭子也；中行，中行寅文子也。二子之後，以苛爲察，以尅下爲功，於六卿中薄德前衰」，即用淮南此文。然則言晉六將軍先亡，不當數知氏也。高於國策，自以正文言「范、中行」故注連言二子。此趙文子問孰先亡，叔向舉其禍之先見者，其一足矣。「中行」下不當有「知」字，當從新序。

〔八〕【箋釋】何寧云：「計」當爲「訐」，形近而誤也。論語陽貨「惡訐以爲直者」，集解引包曰：「訐謂攻發人之陰私。」苛、切、刻、訐，其義相近，以此爲政，故曰先亡。若作「計」，多計何以必先亡乎？貞觀政要公平篇正作「以訐多爲功」，是其證。

【用韻】「明、忠、功」陽冬東合韻。

〔九〕【版本】景宋本「悶悶」作「惛惛」，餘本同藏本。

【箋釋】雙棣按：此引老子曰，見老子第五十八章，今傅奕本「悶悶」作「閔閔」；王弼本「純純」作「淳淳」，河上本作「醇醇」，傅奕本作「偆偆」。

【用韻】「悶、純」文部，「察、缺」月部。

景公謂太卜曰：「子之道何能〔一〕？」對曰：「能動地〔二〕。」晏子往見公，公曰：「寡人問太卜曰：『子之道何能？』對曰：『能動地。』地可動乎？」晏子默然不對。出見太卜曰：「昔吾見句星在房心之間，地其動乎〔三〕？」太卜曰：「然。」晏子出，太卜走往見公曰：「臣非能動地，地固將動也。」田子陽聞之〔四〕，曰：「晏子默然不對者，不欲太卜之死；往見太卜者，恐公之欺也〔五〕。晏子可謂忠於上而惠於下矣。」故老子曰：「方而不割，廉而不劌〔六〕。」

校釋

〔一〕【箋釋】楊樹達云：文本晏子春秋外篇。

〔二〕【許注】動，震。

〔三〕【許注】句星，客星也。駟，房。句星守房心則地動也。

【版本】莊本、集解本注「駟房」顛倒，景宋本、王溥本、朱本、葉本、汪本、張本、黃本同藏本，茅本缺「駟」字。（蔣刊道藏輯要本「駟房」作「房星」。）莊本注下「房」字誤作「庚」。

【箋釋】王念孫云：正文本作「句星在駟心之間」，注本作「駟（句），房星（句）。句星守房心則地動也」。道藏本注文「房星」上脱「駟」字，劉本「房」下脱「星」字。若正文之「駟心」作「房心」，則涉注文「守房心」而誤也。莊伯鴻不知正文房爲駟之誤，又改注文「駟房」爲「房駟」以就之，斯爲繆矣。駟爲房之別名，故須訓釋。若房心爲二十八宿之正名，則不須訓釋。（爾雅：「天駟，房也。」以房釋天駟，不以天駟釋房。）高注釋駟而不釋心，即其證也。晏子春秋外篇作「昔吾見鉤星在四心之間」，即淮南所本。（鉤與句同，四與駟同。）○鄭良樹云：論衡變虛篇作：「昔吾見鉤星在房心之間，地其動乎？」即本於淮南子，字亦作「房心」，則作房心者不誤矣。黃暉論衡校釋變虛篇注曰：「譴告篇、變動篇、恢國篇並作房心，則房字不誤。仲任所據淮南然也。天官書亦云：『鉤星出房心間地動。』房、駟異名同實。房四星而稱爲四，猶心三星而稱爲三。晏子作四，淮南作房，當各依本書。」黄説疑是。劉本注文與道藏本合，王氏恐失檢。（北宋本、朱本並同。）○于大成云：王説正文「房」當作「駟」，是也。許注云：「駟，房。」即本文作「駟」之明證。苟正文是「房」字，此注爲無的放矢矣。至王氏謂注本作「駟，房星」則非也。此注本無「星」字，與爾雅同。王氏誤據道藏輯要本，彼本以正文無「駟」字，故改「駟房」爲「房星」，王氏參合劉本，遂以爲注文當作「駟，房星」耳。至論衡作「房心」，或是據史記改，自當各依本書。鄭以黄説爲是，其説非也。○雙棣按：于説是。王所云道藏本，蓋據嘉慶所刊蔣元庭之道藏輯要本。王氏所藏書現存北京大學圖書館善本室。

〔四〕【許注】田子陽，齊臣也。

〔五〕【用韻】「死、欺」脂之合韻。

〔六〕【箋釋】雙棣按：此引老子曰，見老子第五十八章。河上本「劌」作「害」，帛書乙本作「刺」。

【用韻】「割、劌」月部。

魏文侯觴諸大夫於曲陽。飲酒酣，文侯喟然嘆曰：「吾獨無豫讓以爲臣乎〔一〕！」蹇重舉白而進之〔二〕，曰：「請浮君〔三〕！」君曰：「何也？」對曰：「臣聞之，有命之父母，不知孝子〔四〕；有道之君，不知忠臣〔五〕。夫豫讓之君，亦何如哉〔六〕？」文侯受觴而飲釂不獻〔七〕，曰：「無管仲、鮑叔以爲臣，故有豫讓之功。」故老子曰：「國家昏亂有忠臣〔八〕。」

校釋

〔一〕【許注】豫讓事知伯而死其難，故文侯思以爲臣。

【版本】藏本「乎」作「子」，王溥本、王鎣本、朱本、張本、吴本、黄本、莊本、集解本作「乎」，今據改，餘本同藏本。藏本注「其」作「甚」，景宋本、朱本、茅本、汪本、莊本、集解本作「其」，（蔣刊道藏輯要本亦作「其」。）今據改，王溥本、葉本同藏本。

〔二〕【許注】蹇重，文侯臣也。舉白，進酒。

【箋釋】于鬯云：高注云「舉白，進酒」，不云「進爵」而云「進酒」，是以酒訓白，當即小戴内則記「酒清白」之白，鄭注云：「白，事酒、昔酒也。」孔釋云：「以二酒俱白，故以一白標之。」然則舉白而進，亦謂舉事酒若昔酒而進。高義當然也，與通解白爲罰爵之名者不同。◯馬宗霍云：白者罰爵之名，見文選左太沖吴都賦劉淵林注。

〔三〕【許注】浮，猶罰也，以酒罰君也。

【版本】張本、黄本、莊本、集解本注無「猶」字，景宋本、王溥本、朱本、茅本、汪本同藏本。

〔四〕【用韻】「母、子」之部。

〔五〕【用韻】「君、臣」文真合韻。

〔六〕【許注】豫讓相其君，而君見殺，亦何如？不足貴也。

〔七〕【許注】釂，盡。

【版本】景宋本「不」上有「而」字，餘本同藏本。

【箋釋】雙棣按：説文云：「釂，歠酒盡也。」與注合。詩大雅行葦「或獻或酢」鄭玄箋：「進酒於客曰獻。」

〔八〕【箋釋】雙棣按：此引老子曰，見老子第十八章。傅奕本、帛書甲、乙本「忠」作「貞」，帛書甲本「國」作「邦」，「有」上有「案」字，乙本「有」上有「安」字。王弼本、河上本與淮南同。

孔子觀桓公之廟〔一〕，有器焉，謂之宥卮〔二〕。孔子曰：「善哉乎，得見此器〔三〕！」顧曰：「弟子取水〔四〕！」水至，灌之，其中則正〔五〕，其盈則覆。孔子造然革容曰：「善哉，持盈者乎！」子貢在側曰：「請問持盈。」曰：「揖而損之〔六〕。」曰：「何謂揖而損之？」曰：「夫物盛而衰，樂極則悲〔七〕，日中而移，月盈而虧〔八〕，是故聰明叡知守之以愚〔九〕，多聞博辯守之以儉〔一〇〕，武力毅勇守之以畏，富貴廣大守之以陋〔一一〕，德施天下守之以讓，此五者，先王所以守天下而弗失也。反此五者，未嘗不危也。」故老子曰：「保此道者不欲盈，夫唯不盈，故能弊而不新成〔一二〕。」

校釋

〔一〕【許注】桓公，魯君也。

【箋釋】楊樹達云：文本荀子宥坐篇。○雙棣按：文亦見韓詩外傳卷三、説苑卷十、孔子家語卷二。

〔二〕【許注】宥，在坐右。

【版本】藏本注「在」作「庄」，景宋本、茅本、葉本、汪本、張本、黄本、莊本、集解本作「在」，（蔣刊道藏輯要本亦作「在」。）今據改，王溥本、朱本作「左」。

【箋釋】雙棣按：荀子宥坐篇「器」作「欹器」，楊注：「傾欹易覆之器。」楊注下文「此蓋宥坐之器」云：「宥與右同，言人君可置於坐右，以爲戒也。」文子九守篇云：「三皇五帝有勸戒之器，名侑卮。」侑與宥同。此「侑卮」即置於坐右以爲勸戒之欹器。氾論篇云：「今夫霤水足以溢壺榼，而江河不能實漏卮。」北齊書魏收傳云：「周廟之人，三緘其口。漏卮在前，欹器留後。」由此觀之，「漏卮」似亦爲勸戒之器。

〔三〕【版本】王溥本、王鎣本、朱本、汪本、張本、吴本、黄本、莊本、集解本「乎」作「予」，餘本同藏本。

〔四〕【版本】景宋本「顧」上有「頗」字，餘本同藏本。

【箋釋】陳昌齊云：「顧曰弟子」當作「顧弟子曰」。○雙棣按：陳説似是，荀子作「顧謂弟子曰」。

〔五〕【許注】中，水半卮中也。

【版本】張本、黄本、莊本、集解本注無下「中」字，餘本同藏本。

〔六〕【版本】王溥本、王鎣本、朱本、汪本、張本、吴本、黄本、莊本、集解本「揖」作「益」，（下「揖」字同。）葉本作「抑」，景宋本、茅本同藏本。

【箋釋】王念孫云：揖與挹同。（集韻：「挹或作揖。」荀子議兵篇「拱挹指麾」，富國篇作「拱揖」。）文選爲幽州牧與彭寵書注引蒼頡篇云：「挹，損也。」挹與損義相近，故曰挹而損之。作「揖」者，借字耳。劉績不達而改「揖」爲「益」，莊本從之，斯爲謬矣。後漢書林篤傳注引此正作「挹而損之」。荀子宥坐篇、説苑敬慎篇並同。韓詩外傳作「抑而損之」，抑與挹聲亦相近，故諸書或言「抑損」，或言「挹損」。○雙棣按：王説是。荀子宥坐篇楊倞注：「挹亦退也。挹而損之，猶言損之又損。」

〔七〕【箋釋】于大成云：後漢注引「則悲」作「而悲」，四句一例。

〔八〕【用韻】「衰、悲」微部。

〔九〕【用韻】「移、虧」歌部。

【版本】王溥本、王鎣本、朱本、葉本、汪本、張本、吴本、黄本、莊本、集解本「叡」作「睿」，景宋本、茅本同藏本。王鎣本、汪本、張本、黄本、莊本、集解本「知」作「智」，餘本同藏本。

〔一〇〕【版本】王溥本、王鎣本、朱本、汪本、張本、吴本、黄本、莊本、集解本「儉」作「陋」，景宋本、茅本、葉本同藏本。

〔一二〕【版本】莊本「武」作「代」，餘本同藏本。王溥本、王鎣本、朱本、汪本、張本、吴本、黄本、莊本、集解本「陋」作「儉」，景宋本、茅本、葉本同藏本。

【箋釋】王念孫云：劉本改「儉」爲「陋」，「陋」爲「儉」，而莊本從之。案：説文：「儉，約也。」廣雅：「儉，少也。」正與多聞博辯相對，不當改爲「陋」。説文：「陋，陜也。」（俗作狹。）楚辭七諫注曰：「陋，小也。」亦與富貴廣大相對，不當改爲「儉」。杜篤傳注引此正作「多聞博辯守之以儉，富貴廣大守之以陋」，與道藏本同。文子九守篇作「多聞博辯守以儉，富貴廣大守以狹」，狹亦陋也。

【用韻】「愚、陋」侯部。

〔一三〕【版本】景宋本、茅本、莊本、集解本「保」作「服」，餘本同藏本。景宋本「故」作「是以」，餘本同藏本。

【箋釋】王叔岷云：文子守弱篇「故」作「是以」。○雙棣按：此引老子曰，見老子第十五章。今王弼本、河上本、傅奕本皆作「保」，帛書甲、乙本作「葆」。保、葆通。王弼本、河上本無「而」字，傅奕本、帛書乙本「故」作「是以」，無「新」字。

【用韻】「盈、成」耕部。

武王問太公曰：「寡人伐紂天下，是臣殺其主而下伐其上也〔一〕，吾恐後世之用兵不休，鬭争不已，爲之柰何？」太公曰：「甚善，王之問也。夫未得獸者，唯恐其創之小也〔二〕；已得之，惟恐傷肉之多也。王若欲久持之，則塞民於兑〔三〕，道全爲無用之事、煩擾之教〔四〕，彼皆樂其業，供其情〔五〕，昭昭而道冥冥〔六〕，於是乃去其瞀而載之木〔七〕，解其劍而帶之笏〔八〕，爲三年之喪，令類不蕃。高辭卑讓，使民不争〔九〕。酒肉以通之，竽瑟以娱之，鬼神以畏之。繁文滋禮以弇其質，厚葬久喪以亶其家〔一〇〕，含珠鱗施綸組以貧其財〔一一〕，深鑿高壟以盡其力〔一二〕。家貧族少，慮患者寡〔一三〕。以此移風，可以持天下弗失。」故老子曰：「化而欲作，吾將鎮之以無名之樸也〔一四〕。」

校釋

〔一〕【箋釋】馬宗霍云：是，讀如是非之是。武王之意，謂天下之人見己伐紂，皆以臣殺其主、下伐其上爲是也。◎雙棣按：馬説「天下」二字屬下讀，「是」讀「是非」之「是」，非是。語勢不順，亦與下文太公射獸之喻不合，非武王之本意。是乃指示代詞，此也。「天下」二字屬上讀。武王之意，謂己伐紂天下，此乃臣殺其主而下伐其上也，恐將來人仿效之而争鬭不休，故向太公有問。

【用韻】「下、上」魚陽通韻。

〔二〕【許注】獵禽恐不能殺，故恐其創小也。

〔三〕【許注】兑，耳目鼻口也。老子曰「塞其兑」是也。

【版本】藏本注「曰」作「也」，景宋本、王溥本、朱本、茅本、汪本、莊本、集解本作「曰」，今據改，葉本同藏本。藏本注無「是」字，茅本、汪本、莊本、集解本有「是」字，今據補，景宋本、王溥本、朱本、葉本同藏本。

〔四〕【箋釋】俞樾云：「全」乃「令」字之誤，令，猶使也。道與導同。謂導使爲無用之事、煩擾之教也。

○吴闓生云：「全」疑「之」誤。

〔五〕【箋釋】王念孫云：「佚」當爲「佚」，「佚」與「逸」同，安也。逸、樂義相近，若云佚其情，則與上句不類矣。隸書佚或作佚，與佚相似而誤。

〔六〕【箋釋】向承周云：顧廣圻曰：「昭昭上脱一字。」案「昭昭」上脱「釋」字。釋與舍同。道，由也。俶真訓「釋其昭昭而道其寂寞」，與此意異而語例同，當據補。

【用韻】「情、冥」耕部。

〔七〕【許注】瞀，被髮也。木，鷸鳥冠也。知天文者冠鷸。

【版本】藏本「瞀」作「瞀」，除葉本同藏本外，各本均作「瞀」，（蔣刊道藏輯要本亦作「瞀」。）今據改。藏本注「木」作「水」，張本、黄本、莊本、集解本作「木」，（蔣刊道藏輯要本亦作「木」。）今據改，餘本同藏本。藏本注無「天」字，莊本、集解本有，今據補，餘本同藏本。

【箋釋】王引之云：載與戴同。「木」當爲「朮」，字之誤也。「朮」即「鷸」字也。高注當作：「朮，鷸鳥冠也，知天文者冠鷸。」今本鷸作鶩者，鷸、鶩字相近，又涉上文「晉」字而誤也。（爾雅翼引此已誤。）説文：「鷸，知天將雨也。」禮記曰：「知天文者冠鷸。」莊子天地篇「皮弁鷸冠，搢笏紳僪」，釋文：「鷸，尹必反，徐音述。」玉篇及爾雅釋文、漢書五行志注，鷸字並聿、述二音。匡謬正俗曰：「案：鷸，水鳥。天將雨即鳴。古人以其知天時，乃爲冠，象此鳥之形，使掌天文者冠之。鷸字音聿，亦有術音，故禮之衣服圖，及蔡邕獨斷，謂爲術氏冠，亦因鷸音轉爲術耳。」莊子釋文曰：「鷸，又作鶐。」續漢書輿服志引記曰：「知天者冠述。」説苑脩文篇作「冠鉥」，蓋「鷸」字本有述音，故其字或作「鶐」，或作「述」，或作「鉥」，又通作「朮」耳。「朮」與「笏」爲韻，若作「木」，則失其韻矣。鷸即翠鳥，故古人以其羽飾冠，冠鷸帶笏，皆所以爲飾，故莊子亦言「鷸冠搢笏」。若鶩無文采，則不可以爲飾矣。且鷸知天雨，故使知天文者冠之。若「鶩」，則義無所取矣。諸書皆言知天文者冠鷸，無言冠鶩者。○王紹蘭云：王氏引之改「木」爲「朮」、「鶩」爲「鷸」，是也。正文「晉」亦譌字。古無訓「晉」爲披髮者，若云借「晉」爲「髳」，説文髟部：「髳，髮至眉也。」引詩曰：「紞彼兩髳。」與淮南此文無涉。且「去其被髮」，亦文不成義。若云借「晉」爲「旄」，既與被髮之意相違，又與戴鷸之文不配。蓋「晉」即「鍪」之譌借字。説文冃部：「冑，兜鍪也。」謂去其鍪而戴之鷸，與下文解劍帶笏相對成文，示天下不復用兵也。氾論訓「古者有鍪而綣領以王天下者矣」，高彼注云：「一説，鍪，放髮也。」鍪訓放髮，與晉訓被髮，未之前聞，於此文「去」字尤不可通，高注非是。○俞樾與二王氏説同。

〔八〕【用韻】「朮、笏」物部。

〔九〕【箋釋】陶鴻慶云：辭，讀爲辭説之辭。謂高言卑讓，以守民也。

【用韻】「喪、讓」陽部。

〔一〇〕【版本】藏本「繁」誤作「緐」，各本皆不誤，今據改。藏本「亶」下有注「音丹」二字，莊本、集解本無，今據删，餘本同藏本。

【箋釋】楊樹達云：亶，當讀爲「殫」。説文云：「殫，盡也。」○馬宗霍云：亶，當通作「單」。詩小雅天保篇「俾爾單厚」，鄭箋云：「單，盡也。」爾雅釋詁某氏注引此詩「單」作「亶」，則亶猶盡矣。太玄玄瑩「君子所以亶表也」，范望注云：「亶，盡也。」亦其證。本文蓋謂厚葬傷財，久喪廢事，使家之物力人力皆爲之盡也。論其本字，又當作「殫」。説文歺部云：「殫，殛盡也。」單有盡義，即「殫」之省借字。

〔一一〕【箋釋】劉績云：前作綸組節束，疑上「鱗施」二字衍。○蔣禮鴻云：「綸組」下當依齊俗篇補「節束」二字。「節束」與「鱗施」爲對文。○向承周與蔣説同。○雙棣按：此處似當以劉説爲是。上下文皆四字，「繁文滋禮」、「厚葬久喪」、「深鑿高壟」，不當此處如蔣説作八字「含珠鱗施綸組節束」，「鱗施」二字蓋因齊俗而衍，當作「含珠綸組」。于大成謂「綸組」衍。

〔一二〕【用韻】「財、力」之職通韻。

〔一三〕【版本】藏本「寡」作「貧」，景宋本、茅本、汪本、張本、黄本作「寡」，今據改，餘本同藏本。

【箋釋】陳昌齊云：慮患者貧，當作「慮患者寡」。○雙棣按：陳説是。今據景宋本等改。

〔一四〕【箋釋】雙棣按：此引老子曰，見老子第三十七章。今王弼本、景龍碑本、傅奕本及帛書乙本均無「也」字。景龍碑本「樸」作「朴」。